LE RÈGLEMENT DES LITIGES COMMERCIAUX EN AFRIQUE DE L'OUEST

Collection « Études africaines »
dirigée par Denis Pryen et son équipe

Forte de plus de mille titres publiés à ce jour, la collection « Études africaines » fait peau neuve. Elle présentera toujours les essais généraux qui ont fait son succès, mais se déclinera désormais également par séries thématiques : droit, économie, politique, sociologie, etc.

Dernières parutions

Léon KOUNGOU, *Sahel indocile. Coup d'Etat, institution et impuissance de la puissance française*, 2023.
Michel Fabrice AKONO ABINA, *Jean Abessolo Nkoudou, un militant nationaliste camerounais. D'agent de l'État à homme politique*, 2023.
Anne-Marie DAUPHIN-TINTURIER, *L'initiation des filles en Zambie. Métamorphoses du cisungu dans la zone de parler cibemba*, 2023.
Alain MARLIAC, *Archéologie socio-active, en Afrique et au-delà. Étudier, raconter et vivre le passé des autres*, 2023.
Emmanuel Alain ATANGANA, Nathan ONANA NOAH, *L'Etat du Cameroun dans tous ses états*, 2023.
NIAMKEY-KOFFI, *Une lecture de* Kaydara *d'Amadou Hampâté Bâ,* 2023.
Aly TOUNKARA, *Le Mali, des rébellions aux accords de paix. Enjeux, enseignements et résilience des populations*, 2023.
Etienne BAKISSI, *Ethnicité et bandes armées au Congo-Brazzaville,* 2023.
M'Baha Moussa SISSOKO, *Mali, les obstacles sociopolitiques à la décentralisation (1991-2021). Panorama d'une réforme ambitieuse,* 2023.
David MUKULU, *Représentativité et participation politiques au Congo-Kinshasa. De la démystification à une action citoyenne possible,* 2023.
Brusil Miranda METOU (dir.), *Le Droit et les Crises au Cameroun, Tome I, L'explication juridique des crises*, 2023.
Brusil Miranda METOU (dir.), *Le Droit et les Crises au Cameroun, Tome II, Les manifestations juridiques des crises*, 2023.
Souayah KHALIFA, *La politique française en Afrique subsaharienne. Punir la Guinée*, 2023.
Marie-Claude DUPRÉ, *Kidumu : vie et aventures d'un masque de l'Afrique centrale atlantique. Contributions à l'étude de l'histoire des Téké (Congo-Brazzaville)*, 2023.
Réné BIDIAS, *L'ONU en Afrique depuis les indépendances. Six décennies d'assistanat pour le développement*, 2023.
Samba NDIAYE, *Conditions de vie des populations dans la ville de Dakar*, 2023.

Mandiou Traoré

LE RÈGLEMENT DES LITIGES COMMERCIAUX EN AFRIQUE DE L'OUEST

Préface de Mamadou Ismaïla Konate

L'Harmattan

5-7, rue de l'Ecole-Polytechnique, 75005 Paris
http://www.editions-harmattan.fr
ISBN : 978-2-343-24691-8
EAN : 9782343246918

Liste des abréviations

AUPSRVE	Acte uniforme portant procédure simplifiée de recouvrement et des voies d'exécution
AUSCGIE	Acte uniforme relatif au droit des sociétés commerciales et du groupement d'intérêt économique
AUA	Acte uniforme relatif au droit de l'arbitrage
AUM	Acte uniforme relatif à la médiation
AUDCG	Acte uniforme relatif au droit commercial général
AUPC	Acte uniforme portant organisation des procédures collectives et d'apurement du passif
AUS	Acte uniforme portant organisation des sûretés
CCJA	Cour commune de justice et d'arbitrage de l'OHADA
CECAM	Centre de conciliation et d'arbitrage du Mali
CAMC-CA	Centre d'arbitrage, de médiation et de conciliation de Centrafrique
CEMACO	Centre d'arbitrage et de médiation du Congo
CAMC-D	Centre d'arbitrage, de médiation et de conciliation de Dakar
CCI	Centre de commerce international de Paris
CAMC-O	Centre d'arbitrage, de médiation et de conciliation de Ouagadougou
CCPIT	Centre de médiation de china Council for the Promotion of International Trade
CNUDCI	Commission des Nations unies pour le droit commercial international

CIMA	Conférence interafricaine des marchés d'assurance
Coll.	Collection
CEMAC	Communauté économique et monétaire de l'Afrique centrale
CFA	Communauté financière africaine
C. civ.	Code civil français
CMDT	Compagnie malienne pour le développement du textile
Cass. civ.	Chambre civile de la Cour de cassation française
CENTIF	Cellule de traitement des informations financières
Dir.	Sous la direction de
ERSUMA	École régionale supérieure de la magistrature
GSCVM	Groupement des syndicats de producteurs de coton et vivriers du Mali
GICAM	Groupement inter-patronal du Cameroun
L.G.D.J	Librairie générale de droit et de jurisprudence
LASDEL	Laboratoire d'étude et de recherche sur les dynamiques sociales et le développement local
MARC	Mode alternatif de règlement des conflits
Ord	Ordonnance
OIT	Organisation Internationale du travail
OAPI	Organisation Africaine de la propriété intellectuelle
OHADA	Organisation pour l'harmonisation en Afrique du Droit des affaires
ODD	Objectifs de développement durable
OCDE	Organisation de coopération et de développement économique
PUR	Presses Universitaires de Rennes
PUF	Presses universitaires de France

RTD com.	Revue trimestrielle de droit commercial et de droit économique
RDC	République Démocratique du Congo
RRCM	Registre du commerce et du crédit mobilier
Rev. arb	Revue de l'arbitrage
Rec.	Recueil
RTD Civ.	Revue trimestrielle de droit civil
S.A.	Société anonyme
S.A.R.L.	Société à responsabilité limitée
SYSCOHADA	Acte uniforme relatif au droit comptable et à l'information financière
TGI	Tribunal de grande instance
TPI	Tribunal de première instance
UEMOA	Union économique et monétaire ouest africaine
UNIDROIT	Institut international pour l'unification du droit privé
Vol.	Volume

Préface

Le règlement des litiges commerciaux et des différends des affaires en général constitue le défi majeur auquel seront confrontés les années à venir, les professionnels du droit, de la justice, les spécialistes des « procéduriers », voire les pouvoirs publics. Ils le seront d'autant plus et aussi longtemps que le commerce et les transactions qui l'accompagnent, se développeront, s'étendront au-delà des acteurs « in situ », pour se prolonger au-delà et par-dessus les frontières, les lois et les règles limitatives de compétences et des pouvoirs d'action du juge judiciaire, pour ne citer que celui-ci.

Il est clair que la qualité de la justice judiciaire en Afrique, immanquablement décriée et, de plus en plus par nombre de professionnels, a poussé la réflexion et l'analyse vers l'option en faveur d'autres modes alternatifs de règlement des litiges. En plus et/ou concomitamment des modes de l'amiable, particulièrement propices et adaptés au contexte et à l'environnement des affaires en Afrique, la justice arbitrale a été la justice alternative que l'on a offerte, sans qu'aucune évaluation ni justification préalables ne soient venues l'indiquer comme le meilleur des modes, orienté vers un bien meilleur règlement des litiges.

Il apparaît clairement que le règlement des litiges, au-delà du judiciaire, relève d'un savoir et d'un savoir-faire qui ne saurait guère s'improviser ni être improvisé.

L'intitulé de l'ouvrage de Mandiou TRAORE « Le règlement des litiges en Afrique de l'Ouest » me réjouit pour trois raisons essentielles :

– En premier lieu, il est malien et je constate qu'ils sont de plus en plus nombreux, venant de ce pays, à s'essayer à l'écriture de Mémoires, de Thèses et d'Ouvrages axés sur le droit OHADA, mais le droit utile. La République du Mali, faut-il le rappeler, est membre fondateur de cette merveilleuse organisation communautaire, qui établit un pont entre l'idée de création d'un droit matériel, lequel est du ressort du législateur OHADA, la mise en œuvre de ce droit matériel par les praticiens, mais invoqué par-devant les juges nationaux, d'instance et d'appel et le juge suprême, communautaire et qui suscite la critique permanente tant en tant que droit matériel qu'à l'occasion de sa mise en œuvre de la doctrine. Mandiou TRAORE vient donc grossir le contingent de cette doctrine, composée professeurs, d'enseignants, de docteurs et de doctorants, doublés d'enseignants-chercheurs. Et c'est une source particulière de fierté que de voir un jeune compatriote figurer sur la liste prisée des lumières du droit OHADA ;

– En deuxième lieu, le sujet même du règlement des litiges qu'il a choisi de traiter, aussi bien dans sa thèse de doctorat que, par la suite, dans le cadre de cet ouvrage, et qui constitue l'une des matières préoccupantes du droit et de la pratique du droit, est le signe évident d'un engagement volontaire de faire avancer le débat théorique sur ce sujet. Les avocats le savent d'autant plus qu'ils exercent leurs activités principalement dans le contentieux des affaires. En cela, ils sont en prise directe avec le sujet dans la mesure où la démarche contentieuse vise à envisager les solutions qui mettent un terme aux litiges. L'objectif principalement assigné par le client à l'avocat est de régler plutôt efficacement le litige, de sorte à préserver son intérêt, alors même que cet intérêt est à bien des égards antinomique à celui de son adversaire. Le génie de l'avocat devrait se réveiller dans ces circonstances vers le règlement intelligent du litige ;

– La troisième et dernière raison qui me réjouit encore en écrivant cette préface, réside dans la capacité, perceptible de l'auteur de cet ouvrage, à procéder en l'analyse du contexte précis du règlement des litiges d'affaires, ce, à l'aune de la pratique contentieuse d'une part, étendue au droit et à la pratique de l'arbitrage d'autre part, et cette pratique qui a cours dans plusieurs juridictions africaines. Faut-il le rappeler, le droit communautaire issu du droit OHADA est dominé par l'existence d'ordres juridiques adossés sur une organisation judiciaire et un droit processuel quelque peu distinct. L'existence d'une Cour suprême communautaire, la CCJA, dotée du pouvoir d'évocation, en l'absence de renvoi après cassation, est appréciée distinctement.

Ouvrage à la fois utile et fondamental par lequel son auteur a su bien défricher d'un point de vue théorique, mais aussi pratique, les questions essentielles qui sont posées et qui minent le règlement des litiges commerciaux. La démarche à la fois méthodologique et didactique permet la compréhension du droit du règlement des litiges, dans une communauté juridique et judiciaire en constante évolution.

Voilà comment m'apparaît l'ouvrage bien pensé, bien écrit et bien mené par Mandiou TRAORE qui m'a fait l'honneur de me demander de préfacer.

Dans une première partie, assez fouillée, l'auteur s'attèle à identifier les principaux goulots d'étranglement qu'il a intitulés « identification des difficultés relatives au règlement judiciaire des litiges commerciaux ». Il y formule des critiques fort judicieuses tant du cadre d'organisation judiciaire des États-parties que des rapports avec la CCJA.

En matière contentieuse, les saisines par la voie du recours en cassation permettent à la CCJA de se prononcer sur les décisions rendues par les juridictions d'appel des États-parties, dans toutes les affaires soulevant des questions relatives à l'application des Actes uniformes et des règlements, à l'exception des décisions appliquant des sanctions pénales. Elle se prononce dans les mêmes conditions sur les décisions non susceptibles d'appel rendues par toutes les juridictions des États-parties. Aux termes de l'article 14 (5) du traité de l'OHADA, lorsque la CCJA casse un jugement ou un arrêt des juridictions nationales de fond, elle doit évoquer et statuer sur le fond. Le pouvoir d'évocation de la CCJA, comme l'indique l'auteur, constitue le signe évident de l'abandon par les États-parties d'au moins une partie de leur souveraineté judiciaire. C'est ce pouvoir qui permet à la haute cour ainsi érigée en un troisième degré de juridiction, de se saisir du dossier en totalité de l'affaire, de le réformer, d'en corriger les erreurs de qualification des juges initialement saisis, de relever toutes les considérations de droit qui accompagnent l'appréciation des faits. Toutefois, dans son régime actuel, ce pouvoir d'évocation de la CCJA n'est pas sans difficultés et elles ont été fort judicieusement mises en exergue par Mandiou TRAORE.

Dans la seconde partie, l'auteur traite de l'arbitrage comme un substitut à la défaillance de la justice judiciaire, institution principalement et jusque-là dédiée au règlement des litiges. Le fait que cette justice étatique soit composée et, de façon dominante encore, par des juges-fonctionnaires, à l'exception des juridictions consulaires, que les juges sont encore sous l'emprise de liens hiérarchiques, vite transformés en un rapport de subordination qui bafoue l'indépendance nécessaire du juge, constituent des freins à l'efficacité de la justice judiciaire pour régler au mieux les litiges commerciaux qui lui sont soumis. Les usagers de la justice, les justiciables n'ont de cesse de dénoncer le manque de transparence des décisions de justice qui procèdent d'une tout autre logique. L'option de développement des États-parties en faveur de l'investissement privé et étranger ne devrait pas, pendant longtemps, souffrir de tares dont les origines sont connues aussi bien que les remèdes.

Faute de volonté politique clairement affichée, cette situation constitue encore un obstacle au développement du monde des affaires qui souffre encore de la mauvaise appréhension des litiges et de leurs règlements.

L'option en faveur de l'arbitrage, comme autre mode règlement des litiges résulte en premier du traité même de l'OHADA. Par la suite, la prise d'un acte uniforme régissant la matière de l'arbitrage et d'un règlement d'arbitrage, instituant un arbitrage spécifique CCJA et, la prolifération de plusieurs centres d'arbitrage dans les États-parties n'ont pu être déterminantes d'une évolution vers plus de sollicitation de l'arbitrage, notamment dans le règlement des litiges et le développement de la pratique en excroissance de l'arbitrage, dans un continent encore dominé injustement et inopportunément par la justice judiciaire.

L'hyper-présence et la grande domination de la justice judiciaire, au détriment des autres modes et spécifiquement l'arbitrage dans le règlement des litiges commerciaux n'est pas sans raison. En effet, l'arbitrage, quoi que l'on en dise reste une matière en premier technique. Il n'est accessible qu'aux initiés et ne saurait se révéler aux novices et aux intermittents du règlement des litiges, quel que soit le talent. Ensuite, l'arbitrage a un coût dont on ne saurait minimiser l'incidence sur la décision en faveur de l'arbitrage. Enfin, l'arbitrage, en raison de son coût, de sa technicité, a besoin d'un cadre processuel et d'une organisation judiciaire à la fois clairs, précis et adapté à rendre possible l'objectif de régler le litige par ce mode-ci.

Le défi est, et demeure, l'institution d'un véritable ordre arbitral dans un cadre processuel qui tende vers l'harmonisation, tout comme le droit commun des affaires qu'est l'OHADA.

Aussi, je ne remercierai jamais assez l'auteur, Mandiou TRAORE pour le choix de ce sujet, la manière assez singulière de le traiter et les pistes qu'il ouvre et qui permettront à d'autres et à sa suite, de poursuivre.

L'œuvre de construction communautaire passe aussi par-là !

Mamadou Ismaïla KONATE
Avocat à la Cour
Barreaux du Mali et de Paris
Ancien garde des Sceaux, ministre
de la justice du Mali Arbitre

Introduction générale

« Ubi societas ibi jus »[1], le droit est consubstantiel à la vie en société. On ne peut concevoir l'existence d'une société sans un phénomène juridique. Comme le disait KELSEN, tout lien social est un lien essentiellement normatif[2]. Selon DWORKING, « nous vivons dans le droit et par lui. C'est lui qui fait de nous ce que nous sommes : des citoyens, des employés, des diplômés, des époux et des propriétaires (...). Nous sommes les sujets de l'empire du droit »[3]. Pour DWORKING, l'empire du droit s'étend à tous les aspects de la vie en société. Quant aux archétypes [4] d'identification, de différenciation et de soumission développés en anthropologie juridique par Michel ALLIOT, ils permettent de rendre compte de la perception du phénomène juridique dans les sociétés humaines. L'auteur illustre ces trois archétypes[5] d'abord à travers l'exemple de la tradition chinoise, ensuite la tradition égyptienne et africaine, enfin la tradition du livre (Occident chrétien et Islam). Dans un premier temps, l'archétype d'identification est illustré à travers l'exemple de la Chine traditionnelle où le recours au droit est synonyme d'échec. Le règlement des litiges s'effectue de manière amiable dans la perspective d'assurer l'harmonie au sein de la société. Selon Michel ALLIOT, l'identité de l'ordre cosmique et de l'ordre humain chez Confucius postule que les hommes doivent se perfectionner à travers les rites et non trouver une quelconque protection dans les contraintes de la loi. Ensuite l'archétype de différenciation est associé à l'Égypte ancienne et l'Afrique animiste. Pour l'auteur, le monde se présente dans ces deux

---

[1] Cette maxime romaine signifie que « là où il y a société, il y a droit ». Voir Ph. JESTAZ, *Le droit*, Paris, Dalloz, 2018, p. 2.

[2] H. KELSEN, « *Aperçu d'une théorie générale de l'Etat* » RDP 1926, cité par I. ABDOURAOUFI, *Les clivages entre civiliste et juriste de common law dans la perspective d'un droit africain des affaires*, thèse, Université de Lyon, 2011, p.19.

[3] R. DWORKING, *L'empire du droit,* Paris, PUF, 1994, p. 11.

[4] Cité par N. ROULAND, *Anthropologie juridique*, Paris, 1re éd. PUF, 1988, p. 401 et s.

sociétés comme le résultat d'une création que précédait le chaos. Le Dieu primordial s'est divisé en plusieurs couples de divinités complémentaires qui vont tirer l'homme du chaos. Selon l'auteur, la mission de l'homme consiste à faire triompher l'ordre à travers les rites. Le maintien de ce rite est un processus continu. Les différents groupes sociaux ne sont pas opposés, ils entretiennent des rapports complémentaires. Leur différence permet d'assurer la stabilité dans la société. Pour l'auteur, le droit n'est pas rejeté dans ces sociétés, mais il est plutôt cantonné. Enfin l'archétype de la soumission renvoie aux sociétés monothéistes notamment le christianisme et l'Islam. Le monde est régi par un Dieu extérieur. L'homme est soumis à la loi émanant de cette puissance extérieure. Dans l'Occident chrétien, selon Michel ALLIOT, l'État s'est substitué par la suite à Dieu et il s'est assigné comme mission de transformer la société par le droit. Les normes occupent une place beaucoup plus importante dans l'archétype de la soumission que dans les autres archétypes.

La théorie des archétypes développée par Michel ALLIOT a le mérite de rendre compte de la fonction du droit dans les différents types de sociétés. Si le droit joue un rôle subsidiaire dans les deux premiers archétypes, sa fonction est plus importante dans l'archétype de la soumission qui renvoie à la société moderne. L'une des fonctions du droit parmi d'autres, est de régler les conflits dont il ne peut éviter l'éclatement[6]. Pour Loïc CADIET et Thomas CLAY, « la notion de conflit est générale et a vocation à englober la notion de litige, qui est une espèce de conflit juridiquement relevant, c'est-à-dire un conflit sur ce que requièrent, autorisent ou interdisent les règles de droit pertinentes »[7](...) ». Entendu dans ce sens, le conflit apparaît comme étant un litige qui peut faire l'objet d'une solution juridique. Pour Antoine JEAMMAUD, le litige est l'opposition de prétentions juridiques soumises à une juridiction civile, pénale, administrative ou arbitrale, appelée à la trancher par une décision[8]. Le litige implique la sollicitation d'un tiers impartial pour dire le droit entre des parties aux prétentions divergentes. Dès lors, le litige apparaît comme étant l'objet du procès qui selon CORNU est « une suite d'actes (coups et ripostes, actes d'arbitrage, proclamation des résultats) exécutés par divers protagonistes (adversaires, juges) relativement à la

---

[6] A. JEAMMAUD, « conflit, différend, litige », Droits 2001/2 n° 34/ p.15.

[7] L. CADIET, T. CLAY, *Les modes alternatifs de règlement des conflits,* Paris, Dalloz, 3e éd., 2019, p.26.

[8] A. JEAMMAUD, « Conflit, différend, litige », *op. cit.,* p. 17.

matière du litige »[9]. Le procès renvoie non seulement au litige porté devant le tiers impartial, mais également la manière dont ce litige est réglé autrement dit, la procédure suivie à cet effet. Mais, si le droit se réalise à travers le procès, tous les rapports juridiques n'accèdent pas à la litigiosité. Selon Jean CARBONNIER « de ce que la possibilité toujours latente d'un procès soit inhérente à la notion du juridique, il ne s'ensuit pas que la réalité du droit se confonde avec le contentieux. Une des bases de la sociologie juridique doit être cette constatation que la plupart des rapports de droit n'accèdent pas à la litigiosité. Ils s'accomplissent à l'amiable, et même si quelque différend surgit à leur occasion entre les intéressés, ce différend ne franchit pas le seuil d'intérêt psychologique ou économique au-delà duquel on se décide à plaider. Le contentieux ne nous découvre ainsi qu'une très faible proportion du droit effectif » [10]. Le doyen CARBONNIER fait remarquer que tous les rapports juridiques ne conduisent pas leurs auteurs devant le prétoire. Il y a des rapports juridiques qui peuvent se terminer en faisant recours par exemple à un tiers médiateur dont la mission n'est pas de trouver une solution qui s'impose aux parties, mais plutôt, d'aider celles-ci à trouver elles-mêmes, à l'amiable, une solution à leur propre contestation.

« La globalisation s'empare du droit et provoque en lui des phénomènes de brassage qui ont transformé sa morphologie »[11]. Le droit africain n'est pas resté en marge de la mondialisation. Au contraire, ce fait a eu un écho favorable en Afrique en ce sens qu'il a été le facteur déclencheur de la mise en place des droits communautaires par les États pour non seulement répondre aux exigences de leurs économies, mais également, créer un environnement juridique et judiciaire propice à l'investissement. Il convient de rappeler qu'au lendemain des indépendances africaines, le droit des États francophones d'Afrique subsaharienne était essentiellement calqué sur le modèle civiliste français hérité de la colonisation[12]. Ces textes épars, anachroniques et inadaptés

---

[9] G. CORNU, J. FOYER., *Procédure civile,* PUF, Paris, 3e éd., 1996, p. 426.

[10] L. CADIET, J. NORMAND, S. AMRANI. MEKKI, *Théorie générale du procès*, Paris, 3eéd. Mise à jour, PUF, 2020, p. 4.

[11] B. DIARRAH, « conflit de compétences entre juridictions communautaires OHADA-UEMOA », Revue de droit uniforme africain (2010), p. 77, *http://www.OHADA.com/doctrine/OHADAta/D-11-71.html*

[12] Au Mali, le modèle de la justice étatique est largement inspiré de celui de la France. Il est prévu à l'article 81 de la constitution du 25 février 1992, un pouvoir judiciaire dont la mission est de veiller au respect des droits et libertés et d'appliquer dans le domaine qui lui propre les lois de la République. La justice est rendue par les tribunaux d'instance, de

aux exigences du commerce, nécessitaient un grand effort de réforme afin de les adapter aux besoins des nouvelles économies africaines. L'attractivité normative est devenue un instrument au service de l'économie dans le monde. Chaque pays et chaque région du monde recherche les normes qui favorisent l'investissement local et attirent les investissements étrangers. Les divers systèmes sont en concurrence sur le marché mondial ou régional du droit[13]. C'est dans cette perspective que des entités régionales d'intégration juridique ont été mises en place au rang desquelles : l'Organisation Africaine de la Propriété Intellectuelle (OAPI) qui s'est traduite par l'émission d'une législation uniforme en matière de propriété intellectuelle ; la conférence interafricaine de la prévoyance sociale dans le domaine de la sécurité sociale, créée en 1992 et qui regroupe les quatorze États francophones. Cette organisation, a pour mission, de favoriser la ratification des conventions de l'OIT[14] par tous les États-parties et de permettre l'adoption de conventions multilatérales. Enfin, la conférence interafricaine des marchés d'assurance qui est aussi une expérience réussie d'intégration juridique[15].

L'OHADA[16] semble être la plus osée parmi les différentes expériences d'intégrations normatives. L'idée de création de l'OHADA provient non seulement du constat de la vétusté des textes législatifs des États d'Afrique subsaharienne, mais également, de la mise en cause des institutions judiciaires. Les maux qui gangrènent ces institutions sont relatifs à la dégradation des moyens matériels, l'insuffisance de formation des magistrats et auxiliaires de justice etc. Jean DU BOIS DE GAUDUSSON a relevé à juste titre que « la justice est l'objet de nombreux procès qui, tous, s'accordent sur un acte d'accusation étoffé, sévère et sans appel : absence d'un pouvoir judiciaire indépendant,

---

commerce, de travail, administratif, et des tribunaux de paix à compétence étendues, des juridictions pour mineurs et des cours d'appels et d'assises. Il existe au sommet de cette hiérarchie judiciaire, une Cour suprême composée de trois sections : la section judiciaire, administratif et la section des comptes. Voir dans ce sens, M. B. DEMBELE, « les mécanismes de résolutions des litiges au Mali : de la justice coutumière à la justice étatique » in D. HIEZ et S. MENETREY (dir.), *L'effectivité du droit économique dans l'espace OHADA,* Paris, 2016, p. 327 et s.

[13] H. MUIR WATT, « Concurrence d'ordres juridiques et conflit de lois de droit privé », *Mélanges Lagarde*, Paris, Dalloz 2005, p. 615 et s.

[14] Organisation internationale du travail.

[15] A. AKAM AKAM, « L'OHADA et l'intégration juridique en Afrique », in A. AKAM AKAM (dir.), *Les mutations juridiques dans le système OHADA* (Cameroun 2009), p. 23.

[16] Organisation pour l'harmonisation en Afrique du droit des affaires.

subordination de la justice au pouvoir politique, vénalité des juges, insuffisance et inadéquation de la formation des magistrats, misère financière et documentaire des tribunaux, excessif juridisme des règles et procédures, éloignement de l'appareil judiciaire par apport à la population »[17]. La justice fait ainsi l'objet de nombreuses controverses. On reproche couramment à la justice d'être une institution gangrenée par la corruption[18] et éloignée du peuple pour lequel elle est rendue. Ces accusations fragilisent davantage l'institution judiciaire et n'encouragent pas les investisseurs étrangers à investir. C'est suite à ces différents constats, que les États francophones d'Afrique, ont décidé d'aller vers la création d'un droit commun des affaires.

L'objectif de la présente étude est, d'une part, de rendre compte des difficultés relatives au règlement judiciaire des litiges commerciaux en Afrique de l'Ouest notamment dans les États Parties au Traité OHADA. En effet, la mise en cause des institutions judiciaires par les justiciables est une réalité évidente en Afrique comme un peu partout dans le monde. Les maux qui touchent la justice sont multiples : le manque d'infrastructures adéquates, le déficit de formation des ressources humaines doublé de la corruption en milieu judiciaire ternissent profondément l'image de celle-ci. Au regard de ces constats, et en vue de restaurer la confiance des justiciables dans les institutions judiciaires, de créer un environnement favorable aux affaires, il est important de penser d'autre part, à la mise en œuvre effective d'autres modes de régulations sociales qui ne se substitueront pas à la justice ordinaire, mais compléteront plutôt celle–ci dans le règlement des litiges commerciaux.

---

[17] Cité par M. TIDJANI ALOU, « La corruption dans la justice au Bénin, au Niger, et au Sénégal », Etudes et travaux n° 39, LASDEL, *http://www.lasdel.net/index.php/nos-activites/etudes-travaux/96-n-39-la-corruption-dans-la-justice-au-benin-au-niger-et-au-senegal-par-m-ti*

[18] Au Mali, le substitut du procureur Malick COULIBALY a démissionné du parquet et de la magistrature le 28 septembre 2008 pour manifester son opposition à l'instrumentalisation de la justice. Suite à la vente d'un veau à un boucher, le TPI de Kati avait été saisi d'une plainte du propriétaire de l'animal. Le propriétaire du veau avait juré d'emprisonner le boucher, ce qu'il réussit à faire. Après un mois de détention, le boucher décide de faire une demande de liberté provisoire. Le tribunal fit droit à la demande. Dans les minutes qui suivirent la décision du tribunal, le procureur de la République a reçut des instructions du parquet général pour faire appel. Le substitut du procureur estimant cette situation injuste, décida alors de démissionner du parquet et de la magistrature malienne. Voir en ce sens, M. FOMBA, *La profession de magistrat au Mali. La difficile quête d'indépendance du juge*, thèse, Université de Bordeaux, décembre 2013. p. 1.

La problématique est celle de savoir comment les litiges commerciaux sont réglés, et dans quelle mesure l'arbitrage et la médiation peuvent constituer une alternative au règlement judiciaire des litiges.

Il s'agira de rendre compte de la contribution des centres d'arbitrage et de médiation dans le règlement alternatif des litiges commerciaux. Quelles sont les statistiques disponibles relatives au règlement alternatif des litiges commerciaux ? Quels sont les secteurs d'activités économiques qui saisissent les centres ? Ces questions subsidiaires permettront de saisir l'apport réel des centres d'arbitrage et de médiation dans le règlement des litiges commerciaux.

L'examen de notre objet d'étude nous a conduits à procéder à un choix basé sur une efficacité d'ordre méthodologique. Ce choix consiste à traiter du règlement des litiges commerciaux dans les États d'Afrique de l'Ouest[19] Parties au Traité de l'OHADA. Ces États ont, non seulement une législation commune en matière de droit des affaires, [20] mais également une juridiction supérieure unique pour régler en cassation les litiges résultants de l'application du droit uniforme. Cette uniformisation du droit des affaires d'une manière générale et du droit commercial en particulier, permet non seulement de mieux rendre compte de la procédure de règlement des litiges, mais également, d'accéder à la jurisprudence issue de l'application du droit uniforme.

Le terme « recherche »[21]fait appel à trois questions : que chercher ? Comment chercher ? Et pourquoi chercher ? Si la première question concerne l'objet de la recherche selon l'auteur, la deuxième renvoie à sa méthodologie et la troisième à la finalité de la recherche. En effet, en s'inscrivant dans une perspective d'articulation de la recherche empirique, notamment les enquêtes de terrain, à l'analyse doctrinale et jurisprudentielle, l'outil de recherche mobilisé dans nos travaux est

---

[19] Les Etats d'Afrique de l'Ouest parties au Traité OHADA sont au nombre de neuf à savoir : Bénin, Togo, Sénégal, Burkina Faso, Guinée, Niger, Côte d'Ivoire, Guinée Bissau, Mali. Les autres Etats de l'Afrique de l'Ouest qui ne font pas partie de l'espace OHADA sont : Mauritanie, Nigéria, Sierra Léone, Libéria, Gambie, Cap-vert et Ghana.

[20] Aux termes de l'article 2 du Traité OHADA, « (...) entrent dans le domaine du droit des affaires l'ensemble des règles relatives au droit des sociétés et au statut juridique des commerçants, au recouvrement des créances et aux sûretés et aux voies d'exécutions, au régime du redressement des entreprises et de la liquidation judiciaire, au droit de l'arbitrage, au droit du travail, au droit comptable, au droit de la vente et des transports, et toute autre matière que le Conseil des Ministres déciderait, à l'unanimité, d'y inclure (...) ».

[21] G. HESSELING, M. DJIRE et B. M. OOMEN, *Le droit en Afrique, expériences locales et droit étatique au Mali*, Paris, Editions Karthala, 2005, p. 30.

constitué par les entretiens individuels dont l'un des avantages demeure le contact direct avec les acteurs impliqués dans le processus de règlement des litiges commerciaux. Ces entretiens sont réalisés avec un échantillon comprenant : les magistrats des tribunaux de commerce qui sont les premiers acteurs du règlement des litiges liés au commerce, des avocats, des responsables de chambre de commerce et d'industries, des commerçants détaillants et les responsables des deux centres de médiations, d'arbitrages, et de conciliation (Mali, Burkina Faso). Le Mali qui fut le premier terrain réalisé dans la conduite de nos travaux, a permis de restituer les difficultés auxquelles les acteurs économiques (commerçants, sociétés commerciales, banques, assurances, etc.) sont confrontés dans le règlement de leurs litiges commerciaux à savoir : l'encombrement du rôle des tribunaux, le manque de ressources humaines qualifiées, le délai anormalement long dans le règlement judiciaire des litiges ; la corruption en milieu judiciaire, l'absence de cadre formel de coopération entre les acteurs judiciaires (magistrats) et le centre de conciliation et d'arbitrage du Mali (ci-après CECAM) qui, depuis sa création en 2008 n'a enregistré que trente-deux dossiers. Dans la perspective de restituer davantage les difficultés dans le règlement des litiges commerciaux, des enquêtes de terrain ont été aussi réalisées au Burkina Faso notamment auprès du centre d'arbitrage, de médiation et de conciliation (ci-après CAMC-O). Outre l'observation sur le terrain, un travail d'analyse de la jurisprudence de la Cour commune de justice et d'arbitrage et des juridictions nationales du fond s'impose pour dégager les grandes tendances du contentieux commercial. Les juridictions nationales du fond sont juges de droit commun du droit uniforme. Ce sont elles qui appliquent en instance et en appel le droit uniforme. Pour ce faire, il est important de s'intéresser aux décisions rendues par celles-ci en vue de rendre compte de leurs contributions au règlement des litiges commerciaux.

L'article 2 de l'acte uniforme révisé relatif au droit commercial général [22] définit le commerçant comme étant celui qui fait de « l'accomplissement d'actes de commerce par nature sa profession habituelle ». Quant à l'article[23] 3 du même texte, il définit l'acte de

[22] L'acte uniforme révisé portant sur le droit commercial général a été adopté le 15/12/2010 à Lomé et entré en vigueur le 16/05/2011, *http://www.OHADA.com/actes-uniformes/940/acte-uniforme-revise-portant-sur-le-droit-commercial-general.html*

[23] Article 3 de l'AUDCG.

commerce par nature comme « celui par lequel une personne s'entremet dans la circulation des biens qu'elle produit ou achète ou par lequel elle fournit des prestations de service avec l'intention d'en tirer un profit pécuniaire. Ont, le caractère d'actes de commerce par nature, l'achat de biens, meubles ou immeubles, en vue de leur revente ; les opérations de banque, de bourse, de change, de courtage, d'assurance et de transit ; les contrats entre commerçants pour les besoins de leur commerce ; l'exploitation industrielle des mines, carrières et de tout gisement de ressources naturelles ; les opérations de location de meubles ; les opérations de manufacture, de transport et de télécommunication ; les opérations des intermédiaires de commerce, telles que la commission, le courtage, l'agence, ainsi que les opérations d'intermédiaires pour l'achat, la souscription, la vente ou la location d'immeubles, de fonds de commerce, d'actions ou de parts de société commerciale ou immobilière ; les actes effectués par les sociétés commerciales. Relativement aux actes de commerce par leur forme, ils sont composés selon les énumérations de l'article[24] 4 de l'AUDCG[25] par : la lettre de change, le billet à ordre et le warrant.

Le droit commercial régit à la fois les activités, mais également les personnes qui les exercent. Cette dualité d'objets du droit commercial a donné lieu à une controverse doctrinale sur le point de savoir si le droit commercial devait se définir par référence aux activités commerciales (actes de commerce) ou aux personnes qui exercent ces activités (commerçants). Pour une partie de la doctrine, le droit commercial est d'abord et avant tout le droit des actes de commerce et subsidiairement, celui des commerçants. Cette conception est dite objective car elle part des activités pour définir le droit commercial. Une autre partie de la doctrine s'oppose à cette conception doctrinale objective, et définit le droit commercial principalement à partir des commerçants et accessoirement le droit des actes de commerce. C'est la conception dite subjective. Le droit commercial est celui des commerçants et dans une moindre mesure celui des actes de commerce[26]. De nos jours, ce débat entre partisans de la thèse objective et ceux de la thèse subjective semble apaisé selon un auteur. Ce

[24] Article 4 de l'AUDCG.

[25] Acte uniforme relatif au droit commercial Général.

[26] A. P. SANTOS, J. Yado TOE, *OHADA, droit commercial général*, coll. Droit Uniforme Africain, 2002, p. 16.

serait même « une controverse stérile »[27] pour reprendre les termes de M. PIROVANO. Tous les auteurs, quelle que soit leur position, reconnaissent l'influence aussi minime soit-elle, de l'une et l'autre thèse en droit positif. Le droit français dont le droit OHADA s'est largement inspiré, est à la fois un droit des actes de commerce et un droit des commerçants. En effet, pour Dominique LEGEAIS, la théorie de la commercialité est devenue obsolète[28]. L'auteur constate que les notions d'activités économiques et professionnelles, d'entreprises, de marchés financiers, de droit du crédit et des moyens de paiement, de prévention des difficultés des entreprises, du contrat d'affaires remplacent progressivement celles d'actes de commerce, de fonds de commerce, de bourse, d'effets de commerce, de faillite ou de contrats commerciaux.[29] En mettant l'accent sur la singularité du droit commercial, des auteurs affirment que : « la spécificité du droit commercial entraîne, entre autres conséquences, que les litiges nés de son application revêtent des caractéristiques propres. Ainsi la rapidité nécessaire aux transactions commerciales perdrait en partie de son intérêt si la procédure de règlement des litiges auxquels celles-ci peuvent donner lieu était longue. De même, le secret des affaires ne pourrait pas toujours être respecté si la solution des litiges se concevait dans le cadre exclusif de l'organisation judiciaire étatique compte tenu de la publicité des débats et du prononcé des verdicts. En définitive, le réflexe qui a conduit les commerçants à revendiquer un droit autonome les amène aussi à vouloir une justice propre à eux »[30]. Cette particularité du droit commercial désignée par certains comme un « dualisme du droit privé », se manifeste généralement sous trois aspects : à la fois formel, juridictionnel, et matériel. La dimension formelle réside en ce que les règles du droit civil et celles du droit commercial sont contenues dans des documents différents. Le Code de commerce est différent du Code civil. La dimension juridictionnelle qui s'entend de l'existence d'une juridiction spéciale au droit commercial, notamment les tribunaux de commerce et enfin la dimension matérielle

---

[27] M. KONE, *Le nouveau droit commercial des pays de la zone OHADA* : comparaisons avec le droit Français, thèse, L.G.D.J., 2003, p.22, V. en ce sens A. Pirovano, « Introduction critique au droit commercial » : *RTD com.*, 1985, p..218.
[28] D. LEGEAIS, *Droit commercial et des affaires*, Paris, 25e éd., Sirey, 2019, p.4.
[29] *Ibid.*
[30] A. P. SANTOS, J. Y. TOE, *op. cit.*, p. 44.

qui consiste en ce que, pour la même institution ou la même personne, des règles différentes sont prévues selon son caractère civil ou commercial[31].

Le règlement du contentieux des affaires d'une manière générale et en particulier des litiges commerciaux s'effectue dans un premier temps, par les juridictions nationales d'instance et d'appel conformément à l'article 13 du Traité OHADA. Les juridictions nationales du fond sont juges de droit commun du droit uniforme. Dans un second temps, le législateur OHADA a estimé nécessaire de mettre en place une juridiction supérieure communautaire unique chargée de régler les litiges en cassation. Cette juridiction de cassation unique dénommée Cour commune de justice et d'arbitrage (CCJA)[32] est à la fois la plus haute juridiction judiciaire des États Parties au Traité en matière de droit des affaires, et un centre régional d'arbitrage. La CCJA est compétente pour connaître du contentieux lié à l'interprétation et à l'application uniforme du Traité, des règlements pris pour son application et des actes uniformes. Elle assure une triple fonction[33] : une fonction juridictionnelle, elle est juge de cassation dans tous les litiges relevant de la législation uniforme OHADA. Elle assure une fonction consultative, la CCJA est habilitée à rendre des avis soit à la demande d'un État Partie, du Conseil des Ministres[34] ou d'une juridiction nationale saisie d'un litige relatif à

---

[31] M. KONE, *op. cit.*, p.19. Voir dans ce sens, D. Tallon, « *Réflexions comparatives sur la distinction du droit civil et du droit commercial ». in* : Mélanges Jauffret, p. 648 ; J. Hamel. G. Lagarde. et A. Jauffret, *Droit commercial*, T, I, Dalloz, 2e éd. 1980, n° 5-1.

[32] Aux termes de l'article premier du règlement de procédure de la CCJA adopté le 18 avril 1996 et modifié par le règlement n° 01/2014/CM adopté au Burkina Faso le 30 janvier 2014, « La Cour commune de justice et d'arbitrage est composée de neuf juges. Toutefois, le Conseil des Ministres peut sur rapport circonstancié et approfondi du Secrétariat Permanent, saisi à cet effet, soit par le Président de la Cour, soit par un État Partie, et compte tenu aussi bien des nécessités de service que des possibilités financières de l'organisation, fixer un nombre impair de juges supérieur à neuf, *www.OHADA.com/16165/reglement-n-01-2014-cm-OHADA-modifiant-et-completant-le-reglement-de-procedure-de-la-cour-commune-de-justice-et-d-arbitrage-du-18-avril-1996.html*
Compte tenu des nécessités de services et des possibilités financières le nombre de juge de la CCJA a été augmenté à treize depuis le 10 avril 2015. Voir *https://www.OHADA.org/index.php/fr/cour-commune-de-justice-et-d-arbitrage-ccja/ccja-en-bref*

[33] En ce sens, h*ttps://www.OHADA.org/index.php/fr/cour-commune-de-justice-et-d-arbitrage-ccja/missions-et-attributions/624-fonction-arbitrale*

[34] Le Conseil des Ministres est l'une des institutions de l'OHADA chargée de l'adoption de la législation uniforme. Il est composé des ministres chargés de la justice et des ministres chargés des finances des Etats Parties au Traité OHADA (article 27 du Traité).

l'OHADA et qui est encore pendant devant elle. Enfin, elle assure une fonction arbitrale. Seules les fonctions juridictionnelle et arbitrale de la CCJA seront abordées dans le cadre de cette étude.

La CCJA est au cœur du règlement judiciaire des litiges commerciaux. Placée au sommet de la hiérarchie judiciaire, la CCJA est saisie par la voie du recours en cassation et se prononce sur toutes les décisions rendues par les juridictions d'appels des États Parties dans toutes les affaires impliquant des questions relatives à l'application des actes uniformes[35] et des règlements prévus au Traité, à l'exception des décisions appliquant des sanctions pénales. La Cour se prononce aussi dans les mêmes conditions, sur toutes les décisions non susceptibles d'appel rendues par toute juridiction, et en cas de cassation, elle évoque et statue sur le fond[36]. Le recours en cassation devant la CCJA doit être fondé sur un cas d'ouverture : la violation de la loi, l'incompétence et l'excès de pouvoir, la violation des formes prescrites par la loi à peine de nullité, le défaut, l'insuffisance ou la contrariété des motifs, l'omission ou le refus de répondre à des chefs de demandes, la dénaturation des faits de la cause ou des pièces de la procédure, le manque de base légale, la perte de fondement juridique ; le fait de statuer sur une chose non demandée ou d'attribuer une chose au-delà de ce qui a été demandée[37]. L'une des particularités de la CCJA tient au fait qu'elle peut évoquer et statuer sur le fond en cas de cassation. Dès lors, la Cour est qualifiée par une partie de la doctrine comme étant un troisième degré de juridiction en ce sens que l'évocation incombe en générale au juge du second degré qui, saisi d'un litige en appel, s'empare de l'entièreté de l'affaire pour en donner une solution définitive. L'évocation implique donc la substitution de la juridiction de cassation à la juridiction de renvoi pour juger en droit et en fait. Si la CCJA dispose de la faculté de substituer sa propre décision à celle de la juridiction nationale de renvoi en cas de cassation, il convient de noter qu'elle ne peut pas statuer sur les décisions appliquant des sanctions pénales. En effet, l'article 5 alinéa 2 du Traité énonce que les actes uniformes peuvent inclure des dispositions d'incriminations

[35] Aux termes de l'alinéa premier de l'article 5 du Traité, les actes pris pour l'adoption des règles communes sont qualifiés d'« Actes uniformes ». Les Actes uniformes sont élaborés par le Secrétariat Permanent en concertation avec les gouvernements des Etats Parties. Leur délibération et adoption se fait par le Conseil des Ministres après l'avis de la CCJA (article 7 du Traité OHADA).

[36]Article 14 du Traité OHADA.

[37] Article 28 du règlement de procédure n° 01/2014/CM/OHADA modifiant et complétant le règlement de procédure de la CCJA du 18 avril 1996.

pénales. Les États Parties s'engagent à déterminer les sanctions pénales encourues. Le législateur OHADA renvoie aux États Parties la responsabilité de déterminer le quantum des peines applicables aux incriminations pénales qui se trouvent dans les actes uniformes. Dans sa jurisprudence judiciaire, la CCJA n'hésite pas à se déclarer incompétente lorsqu'elle est saisie d'un recours en cassation soulevant l'application des sanctions pénales[38]. Ce partage de compétence entre d'une part, le législateur OHADA et d'autre part, le législateur national ne favorise pas l'uniformisation d'une jurisprudence communautaire en matière pénale. Par exemple, pour une même incrimination pénale en matière de constitution ou de fonctionnement d'une société commerciale, les États Parties peuvent prévoir différentes sanctions pénales. Dans une telle hypothèse, l'investisseur national ou étranger peut être tenté d'investir dans des États qui disposent de sanctions pénales plus douces au détriment des États dont les sanctions pénales sont sévères. Si le renvoi fait par le législateur OHADA au législateur national pour la détermination des sanctions pénales prévues par les actes uniformes est source de difficultés, les rapports entre la CCJA et les juridictions nationales supérieures des États Parties méritent d'être soulignés.

L'instauration de la CCJA en tant que juridiction unique de cassation pour tous les États Parties au Traité OHADA[39] dans la perspective

[38] Dans un arrêt en date du 19 juin 2009, la CCJA a décidé qu' « elle ne peut connaître, par la voie du recours en cassation, des affaires qui, bien que soulevant des questions relatives à l'application des Actes uniformes et des règlements prévus au Traité, concernent des décisions appliquant des sanctions pénales ; que l'arrêt n° 38/CRIM du 11 juin 2009 de la Cour d'appel du Littoral, objet du présent pourvoi, a été rendu en matière criminelle et a, entres autres, déclaré l'accusé ETONDE EKOTO coupable de certains faits qui lui sont reprochés et l'a condamné à 15 ans d'emprisonnement ferme (...) ». V. en ce sens CCJA, 2e ch., arrêt n° 53/2012 du 07 juin 2012, affaire : ETONDE EKOTO Edouard Nathanaël c/ 1°) Port Autonome de Douala (P.A.D), 2°) Ministère public,
http://www.OHADA.com/jurisprudence/OHADAta/J-14-79.html,
Voir aussi, CCJA, 2e ch., arrêt n° 003/2018 du 11 janvier 2018, affaire : Alain Poussy c/ Succession Marie-Antoinette GBIATIBWA YETENNE,
http://biblio.OHADA.org/pmb/opac_css/doc_num.php?explnum_id=3448; V. CCJA, 3e ch., arrêt n° 188/2015 du 23 décembre 2015, P. n° 129/2012/ : Adama Coulibaly c/ PC Général près la Cour d'appel d'Abidjan, Coulibaly Dramane.
http://www.OHADA.com/jurisprudence/OHADAta/J-16-181.html
[39]A ce jour, les Etats Parties au Traité OHADA sont au nombre de dix sept : Benin, Burkina Faso, Cameroun, Centrafrique, Comores, Congo, Côte d'Ivoire, Gabon, Guinée, Guinée Bissau, Guinée Equatoriale, Mali, Niger, République Démocratique du Congo

d'uniformiser la jurisprudence, a conduit à la mise à l'écart des juridictions nationales de cassation qui ne sont plus compétentes pour connaître du contentieux relevant du droit des affaires excepté, l'application des sanctions pénales. La mise à l'écart des juridictions nationales de cassation, est motivée par la nécessité d'uniformiser la jurisprudence communautaire. L'uniformisation de la jurisprudence est la suite logique de la mise en œuvre du droit uniforme OHADA. Mais, il est évident que l'atteinte de l'objectif d'unification jurisprudentielle vient bouleverser l'organisation judiciaire interne des États. En effet, avant l'avènement du droit uniforme, les juridictions nationales de cassation avaient la plénitude de compétence pour régler tous les litiges relatifs au droit des affaires. Mais, avec la création de l'OHADA, ces juridictions ont été complètement mises à l'écart dans le règlement des litiges relatifs au droit des affaires. Elles peuvent tout de même statuer sur les litiges impliquant l'application des sanctions pénales dont les incriminations sont fixées par les actes uniformes. Cette mise à l'écart des juridictions nationales de cassation dans la nouvelle organisation judiciaire est consacrée par le Traité OHADA qui énonce en son article 15, que les pourvois en cassation sont portés devant la CCJA soit directement par l'une des parties à l'instance, soit sur renvoi d'une juridiction nationale statuant en cassation saisie d'une affaire soulevant des questions relatives à l'application des actes uniformes[40]. Chaque fois qu'une juridiction nationale de cassation est saisie d'une question relative à l'application du droit uniforme, elle est tenue de renvoyer la cause et les parties devant la CCJA. Si une juridiction nationale de cassation se déclare compétente pour statuer sur un litige relatif au droit uniforme, son incompétence peut être soulevée devant la CCJA par la partie qui s'estime lésée dans un délai de deux mois à compter de la notification de la décision contestée. Si la CCJA estime que la juridiction nationale s'est déclarée compétente à tort, la décision rendue par cette juridiction est réputée nulle et non avenue[41]. Dès lors, les rapports entre ces deux ordres de juridictions supérieures (CCJA et juridictions nationales de cassation) sont plus empreints de conflits que basés sur un véritable dialogue des juges. Pendant que la CCJA tente d'affirmer son autorité[42], les juridictions nationales de

---

(RDC), Sénégal, Tchad, Togo. Voir *https://www.OHADA.org/index.php/fr/OHADA-en-bref/presentation-OHADA-espace-OHADA*

[40] Article 15 du Traité OHADA.

[41] Article 18 du Traité OHADA.

[42] La CCJA a plusieurs fois eu l'occasion d'annuler des décisions rendues par des juridictions nationales de cassation qui se sont déclarées compétentes à tort pour statuer

cassation s'inscrivent dans une perspective de réclamation de leurs compétences traditionnelles[43].

En Afrique, la saisine du juge dans le cadre d'un procès a mauvaise réputation. Dans le continent, c'est faute de rien que l'on confie à un tiers le soin de démêler un litige. Sur un plan sociologique et psychologique, le procès est le signe d'une discorde entre deux ou plusieurs personnes qui vivent pourtant au milieu d'autres, en communauté et en solidarité ; en second, il est le signe d'une agressivité humaine certaine contraire aux valeurs africaines ; enfin, le procès apparaît comme une pièce mal réglée, trop longue, dévorant temps, argent et peine[44].

Depuis l'antiquité, cette justice dite négociée était vue comme la forme de justice la plus naturelle. Quatre siècles avant notre ère, Platon avait écrit : « il est nécessaire que toujours soit bien clair, ce qui est, de la part de chacune des deux parties, l'objet de leur contestation ; qu'on prenne

---

sur des litiges impliquant l'application du droit uniforme. Il ressort de l'arrêt de la CCJA en date du 22 février 2018 que la Société civile Immobilière MILADE et Josephine dite SCI M&J) avait soulevé l'exception d'incompétence devant la chambre judiciaire de la Cour suprême de Côte d'Ivoire à connaître du pourvoi exercé devant elle par la société SDTM-CI ; que le litige opposant les parties qui porte sur l'indemnité d'occupation relève du bail à usage commercial ou au sage professionnel régi par l'Acte uniforme portant sur le droit commercial général. Qu'en se prononçant sur l'affaire par arrêt n° 195/16 rendu le 03 mars 2016 bien que la requérante ait soulevé son incompétence au motif que le contentieux est relatif à l'application d'un Acte uniforme, la chambre judiciaire de la Cour suprême de Côte d'Ivoire s'est déclarée compétente à tort pour connaître du pourvoi en cassation exercé par la société SDTM-CI ; que dès lors, en application des dispositions de l'article 18 du Traité de l'OHADA, sa décision est réputée nulle et non avenue ». CCJA, arrêt, n° 040/2018 du 22 février 2018, affaire : Société civile Immobilière MILADE et Josephine dite SCI M&J c/ Société de Distribution de toutes marchandises en Côte d'Ivoire en abréviation SDTM-CI,
http://biblio.OHADA.org/pmb/opac_css/doc_num.php?explnum_id=3900
La CCJA veille au respect du délai de deux mois impartis au requérant pour soulever l'incompétence d'une juridiction nationale de cassation qui s'est prononcée à tort dans un litige impliquant l'application du droit uniforme. V. En ce sens, CCJA, arrêt n° 076/2015, du 29 avril 2015, affaire : Abdoulaye DIENG c/ Société TRANSSENE,
http://biblio.OHADA.org/pmb/opac_css/doc_num.php?explnum_id=3257

[43] Les compétences traditionnelles des juridictions nationales de cassation s'entendent ici par le fait pour ces juridictions, de pouvoir statuer sur tous les litiges relatifs au droit des affaires comme c'était le cas avant l'avènement de l'OHADA.

[44]Cf.not.discours du ministre de la Justice malien, Me Hamidou Diabaté, le 10 novembre 1997, lors du « forum de la justice » dans son allocution d'ouverture mettant l'accent sur les problèmes constatés. Voir dans ce sens N. N. AKA, A. FENEON et J.-M TCHAKOUA, *Le nouveau droit de l'arbitrage et de la médiation en Afrique (OHADA)*, *op. cit.*, p.10.

son temps, qu'à la fois on aille lentement et qu'à plusieurs reprises on revienne sur l'instruction préalable, c'est chose utile si l'on veut éclairer le litige. Pour ces raisons, il faut que ceux qui ont des griefs les uns contre les autres commencent par aller trouver leurs voisins, leurs amis aussi bien que ceux qui sont au courant des actes sur lesquels porte la contestation ; qu'ils aillent vers d'autres tribunaux dans le cas seulement où, d'aventure, on n'aura pas reçu de ces gens-là une décision qui règle convenablement le différend »[45].

Pour M. Loïc CADIET et M. Thomas CLAY, le développement des modes alternatifs de règlement des conflits est lié à la « crise de la justice »[46], caractérisée par l'explosion du contentieux judiciaire et l'encombrement des rôles des juridictions qui en est la conséquence. En parlant des modes alternatifs de règlement des litiges, M. TOE affirme que : « de plus en plus l'on veut trouver une alternative crédible aux juridictions étatiques car en matière commerciale, c'est la rapidité, il s'agit de faire en sorte qu'on préserve la confidentialité. Le juge doit plutôt préparer l'avenir pour liquider le passé alors que dans nos juridictions compte tenu des problèmes liés à l'organisation, à la célérité parce que les magistrats sont sur plusieurs dossiers. Les dossiers traînent beaucoup. Un jugement qui est très rapide peut prendre deux ans parce qu'il y a les voies de recours qu'on utilise de façon dilatoire pour retarder l'exécution de la décision. Ce qui fait que les gens se retournent de plus en plus vers les modes alternatifs. Cela correspond aussi à l'histoire même du droit en Afrique « l'arbre à palabre ». On se retrouve, on essaie de se concilier en présence d'un médiateur. La justice étatique telle que superposée depuis la colonisation, on se demande si cela correspond à l'idée de justice telle que nous nous faisons en Afrique. Quand on part en justice c'est pour trouver une solution, pour que justice soit rendue. Si la justice est rendue, le demandeur et le défendeur doivent se réconcilier. Alors que tel qu'il est constaté, c'est tout le contraire, une fois que les parties arrivent devant le juge, c'est pour exacerber les tensions. Comme le disait le juge Keba M'BAYE « la fierté du paysan sénégalais, c'est de dire qu'il n'a jamais mis pied devant la justice ». C'est une fierté pour eux de dire qu'il n'a jamais mis pied dans un palais de justice qu'il ait raison ou pas. Ce qui traduit leur imaginaire de la justice qui renvoie à un lieu fait pour les délinquants. C'est la raison pour laquelle les gens ont du mal à suivre les

---

[45]K. RIBAHI. *Op. cit.*, 20 et s.

[46]L. CADIET ET T. CLAY, *Les modes alternatifs de règlement des conflits*, Dalloz 3e éd., 2019, p. 3.

procédures. Ils ne suivent les procédures que lorsqu'ils ont tout perdu. La justice devient le dernier recours. On ne va pas automatiquement devant la justice. Les gens essaient de trouver les voies et moyens pour régler leurs litiges alors que les délais tels que organisés par les codes de procédure sont impératifs. Le juge ne peut pas faire de miracle. Les justiciables ne se retrouvent plus dans la justice étatique. Ils ont donc tendance à aller vers la justice de médiation, de conciliation, et d'arbitrage pour se réconcilier, pour préserver leurs relations d'affaires. On peut être en litige sur une opération alors que sur une autre opération, tout se passe correctement. Mais devant l'organisation de la justice telle que nous la connaissons, on a souvent besoin de se faire accompagner par des Maîtres du droit qui viennent exacerber les tensions entre les parties. Les clients se considèrent dès lors comme des ennemis. Les avocats s'attaquent à la barre devant les clients et prennent du café après le procès alors que les clients ne peuvent plus prendre du café ensemble à cause de ce qu'ils ont entendu »[47].

Le règlement judiciaire est le mode de règlement le plus mobilisé pour régler les litiges commerciaux. Dès lors, il convient de promouvoir davantage les modes alternatifs de règlement des litiges. C'est dans cette perspective, que le législateur OHADA, dans le préambule du Traité, encourage vivement de faire de l'arbitrage, un instrument de règlement des différends contractuels. Pour Dorothé SOSSA, « plusieurs études récentes démontrent que la pratique des modes alternatifs de règlement des litiges MARL connaît un engouement croissant, autant comme réponse aux insuffisances des systèmes judiciaires qu'en raison de leurs qualités propres. Les entreprises interrogées, de toutes tailles et de tous les secteurs d'activités, se sont très majoritairement déclarées satisfaites par le recours aux MARL ; mieux encore, elles ont précisé qu'elles entendaient y recourir à l'avenir pour le règlement de leurs différends d'affaires. C'est dire qu'au-delà du présupposé théorique et de la perception empirique, il existe des indices scientifiques de ce que la gestion optimisée des litiges par le recours aux modes alternatifs de règlement des différends améliore significativement les performances des entreprises »[48]. Suivant cet état d'esprit, et conformément à l'application

[47]Entretien réalisé le 09/03/2018 à l'Université Ouaga II (Burkina Faso) à partir de 17h15 avec M. SOULEYMANE TOE, enseignant-Chercheur et arbitre agréé auprès du CAMC-O.

[48] N. AKA, A. FENEON et J.-M TCHAKOUA, *Le nouveau droit de l'arbitrage et de la médiation en Afrique (OHADA), Droits Africain,* Paris, LGDJ, 2018, p.7.

du Traité, un acte uniforme relatif à l'arbitrage a été mis en place le 11 mars 1999 ainsi que le règlement d'arbitrage de la Cour commune de justice et d'arbitrage. Après une quinzaine d'années[49] d'application de ces textes, le Conseil des ministres a, lors de sa session des 25 et 26 juillet 2014, autorisé le Secrétaire permanent à les évaluer afin d'identifier les pistes d'amélioration. Ces travaux ont permis d'adopter, le 23 novembre 2017, les textes révisés sur l'arbitrage notamment l'Acte uniforme sur l'arbitrage qui est le droit commun de l'arbitrage dans l'espace OHADA, et le règlement d'arbitrage de la CCJA. L'adoption de ces différents textes, donne la possibilité aux acteurs économiques de régler leurs litiges en évitant les longues procédures judiciaires.

Pour Charles JAROSSON, « l'arbitrage est l'institution par laquelle un tiers, règle le différend qui oppose deux ou plusieurs parties, en exerçant la mission juridictionnelle qui lui a été confiée par celles-ci »[50]. Pour René DAVID, « l'arbitrage est une technique visant à faire donner la solution d'une question intéressant les rapports entre deux ou plusieurs personnes, par un ou plusieurs autres personnes - l'arbitre ou les arbitres – lesquelles tiennent leurs pouvoirs d'une convention privée et statuent sur la base de cette convention, sans être investi de cette mission par l'État »[51]. Pour Dominique VIDAL, l'arbitrage est un mode alternatif de règlement des litiges ; il est « alternatif » dans le sens où il propose le traitement d'un litige en dehors du recours aux tribunaux étatiques. L'arbitrage est aussi un mode de règlement juridictionnel du litige et c'est pourquoi d'ailleurs, on le distingue des autres modes alternatifs de règlement des litiges, également conventionnels dans leur source, mais non juridictionnels dans leur régime [52]. Pour Henri MOTULSKY, « l'arbitrage remplit une fonction juridictionnelle, et, à ce titre, les principes essentiels « directeurs » du procès civil doivent y être observés, et d'abord celui du respect des droits de la défense ; mais son fondement est contractuel : c'est la volonté des parties ; et leur liberté, la confiance qu'elles placent dans les arbitres et l'arbitrage doivent être, elles aussi, préservés »[53]. La nature hybride de l'arbitrage s'explique par le fait qu'il naît de la volonté des

---

[49] *Ibid.*

[50] Voir dans ce sens J.-B. RACINE, *Droit du commerce international*, Dalloz 3e éd., 2018, p.380.

[51] Cité par J-B. Racine, *Droit de l'arbitrage*, Thémis droit, puf, 1re éd., 2016, p. 3.

[52] Y. STRICKLER et J.-B. Racine, *L'arbitrage : Questions contemporaines*, L'Harmattan, 2012, p. 13.

[53] H. MOTULSKY, Écrits : *Études et notes sur l'arbitrage,* Préface de Claude Reymond, Paris, Dalloz, 2010, p.V.

parties de saisir des arbitres pour régler leur litige. Mais en plus de ce caractère conventionnel, l'arbitrage remplit aussi une fonction juridictionnelle qui consiste pour l'arbitre à rendre une sentence arbitrale qui s'impose aux parties. La détermination de la nature de l'arbitrage fait l'objet d'une vive controverse doctrinale. Différentes théories s'affrontent sur ce terrain à savoir : la théorie juridictionnelle de l'arbitrage, la théorie contractualiste et celle du caractère successif et enfin la théorie basée sur le caractère mixte ou complexe de l'arbitrage. Le postulat de départ de la théorie juridictionnelle est de mettre en avant le caractère juridictionnel de l'arbitrage. Les arguments essentiels sont tirés de la nature de la mission et de l'agencement de l'arbitrage en droit positif : la loi parle de « litige », des « parties », du « jugement arbitral » ; elle oblige l'arbitre à « décider suivant le Droit ou sa conscience, c'est-à-dire à juger » ; elle organise une procédure arbitrale en principe calquée sur celle du droit commun ; elle prévoit l'exécution provisoire de la sentence, ainsi que des voies de recours, à savoir l'appel et la requête civil[54].

La théorie dite contractuelle de l'arbitrage s'oppose à la première théorie en ce sens qu'elle rattache l'arbitrage exclusivement à la volonté des parties. Merlin proclame que la sentence arbitrale, qui tire « du compromis ...toute sa substance », a, comme le compromis, le caractère de contrat » ; et Weiss a dépensé des trésors d'ingéniosité pour essayer de faire admettre que si la loi instituait un « appel » contre la sentence arbitrale, il s'agissait encore d'un phénomène contractuel, le compromis étant réputé avoir implicitement stipulé une « convention d'arbitrage supérieure »[55]. Les tenants de cette théorie se fondent sur le caractère contractuel de l'arbitrage qui l'emporte sur son caractère juridictionnel qui ne serait que marginal. Pour les tenants de la doctrine contractualiste, la volonté des parties suffise pour déterminer la nature de l'arbitrage. À ces deux premières théories, s'ajoute une troisième dite du caractère successif. Les tenants de ce courant de pensée admettent une transformation du caractère contractuel originaire de l'arbitrage par l'intervention de la Justice étatique, appelée, comme on le sait, à conférer à la sentence arbitrale la force exécutoire par un ordre dit d'« exequatur »[56]. Pour les tenants de cette doctrine, l'exequatur marque le passage de l'arbitrage-contrat dans le domaine juridictionnel. La doctrine majoritaire semble opter pour la quatrième théorie dite mixte ou complexe de

[54] *Ibid.*
[55] H. MOTULSKY, *op. cit.* p8.
[56] *Ibid.*

l'arbitrage. Cette conception a le mérite de saisir l'arbitrage sous un double angle à savoir : sa dimension conventionnelle qui découle de la volonté des parties et qui se manifeste par la clause compromissoire ou le compromis, et sa dimension juridictionnelle qui se traduit par le fait que l'arbitre est un « vrai juge »[57]. Il tranche le litige à travers un acte de juridiction que l'on nomme sentence. La détermination de la nature de l'arbitrage sous le prisme à la fois de son caractère conventionnel et juridictionnel emporte notre conviction. Cette dernière conception permet de rendre compte véritablement de la nature mixte de l'arbitrage qui est à la fois mi-contractuelle et mi-juridictionnelle. L'arbitrage n'est pas que contractuel comme le postule la théorie contractualiste. Il est vrai qu'il résulte de la volonté des parties de régler leur litige en faisant recours à un juge privé appelé arbitre, mais il faut l'intervention de la justice étatique pour conférer à la sentence de l'arbitre la force exécutoire à travers la délivrance de l'exequatur. La nature de l'arbitrage ne peut être aussi déterminée uniquement par le prisme de son caractère juridictionnel. C'est la prise en compte des deux dimensions notamment le caractère contractuel et juridictionnel qui permet de restituer la nature exacte de l'arbitrage. L'arbitrage est une institution très ancienne qui a résisté à l'épreuve du temps. Selon Jean HILAIRE, « L'antiquité romaine avait déjà jeté les bases de l'institution arbitrale et développé son encadrement juridique si bien qu'à travers la codification du droit romain effectuée sous l'empereur Justinien et qui a resurgi au XIIe siècle, la civilisation médiévale a vécu sur cet héritage. La doctrine médiévale, en effet, a longuement étudié l'institution qui a aussi été largement utilisée en une pratique gardant son originalité par apport au modèle romain »[58]. Pour Carine JALLAMION, « l'histoire politique de l'arbitrage du XVIIe au XIXe se divise en deux mouvements contraires : d'abord le roi puis le législateur révolutionnaire favorisent l'arbitrage, ce qui constitue aussi pour eux un moyen d'abaisser le pouvoir des juges, mais cette faveur, en raison de phénomènes de résistance, ne sera pas vraiment suivie d'effet. Se produit ensuite au début du XIXe siècle une rupture profonde dans les relations entre pouvoir et justice, qui fait que l'arbitrage est désormais

---

[57] J.-B. RACINE et F. SIIRIAINEN, *Droit du commerce international*, Cours M1 M2, Paris, Dalloz, 3e éd., 2018, p. 380.
[58] J. HILAIRE, « L'arbitrage dans la période moderne (XVIe–XVIIIe siècle) », *Rev. arb.* N° 2, avril-juin 2000, p.188.

envisagé avec beaucoup d'hostilité, à la fois par les gouvernants et par les juges »[59].

L'arbitrage et le pouvoir politique ont toujours entretenu des relations plus ou moins tumultueuses. Quand le pouvoir politique veut abaisser le pouvoir des juges, il fait recours à l'arbitrage dans la perspective d'affaiblir la justice étatique. Mais quand le pouvoir politique veut réduire l'arbitrage, il s'appuie sur la justice étatique en lui accordant toute sa confiance. Le pouvoir politique continue même encore de nos jours à se méfier de l'arbitrage. Cette méfiance se traduit par sa méconnaissance de ses engagements arbitraux au profit de ses propres législations.

L'un des enjeux de l'AUA[60] reste l'immunité d'exécution dont bénéficient les personnes morales de droit public. Il est important de noter que le législateur OHADA permet la participation des personnes morales de droit public à l'arbitrage. En effet, l'alinéa 2 de l'article 2 de l'AUA énonce que les États, les autres collectivités publiques territoriales, les établissements publics et toute autre personne morale de droit public peuvent être partie à un arbitrage quelle que soit la nature juridique du contrat, sans pouvoir invoquer leur propre droit pour contester l'arbitrabilité d'un différend, leur capacité à compromettre ou la validité de la convention d'arbitrage[61]. Si la consécration de la participation des personnes morales de droit public est une réalité dans l'espace OHADA, elle est tout de même fortement mise en cause par le maintien des prérogatives de puissance publique accordées à ces mêmes personnes. En effet, l'article 30 de l'AUPSRVE[62] énonce que « l'exécution forcée et les mesures conservatoires ne sont pas applicables aux personnes qui bénéficient d'une immunité d'exécution. Toutefois, les dettes certaines, liquides et exigibles, des personnes morales de droit public ou des entreprises publiques, quelles qu'en soient la forme et la mission, donnent lieu à compensation avec les dettes également certaines liquides et exigibles dont quiconque sera tenu envers elles, sous réserve de réciprocité. Les dettes des personnes et entreprises visées à l'alinéa précédent ne peuvent être considérées comme certaines au sens des dispositions du présent article que si elles résultent d'une reconnaissance par elles de ces dettes ou d'un titre ayant un caractère exécutoire sur le

---

[59] C. JALLAMION, « Arbitrage et pouvoir politique en France du XIIe au XIXe siècle », *Rev. arb.* N°1, janvier-mars, p. 6.

[60] Acte uniforme relatif à l'arbitrage.

[61] Article 2 al.2 de l'AUA.

[62] Acte uniforme portant organisation des procédures simplifiées de recouvrement et des voies d'exécution.

territoire de l'État où se situent lesdites personnes et entreprises». La consécration de la participation des personnes morales de droit public à l'arbitrage et le maintien de l'immunité d'exécution accordée aux mêmes personnes semble être un obstacle à la promotion de l'arbitrage en tant qu'instrument de règlement des différends contractuels. L'immunité d'exécution, tant à soustraire les personnes morales de droit public à toute forme d'exécution forcée et de mesures conservatoires. En vue d'assouplir les effets de l'immunité d'exécution, le législateur OHADA a mis en place un système de compensation des dettes [63]certaines, liquides et exigibles des personnes morales de droit public ou des entreprises publiques avec les dettes certaines, liquides et exigibles de quiconque qui sera tenue envers elles sous réserve de réciprocité.

Il est évident que l'article 30 de l'AUPSRVE n'est pas montrable dans une négociation avec un potentiel investisseur national ou étranger. Selon un auteur, « le recours au procédé contractuel qui constitue le déterminant du monde des affaires exige cependant qu'il ait un rééquilibrage des relations entre l'État, agent économique, avec ses partenaires privés. Le régime exorbitant de droit commun auquel l'État bénéficie ne semble pas être totalement compatible avec certains pans du droit où la bonne foi et surtout l'égalité des armes demeurent la règle (...)». L'immunité d'exécution des personnes morales de droit public semble être perçue comme une insécurité juridique pour les partenaires privés des personnes morales de droit public.

En plus de l'adoption de l'AUA, le législateur OHADA, conscient des enjeux que représente le règlement des litiges dans la mise en place d'un environnement juridique et judiciaire propice aux affaires, a adopté un acte uniforme relatif à la médiation (AUM) [64] pour promouvoir le règlement alternatif des litiges. L'adoption de l'acte uniforme relatif à la médiation, vient renforcer l'arsenal juridique des modes alternatifs de règlement des litiges et constitue un gage certain pour les investisseurs nationaux et étrangers qui font souvent face à de longues et coûteuses procédures judiciaires pour régler leurs litiges devant les tribunaux judiciaires. Le rapport Doing Business du Groupe de la Banque mondiale

---

[63] U. ARMEL IBONO, « L'immunité d'exécution des personnes morales de droit public à l'épreuve de la pratique en droit OHADA », *in Revue de l'ERSUMA*, numéro 3-Septembre 2013, p. 93, *https://revue.ersuma.org/IMG/pdf/REVUE_DE_L_ERSUMA_No3_SEPTEMBRE_2013.pdf*

[64]L'Acte uniforme relatif à la médiation a été le 23 novembre 2017 à Conakry (Guinée) et entré en vigueur le 23 février 2018.

rendu en 2017 indique qu'il faut trois cent-soixante-dix-sept[65] jours dans les économies de l'OHADA pour qu'un jugement soit rendu une fois la demande déposée auprès du tribunal et le défendeur signifié, soit un mois de moins que les moyennes de l'Afrique subsaharienne et de l'OCDE[66]. Après expiration du délai d'appel, deux-cent-quatre-vingt-trois jours en moyenne sont nécessaires dans les économies de l'OHADA pour procéder à l'exécution du jugement, saisir les biens meubles de la partie perdante, organiser une vente publique des biens saisis et recouvrer la valeur de la demande. Le coût du règlement d'un litige commercial standardisé dans les économies de l'OHADA (52, 8 % de la valeur de la demande) est trois fois plus élevé qu'en Tanzanie ou en Éthiopie. Selon le rapport Doing Business 2017, les MARC [67] peuvent améliorer l'efficacité du système judiciaire dans son ensemble en réduisant les arriérés et les goulots d'étranglement. Ils peuvent aussi réduire les retards dus aux procédures formelles complexes ou aux ressources judiciaires inadaptées et réduire les coûts élevés dus aux procédures formelles, frais de dépôt élevés et retards des tribunaux. Selon le rapport, les économies dotées d'un système intégré de tribunaux et de MARC disposent d'ordinaire d'un système judiciaire plus fiable, favorable aux tribunaux, aux parties concernées et à l'économie dans son ensemble. Les MARC ne remplacent pas les mécanismes traditionnels de règlement des litiges, mais peuvent les aider à régler les litiges en temps opportun, de manière transparente et avec un meilleur rapport coût/efficacité[68]. L'utilisation de la médiation comme outil de règlement alternatif des litiges peut considérablement remplacer les longues et coûteuses procédures judiciaires en permettant aux parties, de continuer leurs relations d'affaires après la survenance d'un conflit.

Pour encourager les justiciables à recourir aux modes alternatifs de règlement de litige, Monsieur SISSOKO, juge au siège du tribunal de commerce de Bamako (Mali) donne l'exemple d'un vieux litige commercial qui a pu être réglé par le biais de la médiation.

« C'est un litige qui opposait une banque et son client depuis 2005 avec une vingtaine de procédures éparpillées dans certaines juridictions et

[65] Groupe de la Banque Mondiale, Rapport Doing Business dans les Etats membres de l'OHADA 2017, p.59. V. *https://www.doingbusiness.org/content/dam/doingBusiness/media/Special-Reports/DB17-OHADA-French.pdf*

[66] Organisation de coopération et de développement économique.

[67]Mode alternatif de règlement des conflits.

[68] Rapport Doing Business 2017, *op. cit.*, p.64.

même devant la CCJA. C'est grâce à la vigilance du président du tribunal de commerce qui a proposé la médiation aux parties pour mettre terme au litige. Il fallait d'abord convaincre les parties pour qu'elles puissent adhérer au principe de la médiation. Après quelques séances de travail, les parties ont pu trouver un accord. Il y avait plusieurs volets dans la procédure. Le juge a pu dénombrer une centaine de renvois dans un seul dossier. Les positions étaient très tendues et le montant du litige était très élevé. La médiation a été proposée en 2016. Le médiateur a pu trouver une solution et un protocole d'accord a été signé. L'acceptation de la médiation fut un gain de temps pour le tribunal car cela a permis de désengorger totalement le rôle du tribunal. La médiation a permis de régler tous les autres litiges dans la même affaire devant les autres juridictions. Après le règlement du litige, la banque a pu continuer ses relations avec son client sur de nouvelles bases. Ce qui prouve à suffisance l'efficacité des modes alternatifs de règlement des litiges quand ils sont bien expliqués par les acteurs judiciaires aux justiciables »[69].

En droit international, la médiation est définie par l'article premier de la loi type de la CNUDCI[70] sur la médiation commerciale internationale et les accords de règlement internationaux issus de la médiation de 2018 (modifiant la loi type de la CNUDCI sur la conciliation commerciale internationale de 2002) comme un « processus, qu'il porte le nom de médiation, de conciliation ou un nom équivalent, par lequel les parties demandent à un ou plusieurs tiers (le « médiateur ») de les aider dans leurs efforts pour parvenir au règlement amiable d'un litige découlant d'un rapport juridique, contractuel ou autre, ou lié à un tel rapport. Le médiateur n'a pas le pouvoir d'imposer aux parties une solution au litige »[71]. En droit de l'Union européenne, la médiation est définie par l'article 3 de la directive 2008/52 du 21 mai 2008 de l'Union européenne « sur certains aspects de la médiation en matière civile et commerciale » comme : « un processus structuré, quelle que soit la manière dont il est nommé ou visé, dans lequel deux ou plusieurs parties à un litige tentent par elles-mêmes, volontairement, de parvenir à un accord sur la résolution

---

[69] Entretien réalisé le 11/09/2017 à partir de 10 h avec M. Sissoko, juge au siège du tribunal de commerce de Bamako (Mali).

[70] Commission des Nations Unies pour le droit commercial international.

[71] Article premier de la loi type de la CNUDCI sur la médiation commerciale internationale et les accords de règlement internationaux issus de la médiation de 2018 (modifiant la loi type de la CNUDCI sur la conciliation commerciale internationale de 2002. V.
https://uncitral.un.org/sites/uncitral.un.org/files/annex_ii_-_f.pdf

de leur litige avec l'aide d'un médiateur. Ce processus peut être engagé par les parties, suggéré ou ordonné par une juridiction ou prescrit par le droit d'un État membre. Cette définition exclut la médiation menée par un juge qui n'est chargé d'aucune procédure ayant trait au litige en question. Elle exclut les tentatives faites par la juridiction ou le juge saisi d'un litige pour résoudre celui-ci au cours de la procédure judiciaire relative audit juge »[72].

L'AUM[73] définit celle-ci en son article premier comme tout processus, quelle que soit son appellation, dans lequel les parties demandent à un tiers de les aider à parvenir à un règlement amiable d'un litige, d'un rapport conflictuel ou d'un désaccord (ci-après le « différend ») découlant d'un rapport juridique, contractuel ou autre ou lié à un tel rapport, impliquant des personnes physiques ou morales, y compris des entités publiques ou des États. Le législateur OHADA s'est inspiré de la définition extensive de la médiation retenue par la loi type de la CNUDCI. La médiation dans le cadre de l'acte uniforme intéresse non seulement les personnes physiques et morales, mais également les entités publiques et les États. L'AUM précise en son article 2 qu'il ne s'applique pas aux cas dans lesquels un juge ou un arbitre, pendant une instance judiciaire ou arbitrale, tente de faciliter un règlement amiable directement avec les parties. Il s'agit ici de l'exclusion de la médiation judiciaire du champ d'application de l'AUM. La médiation judiciaire, contrairement à la médiation conventionnelle, est celle mise en œuvre par un juge au cours d'une instance judiciaire directement avec les parties. Elle est différente de la médiation conventionnelle traitée par l'AUM qui découle de la seule volonté des parties de recourir à un tiers médiateur pour régler leurs litiges. Ce mode de règlement des litiges est réputé plus doux, car les parties ont la totale maîtrise de leurs litiges et la solution trouvée à l'issue de la médiation découle de la seule volonté de celles-ci. L'intervention du tiers se limite uniquement à aider les parties à trouver un accord.

Les acteurs économiques sont invités à privilégier l'arbitrage ou la médiation pour régler leurs litiges. Suivant cette logique, des centres d'arbitrages, de médiation et de conciliation ont été mis en place dans les États Parties au Traité OHADA. Dans un souci d'efficacité, la présente

[72] Voir dans ce sens, la directive européenne 2008/52/CE du 21mai 2008 sur certains aspects de la médiation en matière civile et commerciale, transposée en droit français par l'ordonnance n° 2011-1540 du 16 novembre 2011. En ce sens, Conseil d'Etat, Les Etudes du Conseil d'Etat, Développer la médiation dans le cadre de l'Union européenne, La documentation Française, 29 juillet 2010, p. 21.

[73] Acte uniforme relatif à la médiation.

étude s'est intéressée à deux centres : le centre d'arbitrage, de médiation et de conciliation de Ouagadougou (CAMC-O), et le centre de conciliation et d'arbitrage du Mali (CECAM). Le CAMC-O se trouve au Burkina Faso et le CECAM au Mali. Le CAMC-O a été créé le 11 janvier 2008 pour permettre aux opérateurs économiques du Burkina Faso de régler leurs litiges en évitant les juridictions judiciaires. Le CAMC-O semble être un centre de référence en matière de règlement alternatif des litiges. Le centre est saisi par différents acteurs économiques : les banques et établissements financiers, le secteur des bâtiments et travaux publics, les sociétés d'assurance, de télécommunications, de transports, le secteur de la prestation de service, des mines et de l'énergie, du commerce[74]. Les statistiques de règlement alternatif des litiges commerciaux du CAMC-O tenue en 2018 font état de soixante dossiers[75] enregistrés dont quinze requêtes d'arbitrage et quarante-cinq demandes de médiation. En 2019, le CAMC-O a enregistré trente-sept dossiers dont vingt-neuf en arbitrage et huit en médiation[76]. Au regard de la diversité des acteurs qui saisissent ce centre et des statistiques de règlement alternatif des litiges commerciaux, l'on peut en déduire qu'il (le centre) participe activement à la mise en place d'un environnement favorable à la tenue des affaires au Burkina Faso. Le centre vient en appoint des institutions judiciaires dont la mission est de trancher les litiges en application de la règle de droit. Le CAMC-O offre ainsi un autre moyen aux acteurs économiques pour régler leurs litiges d'affaires loin des longues procédures judiciaires.

Quant au CECAM du Mali, il a été créé en 2004 dans le but de contribuer à l'amélioration du climat des affaires au Mali. Il est affilié à la chambre de commerce et d'industrie du Mali qui finance ses activités. Pour M. DIALLO, « le premier regard que porte un investisseur est bien de savoir s'il y a la sécurité juridique. Ce qui intéresse l'investisseur, c'est moins les exonérations que peut offrir le code des investissements que la manière dont son litige sera réglé [77]». Le règlement des litiges reste l'une des préoccupations majeures de tout investisseur. Dès lors, l'établissement des centres d'arbitrage, de médiation et de conciliation

[74] Voir en ce sens *https://camco.bf/donnees-statistiques-des-dossiers-enregistres-par-le-centre-du-01-01-2019-au-31-12-2019/*

[75] *https://camco.bf/donnees-statistiques-du-01-01-2018-au-31-12-2018*

[76] *https://camco.bf/donnees-statistiques-des-dossiers-enregistres-par-le-centre-du-01-01-2019-au-31-12-2019/*

[77] Entretien réalisé le 14/09/2017 avec M. Idrissa Moussa Diallo, secrétaire générale de la chambre de commerce et d'industrie du Mali.

apparaît comme une alternative crédible aux juridictions judiciaires qui font souvent l'objet de beaucoup d'incriminations.

Il s'agit dans cette étude, d'une part, de procéder à l'identification des difficultés relatives au règlement judiciaire des litiges commerciaux (Première partie) et d'autre part, de recourir à l'arbitrage et à la médiation dans la perspective d'amélioration du règlement alternatif des litiges commerciaux (Deuxième partie).

Première partie : L'identification des difficultés relatives au règlement judiciaire des litiges commerciaux

Deuxième partie : Le recours à l'arbitrage et à la médiation dans la perspective d'amélioration du règlement alternatif des litiges commerciaux

PREMIÈRE PARTIE :

L'identification des difficultés relatives au règlement judiciaire des litiges commerciaux

Comme l'indique l'intitulé de la présente étude, il s'agit de traiter du règlement des litiges commerciaux en Afrique subsaharienne notamment dans la partie ouest-africaine. Pour ce faire, il est important d'indiquer qu'il ne sera principalement question dans cette étude, que des États d'Afrique de l'Ouest membre de l'Organisation pour l'Harmonisation en Afrique du droit des Affaires OHADA. L'objectif étant de pouvoir faire des propositions de réformes en vue de l'amélioration du cadre normatif et judiciaire du règlement des litiges commerciaux pour permettre ainsi à ces États, de mieux s'insérer dans les circuits du commerce international dans ce contexte actuel de mondialisation et de globalisation des échanges. Il parait donc nécessaire de passer en revue l'organisation du règlement judiciaire des litiges commerciaux (Titre1).

Les litiges liés au contentieux commercial occupent une place prépondérante dans les activités des Cours et tribunaux en Afrique de l'Ouest notamment dans les États ayant en commun le même droit des affaires. Ces litiges commerciaux sont réglés en instance et en appel par les juridictions nationales des États signataires du Traité OHADA. Il est créé une Cour[1] commune de justice et d'arbitrage, qui est la seule juridiction de cassation communautaire habilitée à connaître des litiges liés à l'interprétation, et à l'application du Traité OHADA ainsi que des règlements pris pour son application, des Actes uniformes[2]. Dès lors, il est constaté de nombreux dysfonctionnements pouvant véritablement

---

[1] La Cour commune de justice et d'arbitrage est l'une des institutions de l'OHADA prévues à l'article 31 du Traité. Instituée par le Traité constitutif de l'OHADA, la Cour est actuellement composée de treize juges élus par le Conseil des Ministres pour un mandat de 7 ans non renouvelable, parmi les ressortissants des Etats Parties.

[2] Article 14 al. Premier du Traité de l'Organisation et l'harmonisation du droit des affaires en Afrique.

mettre en cause l'objectif visé par le législateur OHADA notamment la création d'un espace juridique et judiciaire commun. C'est dans cette perspective, qu'il parait judicieux de procéder à l'état des lieux des difficultés relatives au règlement des litiges commerciaux (Titre2).

TITRE 1.

Les difficultés relatives au règlement judiciaire des litiges commerciaux

L'organisation du règlement des litiges commerciaux en Afrique de l'Ouest notamment dans les États-Parties au traité OHADA est assimilable à une structure pyramidale selon un auteur[1]. Au sommet de la pyramide, se trouve la Cour commune de justice et d'arbitrage compétente pour connaître des litiges relatifs à l'application et à l'interprétation du Traité, des actes uniformes, des règlements pris pour son application. En bas de la pyramide, se trouvent les Cours et tribunaux des États Parties chargés d'appliquer le droit uniforme en instance et en appel[2].

L'ordre judiciaire OHADA est caractérisé par un partage de compétence entre les juridictions nationales des États Parties et la Cour commune de justice et d'arbitrage. Les juridictions nationales d'instance et d'appel sont juges de droit commun du droit OHADA. Elles sont compétentes pour statuer sur tous les litiges relevant du domaine[3]du droit des affaires tel qu'indiqué par le Traité en instance et en appel. Il s'agira ici de rendre compte des défaillances du cadre normatif du règlement judiciaire des litiges commerciaux (chapitre 1)

---

[1] V. C. NGONGO, « Réflexions sur l'espace judiciaire OHADA » *www.ohada.com* in OHADA-D-15-14, p.6.

[2] Article 13 du Traité OHADA.

[3] Le domaine du droit des affaires est assez large. Le législateur OHADA en cite quelques uns dans l'article 2 du Traité. Il s'agit notamment du droit des sociétés et du statut juridique des commerçant, du recouvrement des créances, des sûretés et des voies d'exécution, du régime du redressement des entreprises et de la liquidation judiciaire, du droit de l'arbitrage, du droit du travail, du droit comptable, du droit de la vente et des transports, et toute autre matière que le Conseil des Ministres déciderait, à l'unanimité, d'y inclure, conformément à l'objet du présent traité et aux dispositions de l'article 8.

avant de mettre l'accent sur les insuffisances liées à l'organisation de la CCJA dans le règlement judiciaire des litiges commerciaux (chapitre 2).

CHAPITRE 1.

Les défaillances du cadre normatif et judiciaire du règlement des litiges commerciaux

L'avènement de l'OHADA a permis à certains États d'Afrique de l'Ouest de se doter d'une législation commune, simple, moderne et adaptées dans le domaine du droit des affaires. Ces règles qui gouvernent désormais l'environnement des affaires sont directement applicables dans tous les États Parties au Traité sans aucune autre formalité de réception. En effet, comme le disait Hart, « Le droit est l'union de règles primaires et secondaires. Les règles primaires selon l'auteur imposent des obligations, se rapportent aux actions que les individus doivent ou non accomplir. Quant aux règles secondaires, elles confèrent des pouvoirs, déterminent la façon dont les règles primaires peuvent être définitivement identifiées, édictées, abrogées ou modifiées »[1].

Les rédacteurs du Traité en instituant l'OHADA ont adopté des Actes uniformes dont le rôle est de réguler les relations d'affaires et parallèlement à cela, une institution judiciaire chargée d'interpréter et d'appliquer ces Actes uniformes. Il serait ici question d'une part, des limites relatives aux fondements juridiques de règlement judiciaire des litiges commerciaux (section 1) et d'autre part, de la dualité des ordres de juridiction dans le règlement judiciaire des litiges commerciaux (section 2).

---

[1] H.L.A. HART, *Le concept de droit*, Bruxelles, Facultés Universitaires Saint-Louis, 2e éd., traduit de l'anglais par M. VAN DE KERCHOVE, 2005, p.113. Voir en ce sens, P. MEYER, « La sécurité juridique et judiciaire dans l'espace OHADA », *Ohadata*-D-06-50, p.1 et ss.

SECTION 1.
Les limites relatives aux fondements juridiques du règlement judiciaire des litiges commerciaux

Comme il était indiqué plus haut, la démarche des initiateurs de l'OHADA était motivée par le souci constant d'adapter les droits des États Africains à l'évolution des réalités socio-économiques. Il est important de signaler que l'état des législations [2] africaines post-coloniales ne pouvait aucunement inciter des investisseurs à investir dans un contexte juridique et judiciaire imprévisible et disparate comme l'écrivait à juste titre Me Keba M'BAYE « Le droit se présente dans les quatorze pays de la zone franc en habit d'Arlequin fait de pièces et de morceaux. Outre cette diversité des textes, l'on note également leur inadaptation au contexte économique actuel » [3] .C'est dans une dynamique de recherche de solutions aux problèmes liés à la sécurité juridique et judiciaire en Afrique, qu'il a été mis en place l'Organisation pour l'Harmonisation en Afrique du droit des affaires dont le fondement juridique est le Traité signé en 1993 à Port Louis (Ile Maurice) et révisé à Québec (Canada) en 2008. C'est cet acte fondateur de l'OHADA, qui sert de fondement juridique de règlement des litiges commerciaux dans l'espace couvert par cette organisation (Paragraphe 1). Pour la mise en œuvre juridictionnelle des normes issues du droit uniforme, les rédacteurs du Traité ont créé une Cour commune de justice et d'arbitrage qui est la juridiction suprême communautaire en matière d'application et d'interprétation du Traité, des Actes uniformes et des règlements pris pour son application. L'organisation de cette Cour ainsi

---

[2] Conformément au principe de « spécialité législative », toute la législation coloniale n'était pas applicable dans les colonies françaises. L'application de la législation aux colonies était conditionnée à une extension par décrets. Par exemple, le droit commercial applicable dans les anciennes colonies françaises était souvent celui du code de commerce français de 1807 et les textes subséquents, Le régime général des sociétés était régi par le Code civil français de 1804 ; les sociétés Anonymes et les SARL étaient régies par les lois françaises du 24 juillet 1867 et du 7 mars 1925, voir en ce sens A. MOULOUL « Comprendre l'Organisation pour l'Harmonisation en Afrique du droit des Affaires (O.H.A.D.A), 2e éd., 2008, p.7., exposé au séminaire de sensibilisation au droit harmonisé, Niamey 9 et 10 juin 1999.

[3] Voir en ce sens, A. MOULOUL « Comprendre l'Organisation pour l'Harmonisation en Afrique du droit des Affaires (O.H.A.D.A) », 2e éd. 2008, p.7, Exposé au séminaire de sensibilisation au droit harmonisé, Niamey 9 et 10 juin 1999. Voir *www.OHADA.com/doctrine/OHADAta/D-09-50.html*

que le déroulement de la procédure sont encadrées par le Règlement[4] de procédure (Paragraphe 2).

§1. Les insuffisances relatives à l'application du traité révisé OHADA

Le Traité constitutif de l'OHADA est la référence majeure en matière de règlement des litiges commerciaux. En effet, la restitution des travaux ayant abouti à la signature du traité OHADA, conforte davantage l'idée selon laquelle le modèle d'intégration juridique des affaires en Afrique instauré par les rédacteurs du Traité, est essentiellement inspiré de la tradition juridique civiliste au détriment des États dont le système juridique est hérité de la Common Law. Des éléments historiques révèlent que c'est à l'occasion des réunions ténues d'abord à Ouagadougou (Burkina Faso) en avril 1991, et à Paris (France) en octobre de la même année, que les Ministres des Finances de la zone franc[5]ont décidé d'organiser une réflexion sur la mise en place d'un projet d'harmonisation du Droit des affaires en Afrique dans la perspective d'améliorer l'environnement juridique et judiciaire des entreprises. C'est dans cette perspective, que la France a été sollicitée pour financer une mission chargée d'examiner la mise en place d'un tel projet. Il convient de rappeler que cette mission était composée de sept membres ayant à sa tête M. Kéba M'BAYE, ancien vice-président de la Cour internationale de justice de la Haye. La mission s'est rendue dans les pays de la zone franc de mars à septembre 1992. Elle a été menée sous l'angle d'une information des plus hautes autorités des États, des opérateurs économiques afin de recueillir leurs observations. C'est dans cette logique, que le rapport définitif de la mission a été présenté à Paris le 17 septembre 1992 par M. Kéba M'BAYE. Les propositions faites dans le rapport ont été approuvées par les Ministres. En effet, à l'occasion de la conférence des chefs d'États de France et d'Afrique, tenue à Libreville (Gabon) les 5 et 6 octobre 1992, l'ancien Président de la République du Sénégal Abdou DIOUF a présenté l'économie du projet. Il ressort du communiqué final de cette conférence qu'après

---

[4] Le Règlement de procédure de la CCJA a été adopté à N'Djamena le 18 avril 1996 (J.O OHADA n°4,1er nov. 1997, p.9), modifié par le règlement n° 01/2014 du 30 janvier 2014 (JO OHADA n° spéc. 4 fév. 2014, p.228 et ss.) entré en vigueur le 4 février 2014.

[5] La Zone franc recouvre les 14 pays de l'Afrique subsaharienne francophone, les Comores et la France.

l'adoption du rapport du Président du Sénégal, les chefs d'États « ont approuvé le projet d'harmonisation du droit des affaires conçu par les Ministres des Finances de la zone franc, décidé de sa mise en œuvre immédiate et demandé aux Ministres de la Justice et des Finances de tous les États intéressés d'en faire une priorité ».[6] C'est suite à cette rencontre, que la conférence des chefs d'États a désigné un directoire composé de trois [7]membres qui avaient pour mission de coordonner et de mettre en œuvre le Traité fondateur de l'OHADA.

Le Traité fondateur de l'OHADA a été signé le 17 octobre 1993 à Port Louis (Ile Maurice) en marge du 5e sommet de la francophonie pour rentrer en vigueur le 18 septembre 1995. La mise en œuvre de cette organisation d'intégration juridique fait suite à de nombreux constats sur l'état de la justice en Afrique. Les textes législatifs hérités de la période coloniale étaient un obstacle à l'évolution des relations commerciales et à l'émergence d'un espace économique. C'est à partir de ces constats, que l'article premier du Traité affirme que « le présent Traité a pour objet, l'harmonisation par l'élaboration et l'adoption de règles communes simples, modernes et adaptées à la situation de leurs économies, par la mise en œuvre de procédures judiciaires appropriées, et par l'encouragement au recours à l'arbitrage pour le règlement des différends contractuels »[8]. L'article 2 du même texte ajoute que « pour l'application du présent Traité, entrent dans le domaine du droit des affaires : l'ensemble des règles relatives au droit des sociétés et au statut juridique des commerçants, au recouvrement des créances, aux sûretés et aux voies d'exécutions, au régime du redressement des entreprises et de la liquidation judiciaire, au droit de l'arbitrage, au droit du travail, au droit comptable, au droit de la vente et des transports, et toute autre matière que le conseil des Ministres déciderait, à l'unanimité, d'y inclure, conformément à l'objet du présent Traité et aux dispositions de l'article 8 ci-après » [9] .C'est suivant cette dynamique d'intégration normative, que lors du conseil des Ministres tenu à Bangui les 22 et

---

[6]A. MOULOUL « Comprendre l'Organisation pour l'Harmonisation en Afrique du droit des Affaires (O.H.A.D.A) », *op. cit.,* p. 16 et s.

[7] Les membres du Directoire était composé de M. Kéba M'Baye qui assurait la présidence, Matin KIRSCH, conseiller honoraire à la Cour de cassation (France) et Michel GENTOT conseiller d'Etat, Président de la section du contentieux au conseil d'Etat français. Voir en ce sens, A. MOULOUL, *op. cit.* p.17.

[8] OHADA, Traité et actes uniformes commentés et annotés, Juriscope, Editions 2015, p.27.

[9]*Ibid.*

23 mars 2001, un programme d'harmonisation a été arrêté. Il comprend entre autres : le droit de la concurrence, le droit bancaire, le droit de la propriété intellectuelle, le droit des sociétés civiles, le droit des sociétés coopératives et mutualistes, le droit des contrats et le droit de la preuve[10].

Il est question d'harmonisation dans l'article premier du Traité de l'OHADA, mais, il convient de signaler que les instruments de mise en œuvre de cette harmonisation sont qualifiés d'Actes uniformes par l'article 5 du Traité. La technique d'intégration juridique suivie par les rédacteurs du Traité sème un doute sur la nature juridique véritable de l'intégration à laquelle il procède selon Mireille DELMAS-MARTY. L'intégration juridique peut se concevoir comme « le transfert de compétences juridiques étatiques des États à une organisation dotée de pouvoirs de décisions et de compétences supranationales [11] ». L'intégration peut aussi être entendue comme un ensemble de règles mises en commun ou droit commun. En effet, plusieurs techniques d'intégration juridique sont possibles : l'harmonisation, l'uniformisation et l'unification. L'unification [12] peut être entendue comme le fait d'établir l'unité de législation dans un pays ou un territoire donné. L'harmonisation est une opération consistant à mettre en accord des dispositions d'origine différente, plus spécialement à modifier des dispositions existantes afin de les mettre en cohérence entre elles ou avec une réforme nouvelle. Tout en respectant plus ou moins le particularisme des législations nationales, l'harmonisation consiste à réduire les différences et les divergences entre elles en comblant les lacunes des unes et en gommant les aspérités des autres. L'idée ici, est d'instituer une coordination entre les législations nationales et une coopération entre les organismes chargés de les appliquer. Un tel résultat s'obtient au moyen de techniques juridiques douces telles que les directives ou les recommandations qu'une organisation internationale adopte et adresse aux États qui en sont membres. Ces directives et recommandations se contentent d'indiquer les résultats à atteindre sans imposer les formes et moyens pour y parvenir si ce n'est que la norme internationale doit être revêtue d'un

---

[10] A. P. SANTOS, J. Y. TOE., *OHADA, Droit commercial général*, coll. Droit uniforme Africain, 2002, p. 15.

[11] M. Delmas-marty, Critique de l'intégration normative, Puf, les voies du droit, 1re éd. 2004, p.186.

[12] G. CORNU, *vocabulaire juridique*, Association Henri Capitant, 12e édition, quadrige, PUF, Paris, 2018, p. 1050.

imperium suffisant pour s'imposer dans l'ordre juridique interne[13]. Il est clair que l'harmonisation telle que définie ci-haut n'est pas la technique d'intégration juridique mobilisée dans l'espace OHADA. Quant à l'uniformisation, elle se présente comme « une méthode plus radicale d'intégration juridique puisqu'elle consiste à effacer les différences entre les législations nationales en les substituant un texte unique, rédigé en des termes identiques pour tous les États concernés. Elle peut suivre une voie douce consistant à proposer aux parlements nationaux un texte unique préparé par une instance internationale ». [14] Dans cette forme d'intégration normative, la souveraineté des États est respectée, mais le risque de résistance et d'échecs sont immenses. L'uniformisation selon l'auteure, peut être aussi beaucoup plus contraignante et appliquer le principe de la supranationalité qui lui permet d'introduire dans l'ordre juridique interne des États membres. C'est cette dernière technique d'intégration normative qui a été choisie par les rédacteurs du Traité OHADA. L'intégration juridique s'effectue à travers l'adoption d'actes uniformes par le Conseil des Ministres. Les actes uniformes adoptés, sont directement applicables dans tous les États membres conformément à l'article 10 du Traité.

Il est évident que depuis la signature du Traité OHADA à Port Louis (Ile Maurice), un espace juridique et judiciaire a vu le jour sur le continent. Mais malgré ces avancées notables en termes d'intégration normative, il y a lieu de souligner les insuffisances liées à la mise en œuvre du Traité. Ces insuffisances ressortent dans l'application de l'article 13 du Traité. Cet article dispose que : « le contentieux relatif à l'application des Actes uniformes est réglé en première instance et en appel par les juridictions des États Parties ». Les dispositions de cet article ne font pas mention des juridictions nationales de cassation des États membres de l'OHADA. Seules les juridictions du fond des États Parties sont compétentes pour régler les litiges liés au droit uniforme en instance et en appel. Il est évident que les Cours nationales de Cassation de ces États se déclarent elles-mêmes compétentes en violation des dispositions de l'article 13 du Traité qui ne reconnaissent que la compétence des juridictions nationales du fond des États Parties.

Des insuffisances du Traité ressortent aussi dans le règlement judiciaire des litiges qui impliquent à la fois l'application du droit

---

[13] M. DELMAS-MARTY, *op. cit.*

[14] *Ibid.*

national d'un État et du droit uniforme OHADA. C'est l'hypothèse des pourvois mixtes. Dans une telle situation, quelle serait la juridiction compétente pour connaître d'un tel litige ? Au regard d'une telle difficulté, le Professeur Paul Gérard POUGOUE prédisait que la délimitation du domaine de compétence de la CCJA ne serait pas toujours aisée à cause « du lien de connexité pouvant exister, dans certains litiges, entre un point de droit non unifié et un autre qui l'est »[15]. La juridiction nationale de Cassation doit-elle renvoyer la partie du litige portant sur le droit OHADA et se déclarer compétente pour connaître de l'autre partie portant sur le droit national ? Il est important de souligner que le Traité n'apporte aucune réponse à cette hypothèse. Il est intéressant de s'attarder un peu sur le pourvoi rendu par la juridiction suprême nigérienne sur cette question.

« Attendu que la Cour commune de justice n'est compétente que pour l'application des Actes uniformes ; que lorsque le pourvoi n'est pas exclusivement fondé sur les Actes uniformes comme c'est le cas en l'espèce où des dispositions du code de procédure civile, du code civil (nigériens) ainsi que du code CIMA sont invoquées, il appartient à la Cour Suprême nationale de saisir la Cour commune des questions spécifiques aux Actes uniformes ;

Attendu qu'en ce cas, elle ne peut d'ailleurs le faire que si l'application des Actes uniformes a été prépondérant pour la prise de la décision attaquée, et que le pourvoi est surtout basé sur ces Actes ; qu'en l'espace, le moyen mis en exergue est la violation de la procédure de référé ; que la CCJA n'est exclusivement compétente que lorsque le pourvoi est basé uniquement sur l'application des Actes uniformes »[16].

La Cour Suprême du Niger a mis l'accent dans son arrêt sur la prépondérance du droit uniforme OHADA dans une hypothèse de pourvoi mixte (qui implique à la fois le droit national et le droit OHADA). Le droit uniforme doit être prépondérant à la prise de décision sinon la juridiction nationale de Cassation peut connaître du litige malgré qu'il implique une partie du droit OHADA. Il est clair que la notion de prépondérance invoquée par la Cour Suprême du Niger est l'expression de la résistance des juridictions nationales de Cassation à

[15] A. AKAM AKAM « L'OHADA et l'intégration juridique en Afrique », in A. AKAM AKAM, (dir.), *Les mutations juridiques dans le système OHADA,* L'Harmattan, 2009, p.41.

[16] Cour Suprême du Niger (Chambre judiciaire), Arrêt N° 1-158/C du 16/08/01, SNAR LEMAR C/ Groupe Hima Souley), *www.OHADA.com/jurisprudence/OHADAta/J-02-36.html*

la suprématie de la CCJA qui dispose d'une exclusivité de compétence en matière de droit des affaires, à l'exception des décisions impliquant des sanctions pénales.

L'application juridictionnelle du Traité fait ressortir une autre insuffisance relative à l'article 5 al. 2 qui dispose que : « les Actes uniformes peuvent inclure des dispositions d'incriminations pénales. Les États Parties s'engagent à déterminer les sanctions pénales encourues ». La Cour commune de justice et d'arbitrage n'est pas compétente pour appliquer les sanctions pénales. Les incriminations pénales sont posées par les Actes uniformes et les États Parties déterminent le quantum des peines applicables. Ce renvoie aux législations nationales des États Parties pour compléter le droit uniforme en matière pénale ne permet pas d'atteindre l'objectif d'unification de la jurisprudence.

À côté de ces quelques insuffisances liées à la mise en œuvre du Traité, le règlement de procédure de la Cour commune de justice et d'arbitrage présente aussi des difficultés dans son application.

§2. Les insuffisances relatives à l'application du règlement de procédure de la CCJA

Adopté le 18 avril 1996 à N'Djamena (TCHAD), le Règlement de procédure de la Cour commune de justice et d'arbitrage de l'OHADA a été modifié à Ouagadougou (Burkina Faso) lors de la session du Conseil des Ministres de l'OHADA les 30 et 31 janvier 2014. Cette session du Conseil des Ministres a permis d'apporter des solutions à certaines difficultés notamment celles liées aux lenteurs du règlement des litiges par la Cour, à l'obligation de domiciliation des avocats, dans le ressort de la Cour à Abidjan (Côte d'Ivoire), à l'indétermination des cas d'ouverture à Cassation. Selon M. Jérémie WAMBO, les causes de la lenteur de la CCJA dans le règlement des litiges se trouvent moins dans le règlement de procédure que dans l'accroissement du contentieux et le déficit de personnel, d'une part, ainsi que les circonstances qui entourent les procès et qui sont liées à l'attitude de certaines parties[17].

---

[17] J. WAMBO, « Bref aperçu du règlement de procédure de la Cour commune de justice et d'arbitrage de l'OHADA tel que modifié le 30 janvier 2014 à Ouagadougou, *Revue de L'ERSUMA*, septembre 2014, p.1, ,

Si des modifications importantes ont été apportées au Règlement[18] de procédure lors de la session du Conseil des Ministres de l'OHADA tenue à Ouagadougou en janvier 2014, il convient de noter que des insuffisances subsistent toujours au niveau de la saisine de la Cour qui n'a pas fait l'objet de modification. En effet, il ressort des dispositions de l'article 27(nouveau) al. 2 du Règlement que : « tout acte de procédure est daté. Au regard des délais de procédures, seule la date de dépôt au greffe sera prise en considération »[19]. L'article 28 (nouveau) al. 1 dispose que « Lorsque la Cour est saisie par l'une des parties à l'instance par la voie du recours en cassation prévu au troisième ou au quatrième alinéa de l'article 14 du Traité, le recours est présenté au greffe dans les deux mois de la signification ou de la notification de la décision attaquée par l'avocat du requérant dans les conditions fixées à l'article 23 du présent Règlement »[20]. À ce niveau, il convient de noter les difficultés que les parties et leurs avocats peuvent rencontrer lorsqu'ils ne sont pas des résidents de l'État qui abrite la Cour. L'article 28 (nouveau) alinéa premier parle du dépôt du recours au greffe dans les deux mois de la signification ou de la notification de la décision attaquée. Lorsque par exemple, un pourvoi en cassation émane du Bénin ou du Burkina Faso, le recours doit être déposé au greffe de la Cour située en Côte d'Ivoire. Les parties en litige peuvent éprouver des difficultés à mobiliser les fonds nécessaires pour financer leurs procès devant la CCJA. Pour faciliter davantage la saisine de la Cour, il est important de mettre à profit les nouvelles technologies de l'information en dématérialisant toute la procédure de saisine. L'introduction du moyen électronique[21] ne s'applique pour l'instant qu'aux significations et notifications effectuées par le greffe de la Cour. L'extension de l'utilisation du moyen électronique facilitera davantage la saisine de la Cour.

---

https://revue.ersuma.org/no-4-septembre-2014/legislation-et-jurisprudence/article/bref-apercu-du-reglement-de

[18] Le Règlement N° O1/2014/C/OHADA a modifié le Règlement de procédure de la Cour commune de justice et d'arbitrage du 18 avril 1996. Publié au JO OHADA du 4 février 2014, le Règlement de procédure est entré en vigueur le 4 février 2014.

[19] L'article 27 al. 2 du Règlement de procédure de la Cour commune de justice et d'arbitrage de l'OHADA.

[20] L'article 28 al. 1 du Règlement de procédure de la CCJA.

[21] J. WAMBO, *op. cit.*

SECTION 2.
L'organisation judiciaire du règlement des litiges commerciaux

Le Traité fondateur de l'OHADA, en se fixant comme objectif de remédier à l'insécurité juridique et judiciaire dans son espace d'intervention, a prévu un système particulier de règlement des litiges liés au droit des affaires. Ce modèle pyramidal fait intervenir à la fois les juridictions nationales du fond et la CCJA dans le règlement des litiges. La singularité d'un tel système de règlement de litiges à l'instar des autres juridictions communautaires, réside dans le fait que le respect du principe d'épuisement des voies de recours interne n'est pas un préalable à la saisine de la CCJA. Au sein de cette hiérarchisation judiciaire, les juridictions du fond sont érigées en juge de droit commun du droit OHADA (§1) et la CCJA occupe la place du juge de cassation du droit OHADA (§2).

§1. L'apport des juridictions nationales du fond dans le règlement judiciaire des litiges commerciaux

Il ressort clairement de l'article 13 du Traité OHADA que « le contentieux relatif à l'application des Actes uniformes est réglé en première instance et en appel par les juridictions des États Parties ». Les juridictions nationales des États Parties sont érigées en juge de droit commun du droit OHADA et placées sous la subordination de la CCJA[22]qui exerce son rôle par la cassation sans renvoi. Cette supranationalité judiciaire est aussi doublée d'une supériorité normative dans la mesure où les Actes uniformes sont directement applicables et obligatoires dans les États Parties nonobstant toute disposition contraire de droit interne, antérieure ou postérieure[23]. Il est important de noter l'article 5 al. 1 du Traité qui affirme que :

---

[22]Cour commune de justice et d'arbitrage de l'OHADA.

[23]Il est important de signaler que l'article 10 du Traité qui énonce la primauté du droit OHADA sur le droit interne des Etats Parties a fait l'objet de beaucoup de débats. Cet article est à l'image de l'article 6 du Traité de l'Union économique et Monétaire Ouest africaine (U.E.M.O.A) qui traitant de la force juridique et de la portée des actes communautaires, énonce qu'ils « sont appliqués dans chaque Etat membre, nonobstant toute législation nationale contraire, antérieure ou postérieure ». Cette affirmation a été rappelée par la Cour de justice de l'uemoa, en ces termes : « la primauté bénéficie à toutes les normes communautaires, primaires comme dérivées, immédiatement applicable ou

« Les Actes pris pour l'adoption des règles communes prévues à l'article premier du Traité sont qualifiés Actes uniformes »[24].

La supériorité normative et judiciaire de l'OHADA, ne fait l'ombre d'aucun doute. La CCJA a eu l'occasion de préciser la portée de l'article 10 du Traité dans un avis en date du 30 avril 2001 sur demande de la République de Côte d'Ivoire concernant l'effet abrogatoire des Actes uniformes sur le droit interne. La Cour a admis que : « l'article 10 contient une règle de supranationalité parce qu'il prévoit l'application directe et obligatoire dans les États Parties des Actes uniformes et institue, par ailleurs, leur suprématie sur les dispositions de droit interne antérieures et postérieures. La Cour a donc estimé, que cet article, contient bien une règle relative à l'abrogation du droit interne par les Actes uniformes. Cet article est donc la seule disposition susceptible de consacrer la supranationalité des Actes uniformes, confirmée par les articles spécifiques de chaque Actes uniformes »[25].

Pour saisir l'apport des juridictions nationales dans le règlement judiciaire des litiges commerciaux, il est nécessaire de s'intéresser aux décisions rendues par celles-ci dans l'application du droit uniforme. La classification des décisions des juridictions du fond (I) permettra de mettre en évidence la mise en œuvre de l'Acte uniforme portant procédure simplifiée de recouvrement de créance et des voies d'exécution (II).

---

non, et s'exerce à l'encontre de toutes les normes nationales, administratives, législatives, juridictionnelles ou même constitutionnelles, parce que l'ordre juridique communautaire l'emporte dans son intégralité sur les ordres juridiques nationaux... Le juge national doit donc donner la primauté à l'ordre juridique communautaire en cas de contrariété entre le droit national et le droit communautaire. » (CJ Uemoa, avis n° 001/2003, 18 mars 2003 : Rec.01-2004, p.67.). Voir en ce sens, OHADA : Traité et Actes Uniformes commentés et annotés, Juriscope, 2016, p.36.

[24]Article 5 alinéa 1 du Traité.

[25]OHADA : Traité et Actes Uniformes commentés et annotés, Juriscope, 2016, p.36.

I. Classification des décisions rendues par les juridictions nationales du fond

Les juridictions nationales du fond chargées de régler les litiges en instance et en appel,[26] sont considérées comme juge de droit commun du droit OHADA. Il revient à ces juges, de mettre en application les différents Actes uniformes en vigueur dans l'espace OHADA. En soutenant l'idée de l'harmonisation de la carte judiciaire, un auteur affirme que la question d'harmonisation de la carte judiciaire et des institutions judiciaires « est ...la suite logique et nécessaire du choix initié de priver les juridictions suprêmes internes de la connaissance du contentieux commercial en dernier ressort, la CCJA venant en quelque sorte couronner en matière commerciale l'édifice judiciaire de chaque État partie »[27]. Il convient tout de même de noter, que les États ont consenti de nombreux efforts dans le domaine de création de juridictions commerciales. Bien avant l'avènement de ces juridictions commerciales, les litiges commerciaux étaient réglés par les chambres commerciales rattachées aux tribunaux d'instance ou de grande instance. Les États qui ont mis en place des juridictions commerciales sont :

[26] Le contentieux relatif à l'application des actes uniformes est réglé en première instance et en appel par les juridictions des Etats parties (article 13 du Traité OHADA).

[27] V.C. N'GONGO, « Réflexions sur l'espace judiciaire OHADA », ohadata D-15-14. p.19. *www.ohada.com/doctrine/ohadata/D-15-14.html*; L. BENKEMOUN, « sécurité juridique et investissements internationaux », *Penant*, n° 855, 2006. p. 194.

(Mali [28] Tchad [29] ; République Centrafricaine [30] ; RDC, Burkina Faso[31] ; Côte d'ivoire[32] ; Sénégal[33]Niger[34], Togo[35]. Au Togo[36]etc.). Il

[28] "Le tribunal de commerce du Mali est créé par la Loi N° 88-38/AN-RM du 08 février 1988, abrogée par la Loi N° 00-057/ARM du 22 août 2000 qui a quelques exceptions près notamment celles relatives à la durée du mandate des juges consulaires qui passe de trois à quatre ans (...). Selon la loi nouvelle notamment celle de 2000, les localités où ne siègent pas les tribunaux de commerce les affaires qui ressortissent de leurs compétences sont jugées par les tribunaux civils de droit commun que sont : le tribunal de première instance ou la justice de paix à compétence étendue. Cette loi prévoit trois tribunaux de commerce dans les villes de Kayes, Bamako et Mopti. Le tribunal de commerce est dirigé par un Président (magistrat professionnel) assisté de deux assesseurs (juges consulaires). Les assesseurs sont désignés par secteur d'activité à raison d'un titulaire et d'un suppléant (...). Voir dans ce sens, F. SECK, « Organisation, judiciaire du Mali », p 9 et s. *www.ohada.com/organisations-judiciaire.html*

[29] « Les tribunaux de commerce sont prévus par la loi portant organisation judiciaire du Tchad ; leur organisation et leur fonctionnement sont déterminés par une ordonnance n° 009/PR/2004 du 23 août 2004. Ils sont des juridictions compétentes pour juger, en première instance, les affaires relatives aux actes de commerce (achats de marchandises pour revendre, lettre de change, opérations de banque, engagements nés à l'occasion du commerce), aux litiges concernant les sociétés commerciales et surtout aux incidents relatifs à la cessation des paiements (redressement et liquidation judiciaires des entreprises). » Voir dans dans ce sens, J. MADJENOUM, « Organisation judiciaire du Tchad », p.12. *www.ohada.com/organisation-judiciaire.html*

[30]L'organisation et le fonctionnement des tribunaux de commerce en Centrafrique sont fixés par la loi n° 06.003 du 10 Mars 2006. Aux termes des dispositions de l'article 2 de cette loi, le tribunal de commerce est composé :

-Un juge professionnel qui exerce les fonctions de Président ;

-Un ou plusieurs juges professionnels, qui exercent les fonctions de Vice-Président ;

-Quatre juges consulaires élus par leurs pairs pour un mandat de trois ans renouvelables. En ce sens SENDE Arsène, « Organisation judiciaire de la République Centrafricaine », p. 14, www.OHADA.com, consulté le 15/11/2018.

[31]Le tribunal de commerce du Burkina Faso a été créé par la loi n° 22-2009/AN du 12 mai 2009, portant création, organisation et fonctionnement du tribunal de commerce. Le Tribunal de commerce est institué au siège de chaque Tribunal de Grande Instance et a pour ressort territorial celui du TGI. Deux tribunaux de commerce ont été créés : le tribunal de commerce de Ouagadougou et celui de Bobo Dioulasso. Le tribunal de commerce se compose :

- d'un président ;
- d'un ou plusieurs vice-présidents ;
- de juges ; de juges consulaires titulaires et suppléants ;
- d'un représentant du ministère public ;
- d'un greffier en chef et de greffiers.

Les juges consulaires son proposés par la Chambre de commerce et d'industrie et nommés pour une période de quatre ans renouvelables une fois. Avant d'entrer en fonction, ils prêtent serment devant le TGI dans le ressort duquel se trouve le siège du tribunal de commerce. Pour siéger et statuer, le tribunal de commerce, suivant le système de l'échevinage comprend un président, juge professionnel de l'ordre judiciaire, un représentant du ministère public du TGI dans le ressort duquel se trouve le siège du tribunal de commerce, deux juges consulaires et un greffier. Le tribunal de commerce peut comprendre une oou plusieurs chambres. Voir dans ce sens, F. OUEDRAOGO, et P. L.D. YOUGBARE « Organisation judiciaire du Burkina Faso », pp.8 et ss. *www.ohada.com*, consulté le 15/11/2018.

[32] Loi organique n° 2014-424 du 14 juillet 2014 portant création, organisation et fonctionnement des juridictions de commerce, *https://tribunalcommerceabidjan.org*

[33] Loi n° 2017-24 en date du 28 juin 2017 portant création, organisation et fonctionnement des tribunaux de commerce et des chambres commerciales d'Appel. Selon les dispositions de l'article 7 de cette loi, « les tribunaux de commerce connaissent : des contestations relatives aux engagements et transactions entre commerçant au sens de l'acte uniforme relatif au droit commercial général ; des contestations entre associés d'une société commerciale ou d'un groupement d'intérêt économique ; des contestations entre toutes personnes, relatives aux actes de commerce au sens de l'acte uniforme relatif au droit commercial général. Toutefois, dans les actes mixtes, la partie non commerçante demanderesse peut saisir es tribunaux de droit commun ; des procédures collectives d'apurement du passif ; plus généralement, des contestations relatives aux actes de commerce accomplis par les commerçants à l'occasion de leur commerce et de l'ensemble de leurs contestations commerciales comportant même un objet civil ; des contestations et oppositions relatives aux décisions prises par les juridictions de commerce ».
https://www.droit-afrique.com/uploads/senegal-Loi-2017-24-organisation-tribunaux-commerce.pdf

[34] Loi n°2019-01 du 30 avril 2019 fixant la composition, l'organisation, la compétence et la procédure à suivre devant les tribunaux de commerce et les chambres spécialisées en République du Niger. Voir en ce sens
www.tribunalcommerceniamey.ne/doc.php?cid=139

[35] Loi n° 2020-002 du 07 janvier 2020 portant modification de la loi n° 2018-028 du 10 décembre 2018 instituant les juridictions commerciales en République du Togo.

[36] Au Togo, les tribunaux de première instance peuvent siéger en chambre civile et commerciale. Selon l'article 39 de l'ordonnance de 1978, « en matière civile et commerciale, (les tribunaux de première instance) connaissent en premier et dernier ressort des actions jusqu'à la valeur de 100 000 francs en capital ou 10 000 francs en revenus annuels calculés soit par rente, soit par prix de bail. Ils statuent en premier et dernier ressort à charge d'appel pour les actions s'élevant au-dessus de ces sommes ainsi que pour celles dont le taux ne peut être évalué en argent ».
Le tribunal de première instance statue en matière commerciale sur les litiges nés entre commerçants ou relatifs aux sociétés commerciales ou aux actes de commerce. Voir dans ce sens AKOUETE AKUE Michel Adoté, « Organisation judiciaire du Togo », p.4, *www.ohada.com*, consulté le 15/11/2018.

existe une dernière catégorie d'États qui n'ont ni tribunal de commerce, ni chambre commerciale au sein des tribunaux (Gabon[37], Cameroun[38], Guinée équatoriale). Dans ces États, les tribunaux de premier degré sont compétents pour régler les litiges civils, sociaux et commerciaux. L'harmonisation de la carte judiciaire des États ayant en commun le même droit uniforme OHADA, se réalisera à travers la création des tribunaux de commerce dans les États qui ne l'ont pas encore fait.

Si le juge est considéré comme un acteur majeur de la production normative dans les États de la Common Law[39], il ne bénéficie pas de ce statut dans les États de tradition juridique civiliste où il est perçu comme étant seulement la bouche de la loi selon Montesquieu, qui doit se contenter seulement d'appliquer la règle de droit posée par le législateur. Contrairement à cette idée reçue, le juge dans les deux systèmes

---

[37] Au Gabon, les tribunaux de première instance ou TPI sont juges de droit commun en matière civile, commercial, sociale et correctionnelle, d'où leurs subdivisions en chambres civile, commercial, sociale et correctionnelle. En ce sens, NKOROUNA Alphonse, "Organisation judiciaire du Gabon", p. 11, *www.ohada.com*, consulté le 15/11/2018.

[38] Au Cameroun, le tribunal de première instance est compétent en matière civile, commerciale et sociale pour des actions en recouvrement, par procédure simplifiée, des créances civiles et commerciales crtaines, liquides et exigibles n'excédant pas dix millions de francs CFA ; et lorsque le montant de la demande est inférieur ou égal à dix millions de francs CFA. En ce sens, KALIEU ELONGO, Yvette Rachel, « Organisation judiciaire du Cameroun », p. 6, *www.ohada.com*, consulté le 15/11/2018.

[39] « La Common Law est définie comme étant un système juridique fondé sur une règle de droit d'origine jurisprudentielle. Un corps de règles élaboré par les Cours royales par opposition aux règles d'Equity dégagées par la juridiction du Chancelier et à la législation (Statute law) ». Voir en ce sens, G. CORNU, (dir.), *Vocabulaire juridique*, Association Henri Capitant, Quadrige, 12[e]éd. 2018, p. 205 et 206. L'expression "common law" peut renvoyer à plusieurs significations selon Thierry RAMBAUD : « C'est d'abord le droit dispensé par les Cours royales siégeant à westminster lorsque la Monarchie anglo-normande, puis celle Plantagenêt et Tudor, tente d'unifier le royaume au moyen du droit. C'est un droit commun au royaume par opposition à la justice rendue par les enseignants et les barons en provinces. En Anglais courant, ce terme renvoie à l'ensemble des décisions des cours de justice, c'est-à-dire la jurisprudence par opposition à la loi ou au règlement. La Common Law s'oppose au statute law. Il s'agit du droit élaboré par le parlement. Le parlement étant souverain peut à travers ses actes, poser des règles pour modifier ou écarter la Common Law. Ces actes forment le statute Law. L'expression Common Law désigne aussi selon l'auteur, le domaine du droit qui se distingue de l'Equity.On retrouve la Common Law en Angleterre, au Pays de Galles, en Irlande, aux Etats-Unis, au Canada, en Australie, en Nouvelle-Zelande, Hong-kong, à Singapour, en Malaisie, en Inde, au Pakistan, dans quelques pays d'Afriques de l'Ouest et de l'est". Voir dans ce sens, T. RAMBAUD., Introduction au droit compare, Les grandes traditions juridiques dans le monde, quadrige Manuels, 1re édition, PUF, 2014, p.104.

juridiques, participe activement à la production de la règle de droit. Il en est un acteur central. En effet, Le professeur Frédéric ZENATI-CASTAING reconnaît à juste titre le travail des juges du fond en affirmant ceci :

« Une idée reçue réserve à la Cour de cassation la production de la jurisprudence ; les juges du fond n'auraient d'autre rôle que celui d'appliquer la loi telle que l'interprète la Cour suprême. Dans une veine souvent sociologiste, on reconnaît aux juridictions inférieures tout au plus la mission de dégager des orientations dans les espaces de leur appréciation souveraine : quantum d'indemnités, tarif des peines, appréciation du contenu des notions cadres, etc. On réduit l'apport normatif des cours d'appel à cela et on utilise le mot jurisprudence du bout des lèvres pour en parler. Cette vision minimaliste du rôle des juges du fond dans l'élaboration de la norme, occulte une réalité élémentaire : les cours et tribunaux interprètent la loi tout autant que la Cour de cassation et sont même beaucoup plus enclins à l'interpréter parce qu'ils sont en contact direct avec les sources matérielles du droit. Elle survalorise le rôle de l'organe de cassation, qui n'est pas tant de faire la jurisprudence que de l'unifier. Les juridictions inférieures sont les véritables laboratoires du droit vivant, le vivier dans lequel la Cour de cassation trouve la source de son inspiration [...] »[40].

Les juges du fond des États-Parties au Traité OHADA participent à la construction de ce droit à travers leurs décisions rendues en instance et en appel. Quelques exemples de décisions rendues par les juridictions nationales du fond dans le règlement judiciaire des litiges commerciaux permettent de mettre en évidence le niveau d'appropriation des Actes uniformes par les juges. Il sera d'abord question de l'applicabilité direct de l'acte uniforme portant sur le Droit Commercial Général aux baux commerciaux conclus antérieurement à sa mise en vigueur (A), et de l'application du délai biennal de prescription en matière de vente commerciale (B).

A) L'applicabilité de l'Acte uniforme relatif au Droit Commercial Général

Relativement à l'Acte uniforme portant sur le droit commercial général, la Cour d'appel de Port-Gentil (Gabon) par un arrêt en date du 9 décembre 1999, Société Kossi, a fait application de cet Acte aux baux

---

[40]F. ZENATI-CASTAING, « La motivation des décisions de justice et les sources du droit », *Recueil Dalloz* Sirey, 07/06/2007, n° 22, pp. 1553-1560.

commerciaux conclus avant le 1er janvier 1998, date où il a été rendu applicable au Gabon.

« Considérant que l'article 10 du Traité relatif à l'harmonisation du droit des affaires en Afrique dispose que les Actes Uniformes sont directement applicables et obligatoires dans les États Parties, nonobstant toute disposition contraire de droit interne, antérieure ou postérieure ;

Considérant qu'en vertu du principe de l'effet immédiat de ces Actes, les baux commerciaux en cours avant le 1er janvier 1998 sont désormais régis par les dispositions de l'Acte Uniforme relatif au droit commercial qui abroge la loi française de 1926 applicable au Gabon et ayant le même objet ;

Qu'en définitive, la société Kossi bénéficie du régime des baux commerciaux institués par l'Acte précité »[41].

Il est important de rendre compte de la note sous arrêt du Professeur ISSA-SAYGH dans cette affaire. En effet, le Professeur affirme que : « en matière contractuelle, un contrat conclu sous l'empire d'une loi continue à être régi par cette législation, malgré l'avènement d'une loi nouvelle et ce, jusqu'à extinction du contrat, sauf disposition d'ordre public de la loi nouvelle. C'est le cas en l'espèce, puisque selon l'article 102 de l'Acte Uniforme portant Droit Commercial Général, les articles relatifs aux conditions et formes du renouvellement des baux commerciaux (articles 91 et suivants) sont d'ordre public. De ce fait, elles entraient en vigueur dès le 1er janvier 1998 »[42].

B) L'application du délai biennal de prescription en matière de vente commerciale

Le tribunal de première instance d'Abidjan (Côte d'Ivoire) dans une affaire en date du 13 décembre 2001 a fait application des dispositions des articles 274 et 276 de l'Acte Uniforme portant sur le Droit Commercial Général.

« Attendu que, suivant l'article 274 de l'Acte Uniforme, le délai de prescription en matière de vente commercial est de deux ans et expire suivant l'article 276, à la date d'accomplissement de la garantie ; qu'en

---

[41]Arrêt société Kossi c/ PAROISSE SAINT-PAUL des bois, Cour d'appel de Port Gentil du 09/12/1999 in OHADAta J-02-45.

[42]Arrêt société Kossi c/ PAROISSE SAINT-PAUL des bois, Cour d'appel de Port Gentil du 09/12/1999 in : OHADAta J-02-45 ; obs. J. ISSA-SAYEGH. Voir en ce sens, M. J. Vital KODO, *l'application des Actes Uniformes de l'OHADA*, Coll. Publication de l'Institut Universitaire André Ryckmans, Academia Bruylant, 2010, p 51.

l'espèce, la garantie annale ayant pris fin le 12 octobre 1997, le délai de deux ans est arrivé à expiration le 12 octobre 1999 ; qu'il s'ensuit que la prescription a pleinement joué de sorte que la demande de la société sans frontière est irrecevable"[43]. Dans cette affaire, les juges du fond ont fait application des dispositions des articles 274 et 276 de l'Acte uniforme relatif au droit commercial général du 17 avril 1997, entré en vigueur le 1er janvier 1998. En effet, selon les observations du Professeur ISSA-SAYEGH sur cette affaire, il ne pouvait y avoir application des dispositions de l'Acte uniforme portant sur le droit commercial général qui est entré en vigueur le 1er janvier 1998 alors qu'en l'espèce, les relations commerciales ont été nouées en 1995. C'est le code civil et le code de commerce antérieurs qui devaient s'appliquer[44].

II. L'applicabilité de l'Acte uniforme portant organisation des procédures simplifiées de recouvrement et des voies d'exécution

L'Acte Uniforme portant organisation des procédures simplifiées de recouvrement et des voies d'exécution a été adopté à Libreville (GABON) le 10 avril 1998 et entré en vigueur le 10 juillet 1998. Cet Acte Uniforme qui fait office de droit commun en matière de procédure simplifiée et des voies d'exécution dans les dix-sept États membres de l'OHADA, est composé de deux livres reparties entre dix titres. Le premier livre est composé de deux titres en l'occurrence l'injonction de payer et la procédure simplifiée tendant à la délivrance ou à la restitution d'un bien meuble déterminé. Quant au second livre, il contient : les dispositions générales ; les saisies conservatoires ; la saisie-vente ; la saisie-attribution des créances ; la saisie et cession des rémunérations ; la saisie-appréhension entre les mains de la personne tenue de la remise en vertu d'un titre exécutoire ; les dispositions particulières à la saisie des droits et des valeurs mobilières ; la saisie immobilière ; la distribution du prix et les Dispositions particulières[45].

---

[43] Tribunal de première instance d'Abidjan, 1ère chambre civile, jugement, n° 246 du 13 décembre 2001, Société de Transport Faso-Côte d'Ivoire c/ CFAO et CICA-Auto in : Ohadata J-02-116.

[44] J. ISSA-SAYEGH, note sous : Tribunal de première d'instance d'Abidjan, 13/12/2001, *op. cit.*

[45] Acte uniforme portant procédure simplifiée de recouvrement et des voies d'exécutions, voir en ce sens *www.ohada.com,* consulté le 11/11/2018.

Quelques décisions rendues par les juridictions nationales du fond permettent de rendre compte de leur degré d'appropriation de l'Acte uniforme portant procédure simplifiée de recouvrement et des voies d'exécution. De l'irrecevabilité d'une demande de mainlevée d'une saisie-attribution (A), à l'absence de risque d'insolvabilité du débiteur dans une procédure de recouvrement de créance (B).

A) L'irrecevabilité d'une demande de mainlevée d'une saisie-attribution

Dans une ordonnance en date du 23 décembre 2010, le juge des référés du tribunal de Première instance d'Abidjan (Côte d'Ivoire), a déclaré irrecevable la demande de mainlevée d'une saisie-attribution opérée sur un compte bancaire. Il ressort en effet de cette ordonnance :

« Attendu qu'il résulte des dispositions de l'article 3 du code de procédure civile que, l'action du demandeur n'est recevable que s'il a la qualité pour agir ;

Or, attendu qu'en l'espèce, l'État de Côte d'ivoire qui sollicite la mainlevée de la saisie-attribution contestée, ne rapporte pas la preuve de ce qu'il est titulaire du compte sur lequel la saisie a été pratiquée ;

Qu'il y a lieu de dire qu'il n'a pas justifié sa qualité pour agir et déclarer son acte irrecevable ;

Attendu qu'il résulte des dispositions de l'article 170 de l'Acte uniforme portant organisation des procédures simplifiées de recouvrement et des voies d'exécution que, les contestations à la saisie-attribution sont portées devant la juridiction compétente, dans un délai d'un mois à compter de la dénonciation ; Or, attendu qu'en l'espèce, il est constant que la présente demande de mainlevée soulevée par LCCI-Liquidation intervient après plus d'un mois, le 14 mai, date de la dénonciation de la saisie ; Qu'il résulte que cette demande est irrecevable, parce qu'intervenue hors délai »[46].

Le juge des référés a, dans un premier temps, sanctionné le défaut de qualité à agir de l'État de Côte d'Ivoire qui n'apporte aucune preuve pour justifier qu'il est titulaire du compte sur lequel la saisie a été pratiquée et dans un second temps, a retenu que la demande de mainlevée intervient hors délai.

---

[46] Juge de référés du Tribunal de Première instance d'Abidjan, ordonnance n° 2551du 23/12/2010, affaire : Etat de Côte d'Ivoire (SCPA ESSIS-KOUASSI-ESSIS) c/ Monsieur DJAHI ALBERT, Monsieur GUILLET ZEHE Emile, BACI, LCCI, *Ohadata* J-13-191, *www.ohada.com*, consulté le 11/11/2018.

B) L'absence de risque d'insolvabilité du débiteur

Dans l'affaire, Société E.F.G, la Cour d'appel de Port-Gentil infirme, par un arrêt du 28 avril 1999, l'ordonnance qui autorise la Société CAGRINO à pratiquer une saisie conservatoire sur un certain nombre d'engins appartenant à la société E.F.G pour garantir une créance évaluée en principal, intérêt et frais, à deux cent cinquante-quatre millions de francs f CFA.

La décision du juge d'appel est fondée sur l'article 54 de l'Acte Uniforme portant procédures simplifiées de recouvrement et des voies d'exécution. Aux termes des dispositions de cet article, toute personne dont la créance paraît fondée en son principe peut, par requête, solliciter de la juridiction compétente, l'autorisation de pratiquer une mesure conservatoire sur tous les biens mobiliers corporels ou incorporels de son débiteur, sans commandement préalable, si elle justifie de circonstance de nature à en menacer le recouvrement. Le juge d'appel constate que la société GAGRINO n'apporte pas aux débats la preuve du péril ou de la menace pesant sur le recouvrement de sa créance.[47]

Dans une espèce en date du 17 février 2011, le tribunal de première instance de Yaoundé-EKOUNOU (Cameroun) a fait savoir que :

« Les personnes qui ont souscrit un cautionnement solidaire garantissant le paiement d'une dette peuvent se voir contraindre au paiement par la procédure d'injonction de payer en cas d'insatisfaction du créancier. En l'absence de preuve du paiement ou plus généralement de l'extinction de la dette par quelque cause que ce soit, leur opposition doit être déclarée non fondée par la juridiction compétente »[48].

De ces arrêts et jugements rendus par les juridictions du fond des États Parties au Traité OHADA, on peut retenir qu'il y a une certaine appropriation des Actes Uniformes qui se substituent désormais aux législations internes en droit des affaires antérieures et postérieures des États membres. Les juges du fond loin d'être des acteurs passifs, jouent un rôle important dans la construction de l'espace juridique et judiciaire en Afrique subsaharienne. Ils sont chargés au premier plan d'appliquer les Actes Uniformes lorsqu'ils sont saisis. Les décisions rendues par ces juges permettent d'éclairer la lanterne des acteurs qui s'intéressent à l'évolution du droit des affaires notamment les opérateurs économiques, les notaires,

---

[47]Arrêt société E.F.G c/ Société GAGRINO, Cour d'appel de Port-Gentil du 28/04/1999 *in ohadata* J-02-44.

[48]Tribunal de première instance de Yaoundé-ekounou, jugement N°05/com du 17 février 2011, bahokennee filimarthe bakinien francois c/ cecprom mature in ohadata J-14-136.

les avocats, les enseignants-chercheurs etc. Mais à côté des juges nationaux, il y a les juges de la juridiction supérieure communautaire qui ont le monopole d'interprétation et d'application des Actes Uniformes en cassation. Dès lors, on constate une hiérarchisation judiciaire qui place les Juridictions nationales des États Parties au Traité, en bas de la pyramide, et la CCJA en haut de celle-ci.

§2. La contribution de la CCJA dans le règlement judiciaire des litiges commerciaux

L'organisation judiciaire dans l'espace OHADA est fortement hiérarchisée. Cette hiérarchisation volontariste vise essentiellement à résoudre les maux qui accablent la justice en Afrique. Ces maux se résument entre autres : au manque de ressource humaine de qualité ; à l'insuffisance notoire des infrastructures ; à la corruption en milieu judiciaire et à la problématique de distribution de la justice. Au regard de ces constats, les rédacteurs du Traité OHADA ont mis en place une Cour dotée du pouvoir d'invalider les décisions rendues par les juridictions nationales du fond en instance et en appel. Cette Cour a aussi des attributions consultatives et arbitrales qui ne feront pas l'objet du développement ci-dessous. La CCJA contribue fortement au règlement judiciaire des litiges commerciaux. Étant la plus Haute juridiction communautaire compétente pour connaître exclusivement des litiges portant sur l'application ou l'interprétation du Traité, d'un Acte Uniforme, ou d'un règlement pris pour son application, la Cour joue un rôle d'unification de la jurisprudence. Sa saisine est conditionnée au respect par le requérant de certaines prescriptions de forme (I) et de fond (II).

I. Les conditions de forme de recevabilité du pourvoi en cassation devant la Cour

La CCJA est compétente pour connaître du contentieux relatif à l'application des Actes Uniformes en première instance et en appel[49]. Cette même Cour est compétente pour assurer au sein de tous les États Parties l'interprétation et l'application commune du présent Traité, des règlements pris pour son application et des Actes Uniformes. En plus des compétences de règlement des litiges liés aux Actes Uniformes et de leur

[49]Article 13 du Traité OHADA.

interprétation, la Cour exerce une fonction consultative. En effet, il ressort de la lecture de l'article 14 du Traité que :

« La Cour peut être consultée par tout État Partie ou par le Conseil des Ministres sur toute question entrant dans le champ de l'alinéa précèdent. La même faculté de solliciter l'avis consultative de la Cour est reconnue aux juridictions nationales saisies en application de l'article 13 ci-dessus »[50].

S'agissant de la saisine de la Cour, l'article 14 al 3 du Traité OHADA affirme que :

« Saisie par la voie du recours en cassation, la Cour se prononce sur les décisions rendues par les juridictions d'appel des États Parties dans toutes les affaires soulevant des questions relatives à l'application des Actes Uniformes et des Règlements prévus au présent Traité à l'exception des décisions appliquant des sanctions pénales »[51].

À la lecture de cet article, l'on comprend pleinement que les juridictions nationales de cassation n'ont plus le monopole de la cassation, à l'exception des décisions appliquant des sanctions pénales. L'alinéa 4 du même article ajoute que : « la Cour se prononce dans les mêmes conditions sur les décisions non susceptibles d'appel rendues par toute juridiction des États Parties dans les mêmes contentieux. En cas de cassation, elle évoque et statue sur le fond »[52].Quant à l'article 15 du Traité, il précise que « les pourvois en cassation prévus à l'article 14 sont portés devant la CCJA, soit directement par l'une des parties à l'instance, soit sur renvoi d'une juridiction nationale statuant en cassation saisie d'une affaire soulevant des questions relatives à l'application des Actes Uniformes ». La saisine de la Cour peut donc être faite de deux manières différentes : la saisine directe qui s'effectue par les parties en instance, et la saisine sur renvoi de la Cour nationale de cassation saisie d'une affaire soulevant des questions relatives à l'application des Actes Uniformes. Les conditions de forme en vue de la saisine de la CCJA sont relatives à la qualité pour agir devant elle et aux délais impartis à cet effet. La Cour, à travers une jurisprudence abondante a sanctionné le défaut de qualité pour agir devant elle. En effet, dans une espèce où « l'appel relevé par le directeur du risque et du crédit d'une banque ivoirienne a été déclaré irrecevable pour défaut de qualité à agir, la société forma un pourvoi en cassation devant la CCJA. Cette dernière statua qu'il résulte de l'examen

---

[50] Article 14 al.2 du Traité OHADA.

[51] Article 14 al. 3 du Traité OHADA.

[52] Article al. 4 et 5 du Traité OHDA.

combiné des articles[53] 465 et 487 de l'AUSCGIE[54] que dans une société anonyme, seul le président directeur général ou le directeur général a la qualité de représentant légal ou statutaire, et a donc qualité pour former appel au nom de ladite société anonyme ; doit être déclaré irrecevable pour défaut de qualité pour agir, l'appel interjeté au nom d'une personne morale, par une personne autre que le représentant légal, sans pouvoir spécial de celui-ci »[55].

Dans un autre arrêt[56] en date du 18 avril 2013 la Cour a rejeté un pourvoi pour cause de défaut de qualité pour agir devant elle. La Cour affirme en ces termes :« attendu que dans son mémoire en réponse déposé le 29 octobre 2008, la BICICI a soulevé l'irrecevabilité du pourvoi ; attendu en effet qu'aux termes des dispositions des articles 23-1 et 28-1 du Règlement de procédure de la Cour de céans, tout avocat doit produire

[53] L'article 465 de l'AUSCGIE dispose : « Le président-directeur général préside le Conseil d'administration et les assemblées générales.
Il assure la direction générale de la société et représente celle-ci dans ses rapports avec les tiers. Il est tenu de communiquer à chaque administrateur tous les documents et informations nécessaires à l'accomplissement de sa mission. Pour l'exercice de ces fonctions, il est investi des pouvoirs les plus étendus qu'il exerce dans la limite de l'objet social et sous réserve de ceux expressément attribués aux assemblées générales ou spécialement réservés au conseil d'administration par des dispositions légales ou statutaires.
Dans ses rapports avec les tiers, la société est engagée par les actes du président-directeur général qui ne relèvent pas de l'objet social, dans les conditions et limites fixées à l'article 122 ci-dessus.
Les clauses des status, les délibérations des assemblées générales ou les décisions du conseil d'administration limitant les pouvoirs du président-directeur général sont inopposables aux tiers de bonne foi". Quant à l'article 487, il ajoute que "Le directeur général assure la direction générale de la société. Il la représente dans ses rapports avec les tiers. Pour l'exercice de ces fonctions, il est investi des pouvoirs les plus étendus qu'il exerce dans la limite de l'objet social et sous réserve de ceux expressément attribués aux assemblées générales ou spécialement réservés au conseil d'administration par des dispositions légales ou statutaires ».

[54]Acte Uniforme relatif au droit des sociétés commerciales et du Groupement d'intérêt Economique

[55]CCJA, Arrêt n° 022/2003, 6-11-2003 : B.I.A.O.-Côte d'Ivoire c/ Nouvelle SCIERIE D'AGNIBILEKRO.Voir dans ce sens, M. KODO, *L'application des Actes Uniformes de l'OHADA*, coll. Publications de l'Institut Universitaire André RYCKMANS N° 5, Académia Bruylant, 2010, p. 212.

[56]CCJA, 2ème ch., Arrêt n° 024/2013 du 18 avril 2013 ; Pourvoi n° 065/2008/PC du 28 Juillet 2008 : Société Tropicale des Allumettes dite SOTROPAL c/ 1) Banque Internationale pour le commerce et l'Industrie de la Côte d'Ivoire dite BICICI, 2) DRAMA KOFFI Jean Pierre et autres, Recueil de jurisprudence n° 20, vol. 1, janvier-décembre 2013, p. 11-14, *in ohadata* J-15-24.

un mandat spécial à lui délivrer par la partie qu'il représente ; ce mandat devant nécessairement émaner d'un représentant qualifié ; que par ailleurs, les dispositions des articles 465 et 468 de l'Acte Uniforme sur les sociétés commerciales et le groupement d'intérêt économique précisent bien que seul le Président-directeur général a qualité pour représenter la société et en cas d'empêchement de celui-ci, un administrateur délégué par le conseil d'Administration ; qu'aucune disposition dudit Acte Uniforme n'autorise un administrateur d'une société à la représenter sans mandat du Conseil d'administration ou à se prévaloir de la qualité de Directeur général en l'absence du représentant légal ; qu'en l'espèce, il ressort des pièces du dossier de la procédure que le Directeur général de la SOTROPAL est Monsieur Mohamed Fadiga, seul habilité à délivrer un mandat de représentation à un avocat et pas Monsieur Malick Fadiga qui est un administrateur comme le reconnaît la société intéressée dans ses écritures du 19 janvier 2009 ; qu'il s'ensuit que le mandat délivré à l'avocat par un administrateur n'ayant pas reçu mandat à cette fin n'est pas valable, qu'ainsi, le recours en cassation doit être déclaré irrecevable pour violation des articles 23-1 et 28-4 du Règlement de procédure de la Cour des céans ; Attendu que la SOTROPAL ayant succombé, doit être condamnée aux dépens ».

En plus du rejet des pourvois pour cause de défaut de qualité pour agir, la Cour sanctionne régulièrement les pourvois qui sont formés hors le délai de deux mois conformément à l'alinéa 1 de l'article 28 (nouveau)[57] du Règlement de procédure. Par exemple dans un arrêt en date du 10 avril 2014 dans l'affaire AFRILAND FIRST BANK c/ Société Camerounaise des Produits Manufacturiers (SCPM Sarl), la Cour a rejeté le pourvoi formé par AFRILAND FIRST BANK au motif qu'il n'a été fait dans le délai légal.

« attendu que dans son mémoire en réponse à la requête, reçu au greffe de la Cour de céans le 24 mars 2011, la société Camerounaise des Produits Manufacturiers (SCPM), défenderesse au pourvoi, demande in limine litis à la Cour de déclarer irrecevable le pourvoi formé par AFRILAND FIRST BANK au motif que ce pourvoi, formalisé par une requête déposée le 03 septembre 2009, alors que la décision attaquée a été signifiée à la

[57] Lorsque la Cour est saisie par l'une des parties à l'instance par la voie du recours en cassation prévu au troisième ou quatrième alinéa de l'article 14 du Traité, le recours est présenté au greffe dans les deux mois de la signification ou de la notification de la décision attaquée par l'Avocat du requérant dans les conditions fixes à l'article 23 du présent Règlement..."

demanderesse au pourvoi par exploit d'huissier le 03 mai 2009 à 15 heures, est formé hors le délai des deux mois prévu à cet effet ; Attendu qu'aux termes de l'article 28, alinéa 1 du Règlement de procédure de la Cour de céans, « Lorsque la Cour est saisie par l'une des parties à l'instance par la voie du recours en cassation prévu au troisième ou quatrième alinéa de l'article 14 du Traité, le recours est présenté au greffe dans les deux mois de la signification de la décision attaquée par l'avocat du requérant dans les conditions fixées à l'article 23 ci-dessus » [58]; que l'article 27. 2 du même Règlement énonce « ... au regard des délais de procédure, seule la date du dépôt au Greffe sera prise en considération ; attendu qu'il ressort des pièces du dossier de la procédure que l'arrêt n° 149/Civ rendu le 09 décembre 2009 par la Cour d'appel de Bafoussam, a été régulièrement signifié à AFRILAND FIRST BANK le 03 mai 2010, que le pourvoi en cassation contre cet arrêt est enregistré au greffe de la Cour de céans le 03 septembre 2010 ; qu'ainsi, même en tenant compte de l'augmentation des délais de procédure en raison de la distance, qui est de vingt et un jours pour l'Afrique Centrale, il apparaît clairement que le pourvoi est formé hors le délai imparti à cet effet ; qu'il échet en conséquence de la déclarer irrecevable ; attendu qu'AFRILAND FIRST BANK, ayant succombé, sera condamnée aux dépens".

À ces conditions de forme de recevabilité du pourvoi en cassation devant la CCJA, s'ajoutent des conditions de fond dont l'inobservation conduit au rejet du pourvoi.

---

[58] Aux termes des dispositions de l'article 23 (nouveau) du Règlement de procédure, « Le ministère d'Avocat est obligatoire devant la Cour. Est admis à exercer ce ministère toute personne pouvant se présenter en qualité d'Avocat devant une juridiction de l'un des Etats Parties au Traité. Il appartient à toute personne se prévalant de cette qualité d'en apporter la preuve à la Cour. Elle devra en outre produire un mandat spécial de la partie qu'elle représente.

L'avocat dont le comportement devant la Cour est incomparable avec la dignité de celle-ci ou qui use des droits qu'il tient de ses fonctions à des fins autres que celles pour lesquelles ces droits lui ont été reconnus peut, après avoir été entendu, être exclu à tout moment de la procédure par ordonnance du président de la Cour. Cette ordonnance est immédiatement exécutoire.

Lorsqu'un avocat se trouve exclu de la procédure, celle-ci est suspendue jusqu'à l'expiration d'un délai fixé par le président pour permettre à la partie intéressée de désigner un autre avocat.

Les ordonnances prises en exécution des alinéas précédents peuvent être rapportées par le président de la Cour, à la requête de l'avocat exclu ».

II. Les conditions de fond de recevabilité du pourvoi en cassation devant la CCJA

Le Règlement de procédure de la CCJA révisé à Ouagadougou lors du conseil des Ministres de l'OHADA les 30 et 31 janvier 2014, a procédé à la détermination des cas d'ouvertures à cassation. En effet, conformément aux dispositions de l'article 28 bis (nouveau)[59], pour que le recours soit recevable devant la Cour, il doit être fondé sur :

– La violation de la loi ;
– L'incompétence et l'excès de pouvoir ;
– La violation des formes prescrites par la loi à peine de nullité ;
– Le défaut, l'insuffisance ou la contrariété des motifs ;
– L'omission ou le refus de répondre à des chefs de demandes ;
– La dénaturalisation des faits de la cause ou des pièces de la procédure ;
– Le manque de base légale ;
– La perte de fondement juridique ;
– Le fait de statuer sur une chose non demandée ou d'attribuer une chose au-delà de ce qui a été demandé ;

L'article 28 ter (nouveau) [60] du même texte ajoute qu'à peine d'irrecevabilité, un moyen de Cassation ou un élément de moyen de Cassation doit mettre en œuvre au moins un des cas d'ouverture visés à l'article précédent. Selon Frédérique FERRAND,

« En France, historiquement, le tribunal de cassation avait initialement pour tâche de sanctionner les contraventions expresses au texte de la loi ». L'article 3 du décret des 27 novembre et 1er décembre 1790 instituant le tribunal de cassation envisageait également la violation des formes. Le caractère trop restrictif de ces hypothèses de censure est vite apparu. Une vingtaine d'années plus tard, la loi du 20 avril 1810 déclara nuls les arrêts ne contenant pas de motifs, ce qui permit à la juridiction de cassation d'exercer un contrôle de plus en plus étendu sur la motivation des décisions de justice. Pour Mme FERRAND, les textes traditionnels faisaient état de quatre cas d'ouverture à cassation : la violation de la loi, l'incompétence et l'excès de pouvoir, l'inobservation des formes et la contrariété de jugements. Aujourd'hui, les cas d'ouverture sont plus nombreux. M. Guinchard en distingue la violation de la loi, l'excès de pouvoir, l'incompétence, l'inobservation des formes, la contrariété des

---

[59] Article 28 bis (nouveau) du Règlement de procédure de la CCJA

[60] Article 28 ter (nouveau) du Règlement de procédure de la CCJA.

jugements, la perte de fondement juridique et enfin les vices de motivations (absence totale de motifs, défaut de réponse à conclusions, contradiction de motifs, motifs dubitatifs ou hypothétiques, manque de base légale, dénaturation) »[61].

Si les cas d'ouverture à cassation sont aussi nombreux en droit français qu'en droit des affaires OHADA, il est important de signaler qu'il n'existe qu'un seul cas d'ouverture à Cassation en Allemagne. Ce seul cas d'ouverture est relatif à la violation de la loi fédérale et le pourvoi doit être formé dans un délai d'un mois à compter de la notification du jugement attaqué[62].

C'est dans la même perspective d'application de l'article 28 bis (nouveau) du Règlement de procédure que la Cour a considéré que : « C'est à tort qu'il est reproché à un arrêt d'avoir violé l'article 8 de l'Acte Uniforme relatif au droit des procédures simplifiées de recouvrement et des voies d'exécution en ce qu'il a déclaré valable l'acte de signification d'une décision portant injonction de payer alors que les frais d'huissier réclamés dans l'exploit ne figurent pas dans l'ordonnance d'injonction de payer. Il en est ainsi car même si l'ordonnance n'a pas évalué les frais et intérêts, elle en a prévu le paiement aussi, l'exploit qui comportait la mention précise des frais de greffe d'une part et d'autres part des frais d'huissier indiqués au bas de l'acte, est conforme à cette disposition. C'est donc à bon droit que la Cour a retenu que l'article 8 visé n'a pas été violé et le moyen doit être rejeté »[63]

---

[61] F. FERRAND, Cassation Française et Révision allemande, Les grandes thèses du droit Français, PUF, 1993, p. 39.

[62] F. FERRAND, *op. cit.* p. 44.

[63] CCJA, 2ème ch., n° 178/2015 du 17 décembre 2015 ; P. n° 172/2012/PC du 07/12/2012 : Eglise De Jesus Christ Des Saints Des Derniers Jours c/ la Société STMCI in : OHADAta J-16-171, voir OHADAta J-16-166.

Conclusion du chapitre 1

En conclusion de ce chapitre, il est important de signaler d'abord les progrès réalisés par les initiateurs de l'OHADA en matière d'intégration juridique et judiciaire avec non seulement l'élaboration d'un droit uniforme pour les dix-sept État Parties au Traité, mais également l'instauration d'une Cour de cassation unique. Il convient tout de même de signaler certaines difficultés relatives à la mise œuvre des outils juridiques permettant la réalisation de l'objectif d'intégration juridique et judiciaire. En matière juridique, des insuffisances demeurent notamment lorsque par exemple un pourvoi porte à la fois sur le droit uniforme et une partie du droit national non harmonisé. Une telle hypothèse n'est pas prévue par le Traité OHADA. Il est aussi important d'indiquer l'apport considérable des juridictions nationales du fond dans la mise en œuvre du droit OHADA. Elles sont juges de droit commun du droit OHADA et à ce titre, elles sont sur la première ligne de l'application du droit uniforme en instance et en appel. La contribution de la CCJA est fondamentale dans la réalisation de l'objectif d'intégration normative et judiciaire. Elle assure l'unification de la jurisprudence communautaire.

CHAPITRE 2.

Les insuffisances liées à l'organisation de la CCJA dans le règlement judiciaire des litiges commerciaux

La CCJA a été créée pour répondre à un besoin crucial de justice exprimé de part et d'autre par les investisseurs nationaux et internationaux. La mise en place d'une Cour totalement indépendante du pouvoir politique est un gage à l'émergence d'un environnement favorable aux investissements. Il est évident que la création d'une telle juridiction supérieure communautaire en matière de droit des affaires émane de constats peu réjouissants de la pratique judiciaire au sein des États subsahariens. La principale critique qui ressort dans les discours est relative à la corruption[1]. En effet, compte tenu de tous ces maux, il a été jugé nécessaire de créer une juridiction supérieure communautaire à l'abri des interférences politiques.

L'objet de ce chapitre, est de démontrer que malgré les efforts fournis dans la mise en place de la CCJA pour régler les litiges en cassation en lieu et place des juridictions nationales supérieures des États Parties, il

[1] Dans le rapport Afro baromètre, Dépêche N° 166/19 octobre 2017, il ressort que la majorité (56 %) des Maliens affirment que « La plupart » ou « tous » les magistrats sont corrompus. La pire appréciation parmi tous les 36 pays enquêtés et bien au-delà de la moyenne ouest-africaine (40 %). Le taux de contact des Maliens avec le système judiciaire est très bas : Seulement 7 % des citoyens affirment avoir eu à faire avec le système judiciaire au cours des cinq années précédent l'enquête (2009-2014), le quatrième taux le plus bas à travers 36 pays. A la question de savoir pourquoi les gens pourraient ne pas porter leurs litiges devant les tribunaux, les Maliens rapportent qu'ils préfèrent souvent s'en remettre aux chefs traditionnels ou aux autorités locales (32 %). Les citoyens révèlent également qu'ils n'espèrent pas de traitement juste de la part des tribunaux (20 %), qu'ils pensent que les tribunaux statuent en faveur des riches et puissants (18 %) et que les juges ou membre du personnel judiciaire exigent de l'argent (16 %), p. 2 et ss. Afrobaromètre est un réseau de recherche panafricain et indépendant qui conduit des enquêtes sur les attitudes du public envers la démocratie, la gouvernance, les conditions économiques et des questions connexes à travers l'Afrique.

existe tout de même quelques difficultés dont la prise en compte peut améliorer significativement l'objectif de création d'un espace juridique et judiciaire favorisant le développement économique en Afrique subsaharienne. Il s'agit ici, de rendre compte d'une part de l'encombrement de la Cour (Section 1) et d'autre part, des voies de recours contre les décisions rendues par la CCJA dans le règlement judiciaire des litiges commerciaux (Section 2).

SECTION 1.
L'encombrement de la CCJA dans le règlement judiciaire des litiges commerciaux

L'espace OHADA Couvre dix-sept États pour une seule juridiction supérieure de cassation. Il est évident qu'une telle situation peut avoir un impact plus ou moins important sur le temps que peut prendre le règlement d'un litige lié au droit des affaires. L'importance du volume du contentieux va crescendo tandis que le nombre des juges qui composent la Cour ne s'accroît pas. À la longue, cela peut constituer un handicap majeur à la mise en œuvre du droit OHADA. Si tous les contentieux en Cassation des dix-sept États Parties au Traité doivent être réglés par la CCJA dans un délai raisonnable, il serait de bon ton, de mettre à la disposition de la Cour des ressources humaines, financières et matérielles qu'il faut pour rendre des décisions de justice conformes aux textes et dans un délai acceptable par les parties. L'accroissement du nombre de juges de la Cour s'impose eu égard au volume du contentieux à traiter (§ 1) et cela dans la perspective de rendre des décisions de qualité (§ 2)

§1. Les difficultés relatives au nombre insuffisant de juges et à l'accroissement du volume du contentieux

I. Le nombre insuffisant de juges de la CCJA

La Cour commune de justice et d'arbitrage qui est érigée en juge de cassation dans le règlement du contentieux relatif au droit des affaires, apparaît comme le poumon du fonctionnement de l'OHADA. C'est elle qui unifie à travers ses décisions, la jurisprudence communautaire. Elle donne du sens à l'organisation à travers ses interventions pour soit, donner des avis sur une question juridique donnée ou trancher en dernière ressort un litige qui lui a été soumis en application d'un Acte Uniforme. En effet, aux termes des dispositions de l'article 31 du traité, « La Cour commune de justice et d'arbitrage est composée de neuf juges. Toutefois, le Conseil des ministres peut, compte tenu des nécessités de services et des possibilités financières, fixer un nombre de juges supérieur à celui prévu à l'alinéa précédent. Les juges de la CCJA sont élus pour un mandat de sept ans non renouvelables, parmi les ressortissants des États parties. Ils sont choisis parmi : les magistrats ayant acquis une expérience professionnelle d'au moins quinze années et réunissant les conditions requises pour l'exercice dans leurs pays respectifs de hautes fonctions judiciaires ; les avocats inscrits au barreau de l'un des États parties, ayant au moins quinze années d'expériences professionnelle ; les professeurs de droit ayant au moins quinze années d'expériences professionnelles. Un tiers des membres de la Cour doit appartenir aux catégories visées aux points 2 et 3 de l'alinéa précédent. La Cour ne peut comprendre plus d'un ressortissant du même État. Les modalités d'application du présent article seront précisées par le règlement prévu à l'article ci-dessus ».

Il ressort de la lecture combinée des articles 31 du Traité et 1er du Règlement[2] de procédure de la CCJA que le Conseil des Ministres[3] peut, s'il le juge nécessaire, fixer un nombre supérieur de juges. Compte tenu de cette ouverture, que le Conseil des Ministres a fixé dès 2015 le nombre de juges est passé à treize. Cette ouverture est néanmoins salutaire car elle permet au Conseil des Ministres d'augmenter le nombre de juge à chaque fois qu'il le jugera nécessaire compte tenu bien sûr des finances

---

[2] L'article 1er du Règlement de procédure de la CCJA dispose que : « La Cour commune de justice et d'arbitrage est composée de neuf juges. Toutefois, le Conseil des ministres peut, sur rapport circonstanciés et approfondi du Secrétaire permanent, saisi à cet effet, soit par le président de la Cour, soit par un Etat partie, et compte tenu aussi bien des nécessités de service que des possibilités financières de l'Organisation, fixer un nombre impair de juges supérieurs à neuf.

Le mandat des membres de la Cour commence à courir le 1er janvier de l'année suivant leur élection. Le mandat d'un juge élu en remplacement d'un autre juge, conformément à l'article 35 du Traité, commence à compter de la déclaration solennelle prévue par l'article 34 du même Traité.

Conformément à l'article 31 du Traité, les juges sont élus pour un mandat de sept ans non renouvelables.

En application de l'article 36 alinéa 2 du Traité, tout membre de la Cour conserve son mandat jusqu'à la date d'entrée en fonction de son successeur.

[3] Aux termes de l'article 27 du Traité, le Conseil des Ministres est composé des Ministres de la justice et des finances. La présidence s'exerce à tour de rôle par chaque Etat Partie pour une durée d'un an (...).

disponibles et de l'accroissement du volume du contentieux à régler. Mais, quand on s'attarde un peu sur le temps de règlement d'un litige qui s'étend entre l'enregistrement du recours au greffe de la Cour et le rendu de l'arrêt, il apparaît clairement que des difficultés existent au niveau du règlement judiciaire des litiges.

II. L'accroissement du volume du contentieux

L'accroissement du volume du contentieux de la CCJA ne fait l'ombre d'aucun doute. Au départ, l'OHADA était uniquement composé des quatorze États francophones d'Afrique. Mais aujourd'hui, l'organisation compte dix sept États, pour une seule Cour de cassation. La mise à l'écart des juridictions nationales supérieures dans le règlement judiciaire des litiges commerciaux conduit la CCJA à recevoir les pourvois qui devaient être normalement portés devant les juridictions nationales de cassation si elles jouissaient de la plénitude de leurs compétences en matière de droit des affaires. L'OHADA compte aujourd'hui dix-sept États ayant en commun une seule et unique Cour de cassation. Au regard des multiples arrêts rendus par la Cour, il est clair que le volume du contentieux est élevé. Il convient aussi de noter que la CCJA est à la fois une Cour de justice et un centre régional d'arbitrage. Les fonctions de juges et d'arbitres sont confiées à la même juridiction. Cet état de fait peut créer un engorgement de la juridiction. Dès lors, il semble important de séparer les deux fonctions qui méritent d'être abritées par des entités distinctes pour assurer une certaine crédibilité de la Cour vis-à-vis des investisseurs nationaux et étrangers.

§ 2. La typologie des décisions rendues par la cour dans le règlement judiciaire des litiges

Dans l'exercice de ses fonctions contentieuses, la CCJA rend différents types de décisions. Il y a d'une part, les décisions rendues par la Cour avant l'examen du fond des litiges, les décisions avant dire droit (I) et d'autres part, les décisions rendues par la Cour après avoir eu connaissance du fond des litiges (II).

I. Les décisions rendues par la cour avant l'examen du fond des litiges

Les décisions rendues par la Cour avant l'examen du fond des litiges sont relatives à la fois aux arrêts d'irrecevabilités (A) et d'incompétences (B)

A. Les arrêts d'irrecevabilité de la CCJA

« L'irrecevabilité en droit procédural s'entend de la sanction de l'inobservation d'une prescription légale consistant à rejeter, sans l'examiner au fond, un acte qui n'a pas été formulé en temps voulu ou qui ne remplit pas les conditions exigées (ex : un appel formé hors délai »[4]. Entendu dans ce sens, l'irrecevabilité est donc un manquement aux règles exigées pour qu'une requête soit agréée par une juridiction donnée. Elle est le préalable exigé pour qu'une juridiction puisse se déclarer compétente afin de statuer éventuellement sur le litige. En effet, dans le cadre de l'OHADA, c'est l'article 28 (nouveau) du Règlement de procédure de la CCJA qui organise les formalités de recours en cassation.

« Ces formalités se résument en trois points essentiels : le délai de la signification de la décision attaquée, les éléments du recourt et la sanction du non-respect de ces formalités »[5].

Le contentieux soumis à ces exigences légales est relatif à l'interprétation et à l'application des Actes Uniformes. Autrement dit, l'objet du recours doit être soit des décisions rendues par les juridictions d'appels des États Parties dans les affaires soulevant des questions relatives à l'application des Actes uniformes et des Règlements prévus au présent Traité, à l'exception des décisions appliquant des sanctions pénales ;[6]soit des décisions non susceptibles d'appel rendues par toute

---

[4] Lexique des termes juridiques, 22e éd. Dalloz 2014-2015, p.562.

[5] P. G. POUGOUE, S. S.K. TAMEBGHE, (dir), *les grandes décisions de la Cour commune de justice et d'arbitrage de l'OHADA,* L'Harmattan, 2010, p.461.

[6] Aux termes des dispositions de l'article 5 du Traité de l'OHADA « Les actes pris pour l'adoption des règles communes prévues à l'article premier du présent Traité sont qualifiés « Actes uniformes ».

Les actes uniformes peuvent inclure des dispositions d'incrimination pénale. Les Etats Parties s'engagent à déterminer les sanctions pénales encourues.

Les rédacteurs du Traité OHADA, conscients de la sensibilité que revêt la matière pénale perçue comme étant le bastion de la souveraineté des Etats, ont fait le choix de renvoyer la fixation du quantum des peines aux juridictions nationales des Etats membres de l'OHADA. Le partage de compétence entre l'OHADA qui énonce les éléments matériels et moraux de l'infraction et les Etats Parties qui déterminent les sanctions pénales, permet

juridiction dans les mêmes contentieux. La Cour, à travers une jurisprudence abondante, a plusieurs fois eu l'occasion de se prononcer sur la recevabilité des recours formulés devant elle. En effet, dans un arrêt en date du 22 novembre 2007, la CCJA a déclaré le pourvoi irrecevable au motif que la requérante n'a pas joint à son recours certaines des pièces prévues par l'article 28 du Règlement de procédure ; qu'ainsi fait défaut une copie des statuts ou un extrait récent du registre de commerce ou toute autre preuve de l'existence juridique de la société Trans-Ivoire au nom de laquelle le recours est exercé. Invitée par le greffier en chef par lettre n° 588/2005/G5 du 18 novembre 2005 à régulariser son recours en produisant la pièce faisant défaut dans un délai de 15 jours à compter du 23 novembre 2005, date de réception de la demande de régularisation par la requérante, celle-ci n'a pas produit ladite pièce. Au terme d'un nouveau délai supplémentaire de 15 jours qui lui a été accordé à sa demande par le greffier en chef par lettre n° 617/2005/G5 du 13 décembre 2005, la requête n'a toujours pas produit la pièce manquante aux fins de régularisation de son recours. La CCJA a estimé que le défaut de production de certaines pièces notamment une copie des statuts ou un extrait récent du registre du commerce ou toute autre preuve de l'existence juridique de la société Trans-Ivoire au nom de laquelle le recours est exercé ne permet pas à la Cour de s'assurer de l'existence juridique de ladite société, qu'ainsi et faute par la requérante d'avoir mis à la disposition de la Cour cet élément essentiel d'appréciation sans lequel il pourrait être porté atteinte inconsidérément à la sécurité des situations juridiques, son recours exercé au mépris des prescriptions de l'article 28 du Règlement de procédure doit être déclaré irrecevable (...)[7] Dans le même registre, on peut également citer l'arrêt en date du 11 octobre 2001. Dans cette espèce, après avoir joint deux pourvois introduits par des requérants du fait de la connexité avérée des affaires qu'ils soulevaient, la CCJA les a déclarés irrecevables au motif suivant : « attendu que le défaut de production de certaines pièces, notamment les copies des exploits de signification des décisions et le mandat donné par la S.A Amidou et Cie et Mohaman Adamou Bello à Maître TIGNOIG Jean Claude, avocat au Barreau du Cameroun, ne permet pas de savoir si les pourvois ont été

---

sans doute de respecter au mieux la souveraineté des Etats en leur donnant le soin de fixer les sanctions à travers leurs législations respectives en matière pénale. Il appartient désormais à chaque Etat Partie de remplir de bonne foi sa part de l'obligation en vertu du principe du pacta sunt servanda.

[7] CCJA, Arrêt n° 031/2007, 22 novembre 2007, société Trans-Ivoire c/Port autonome d'Abidjan.Voir dans ce sens *www.bilio.ohada.org.*

formés dans le délai légal requis et s'assurer si l'avocat, par le ministère public duquel la Cour est saisie, avait bien qualité pour agir au nom et pour le compte de la S.A Amidou et Cie Mohaman Adamou Bello ; qu'ainsi et faute par les requérants d'avoir mis à la disposition de la Cour ces éléments essentiels d'appréciation sans lesquels il pourrait être porté atteinte inconsidérément à la sécurité des situations juridiques, leurs recours, exercés au mépris des prescriptions de l'article 28 du Règlement de procédure susvisé, doivent être déclarés irrecevables »[8]. Outre des arrêts d'irrecevabilités, la Cour rend aussi des arrêts d'incompétences.

B. Les arrêts d'incompétences de la CCJA

L'incompétence s'entend du défaut d'aptitude d'une juridiction à connaître d'une demande qui lui est adressée. Dans le cadre de l'OHADA, l'article 17 du Traité dispose que : « L'incompétence manifeste de la Cour commune de justice et d'arbitrage peut être soulevée d'office ou par toute partie au litige in limine litis. La Cour se prononce dans les trente jours qui suivent la date de réception des observations de la partie adverse ou celle d'expiration du délai imparti pour la présentation desdites observations »[9].

L'article 18 du même texte poursuit que « toute partie qui, après avoir soulevé l'incompétence d'une juridiction nationale statuant en cassation estime que cette juridiction a, dans un litige la concernant, méconnu la compétence de la Cour commune de justice et d'arbitrage, peut saisir cette dernière dans un délai de deux mois à compter de la notification contestée. La Cour se prononce sur sa compétence par arrêt qu'elle notifie tant aux parties qu'à la juridiction en cause. Si la Cour décide que cette juridiction s'est déclarée compétente à tort, la décision rendue par cette juridiction est réputée nulle et non avenue ». Il ressort de la lecture combinée des deux articles que la Cour donne la possibilité aux parties de soulever son incompétence avant toute défense au fond. Cette incompétence qui peut être aussi soulevée d'office, doit obéit à une procédure bien déterminée, notamment la présentation des observations par la partie qui soulève l'incompétence dans le délai imparti à cet effet. Toute personne qui souhaite également exercer un recours en annulation devant la CCJA doit au préalable satisfaire à deux conditions : le requérant doit soulever dans

---

[8] CCJA, Arrêt n° 006/2001 du 11 octobre 2001, S.A. Aminou et Cie et MAB c/ CCEI BANK, in OHADA. J-02-09. Voir dans ce sens KoudzoIgneza NAYO, le pourvoi en cassation devant la Cour commune de justice et d'arbitrage de l'OHADA, 2009, p. 28.
[9]Article 17 du Traité OHADA.

l'instance en cassation l'incompétence de la juridiction suprême nationale. En second lieu, il faut que le requérant ait formé son recours en annulation dans les deux mois de l'annulation de la décision attaquée. Le recours en annulation formé hors délai ou sans que le requérant ait décliné la compétence de la juridiction nationale de cassation est déclaré irrecevable par la CCJA. Quant au recours qui ne comporterait pas les informations et pièces nécessaires, le greffier en chef peut également accorder au requérant un délai raisonnable aux fins de régularisation de son recours, délai au bout duquel la Cour devrait déclarer le recours irrecevable en l'absence de régularisation. La Cour se déclare à chaque fois qu'elle est saisie d'un recours qui n'implique pas l'application d'un Acte Uniforme ou d'un Règlement de procédure prévu par le Traité. En effet, dans une espèce en date du 27 janvier 2005, la Cour s'est déclarée manifestement incompétente à statuer. (...) attendu que l'arrêt n° 19/2002 rendu le 13 juin 2002 par la Cour suprême de Côte d'Ivoire et contre lequel Sieur C.S s'est pourvu en cassation est une mesure provisoire prise sur requête aux fins de sursis à exécution de l'arrêt n° 1246 rendu le 9 novembre 2001 par la Cour d'appel d'Abidjan en application, non pas d'un Acte Uniforme ou d'un Règlement prévu au Traité OHADA, mais plutôt des dispositions de l'article 214 du code ivoirien de procédure civile, commerciale et administrative ; que la procédure ainsi introduite et qui a abouti à l'arrêt attaqué n'avait pas pour objet de suspendre une exécution forcée déjà engagée, mais d'empêcher qu'une telle exécution puisse être entreprise ; qu'il suit que ledit arrêt n'entre pas dans la catégorie des décisions spécifiées aux alinéas 3 et 4 sus énoncés de l'article 14 du Traité susvisé et ne peut donc faire l'objet de recours en cassation devant la Cour de céans ; (...) »[10]. En plus des décisions rendues avant l'examen du fond des litiges qui lui sont soumis, la Cour rend des arrêts après avoir examiné le fond des affaires qui lui sont soumis.

II. Les décisions rendues par la cour après l'examen du fond des litiges

Lorsqu'une partie décide de se pourvoir en cassation après avoir pris connaissance de l'arrêt rendu par la Cour d'appel qui lui est défavorable, les juges de la haute juridiction, après l'examen de la légalité de l'arrêt attaqué, peuvent être amenés à rendre soit des arrêts de rejet ou des arrêts

[10] CCJA, Arrêt n° 001/2005, du 27 janvier 2005, Chérif Souleymane c/ Société Chronopost International Côte d'Ivoire. Voir dans ce sens *www.biblio.ohada.org*.

de cassation. L'arrêt de rejet a pour conséquence de confirmer la décision attaquée (A) tandis que l'arrêt de cassation vise à annuler l'arrêt rendu par la Cour d'appel (B).

A. Les arrêts de rejet de la CCJA

Les arrêts de rejet visent essentiellement à confirmer la décision attaquée. Les juges de la Cour de cassation peuvent estimer que la Cour d'appel dont l'arrêt est attaqué devant elle, a procédé à une exacte application du droit. Ainsi pour reconnaître que les juges du fond ont dit le droit, la Cour de cassation utilise souvent un vocabulaire approprié à cet effet. Des formules telles que « la Cour d'appel a décidé à bon droit » ou « la Cour d'appel en a justement déduit »[11], ce qui signifie que la Cour de cassation approuve l'arrêt rendu par la Cour d'appel. À titre d'exemple, on peut citer l'arrêt du 08 janvier 2004[12] dans lequel, pour rejeter le pourvoi, les juges communautaires suprêmes relevant le caractère vague et imprécis du moyen invoqué qui ne vise aucun texte violé ou faussement appliqué. En rendant ainsi une décision de rejet, la CCJA statue uniquement sur la régularité de la décision attaquée. Elle se prononce seulement sur la pertinence du ou des moyens du pourvoi c'est-à-dire sur le fondement juridique de la critique formulée contre la décision des premiers juges. En effet, le rejet du pourvoi par la haute Cour signifie que la décision rendue par les juges du fond ne comporte aucune erreur de droit. L'arrêt n° 004 du 08 janvier 2004 rendu par la CCJA est assez illustratif de cette idée. En l'espèce, la multinationale Air Afrique était opposée à quelques-uns de ses travailleurs. Ces derniers au soutien de leur pourvoi, affirmaient que le statut particulier dont jouissait la multinationale (les statuts de la société prévoyaient la liquidation amiable en cas de dissolution) excluait qu'elle puisse être soumise à l'Acte uniforme portant organisation des procédures collectives d'apurement du passif. Cet argument est rejeté par la haute juridiction qui approuve la Cour d'appel d'Abidjan d'avoir relevé qu'« aucune disposition tant du statut juridique que des statuts de la compagnie ne confèrent à celle-ci un caractère dérogatoire au droit commun des sociétés commerciales, le droit

---

[11] J. HENON et T. LE BARS, *Droit judiciaire privé*, 6ème éd. LGDJ Lextenso éditions, 2015 p. 680.

[12] CCJA, Arrêt n° 005/2004 du 08 janvier 2004, OGUNBEKUN IBUKU OLUWA c/ SCI COLIBRIS, Le Juris -OHADA, n°1/2004, janvier-mars 2004, p. 32, note anonyme. Reproduite au pied de l'arrêt de la CCJA-*Recueil de jurisprudence* de la CCJA, n° 3, janvier-juin 2004, p. 52. Voir dans ce sens, OHADAta J-04-89.

commun en la matière étant en Côte d'Ivoire, lieu du siège social, lieu du principal établissement, le Traité de l'OHADA »[13]. Lorsqu'elle rend des arrêts de rejet, la Cour reste dans le cadre du juge de cassation, mais à partir du moment où elle casse, c'est-à-dire annule la décision attaquée, elle évoque conformément aux dispositions de l'article 14 alinéa 5 du Traité et se transforme en un véritable juge de fond en ce sens qu'elle va attraire devant elle le fond du litige. C'est cette faculté d'évocation de la CCJA, qui fait l'objet de vive controverse doctrinale.

B. Les arrêts de Cassation de la CCJA

Si la CCJA reste dans le seul cadre du juge de cassation lorsqu'elle rend des arrêts de rejet et de ce fait, ne peut être confondue avec les juridictions nationales du fond, il en est autrement quand la Cour rend des arrêts de cassation. Dans ce dernier cas de figure, la Cour devient un troisième dégrée de juridiction. Le rôle de juge de cassation de la CCJA cesse à partir du moment où elle décide d'attraire par devers elle le fond des litiges au lieu de les renvoyer vers une juridiction nationale de renvoi. Selon Eugène Assepo ASSI, la technique utilisée par la CCJA lorsqu'elle donne une solution définitive à un litige, est identique à celle que recouvre la notion de "cassation d'instance"[14]développée par la doctrine hispano-américaine. En effet, avec la cassation d'instance, l'arrêt d'annulation "convertit automatiquement" la Cour suprême "en tribunal du droit et des faits". L'arrêt de cassation du 18 mai 2017 constitue un bel exemple de cette transformation de la CCJA en tribunal du droit et des faits. La Cour tranche en ces termes : "Attendu que selon l'article 28 bis du Règlement sus visé, le recours en cassation est fondé sur "... l'omission ou le refus de répondre à des chefs de demandes" ; qu'il ressort des pièces du dossier que parallèlement à l'appel principal interjeté le 31 mars 2015 par la RVA contre l'ordonnance rendu le 30 mars 2015 par le tribunal de commerce de Kinshasa GOMBE sous le MU 412 aux fins de défense à exécution de ladite ordonnance, la société BLUESKY a, par déclaration reçue et actée au greffe le 02 avril 2015, relevé appel contre la même ordonnance pour majoration de l'astreinte ; qu'en statuant, la Cour d'appel qui s'est

---

[13] CCJA, Arrêt n° 004/2004 du 8 janvier 2004, ATTIBA Denis et autres c/ Compagnie Multinationale Air Afrique et autres. Le Juris-OHADA, n° 1/2004, janvier-mars 2004, p. 23, note Brou Kouakou Mathurin. Recueil de Jurisprudence de la CCJA, n° 3, janvier-juin 2004, p. 44. Voir dans ce sens, Eugène Assepo ASSI, « La Cour commune de Justice et d'arbitrage de l'OHADA : un troisième degré de juridiction ? » *R.I.D.C.* 4-2005, 950.

[14] Eugène Assepo ASSI, *op. cit.*, p. 953.

prononcée uniquement sur la demande de la RVA, a omis d'examiner le chef de demande sur la majoration de l'astreinte et expose ainsi son arrêt à la cassation". La Cour en examinant le fond des affaires qui lui sont soumises, devient juge du droit et des faits toute chose qui n'est pas reconnue aux juridictions supérieures qui restent seulement juge du droit et non des faits.

Les arrêts rendus par la Cour commune de justice et d'arbitrage de l'OHADA dans l'application du droit uniforme peuvent faire l'objet de recours extraordinaires.

SECTION 2.
Les voies de recours contre les décisions rendues par la CCJA dans le règlement judiciaire des litiges commerciaux

En droit français, les voies de recours ordinaire et extraordinaire sont prévues à l'article 527 du code de procédure civile « Les voies ordinaires de recours sont l'appel et l'opposition, les voies extraordinaires sont : la tierce opposition, le recours en révision et le pourvoi en cassation ».[15] En droit malien, le code de procédure civile largement inspiré du droit français, distingue aussi deux voies de recours notamment les voies ordinaires qui sont composées de l'appel et de l'opposition et les voies de recours extraordinaire, la requête civile, la tierce opposition et le pourvoi en cassation[16]. En droit Burkinabè, le code de procédure civile s'inscrit dans la même Summa divisio en distinguant en son article 501, les voies ordinaires de recours à savoir : « l'appel et l'opposition, et les voies de recours extraordinaires en l'occurrence la tierce opposition, le recours en révision et le pourvoi en cassation »[17].

Parmi les voies de recours extraordinaires ci-dessus énumérées, le législateur OHADA en a retenu deux notamment la tierce opposition (§1) et le recours en révision (§2). L'exclusion des voies de recours ordinaires en droit OHADA s'explique par le fait que les arrêts de la Cour commune

---

[15] L. CADIET ET E. JEULAND, *Droit judiciaire privé*, Paris, LexisNexis, 10 ème éd. 2017, p. 673.

[16] Article 543 du code de procédure civile, commerciale et sociale du Mali (promulgué par le décret n° 99-254 du 15 septembre 1999 portant code de procédure civile, commerciale et sociale, modifié par le décret n° 09-220/P-RM du 11 mai 2009 (J.O 2009-23).

[17] Article 501 du code de procédure civile du Burkina Faso (promulgué par le décret 99-244 du 9 juillet 1999, J.O.BF. N° 3 spécial du 15 juillet 1999, p.2).

de justice et d'arbitrage ont l'autorité de la chose jugée et la force exécutoire [18] .L'exercice des voies de recours ordinaires, de par leur caractère suspensif, se trouvent être exclus contre les arrêts et ordonnances rendus par la CCJA.

§ 1. La tierce opposition comme voies de recours extraordinaires à l'encontre des décisions rendues par la CCJA

En droit français, la tierce opposition est régie par les articles 582 à 592 du code de procédure civile. Elle est la voie extraordinaire de recours par laquelle les tiers demandent la rétractation ou la réformation, à leur profit, d'un jugement qui leur fait grief[19]. La tierce opposition est la voie de recours ordinairement ouverte aux tiers comme l'appel est la voie de recours ordinairement ouvertes aux parties[20]. Aux termes des dispositions de l'article 585, tout jugement est, en principe susceptible de tierce opposition si la loi n'en dispose pas autrement. Il n'y a pas lieu de distinguer selon que le jugement est rendu en dernier ressort ou à charge d'appel, qu'il émane d'une juridiction de droit commun ou d'une d'exception, étatique ou d'un tribunal arbitral (art. 1481, al.2), s'il s'agit d'un jugement définitif ou d'une décision provisoire, voire d'un jugement interprétatif[21].

La tierce opposition est la voie ouverte aux tiers d'attaquer une décision de justice qui leur fait grief. Le jugement n'intéresse en principe que les parties. Mais, il peut arriver qu'un jugement rendu par une juridiction, affecte les droits d'un tiers. Dans une telle hypothèse, le tiers lésé par le jugement peut agir en justice contre la décision rendue. Aux termes des dispositions de l'article 583 du code de procédure civile français, « est recevable à former tierce opposition toute personne qui y a

---

[18]Aux termes des dispositions de l'article 20 du règlement de procédure de la Cour commune de justice et d'arbitrage, « les arrêts de la Cour commune de justice et d'arbitrage ont l'autorité de la chose jugée et la force exécutoire. Ils reçoivent sur le territoire de chacun des États parties une exécution forcée dans les mêmes conditions que les décisions des juridictions nationales. Dans une même affaire, aucune décision contraire à un arrêt de la Cour commune de justice et d'arbitrage ne peut faire l'objet d'une exécution forcée sur le territoire d'un État partie ».

[19] L. CADIET et E. JEULAND, *op. cit.*, p. 718.

[20] *Ibid.*

[21] L. CADIET et E. JEULAND, *op. cit.*, p. 719.

intérêt, à la condition qu'elle n'ait été ni partie ni représentée au jugement qu'elle attaque »[22].

Il ressort de l'article 566 du code de procédure civile Burkinabè[23] que la tierce opposition tend à faire rétracter un jugement qui préjudicie aux droits d'une personne qui n'y a pas été partie. Elle est ouverte à tous les tiers, lorsque ni eux, ni leurs auteurs ou ceux qu'ils représentent n'ont été appelés au procès. Il appartient au juge d'apprécier si un jugement préjudicie ou non aux droits du tiers (art. 576)[24]. La tierce opposition principale est portée devant le tribunal qui a rendu le jugement attaqué, suivant les règles établies pour l'introduction des instances. La décision peut être rendue par les mêmes magistrats. Quant à la tierce incidente à une contestation principale, elle est portée par requête devant le tribunal saisi de la contestation s'il est égal ou supérieur à celui qui a rendu le jugement attaqué (art. 569)[25].

En tant que voie de recours de rétractation ou de réformation, une demande en tierce-opposition peut être présentée selon le règlement de procédure de la CCJA par toute personne physique ou morale contre un arrêt rendu sans qu'elle ait été appelée, si cet arrêt préjudicie à ses droits[26].

---

[22] J. HERON et T. LE BARS, *Droit judiciaire Privé*, LGDJ Lextenso 6ème éd. 2015, p. 736.

[23] Article 566 du code de procédure civile du Burkina Faso.

[24] Article 576 du code de procédure civile du Burkina Faso.

[25] Article 569 du code de procédure civile du Burkina Faso.

[26]Aux termes des dispositions de l'article 47 du Règlement de procédure de la Cour commune de justice et d'arbitrage « Toute personne physique ou morale peut présenter une demande en tierce opposition contre un arrêt rendu sans qu'elle ait été appelée, si cet arrêt préjudicie à es droits.
2. Les dispositions des articles 23 et 27 du présent Règlement sont applicables à la demande en tierce opposition. Celle-ci doit en outre :
a) spécifier l'arrêt attaqué ;
b) indiquer en quoi cet arrêt préjudicie aux droits du tiers opposant ;
c) Indiquer les raisons pour lesquelles le tiers opposant n'a pu participer au litige principal.
La demande est formée contre toutes les parties au litige principal.
3. L'arrêt attaqué est modifié dans la mesure où il fait droit à la tierce opposition. La minute de l'arrêt rendu sur tierce opposition est annexée à la minute de l'arrêt attaqué. Mention de l'arrêt rendu sur tierce opposition est faite en marge de l'arrêt attaqué. »
Aux termes des dispositions de l'article 23 (Règlement de procédure de la CCJA) : « Le ministère d'avocat est obligatoire devant la Cour. Est admis à exercer ce ministère toute personne pouvant se présenter en qualité d'avocat devant une juridiction de l'un des Etats parties au Traité. Il appartient à toute personne se prévalant de cette qualité d'en apporter la preuve à la Cour. Elle devra en outre produire un mandat spécial de la partie qu'elle représente.

La demande en tierce opposition est ouverte à toute personne physique ou morale dans l'espace OHADA à condition qu'elle n'ait pas pris part au procès et que l'arrêt rendu lui soit préjudiciable.

La CCJA, dans un arrêt en date du 23 février 2017, a eu l'occasion de déclarer irrecevable une demande en tierce-opposition formulée par Monsieur Boubacar Badian SANGARE contre un jugement d'adjudication. La Cour s'est prononcée en ces termes :

« attendu que l'article 293 de l'Acte Uniforme portant organisation des procédures simplifiées de recouvrement et des voies d'exécution dispose que: « la décision judiciaire ou le procès-verbal d'adjudication établi par le notaire ne peut faire l'objet d'aucune voie de recours, sans préjudice des dispositions de l'article 313 ci-dessous», que les dispositions de l'article 313 auxquelles renvoie l'article 293 du même Acte Uniforme ne prévoit que le recours par voie d'action principale en annulation portée devant la juridiction compétente dans le ressort de laquelle l'adjudication a été faite dans un délai de quinze jours suivant l'adjudication, lequel recours ne pouvait être également possible du fait de l'écoulement du délai imparti ; qu'en application des dispositions de l'article 293 sus indiqué, la tierce-opposition formée contre le jugement n° 485 rendu par le Tribunal de Première instance de la commune du district de Bamako est irrecevable ; qu'en recevant la tierce-opposition formée contre le jugement d'adjudication susvisé, la Cour d'appel a violé

L'avocat dont le comportement devant la Cour est incompatible avec la dignité de celle-ci ou qui use des droits qu'il tient de ses fonctions à des fins autres que celles pour lesquelles ces droits lui ont été reconnus peut, après avoir été entendu, être exclu à tout moment de la procédure par ordonnance du président de la Cour. Cette ordonnance est immédiatement exécutoire.
Lorsqu'un avocat se trouve exclu de la procédure, celle-ci est suspendue jusqu'à l'expiration d'un délai fixé par le président pour permettre à la partie intéressée de désigner un autre avocat.
Les ordonnances prises en exécution des alinéas précédents peuvent être rapportées par le président de la Cour, à la requête de l'avocat exclu.
Quant à l'article 27 du même texte, il dispose que : «L'originale de tout acte de procédure doit être signé par l'avocat de la partie. Cet acte, accompagné de toutes les annexes qui y sont mentionnées, est présenté avec une copie pour la Cour, et autant de copies qu'il y a de parties en cause. Ces copies sont certifiées conformes par la partie qui les dépose.
Tout acte de procédure est daté. Au regard des délais de procédure, seule la date de dépôt au greffe sera prise en considération. »
A tout acte de procédure est annexé un dossier, contenant les pièces et documents invoqués à l'appui et accompagné d'un bordereau de ces pièces et documents.
Si, en raison du volume d'une pièce ou d'un document, il n'en est annexé à l'acte que des extraits, la pièce ou le document entier ou une copie complète est déposé au greffe.

par refus d'application des dispositions de l'article 293 de l'Acte Uniforme susmentionné et a ainsi exposé son arrêt à la cassation ; qu'il échet en conséquence de casser l'arrêt attaqué et d'évoquer »[27]. La Cour affirme dans son arrêt que la Cour d'appel en faisait droit à la demande en tierce-opposition faite par M. Boubacar Badian SANGARE et formé contre le jugement d'adjudication a violé par refus d'application les dispositions de l'article 293 de l'Acte Uniforme portant organisation des procédures simplifiées de recouvrement et des voies d'exécution.

En plus de la terce-opposition, les parties en litige devant la CCJA de l'OHADA disposent du recours en révision contre les arrêts et ordonnances rendus par la Cour.

§2. La révision comme voies de recours extraordinaire contre les décisions rendues par la CCJA

Élaboré dans les années 1970, le recours en révision est une voie de recours extraordinaire qui a succédé à la requête civile qui elle-même avait remplacé en 1667 à la proposition d'erreur qu'avait connu le Moyen âge[28]. Aux termes des dispositions de l'article 593 du code de procédure civile français, « le recours en révision tend à faire rétracter un jugement passé, en force de chose jugée pour qu'il soit de nouveau statué en fait et en droit »[29].

Si la tierce-opposition est faite uniquement pour les tiers, le recours en révision aux termes des dispositions de l'article 576 du code de procédure civile du Burkina Faso, « la révision ne peut être demandée que par les personnes qui ont été parties ou représentées au jugement ». Selon l'article 577 du même texte, « le recours en révision n'est ouvert que pour l'une des causes ci-après : s'il y a eu fraude de l'une des parties de nature à avoir déterminé la conviction du juge ; s'il a été jugé sur des pièces reconnues ou judiciairement déclarées fausses depuis le jugement ; si depuis le jugement, il a été recouvré des pièces décisives qui avaient été retenues par le fait de l'une des parties ; s'il a été jugé sur des attestations, témoignages ou serments judiciairement déclarés faux depuis le jugement ».

---

[27] CCJA, Première chambre, Arrêt n° 011/2017 du 23 février 2017, (Banque Commerciale du Sahel (BCS-SA) c/ boubacar Badian SANGARE, *in* *www.biblio.ohada.org*, consulté le 03/12/2018.

[28] J. HERON et T. LE BARS, *op. cit.*, p.751.

[29] L. CADIET et E. JEULAND, *op. cit.*, p. 714.

En droit OHADA, le recours en révision est institué par l'article 49 du Règlement de procédure de la CCJA qui énonce que « la révision de l'arrêt ne peut être demandée à la Cour qu'en raison de la découverte d'un fait de nature à exercer une influence décisive et qui, avant le prononcé de l'arrêt, était inconnu de la Cour et de la partie qui demande la révision. La procédure de révision s'ouvre par un arrêt de la Cour constatant expressément l'existence d'un fait nouveau, lui reconnaissant les caractères qui donnent ouverture à la révision et déclarant de ce chef la demande recevable. La Cour peut subordonner l'ouverture de la procédure en révision à l'exécution préalable de l'arrêt. La demande en révision doit être formée dans un délai de trois mois à compter du jour où le demandeur a eu connaissance du fait sur lequel la demande en révision est basée. Aucune demande en révision ne pourra être formée après l'expiration d'un délai de dix ans à dater de l'arrêt ». La condition principale d'ouverture du recours en révision devant la CCJA est la découverte d'un fait de nature à exercer une influence décisive, et qui avant le prononcé de l'arrêt, était inconnu de la Cour qui demande la révision.

La Cour, à travers une jurisprudence constante, a plusieurs fois eu l'occasion, de rappeler les conditions d'ouvertures du recours en révision. En effet, dans un arrêt rendu par l'assemblée plénière le 11 mai 2017, la Cour a déclaré irrecevable le recours en révision sollicité par la société SICG Mali sous le fondement de l'article 49 du Règlement de procédure.

« Mais attendu qu'aux termes de l'article 49 du Règlement de procédure de la CCJA, "La révision ne peut être demandée à la Cour qu'en raison de la découverte d'un fait de nature à exercer une influence décisive et qui, avant le prononcé de l'arrêt, était inconnu de la Cour et de la partie qui demande la révision" ; attendu en l'espèce que les motifs qui sous-tendent la demande suggèrent une interprétation de la lettre du Greffier en chef du 19 décembre 2014 et des motifs de l'arrêt n° 144/2014 du 22 décembre 2014 visant expressément ladite lettre ; que s'agissant cependant d'actes propres à la Cour, les moyens présentés ne revêtent aucun des caractères prévus à l'article 49 sus-indiqué, à savoir un fait inconnu des parties et de la Cour et susceptible d'exercer une influence sur la décision ; qu'il s'ensuit que le recours en révision doit être déclaré irrecevable »[30]. Suivant sa propre jurisprudence, la CCJA a déclaré dans l'arrêt Société Maisons sans frontières que toutes les conditions

[30] CCJA, Assemblée plénière, Arrêt N° 109/2017 du 11 mai 2017 (Société Ivoirienne de Concept et de Gestion-SCG Mali c/ Banque de l'habitat du Mali-BHM).

d'applications de l'article 49-1 du Règlement de procédure n'étaient pas remplies pour faire droit à une demande de recours en révision. La Cour s'est exprimée en ces termes :« attendu qu'en réplique, la partie défenderesse conduit à l'irrecevabilité du recours ; qu'elle soutient que l'arrêt de la Cour suprême du Congo en date du 30 novembre 2016 ne saurait constituer un fait nouveau puisqu'il a été rendu après le prononcé de l'arrêt de la CCJA et a, en outre, déclaré irrecevable la demande de la société Maisons sans frontières tendant à l'annulation de l'arrêt de la CCJA ; attendu qu'aux termes de l'article 49-1 du Règlement de procédure de la Cour de céans, “la révision de l'arrêt ne peut être demandée à la Cour qu'en raison de la découverte d'un fait nouveau de nature à exercer une influence décisive et qui, avant le prononcé de l'arrêt, était inconnu de la Cour et de la partie qui demande la révision” ; qu'à cet égard, si l'arrêt de la Cour suprême du 30 novembre 2016 est un fait nouveau inconnu de la CCJA, il y a lieu d'observer que, d'une part, après avoir déclaré “irrecevable la requête de la Société Maisons sans Frontières en ce qu'elle a demandé à la Cour suprême du Congo de déclarer nul et non avenu l'arrêt rendu par la CCJA...”, l'arrêt n° 035/GCS-2016 retient que l'arrêt du 23 janvier 2014, pourtant annulé par la décision de la CCJA, “est et demeure la seule décision de justice qui fait foi et dont l'exécution doit être poursuivie, par tous moyens de droit...” ; que cet arrêt n° 035/GCS-2016 comporte ainsi des dispositions contraires rendant son exécution impossible ; que, d'autre part, ledit arrêt est rendu en violation des articles 18 alinéa [31] 3 et de l'article [32] 20 du Traité relatif à l'harmonisation du droit des affaires en Afrique suivant lesquels la décision rendue par une juridiction déclarée incompétente par la CCJA est réputée nulle et non avenue et que “(...) dans une même affaire, aucune décision contraire à un arrêt de la CCJA ne peut faire l'objet d'une exécution forcée sur le territoire d'un État Partie” ; qu'il est ainsi établi que l'arrêt, base de la requête, est nul et de nul effet et ne peut exercer aucune influence sur l'arrêt de la CCJA du 17 décembre 2015 ; qu'il en

---

[31] Aux termes des dispositions de l'article 18 al.3 du Traité révisé « Si la Cour décide que cette juridiction s'est déclarée compétente à tort, la décision rendue par cette juridiction est réputée nulle et non avenue. »

[32] L'article 20 du Traité dispose que : “Les arrêts de la Cour commune de justice et d'arbitrage ont l'autorité de la chose jugée et la force exécutoire. Ils reçoivent sur le territoire de chacun des Etats parties une exécution forcée dans les mêmes conditions que les décisions des juridictions nationales. Dans une même affaire, aucune décision contraire à un arrêt de la Cour commune de justice et d'arbitrage ne peut faire l'objet d'une exécution forcée sur le territoire d'un Etat partie.

résulte que les conditions de l'application de l'article 49-1 susmentionné ne sont pas toutes remplies ; qu'il y a lieu de déclarer irrecevable la demande en révision, conformément à l'article 49-2 dudit Règlement »[33]. Dans ces deux arrêts ci-dessus, la Cour a adopté une position constante quant aux conditions d'applications de l'article 49 du Règlement de procédure. Pour faire droit à une demande en révision, il faut l'existence d'un fait nouveau de nature à exercer une influence décisive et qui, avant le prononcé de l'arrêt, était inconnu de la Cour et de la partie qui demande la révision.

---

[33] CCJA, Deuxième chambre, Arrêt n° 188/2017 du 27 juillet 2017, Société Maisons sans Frontières SARL contre Société ELCO Construction SARL, *www.biblio.ohada.org*, consulté le 10/12/2018.

Conclusion du chapitre 2

Ce chapitre a permis, de faire ressortir les difficultés auxquelles la CCJA est confrontées dans la réalisation de sa mission de règlement des litiges. Les causes de ses difficultés sont relatives à l'accroissement exponentiel du volume du contentieux, à l'insuffisance du personnel et même dans une certaine mesure, à l'insuffisance des ressources financières[179]. Malgré les défis auxquels la Cour fait face, il convient de signaler ses efforts consentis en matière de règlement des litiges liés au droit des affaires. De nombreux recours sont formés devant elle et la cour rend différentes catégories d'arrêts notamment les arrêts d'irrecevabilité et d'incompétence qui sont rendus avant l'examen du fond des litiges et les arrêts de rejet et de cassation rendus après l'examen du fond des litiges. Les parties peuvent exercer des voies de recours extraordinaires contre les arrêts rendus par la Cour.

[179]Selon l'article 43 du Traité « Les ressources de l'OHADA sont somposées notamment de la cotisation des Etats Parties ; des concours prévus par les conventions conclues par l'OHADA avec des Etats ou des organisations internationales ; de dons et legs (...) »

Conclusion du titre 1

L'étude de ce premier titre consacré aux difficultés relatives au règlement judiciaire des litiges, a permis d'identifier dans un premier temps, certaines insuffisances relatives au cadre juridique du règlement des litiges, et dans un second temps, des problèmes liés à l'organisation judiciaire des institutions chargées de régler les litiges commerciaux en instance et en Appel. La création des juridictions commerciales dans les différents États d'Afrique de l'Ouest notamment : (le Sénégal, le Mali, le Niger, la Côte d'ivoire, le Togo, le Bénin, et le Burkina Faso) est la traduction de la volonté des autorités de ces États de se doter de juridictions spécialisées pour régler efficacement les litiges commerciaux. L'appropriation du droit uniforme OHADA par les juridictions du fond, demeure une réalité, en témoigne les décisions rendues par celles-ci. Mais, il convient quand même de signaler que l'accessibilité des décisions rendues par ces juridictions commerciales reste difficile. Les enquêtes de terrain réalisées dans le cadre de la présente étude au sein des juridictions commerciales du Mali et du Burkina Faso, ont permis de rendre compte des difficultés matérielles dans lesquelles les juges règlent les litiges commerciaux. Au Mali, les statistiques du règlement des litiges commerciaux ne sont pas tenues correctement. Il n'existe aucun cadre de diffusion des décisions rendues. Des efforts doivent être fournis par les États dans le sens de l'amélioration des conditions matérielle des juridictions commerciales qui sont les premières institutions judiciaires chargées de régler les litiges commerciaux. La qualité des décisions rendues par ces juridictions est tributaire des conditions matérielles de travail des juges.

Le règlement des litiges commerciaux fait intervenir en cassation la CCJA qui est la seule Cour de cassation unique pour les dix-sept États Parties au Traité OHADA. L'objectif de l'instauration d'une telle Cour est de parvenir à l'unification de la jurisprudence en matière de droit des affaires. La CCJA est garante de l'ordre juridique OHADA. Elle assure l'application et l'interprétation communes du Traité, des règlements pris pour son application et des Actes Uniformes. Contrairement aux décisions des juridictions nationales du fond, les arrêts rendus par la Cour sont faciles d'accès. Malgré les efforts réalisés dans le cadre du règlement judiciaire des litiges, la Cour est confrontée à certains défis liés à la fois à l'accroissement du volume du contentieux et à l'insuffisance du personnel

TITRE 2.

Les défaillances du rapport entre la CCJA et les juridictions nationales de cassation

La Cour commune de justice et d'arbitrage de l'OHADA entretient des rapports plus ou en moins difficiles avec les juridictions nationales de Cassation dans le règlement judiciaire des litiges liés au droit des affaires. La mise à l'écart des juridictions supérieures des États Parties au Traité OHADA dans le règlement judiciaire du contentieux des affaires a fortement affecté les rapports des deux ordres de juridictions à savoir : la Haute juridiction supérieure communautaire et les juridictions nationales de Cassation. Avant l'avènement de l'OHADA, les juridictions nationales de Cassation disposaient de la plénitude de leurs compétences pour régler les litiges relatifs au droit des affaires. Mais, avec l'instauration du droit uniforme, c'est tout un pan du droit privé africain qui échappe désormais aux juridictions nationales de cassation des États. Il s'agit ici, de rendre compte des insuffisances liées au partage de compétence entre la CCJA et les juridictions nationales de Cassation dans le règlement judiciaire des litiges commerciaux (Chapitre 1). Le (chapitre 2) de cette étude fera ressortir les problèmes liés au pouvoir d'évocation de la CCJA

CHAPITRE 1.

Les insuffisances liées au partage de compétences entre la CCJA et les juridictions nationales de cassation

Il convient de rappeler que les juridictions nationales de Cassation des États membres de l'OHADA ne sont pas compétentes pour connaître du contentieux relatif à l'application des Actes Uniformes, du Traité et des règlements pris pour son application. À chaque fois que ces juridictions supérieures sont saisies d'une question impliquant l'application du droit uniforme, elles doivent immédiatement se déclarer incompétentes et renvoyer la cause et les parties devant la CCJA qui dispose d'une compétence exclusive en matière de droit des affaires à l'exception de l'application du droit pénal. L'objet de ce chapitre est de faire ressortir les limites relatives au partage de compétences entre d'une part, la CCJA et d'autre part, les juridictions nationales supérieures des États membres de l'OHADA. Pour ce faire, il sera d'abord question d'une part, de l'exclusion des juridictions nationales supérieures dans le règlement judiciaire des litiges commerciaux (section 1), et d'autre part, des insuffisances relatives au partage de compétence en matière pénale entre la CCJA et les juridictions nationales de Cassation des États membres de l'OHADA (Section 2).

SECTION 1.
L'exclusion des juridictions nationales de cassation dans le règlement judiciaire des litiges commerciaux

L'avènement de l'OHADA a mis fin à la compétence des juridictions nationales supérieures dans le règlement du contentieux relatif au droit des affaires à l'exception des décisions appliquant des sanctions pénales.

Le Traité de l'OHADA en son article (5 al. 2), accorde une compétence résiduelle dans la détermination des sanctions pénales encourues. Ce changement instauré par l'OHADA dans le règlement du contentieux des affaires a pour objectif d'uniformiser la jurisprudence communautaire, d'avoir plus de visibilité sur les décisions rendues en matière du droit des affaires et à terme d'aller vers un espace juridique et judiciaire sécurisé. Il s'agit dans un premier temps, de démontrer l'incompétence des juridictions nationales de cassation en matière de règlement judiciaire du contentieux relatif au droit uniforme OHADA (§ 1), et dans un second temps, faire état de la mobilisation des juridictions nationales de cassation pour la rétrocession de leurs compétences en matière de règlement judiciaire des litiges liés au droit des affaires (§ 2).

§ 1. L'incompétence des juridictions nationales de cassation dans le règlement judiciaire des litiges commerciaux

Le cadre légal de l'incompétence des juridictions nationales de cassation

L'incompétence s'entend ici de l'inaptitude d'une juridiction à connaître d'une affaire, rationne materiae, loci ou personae.[1] Dans le cadre de l'OHADA, il est manifeste que les juridictions nationales de cassation ne sont pas compétentes pour connaître du contentieux impliquant l'application des Actes Uniformes ou d'un Règlement prévu au Traité OHADA. En effet, il ressort clairement des dispositions de l'article 13 du Traité que « le contentieux relatif à l'application des Actes Uniformes est réglé en première instance et en appel par les juridictions des États Parties ». Dans le même registre, l'article 14 al. Premier dispose que : « la Cour commune de justice et d'arbitrage de l'OHADA assure dans les États Parties, l'interprétation et l'application commune du présent Traité, des Règlements pris pour son application et des Actes Uniformes ». L'alinéa 3 du même texte poursuit que : « saisie par la voie du recours en cassation sur des décisions rendues par les juridictions d'Appel des États Parties dans toutes les affaires soulevant des questions relatives à l'application des Actes uniformes et des Règlements prévus au présent Traité à l'exception des décisions appliquant des sanctions pénales ». Dès lors, il est évident que le partage de compétence entre la CCJA et les juridictions nationales des États Parties au Traité ne fait

---

[1] G. CORNU (dir), *Vocabulaire juridique,* Association Henri Capitant, Paris, Quadrige, PUF, 12ème, 2018, p 534.

l'ombre d'aucun doute. Mais, si le partage de compétence entre la CCJA et les juridictions nationales notamment en instance et en appel ne fait pas l'objet de polémique, celui avec les juridictions nationales de cassation est beaucoup plus problématique car le Traité OHADA retire désormais toute compétence aux juridictions nationales supérieures notamment aux Cours de cassation ou aux Cours Suprêmes de connaître du contentieux issu du droit uniforme à l'exception de l'application des sanctions pénales. Aux termes des dispositions de l'article 15 du Traité révisé « Les pourvois en cassation prévus à l'article 14 ci-dessous sont portés devant la Cour commune de justice et d'arbitrage soit directement par l'une des parties à l'instance, soit sur renvoi d'une juridiction nationale statuant en cassation saisie d'une affaire soulevant des questions relatives à l'application des Actes Uniformes ».

I. Quelques applications jurisprudentielles

En s'inscrivant dans la dynamique de reconnaissance des compétences de la CCJA, la Cour suprême du Congo[2]a renvoyé la cause et les parties dans une espèce à se pourvoir devant la CCJA.

"... Mais attendu que le moyen qui invoque tantôt la violation de l'article 216 de l'Acte uniforme relatif au droit des sociétés commerciales et du groupement d'intérêt économique [3] et tantôt la violation des articles 196 et 197 du code de procédure civile, commerciale, administrative et financière échappe à la connaissance de la Cour suprême dès lors que l'arrêt d'appel attaqué a fait lui-même application tantôt des articles 11 de l'Acte uniforme du 10 avril 1998[4],et 216 de l'Acte uniforme

---

[2] Cour Suprême du Congo, chambre commerciale, Arrêt n° 01/ GCS.06 du 23 février 2006, Société ERNEST et YOUNG c/ Syndic de liquidation de la Congolaise société des Assurances et Réassurance du Congo (C.S.A.R). Voir dans ce sens OHADAta J-13-121.

[3]Aux termes des dispositions de l'article 216 de l'acte uniforme portant Droit des sociétés commerciales et du groupement d'intérêt économique : « La clôture de la liquidation doit intervenir dans un délai de trois (3) ans à compter de la dissolution de la société. A défaut, le ministère public ou tout intéresse peut saisir la juridiction compétente dans le ressort de laquelle est située le siège de la société afin qu'il soit procédé à la liquidation de la société ou, si celle-ci a été commencée, à son achèvement. »

[4]L'article 11 de l'Acte uniforme portant procédure simplifiée de recouvrement et des voies d'exécutions dispose : " L'opposant est tenu, à peine de déchéance et dans le même acte que celui de l'opposition :

- de signifier son recours à toutes les parties et au greffe de la juridiction ayant rendu la décision d'injonction de payer ;

relatif au droit des sociétés commerciales et du groupement d'intérêt économique dont le contrôle de la bonne application est de la compétence de la CCJA ; qu'ainsi, la Cour suprême du Congo est incompétente à connaître du pourvoi qui sera dès lors, par application de l'article 15 du Traité du 17 octobre 1993 relatif à l'harmonisation du droit des affaires en Afrique, et ce, aux frais, du demandeur au pourvoi, renvoyé devant la Cour commune de justice et d'arbitrage de l'OHADA ».

À travers cet arrêt, la Cour suprême du Congo se déclare incompétente et renvoie les parties devant la CCJA. Cet acte de reconnaissance des compétences de la Haute juridiction communautaire en matière de droit des affaires participe fortement à l'unification de la jurisprudence en la rendant plus visible et accessible.

Dans le même registre, la Cour Suprême de Côte d'Ivoire s'est aussi déclarée incompétente dans une espèce en renvoyant les parties devant la CCJA. La cour s'est prononcée en ces termes :

« attendu que la contestation soulevée est relative à l'application des Actes uniformes du Traité OHADA, notamment l'article 75 relatif à l'organisation des procédures collectives d'apurement du passif[5]; que la Cour commune de Justice et d'Arbitrage étant compétente pour connaître du pourvoi, conformément à l'article 15 du Traité OHADA, il convient de se dessaisir immédiatement et de transmettre l'ensemble du dossier

---

- de servir assignation à comparaître devant la juridiction compétente à une date fixe qui ne saurait excéder le délai de trente jours à compter de l'opposition ".

[5] L'article 75 de l'Acte uniforme portant organisation des procédures collectives et d'apurement du passif dispose que : " La décision d'ouverture du redressement judiciaire ou de la liquidation des biens interrompt ou interdit toute action en justice de la part de tous les créanciers composant la masse qui tend : 1° à la condamnation du débiteur au paiement d'une somme d'argent ;
2° à la résolution d'un contrat pour défaut de paiement d'une somme d'argent.La décision d'ouverture arrête ou interdit également toute procédure d'exécution de la part de ces créanciers tant sur les meubles que sur les immeubles ainsi que toute procédure de distribution n'ayant pas produit un effet attributive avant la décision d'ouverture.Les délais impartis aux créanciers à peine de déchéance, prescription ou résolution de leurs droits sont, en conséquence, suspendus pendant toute la durée de la suspension des poursuites elles-mêmes.Les instances en cours sont interrompues jusqu'à ce que le créancier poursuivant ait produit sa créance. Elles sont alors reprises de plein droit, le syndic dûment appelé, mais tendent uniquement à la constatation de la créances et à la fixation de leur montant.Les actions en justice et les procédures d'exécution autres que celles visées ci-dessus ne peuvent plus être exercées ou poursuivies au cours de la procédure de redressement judiciaire ou de liquidation des biens qu'à l'encontre du débiteur, assisté du syndic en cas de redressement judiciaire ou représenté par le syndic en cas de liquidation des biens.

ainsi qu'une copie du présent arrêt de renvoi à ladite Cour et ce, en application de l'article 51 sus-évoqué »[6].

Si la Cour suprême de Côte d'Ivoire s'est déclarée incompétente dans l'arrêt sus-évoqué, elle a adopté une autre attitude dans une autre espèce en retenant sa compétence malgré l'invocation d'un Acte uniforme dans le litige. Il a fallu la saisine de la CCJA par l'une des parties au litige pour que le droit soit dit. La CCJA s'est prononcée en ces termes :

"Attendu, en l'espèce, qu'il ressort de l'examen des pièces du dossier de la procédure que bien que l'Arrêt n° 403/06 du 06 juillet 2006 attaqué n'ait pas fait état de l'exception d'incompétence soulevée par Monsieur Lamory SANOGO, celui-ci avait dans son mémoire en réplique à l'exploit de pourvoi en cassation de COTE D'IVOIRE TELECOM SA contre l'Arrêt n° 169 du 11 février 2005, soulevé l'incompétence manifeste de la Cour Suprême de Côte d'Ivoire pour connaître du litige ; que, soulevant des questions relatives à l'application de l'Acte uniforme portant organisation des procédures simplifiées de recouvrement et des voies d'exécution, le contentieux tranché par la Chambre judiciaire de la Cour Suprême de Côte d'Ivoire relève de la compétence de la Cour de céans, en application de l'article 14, alinéas 3 et 4 sus énoncé du Traité susvisé, qu'il suit qu'en statuant comme il a été indiqué ci-dessus par l'arrêt attaqué, la Cour Suprême de Côte d'Ivoire a méconnu la compétence de la Cour de céans et exposé son arrêt à l'annulation ; qu'il échet en conséquence, de dire et juger que la Cour Suprême de Côte d'Ivoire s'est déclarée compétente à tort et que son Arrêt n° 403/06/ du 06 juillet doit être déclaré nul et non avenue, conformément à l'article 18 sus énoncé du Traité susvisé »[7].

Il est manifeste que les deux arrêts sus-indiqués prouvent à suffisance que les juridictions supérieures des États membres de l'OHADA continuent de retenir leurs compétences en statuant sur les litiges impliquant l'application du droit uniforme. Dès lors, ces juridictions

---

[6]Cour suprême de Côte d'Ivoire, chambre judiciaire, Formation civile, Arrêt n° 052 du 04 Février 2010, Affaire : Société TRANSPORT INZA et FRERES dite STIF c/ M.-N. Le juris-OHADA n° 1 / 2011, janvier-Février-mars 2011, p. 29.

[7] Cour Commune de justice et d'arbitrage (C.C.J.A), Arrêt n° 017/ 2010 du 25 mars 2010, audience publique du 25 mars 2010, pourvoi n° 070/2006/PC du 16 août 2006 –Affaire : Monsieur Lamory SANOGO (Conseil : *Maître* DJOLAUD D. Aristide, Avocat à la Cour) contre Côte d'Ivoire TELECOM SA (conseil : Maître BOKOLA Lydie- Chantal, Avocat à la Cour). –Recueil de Jurisprudence n° 15, Janvier – Juin 2010, p.178.Voir dans ce sens *www.ohada.com.*

supérieures sont dans une dynamique de réclamation de leurs compétences en matière de l'application du droit uniforme OHADA.

§2. La mobilisation des juridictions nationales de cassation en vue de la rétrocession de leurs compétences en matière de droit des affaires

Il est manifeste que les juridictions nationales supérieures des États membres de l'espace OHADA, ne sont plus compétentes pour connaître des questions relatives à l'application du droit uniforme. Cette incompétence semble instaurer une relation conflictuelle entre les juridictions nationales de cassation et la Cour commune de justice et d'arbitrage qui se traduit par une résistance des juridictions nationales Supérieures qui s'inscrivent dans une dynamique de réclamation de toute leurs compétences en matière de droit des affaires. Cette résistance se matérialise souvent dans les arrêts rendus par ces juridictions. L'arrêt qui symbolise le plus cette opposition, est celui rendu le 16 août 2001 par la Cour Suprême du Niger (I). Si cette résistance est l'expression du malaise que vit les juridictions nationales de cassation avec l'avènement de l'ordre judiciaire OHADA, elle est tout de même contestable au regard de la mission d'unification jurisprudentielle dont la Cour commune de justice et d'arbitrage est investie (II).

I. La résistance des juridictions nationales de cassation aux exceptions d'incompétence

Il est clair que l'avènement du nouvel ordre judiciaire de l'OHADA a nécessité le dépouillement des compétences traditionnelles des juridictions nationales supérieures en matière de droit des affaires, mis à part, l'application des sanctions pénales. La construction du nouvel ordre judiciaire hiérarchisé qui place au sommet de la pyramide la CCJA et en bas, les juridictions nationales de fond, laisse une place résiduelle aux juridictions nationales supérieures des États membres de l'OHADA. En effet, pour manifester leur opposition au statu quo, ces juridictions n'hésitent pas, lorsqu'elles sont saisies d'une affaire impliquant l'application du droit uniforme, de décider de la juridiction compétente en cas d'application simultané du droit interne d'un État et du droit harmonisé dans un même litige. La Cour Suprême du Niger a été saisie d'un tel litige impliquant à la fois le droit uniforme OHADA et le droit interne du Niger notamment les règles du code civil, du code de procédure civile nigérien, et du code CIMA[8]. In casu, suite à une assemblée générale tenue en décembre 1999, il a été décidé de recapitaliser la SNAR LEYMA par l'émission de 70 000 actions nouvelles. La même assemblée générale a aussi décidé d'ouvrir le capital social à de nouveaux partenaires. C'est dans cette dynamique, que le Groupe Hima SOULEY a fait part de son intention de participer à cette recapitalisation par la souscription de quelques actions. Un notaire a été choisi par la direction générale de la LEYMA pour superviser les opérations de recapitalisation avec pour mission de recevoir les souscriptions et les libérations qui seront effectuées, et de verser ces dernières dans le compte n° 251 110 10 551/12 ouvert à la SONIBANK. Invoquant l'inertie du Conseil d'administration ou son refus obstiné de convoquer une assemblée générale, le Groupe Hima SOULEY a décidé de saisir le Président du tribunal par requête en date du 20 avril 2001 afin de désigner un administrateur judiciaire qui aura pour mission de convoquer une assemblée générale des actionnaires ; par ordonnance en date du 23 avril 2001, satisfaction a été donnée à la requête du Groupe Hima SOULEY par la désignation de Maître Mayaki Oumarou, notaire à Niamey comme mandataire judiciaire ; Suivant acte en date du 27 avril 2001, la Société Nigérienne d'Assurance et de Réassurances Leyma (SNAR-LEYMA) a saisi le juge des référés aux fins d'obtenir la rétractation de l'ordonnance en date du 23 avril 2001. À travers une autre ordonnance en date du 10 mai 2001, le juge des référés du Tribunal Régional de Niamey déboutait la LEYMA de sa demande. Sur appel de la SNAR-LEYMA, la cour d'appel confirmait l'ordonnance attaquée et condamnait la SNAR-LEYMA aux dépens. C'est dans cette perspective, qu'un pourvoi en date du 29 mai 2001 a été formé par Maître Manou Kimba agissant pour le compte de la SNAR LEYMA. La position adoptée par la Cour Suprême du Niger dans cet arrêt, fait état d'une certaine résistance de celle-ci aux exceptions d'incompétence soulevées devant elle. La Cour affirme en ces termes :

« Considérant l'article 18 du Traité OHADA aux termes duquel, une partie qui, après avoir soulevé l'incompétence d'une juridiction nationale statuant en cassation, estime que cette juridiction a, dans un litige, méconnu la compétence de la CCJA, peut saisir cette dernière dans un délai de deux mois à compter de la notification de la décision attaquée, la compétence de la CCJA n'est pas exclusive de celle des juridictions nationales de cassation. En outre, la CCJA n'étant compétente que pour

[8] Conférence interafricaine des marchés d'assurance.

l'interprétation et l'application des Actes uniformes, la Cour suprême nationale saisie d'un pourvoi en cassation n'a pas à renvoyer ce pourvoi devant la CCJA si cette voie de recours est fondée, de façon prépondérante, non sur la violation des dispositions d'un Acte uniforme, mais, comme en l'espèce, sur celle des règles du code civil et du code CIMA[9]. En l'état d'une augmentation de capital souscrite par des personnes non reconnues comme actionnaires par les dirigeants de la société, c'est à tort que la Cour d'appel de Niamey reconnaît aux souscripteurs la qualité d'associés pour recevoir, en référé, leur demande de désignation d'un administrateur provisoire pour convoquer une assemblée générale aux fins de valider leurs souscriptions et reconnaître la libération des nouvelles actions souscrites. Ce faisant, la Cour d'appel a préjugé le fond du litige et fait préjudice au principal, violant ainsi l'article 809 du code de procédure civile nigérien et son arrêt doit être cassé »[10].

Pour la Cour Suprême du Niger, la CCJA n'est compétente que dans les seuls litiges impliquant seulement l'application et l'interprétation des Actes uniformes de l'OHADA, autrement dit, le pourvoi en cassation doit être uniquement fondé sur le droit uniforme. Alors que dans le cas d'espèce, le pourvoi est à la fois porté non seulement sur le droit OHADA,

---

[9] La CIMA (Conférences Interafricaines des Marchés d'Assurances) à l'instar de l'OHADA (Organisation pour l'Harmonisation en Afrique du droit des affaires) est composé de 15 Etats (Bénin, Burkina Faso, Cameroun, Centrafrique, Comore, Congo, Côte d'Ivoire, Gabon, Guinée Conakry, Guinée Equatoriale, Mali, Niger, Sénégal, Tchad, et Togo).Institué à Yaoundé au Cameroun le 10 juillet 1992, le Traité CIMA a pour objectif de garantir la sécurité juridique et financière des investissements mais également des consommateurs. Voir dans ce sens M'BONYO Herman, "L'élargissement du code CIMA : un impératif économique pour l'Afrique en général et la RDC en particulier", p.1, *www.ohada.com* consulté le 07/10/2018. Selon Mamadou I. KONATE, le droit des assurances est de la compétence de la CIMA. Mais en réalité, cette matière relève indubitablement du droit des affaires, rien donc ne peut théoriquement selon l'auteur empêcher l'OHADA de légiférer dans ce domaine, notamment dans les branches qui n'ont pas encore été abordées par la CIMA par exemble les assurances de dommages autres que ceux provoqués par des véhicules terrestres à moteur ; assurances aériennes et maritimes...). Mais il serait curieux continue l'auteur que l'OHADA intervienne dans ces domaines pour ne pas briser l'homogénéité des sources formelles de la matière et pour ne pas amputer la CIMA de ses compétences. Voir dans ce sens Mamadou I. KONATE, "L'OHADA et les autres législations communautaires UEMOA, CEMAC, CIMA, OAPI, CIPRES, etc. p. 3, *www.ohada.com* consulté le 19/10/2018.

[10] Cour suprême du Niger, Chambre judiciaire, arrêt n° 1-158/C du 16 août 2001, SNAR-LEYMA C/ Groupe Hima Souley. Voir dans ce sens *www.ohada.com* Consulté le 04/10/2018.

mais également sur le droit national nigérien notamment le code de procédure civile, le code civil et le code CIMA. Ce qui justifie la compétence de la haute juridiction nigérienne.

En plus de la Cour Suprême du Niger, la chambre judiciaire de la Cour Suprême de Côte d'Ivoire n'a pas hésité de contourner la compétence de la CCJA à son profit. « La vente commerciale, outre les dispositions de l'Acte uniforme, demeure soumise aux règles de droit commun ; que s'il est exact que le vendeur du meuble impayé bénéficie d'un droit dit de revendication lui permettant de reprendre le meuble vendu, toutefois selon l'article 2102, 4e alinéa 2 du code civil, la revendication doit être faite dans la huitaine de la livraison et si la chose vendue se trouve dans le même état qu'au moment où livraison a été faite. Dès lors, il convient d'ordonner la mainlevée de la saisie-revendication pratiquée bien plus huit jours après la livraison »[11].

Cet arrêt a fait l'objet de commentaire dans la doctrine. En effet, le professeur ISSA-SAYEGH dans ses observations indique que :

« L'article 2104-4° du Code civil dont il est état, est une disposition relative à l'exercice du privilège mobilier spécial du vendeur de meuble qui permet au vendeur impayé de réclamer la restitution de son bien pour exercer son droit de rétention (Michel Cabrillac et Christian Mouly, Droit des sûretés, Litec, 5e éd., n° 648) qui n'a pas été reprise par l'Acte uniforme sur les sûretés et doit donc être considérée comme abrogée. La saisie revendication de l'article 2104-4° du Code civil a donc disparu du paysage juridique uniforme et, de ce fait, du droit ivoirien »[12]. Le contournement de la compétence de la CCJA par les Juridictions nationales de Cassation ne favorise pas l'émergence d'un espace juridique et judiciaire sécurisé. Le refus des Juridictions nationales d'appliquer les dispositions des Actes uniformes de l'OHADA fait réagir la doctrine. Un auteur estime que :

« L'analyse de la jurisprudence révèle de sérieuses difficultés des praticiens quant à la mise en œuvre des nouvelles règles communautaires. En effet, par réflexe, les juges nationaux ont souvent tendance à se référer systématiquement à leurs dispositions nationales existantes en la matière pour la mise en œuvre des dispositions de l'Acte uniforme et cette attitude

---

[11] Cour Suprême de Côte d'ivoire, chambre Judiciaire, arrêt N° 57 du 06 Février 2003, EL Achkar Hadife Jean-Claude C/ Abdallah Nawfla, *www.ohada.com/jurisprudence/ohadata/J-03-233.html*

[12] J. ISSA-SAYEGH, note sous : Cour suprême, chambre Judiciaire, arrêt N° 57 du 06 février 2003, *op. cit.*

se heurte à une position intransigeante de la CCJA fondée sur l'autonomie du système juridique d'exécution forcée prévue par l'OHADA ».[13]

La résistance des juridictions nationales de cassation se poursuit au-delà des prétoires. En effet, « regroupées au sein de l'Association Africaine des hautes juridictions Francophones (AA-HJF) : s'inquiétant au cours d'un colloque organisé par ladite Association à Lomé en juin 2006 sur le thème « Rapport entre les juridictions de cassation nationales et la CCJA de l'OHADA : bilan et perspectives d'avenir » du rythme d'harmonisation qui pourrait s'étendre à l'ensemble du droit privé, l'Association avait d'abord recommandé purement et simplement « la rétrocession aux juridictions de cassation nationales des États parties au Traité, de leurs compétences en matière de contentieux relatifs à l'application des Actes uniformes » avant de conclure à un partage de cette compétence entre elles et la CCJA suivant des modalités qu'elle a formulées » [14]. À rebours de cette position radicale adoptée par les juridictions supérieures nationales, d'autres propositions venant de la doctrine ont été formulées dans un sens de partage de compétence entre les deux ordres de juridictions. C'est le cas notamment du professeur Filiga Michel SAWADOGO qui propose de « rétrocéder les recours intéressant les litiges de moindre importance aux Cours Suprêmes ou de Cassation Nationales ; de Faire en sorte que, dans la plupart des cas, la saisine de la CCJA soit à titre préjudiciel, comme c'est le cas de la Cour de Justice de l'UEMOA ; de permettre la saisine des Cours Suprêmes ou de Cassation Nationales lorsque les parties décident librement de leur soumettre leurs pourvois ; de situer le recours en cassation devant la CCJA après que la juridiction nationale de cassation se sera prononcée, même si cela déroge aux règles classiques de procédure » [15] La rétrocession intégrale des compétences traditionnelles des juridictions nationales

---

[13] M. DIAKHATE, « Les procédures simplifiées et les voies d'exécution : la difficile gestation d'une législation communautaire »,www.ohada.com, OHADAta D-05-10, p.1. Cité par M. J. Vital KODO, *L'application des Actes uniformes de l'OHADA*, coll. Publication de l'Institut Universitaire André RYCKMANS N°5, Louvain-LA-NEUVE, 2010, p. 133.

[14] B. DICKO, « Les rapports entre la Cour commune de justice et d'arbitrage de l'OHADA (CCJA) et les Juridictions nationales de Cassation », p. 2. In « Le contentieux OHADA devant les Hautes Juridictions Nationales des Etats-Parties : Interprétation et application de l'article 14 du Traité OHADA par les Cours Suprêmes ou de Cassation Nationales » du 17 au 21 septembre 2012 à Porto-Novo-Bénin. www.ohada.org, consulté le 4/11/2018.

[15] *Ibid.*

supérieures en matière de droit uniforme OHADA peut mettre en cause la mission d'unification jurisprudentielle dont est investie la CCJA.

II. La contestable rétrocession de compétence aux juridictions nationales supérieures en matière de droit des affaires

En phase avec le professeur Filiga Michel SAWADOGO pour affirmer qu'il faut immédiatement dépasser le statu quo pour permettre aux juridictions supérieures notamment aux (Cours suprêmes ou de Cassation selon l'appellation dans les États) de participer pleinement à la mise en œuvre juridictionnelle du droit OHADA. L'implication des Hautes juridictions dans l'application du droit uniforme leur permettra de sortir de cette clandestinité dans laquelle elles se sont confortablement installées en contournant la compétence de la CCJA pour statuer sur les litiges qui leur sont soumis en matière de droit des affaires. Pour le professeur Filiga Michel SAWADOGO,

« Il semble douteux que le statu quo dessiné par le Traité puisse perdurer, puisque certaines de ses dispositions sont manifestement susceptibles de provoquer des risques de confusion, de contradiction et de contrariété avec les attributions et les prérogatives des juridictions nationales de cassation, ce que le législateur OHADA n'avait certainement ni souhaité, ni prévu dans sa volonté originelle de créer une CCJA conquérante au prix du dépérissement de la compétence des juridictions nationales de cassation. L'alinéa 5 de l'article 14 donnant à la CCJA un pouvoir d'évocation exorbitant qui est celui d'évoquer[16] en cas de cassation et de statuer sur le fond, est illustratif de ces dispositions à risques : si ce pouvoir d'évoquer sans renvoyer après cassation devant une Cour d'appel autrement composé, comme il est de règle traditionnelle, se fonde sur des motifs de célérité et d'efficacité visant à éviter les lenteurs provoquées par les renvois en droit interne ainsi que les velléités de résistance des juridictions du fond à l'égard des juridictions nationales de cassation, il reste que les risques sus évoqués sont patents ; en effet, pour le professeur Filiga, ledit pouvoir d'évocation tel que libellé à l'article 5 parait sans limite et ainsi, en statuant sur le fond, la CCJA, devenue troisième degré de juridiction, pourrait être amenée à « chasser sur les même terres » que les juridictions nationales de cassation et donc appliquer et interpréter les dispositions du droit interne ; ce faisant, elle

[16] Article 14 al. 5 du Traité OHADA.

sort de son domaine éminent de compétence spécifié à l'alinéa 1er du même article 14 dudit Traité pour empiéter sur la compétence des juridictions nationales en général, et des juridictions nationales de cassation en particulier »[17].

L'hypothèse de la rétrocession des compétences aux hautes juridictions nationales des États-Parties au Traité OHADA consacrerait le retour simple au système judiciaire national antérieur et aux problèmes que le législateur entendait résoudre par la création de la Cour commune de justice et d'arbitrage selon le groupe d'experts indépendants[18] commis par la francophonie pour l'examen des projets de révision et de réforme du Traité. Cette rétrocession porterait également un coup à la sécurité judiciaire procurée par la CCJA à travers l'uniformisation de la jurisprudence.

Si le maintien du *statu quo* entraîne des résistances, l'hypothèse d'un retour à la situation antérieure ne rassure pas compte tenu des difficultés qui émaillent le système judiciaire des États Parties au Traité OHADA. Une inquiétude demeure tout de même quant au rythme d'uniformisation du droit privé Africain. À terme, tout le droit privé en Afrique notamment dans les États membres de l'OHADA entrera dans le champ matériel du droit uniforme.[19]Ce qui contribuera fortement à marginaliser davantage

---

[17] B. DICKO, « Les rapports entre la Cour commune de justice et d'arbitrage de l'OHADA (CCJA) et les Juridictions nationales de Cassation », *op. cit.*, voir *www.ohada.org*, consulté le 04/11/2018.

[18]J. BELIBI « Philosophie de l'article 14 du Traité de l'OHADA : La Supranationalité de la CCJA et l'incompétence de principe des Cours suprêmes nationales dans les matières relevant du Droit OHADA », p. 21. In, « Le contentieux OHADA devant les Hautes Juridictions Nationales des Etats parties : Interprétation et application de l'article 14 du Traité OHADA par les Cours Suprêmes ou de Cassation Nationales » du 17 au 21 septembre 2012 à Porto-Novo-Bénin. En ce sens *www.ohada.org*, consulté le 4/11/2018.

[19] L'article 2 du Traité OHADA énumère les matières qui entrent dans le champ matériel du droit OHADA. Il s'agit entre autre des règles relatives au droit des sociétés et au statut juridique des commerçants, au recouvrement des créances, aux sûretés et aux voies d'exécution, au régime du redressement des entreprises et de la liquidation judiciaire, du droit de l'arbitrage, au droit du travail, au droit comptable, au droit de la vente et des transports, et toutes autres matière que le Conseil des Ministres déciderait, à l'unanimité d'y inclure, conformément à l'objet du présent Traité et aux dispositions de l'article 8. L'étendue du domaine du droit des affaires est telle que l'on est en droit de se poser la question de savoir ce qui reste encore aux Juridictions nationales supérieures. Il ressort clairement des dispositions de l'article 2 du Traité que le Conseil des Ministres peut décider à tout moment de l'étendre à tout moment. C'est ainsi que le droit des contrats qui ne figure pas dans la liste de l'article fait l'objet d'un avant-projet d'Acte uniforme. Par sa décision n° 002/2001/CM du 23 mars 2001 relative au programme

les juridictions nationales de cassation dont les compétences constitutionnellement acquises dans leurs États respectifs ont été dépouillées par la CCJA.

Pour sortir de cet imbroglio juridique et judiciaire, il est nécessaire de ne pas adopter une démarche exclusive qui consisterait à exclure les juridictions nationales de cassation de connaître les litiges relatifs au droit uniforme. La dernière proposition de l'association Africaine des hautes juridictions francophones semble avoir retenu l'attention des experts de la francophonie. Il s'agit d'envisager le recours à la CCJA qu'après épuisement des voies de recours devant les juridictions nationales du fond comme de Cassation. Les experts de la francophonie ont néanmoins apporté trois correctifs à cette proposition :

« Les décisions rendues par les Cours suprêmes nationales ne seraient exécutoires qu'une fois validées par la CCJA ; en cas de non validation par la CCJA, celle-ci évoquerait l'affaire, et enfin, tout pourvoi en cassation devant une Cour suprême nationale non vidé dans le délai de douze mois serait déféré à la CCJA ».[20]

Les correctifs apportés par les experts de la francophonie permettent à la CCJA de rester garante de l'ordre judiciaire de l'OHADA en intervenant soit pour vider un contentieux qui n'a pas été réglé par une juridiction nationale supérieure dans un délai de douze mois, soit pour valider ou invalider les décisions rendues par les juridictions nationales de cassation. En cas de non-validation, la CCJA évoquerait l'affaire. Cette procédure permettra à la fois aux juridictions nationales supérieures de participer à la mise en œuvre juridictionnelle du droit OHADA au même titre que les Juridictions du fond, mais également à la CCJA d'exercer son rôle d'uniformisation de la jurisprudence communautaire.

---

d'harmonisation du droit des affaires en Afrique, le Conseil des Ministres a décidé d'étendre le champ de l'unification. L'article 1er de cette décision dispose :
« Sont incluses dans le domaine du droit des affaires, les matières ci-après énumérées :
Le droit de la concurrence,
Le droit bancaire,
Le droit des sociétés coopératives et mutualistes,
Le droit des sociétés civiles,
Le droit des contrats,
Le droit de la preuve. » Voir dans ce sens. Gérard NGOUMTSA ANOU, Droit OHADA et conflits de lois, Université Jean Moulin-Lyon 3, thèse, 2009, p.9 et s.
Il convient de signaler que le droit des sociétés coopératives et mutualistes a fait l'objet d'un Acte uniforme adopté le 15/12/2010 à Lomé (Togo) et entrée en vigueur le 16/05/2011, *www.ohada.com.*

[20] J. BELIBI, *op. cit., p.* 21.

Il est évident qu'une telle hypothèse ne conviendra pas aux juridictions nationales supérieures car elle ressemble à une sorte de tutelle. Mais, cela permettra à la CCJA de veiller à la bonne application du droit uniforme et partant, de donner une certaine garantie aux investisseurs locaux et étrangers. L'intervention de la CCJA ne serait-ce qu'à titre exceptionnelle pour dire le droit si cela n'a pas été fait par la juridiction nationale de cassation saisie à cet effet. C'est lorsque le contentieux n'a pas été réglé dans un délai de douze mois que la CCJA interviendra pour dessaisir la juridiction nationale de cassation qui n'a pas été en mesure de régler le litige dans le délai légal imparti. Cette procédure alternative permettra de maintenir la cohérence de l'ordre judiciaire OHADA qui est doté d'organes (le Conseil des Ministres) de production normative[21]et d'institution judiciaire notamment la (CCJA) qui en assure la mise en œuvre juridictionnelle.

En plus des difficultés constatées dans les rapports qu'entretiens les ordres de juridictions supérieures, de nombreuses insuffisances sont à signaler dans le partage de compétence en matière pénale.

---

[21]Les Actes uniformes sont préparés par le secrétariat Permanent en concertation avec le gouvernement des Etats Parties. Ils sont délibérés et adoptés par le Conseil des ministres après avis de la Cour commune de justice et d'arbitrage. (Article 6 du Traité OHADA).

Les projets d'actes uniformes sont communiqués par le secrétariat permanent aux gouvernements des Etats Parties, qui disposent d'un délai de quatre-vingt-dix jours à compter de la date de la réception de cette communication pour faire parvenir au secrétariat permanent leurs observations écrites.

A l'expiration de ce délai, le projet d'acte uniforme accompagné des observations des Etats Parties et d'un rapport du secrétariat permanent, est immédiatement transmis pour avis par ce dernier à la Cour commune de justice et d'arbitrage. La Cour donne son avis dans un délai de trente jours à compter de la date de la réception de la demande de consultation.

A l'expiration de ce nouveau délai, le secrétariat permanent met au point le texte définitif du projet d'acte uniforme dont il propose l'inscription à l'ordre du jour du plus prochain Conseil des ministres. (Article 7 du Traité OHADA).

L'adoption des actes uniformes par le Conseil des ministres requiert l'unanimité des représentants des Etats Parties présents et votants.

L'adoption des actes uniformes n'est valable que si les deux tiers au moins des Etats Parties sont représentés.

L'abstention ne fait pas obstacle à l'adoption des actes uniformes. (Article 8 du Traité OHADA).

SECTION 2.
Les insuffisances relatives au partage de compétence en matière pénale

Il est manifeste que l'avènement de l'OHADA a quelque peu bouleversé l'ordre judiciaire de ses États membres en excluant les Juridictions Nationales Supérieures de connaître les litiges relatifs au droit uniforme. Ce nouvel ordre juridique et judiciaire a aussi limité le domaine d'intervention du législateur national qui ne peut désormais légiférer sur les matières[22] qui entrent dans le champ d'intervention du législateur OHADA. Il convient tout de même de signaler que le Traité instituant l'OHADA fait des renvois aux législations nationales pour compléter ses lacunes[23]. En effet, il ressort clairement des dispositions de l'alinéa 2 de l'article 5 [24] du Traité que les Actes uniformes peuvent inclure des dispositions d'incriminations pénales, les États parties s'engagent à déterminer les sanctions pénales encourues. Ce renvoie expresse du législateur OHADA pour compléter la législation nationale prouve à suffisance les limites de la législation communautaire. Les Actes uniformes déterminent les incriminations pénales (§1), il revient aux États Parties, de déterminer les sanctions pénales applicables (§ 2).

---

[22]Il existe à ce jour dix Actes actes uniformes en vigueur sur le territoire des 17 Etats membres de l'OHADA. Ces Actes uniforme sont :
Acte uniforme réviser portant sur le Droit Commercial Général ;
Acte uniforme réviser relatif au Droit des Sociétés Commerciales et du Groupement d'intérêt Economique ;
Acte uniforme réviser portant organisation des Sûretés ;
Acte uniforme relatif au Droit des procédures collectives et d'apurement du passif ;
Acte uniforme portant organisation des procédures simplifiées de recouvrement et des voies d'exécution ;
Acte uniforme portant contrats de transport de Marchandises par route ;
Acte uniforme relatif au Droit des Sociétés coopératives ;
Acte uniforme relatif au Droit comptable et à l'information financière ;
Acte uniforme relatif à la Médiation ;
Acte uniforme relatif au droit de l'arbitrage.

[23] Sur les lacunes du Droit OHADA, voir en ce sens G. NGOUMTSA ANOU, *op. cit.* p.57 et s.

[24] Article 5 al. 2 du Traité révisé.

§1. La détermination des incriminations pénales par les Actes uniformes

Le droit pénal des affaires est né selon Rose Djila Kouayi KEMAJOU de la « nécessité de disposer d'incriminations spécifiques, pour protéger les intérêts des créanciers et des actionnaires face à l'inadaptation des infractions contre les biens incriminés par le Code pénal, et de l'inadaptation des sanctions civiles traditionnelles à la violation de nombreuses réglementations économiques »[25]. Le droit pénal des affaires s'adresse donc à une catégorie de personnes notamment aux « acteurs de l'activité économique. Il se présente pratiquement, comme un droit de synthèse, regroupant des qualifications pénales de droit commun (vol, escroquerie, abus de confiance...), des incriminations relevant du droit pénal économique ou du droit pénal financier ou fiscal et, naturellement, du droit pénal commercial. Mais, il est à l'heure actuelle plus que cela, pour venir croiser le sillage du droit pénal de l'informatique, de celui de l'environnement, du droit pénal boursier ou encore, parfois, du droit pénal du travail ou de celui de la consommation. L'imprécision de la définition du droit pénal des affaires, laisse le sentiment d'une construction artificielle dont le champ d'intervention repose sur des critères mal identifiés »[26]. Il est évident que le droit pénal reste le bastion de la souveraineté des États. La sanction pénale implique des considérations souverainistes qui nécessitent la compétence exclusive des États. C'est compte tenu de la sensibilité de cette matière, que le législateur communautaire a décidé de renvoyer aux États parties, la charge de fixer les sanctions pénales applicables aux incriminations contenues dans les Actes uniformes.

Il importe de noter que le législateur OHADA en déterminant les incriminations pénales contenues dans les Actes uniformes, n'a pas tenu compte de certaines infractions économiques[27] liées à l'évolution du droit des affaires en l'occurrence les délits boursiers, les délits relatifs aux

---

[25] R. D. KEMAJOU, *Le droit pénal des affaires au cameroun*, Paris, L'Harmattant, 2015, p. 13.

[26] A. LEPAGE, P. MAISTRE DU CHAMBON, R. SALOMON, *Droit pénal des affaires,* Paris, LexisNexis, 5e éd. 2018, p 18. Voir dans ce sens M. VERON, *Droit pénal des affaires*, Dalloz, coll. « Cours », 8e éd., 2009, n° 1. Ph. BONFILS, *Droit pénal des affaires*, Montchrestien, 2009, n os 4 et s. V. également, F. STASIAK pour qui « le droit pénal des affaires est une chimère », *Droit pénal des affaires*, LGDJ, 2ème éd. 2009, p 1.

[27]A. FENEON, Droit des sociétés en Afrique (OHADA), Paris, LGDJ, Lextenso, 2ème édi., 2017, p. 619.

valeurs mobilières ou encore les délits relatifs au droit de la concurrence. Les incriminations pénales contenues dans les Actes uniformes sont relatives d'une part, à la constitution et au fonctionnement des sociétés commerciales (A), et d'autre part, à la dissolution et à la liquidation des sociétés commerciales (B)

I. Les incriminations pénales relatives à la constitution et au fonctionnement des sociétés commerciales

Les dispositions relatives aux incriminations pénales sont éparpillées dans les Actes uniformes. Ce qui ne donne pas une grande visibilité au droit pénal des affaires OHADA. En effet, parmi les dix Actes uniformes adoptés, six sont assortis de dispositions d'incriminations pénales. Il s'agit : de l'Acte uniforme relatif au Droit commercial général ; de l'Acte uniforme révisé relatif au droit des sociétés commerciales et du groupement d'intérêts économique ; de l'Acte uniforme révisé portant organisation des sûretés ; de l'Acte uniforme relatif au droit des sociétés coopératives ; de l'Acte uniforme portant organisation des procédures collectives et d'apurement du passif ; et de celui relatif au droit comptable et à l'information financière et système comptable OHADA (SYSCOHADA).

Les incriminations pénales contenues dans l'Acte uniforme relatif au droit des sociétés commerciales et du groupement d'intérêt économique.

Aux termes des dispositions de l'article 886 de l'AUDSCGIE, « constitue une infraction pénale, le fait, pour les fondateurs, le président-directeur général, le directeur général, l'administrateur général ou l'administrateur général adjoint d'une société anonyme d'émettre des actions avant l'immatriculation ou à n'importe quelle époque lorsque l'immatriculation est obtenue par fraude ou que la société est irrégulièrement constituée ». Il ressort clairement de cet article, que l'émission d'actions par les fondateurs de la société anonyme avant son immatriculation est pénalement sanctionnée.

L'incrimination pénale de l'article 886 ci-dessus, fait suite aux dispositions de l'article 98 du même texte qui dispose que : Toute société jouit de la personnalité juridique à compter de son immatriculation au registre du commerce et du crédit mobilier, à moins que le présent acte uniforme en dispose autrement ». L'immatriculation confère à la nouvelle société, la jouissance de la personnalité morale. Trois principaux attributs sont attachés à la personnalité morale : une identité, un patrimoine et une capacité juridique[28]. Quant à l'article 887 de l'Acte uniforme relatif au droit des sociétés commerciales et du groupement d'intérêt économique, « encourent une sanction pénale, ceux qui, sciemment, par l'établissement de la déclaration notariée de souscription et de versement ou du certificat du dépositaire, auront affirmé sincères et véritables des souscriptions qu'ils savaient fictives ou auront déclaré que les fonds qui n'ont pas été mis définitivement à la disposition de la société ont été effectivement versés ; ceux qui auront remis au notaire ou au dépositaire, une liste des actionnaires ou des bulletins de souscription et de versement mentionnant des souscriptions fictives ou des versements de fonds qui n'ont pas été mis à la disposition de la société ; ceux qui sciemment, par simulation de souscription ou de versement ou par publication de souscription ou de versement qui n'existent pas ou de tous autres faits faux, auront obtenu ou tenté d'obtenir des souscriptions ou des versements ; ceux qui, sciemment, pour provoquer des souscriptions ou des versements auront publié les noms de personnes désignées contrairement à la vérité comme étant ou devant être attachées à la société à un titre quelconque ; ceux qui, frauduleusement, auront fait attribuer à un apport en nature, une évaluation supérieure à sa valeur réelle ». Le législateur OHADA incrimine dans l'article 887 les fausses déclarations de versement de fonds auprès du notaire ou du dépositaire. Les comportements qui tendent à la surévaluation des apports, à la publication de souscription ou de versement qui n'existent pas ou de tous autres faits faux font aussi l'objet d'incrimination pénale.

L'article 888 de l'AUDSCGIE incriminent les comportements de ceux qui ont sciemment négocié des actions non entièrement libérées, des actions en numéraire pour lesquelles, le versement du quart du nominal n'a pas été effectué. Quant à l'article 889 du même texte, il incrimine les comportements des dirigeants sociaux qui se livrent à la répartition de dividendes fictifs entre les actionnaires en l'absence d'inventaire ou au moyen d'inventaire frauduleux.

Les dispositions de l'article 890 du même texte, répriment les comportements des dirigeants sociaux qui ont sciemment, même en l'absence de toute distribution de dividendes, publié ou présenté aux actionnaires ou associés, en vue de dissimuler la véritable situation de la société, des états financiers de synthèse ne donnant pas, pour chaque exercice, une image fidèle des opérations de l'exercice, de la situation financière et de celle du patrimoine de la société, à l'expiration de cette

---

[28] *OHADA : Traité et Actes uniformes commentés et annotés*, Juriscope 2016, p. 412.

période[29]. Encourent aussi une sanction pénale, les dirigeants sociaux qui n'ont pas déposé, dans le mois qui suit leur approbation, les états financiers de synthèse[30]. Il convient de retenir à cet effet, que les dispositions de l'article 269[31] de l'AUDSCGIE oblige les sociétés commerciales à déposer au registre du commerce et du crédit mobilier de l'État partie du siège social, dans le mois qui suit leur approbation par l'organe compétent, les états financiers de synthèse, à avoir le bilan, le compte de résultat, le tableau financier des ressources et emplois et l'état annexé de l'exercice écoulé. En cas de refus d'approbation de ces documents, une copie de la décision de l'organe compétent est déposée dans le même délai. Les états financiers susvisés peuvent faire l'objet d'un dépôt électronique au greffe de la juridiction compétente ou de l'organe compétent dans l'État partie. À la demande de tout intéressé, la juridiction compétente peut, statuant à bref délai, enjoindre sous astreinte au dirigeant de toute société commerciale de procéder au dépôt des documents énumérés par l'alinéa premier, dès lors que la requête amiable du demandeur auprès de la société est restée vaine pendant trente jours. Les dispositions des articles 891, 891-1, et 891-2 de l'AUDSCGIE répriment à la fois les abus des biens sociaux, d'absence de publicité de la société sur les actes et documents et d'apport ou radiation de la succursale d'une société ou d'une personne physique étrangère. Encourent une sanction pénale, le gérant de la société à responsabilité, les administrateurs, le président-directeur général, le directeur général, le directeur général adjoint, le président de la société par actions simplifiée, l'administrateur général ou l'administrateur général adjoint qui, de mauvaise foi, font des biens ou du crédit de la société, un usage qu'ils savent contraire à l'intérêt de celle-ci, à des fins personnelles, matérielles ou morales, ou pour favoriser une autre personne morale dans laquelle ils sont intéressés, directement ou indirectement[32].

Dans le même registre, encourent aussi une sanction pénale, les dirigeants sociaux qui, sciemment, ne font pas figurer la dénomination sociale sur tous les actes et documents émanant de la société et destinés

---

[29] Article 890 de l'acte uniforme relatif au droit des sociétés commerciales et du groupement d'intérêt économique.

[30] Article 890-1 de l'acte uniforme relatif au droit des sociétés commerciales et du groupement d'intérêt économique.

[31] Article 269 de l'acte uniforme relatif au droit des sociétés commerciales et du groupement d'intérêt économique.

[32] Article 891 de l'acte uniforme relatif au droit des sociétés commerciales et du groupement d'intérêt économique.

aux tiers ; ne font pas précéder ou suivre immédiatement la dénomination de l'indication, en caractère lisibles, de la forme de la société, du montant de son capital social, de l'adresse de son siège social et de la mention de son immatriculation au registre du commerce et du crédit mobilier[33]. À l'exception de la société en participation, toute société doit être immatriculée au registre du commerce et du crédit mobilier[34].Cette immatriculation qui confère à la société sa personnalité morale est une obligation à l'égard de toutes les sociétés mise à part la société en participation. Toute société jouit de la personnalité juridique à compter de son immatriculation au registre du commerce et du crédit mobilier, à moins que le présent Acte uniforme en dispose autrement[35].Sont aussi réprimés, les comportements des dirigeants sociaux d'une société étrangère ou la personne physique étrangère dont la succursale, au-delà d'une durée de deux ans, n'a été ni apportée à une société de droit préexistante ou à créer de l'un des États parties ni radiée dans les conditions fixées par l'article 120[36] ci-dessus[37].

Il ressort aussi de l'AUDSCGIE, des dispositions d'incriminations pénales relatives aux Assemblées générales, aux modifications du capital des sociétés anonymes, et au contrôle des sociétés. En effet, les

---

[33] Article 891-2 de l'acte uniforme relatif au droit des sociétés commerciales et du groupement d'intérêt économique.

[34] Article 97 de l'acte uniforme relatif au droit des sociétés commerciales et du groupement d'intérêt économique.

[35] Article 98 de l'acte uniforme relatif au droit commercial et du groupement d'intérêt économique.

[36] L'article 120 de l'acte uniforme relatif au droit des sociétés commerciales et du groupement d'intérêt économique dispose que : « Quand elle appartient à une personne étrangère, la succursale doit être apportée à une société de droit préexistante ou à créer, de l'un des Etats parties, deux ans au plus tard après sa création, à moins qu'elle soit dispensée de cette obligation par un arrêté du ministre chargé du commerce de l'Etat partie dans lequel la succursale est située.
Sous réserve des dispositions applicables aux sociétés soumises à un régime particulier, la dispense est accordée pour une durée de deux ans, non renouvelable.
En cas de non-respect des dispositions visées au premier alinéa du présent article, le greffier ou l'organe compétent de l'Etat partie procède à la radiation de la succursale du registre du commerce et du crédit mobilier, après décision de la juridiction compétente, statuant sur requête, à sa demande ou à celle de tout intéressé.
La décision de radiation donne lieu à la diligence du greffier ou de l'organe compétent de l'Etat partie à une insertion dans un journal habilité à recevoir les annonces légales de l'Etat partie.

[37] Article 891-2 de l'acte uniforme relatif au droit des sociétés commerciales et du groupement d'intérêt économique.

comportements de ceux qui, sciemment, ont empêché un actionnaire[38]ou un associé de participer à une assemblée générale font l'objet de répression. Font aussi l'objet de répression, les dirigeants sociaux qui, sciemment, n'établissent pas les procès-verbaux d'assemblées générales dans les formes requises par le présent Acte uniforme[39].

Relativement à la modification du capital des sociétés anonymes, encourent une sanction pénale, les administrateurs, le président du conseil d'administration, le président-directeur général, le directeur général, le directeur général adjoint, l'administrateur général, l'administrateur général adjoint d'une société anonyme ou le président d'une société par actions simplifiée qui, lors d'une augmentation de capital, ont émis des actions ou des coupures d'actions : avant que le certificat du dépositaire ait été établi ; sans que les formalités préalables à l'augmentation de capital aient été régulièrement accomplis ; sans que le capital antérieurement souscrit de la société ait été intégralement libéré ; sans que les actions nouvelles aient été libérées d'un quart au moins de leur valeur nominale au moment de la souscription; le cas échéant, sans que l'intégralité de la prime d'émission ait été libérée au moment de la souscription. Des sanctions pénales sont également applicables aux personnes visées au présent article qui n'ont pas maintenu les actions de numéraires sous forme nominative jusqu'à leur entière libération[40]. Sont aussi réprimés, les comportements des gérants d'une société à responsabilité limitée qui, lors d'une augmentation de capital, ont émis des parts sans que ces nouvelles parts aient été libérées de la moitié au moins de leur valeur nominale au moment de la souscription.

Dans la même logique, encourent une sanction pénale, les dirigeants sociaux qui, lors d'une augmentation de capital : n'ont pas fait bénéficier les actionnaires, proportionnellement au montant de leurs actions, d'un droit préférentiel de souscription des actions de numéraire lorsque ce droit n'a pas été supprimé par l'assemblée générale et que les actionnaires n'y ont pas renoncé ; n'ont pas fait réserver aux actionnaires un délai de vingt jours au moins, à dater de l'ouverture de la souscription, sauf lorsque ce délai a été clos par anticipation; n'ont pas attribué les actions rendues disponibles, faute d'un nombre suffisant de souscription à titre

[38]Article 891-3 de l'acte uniforme relatif au droit des sociétés et du groupement d'intérêt économique.

[39] Article 892 de l'acte uniforme relatif au droit des sociétés commerciales et du groupement d'intérêt économique.

[40] Article 893 de l'acte uniforme relatif au droit des sociétés commerciales et du groupement d'intérêt économique.

irréductible, aux actionnaires qui ont souscrit à titre réductible un nombre d'actions supérieur à celui qu'ils pouvaient souscrire à titre irréductible, proportionnellement aux droits dont ils disposent ; n'ont pas réservé les droits titulaires de bons de souscription[41].

Des incriminations pénales sont aussi portées par l'AUDSCGIE à l'encontre des dirigeants sociaux qui, sciemment, ont donné ou confirmé des indications inexactes dans les rapports présentés à l'assemblée générale appelée à décider de la suppression du droit préférentiel de souscription[42]. Le législateur OHADA a aussi prévu des incriminations pénales à l'encontre des administrateurs, du président-directeur général, du directeur général, du directeur général adjoint, du président de la société par actions simplifiées, de l'administrateur général ou de l'administrateur général adjoint qui, sciemment, ont procédé à une réduction de capital : sans respecter l'égalité des actionnaires ; sans avoir communiqué le projet de réduction de capital aux commissaires aux comptes quarante-cinq jours avant la tenue de l'assemblée générale appelée à statuer sur la réduction de capital[43].

Le contrôle des sociétés fait aussi l'objet d'incriminations pénales dans l'AUDSCGIE. Le contrôle des sociétés peut être interne comme externe. Le contrôle est interne lorsqu'il est l'œuvre des associés au sein des sociétés. On parle de contrôle externe[44] lorsqu'il est exercé par les commissaires aux comptes. Le législateur OHADA n'a pas prévu des incriminations pénales dans l'exercice du contrôle interne. Seul le contrôle externe des sociétés fait l'objet d'incrimination pénale. En effet, font l'objet d'incriminations pénales, les comportements des dirigeants sociaux qui n'ont pas provoqué la désignation des commissaires aux comptes de la société ou ne les ont pas provoqués aux assemblées générales[45]. Suivant le même principe, encourent une sanction pénale, toute personne qui, soit en son nom personnel, soit à titre d'associé d'une société de commissaires aux comptes, a sciemment accepté, exercé ou conservé des fonctions de commissaires aux comptes, nonobstant les incompatibilités légales[46]. Sont aussi réprimés par l'AUDSCGIE, les

---

[41] Article 894 de l'acte uniforme relatif au droit des sociétés commerciales et du groupement d'intérêt économique.

[42] Article 895 AUDSCGIE

[43] Article 896 AUDSCGIE

[44] OHADA : Traité et actes uniformes commentés et annotés, Juriscope 2016, p. 714.

[45] Article 897 AUDSCGIE

[46]Article 898 AUDSCGIE. Il convient de noter que les incompatibilités légales relatives aux fonctions de commissaires aux comptes sont prévues par les articles 697, 698, 699 et

comportements du commissaire aux comptes qui, soit en son nom personnel, soit à titre d'associé d'une société de commissaires aux comptes, a sciemment donné ou confirmé des informations mensongères sur la situation de la société ou qui n'a pas révélé au ministère public les faits délictueux dont il a eu connaissance[47]. Sont réprimés de la même manière les comportements des dirigeants sociaux ou toute personne au service de la société qui, sciemment, ont fait obstacle aux vérifications ou au contrôle des commissaires aux comptes ou qui ont refusé la communication, sur place, de toutes les pièces utiles à l'exercice de leur mission et notamment de tous contrats, livres, documents comptables et registre de procès-verbaux[48].

Les incriminations pénales ci-dessus indiquées, sont éparpillées à travers l'AUDSCGIE. D'autres incriminations pénales relatives à la constitution et au fonctionnement des sociétés commerciales se trouvent dans d'autres Actes uniformes notamment celui relatif au droit commercial général.

– Les incriminations pénales relatives à l'Acte uniforme relatif au droit commercial général.

Il existe très peu d'incriminations pénales dans l'acte uniforme relatif au droit commercial général. Seuls les articles 69 et 140 en font état de dispositions d'incriminations pénales, ce qui est largement insignifiant par

---

700 de l'acte uniforme relatif au droit des sociétés commerciales et du groupement d'intérêt économique. « Les fonctions de commissaires aux comptes sont incompatibles : avec toute activité ou tout acte de nature à porter atteinte à son indépendance ; avec tout emploi salarié. Toutefois, un commissaire aux comptes peut dispenser un enseignement se rattachant à l'exercice de sa profession ou occuper un emploi rémunéré chez un commissaire aux comptes ou chez un expert-comptable ; avec toute activité commerciale, qu'elle soit exercée directement ou par personne interposée ». (Art. 697 AUDSCGIE).

Relativement aux dispositions de l'article 700 de l'acte uniforme relatif au droit des sociétés commerciales et du groupement d'intérêt économique, les personnes ayant été administrateurs, administrateurs généraux, administrateurs généraux adjoints, directeurs généraux ou directeurs généraux adjoints, gérants ou salariés d'une société ne peut être nommées commissaires aux comptes de la société moins de cinq années après la cessation de leurs fonctions dans ladite société. Pendant le même délai, elles ne peuvent être nommées commissaires aux comptes dans les sociétés possédantes dix pour cent (10%) du capital de la société dans laquelle elles exerçaient leurs fonctions ou dont celles-ci possédaient dix pour cent (10%) du capital lors de la cessation de leurs fonctions. Les interdictions prévues au présent article pour les personnes mentionnées au premier alinéa sont applicables aux sociétés de commissaires aux comptes dont lesdites personnes sont associées, actionnaires ou dirigeants.

[47] Article 899 de l'AUDSCGIE.

[48] Article 900 de l'AUDSCGIE.

apport aux multiples incriminations contenues dans l'Acte uniforme relatif au droit des sociétés commerciales et du groupement d'intérêt économique. Aux termes de l'article 69 de l'AUDCG, « Toute personne tenue d'accomplir une des formalités prescrites au présent Acte uniforme et qui s'en est abstenue, ou encore qui a effectué une formalité par fraude, est punie des peines prévues par la loi pénale nationale, ou le cas échéant par la loi pénale spéciale prise par l'État partie en application du présent acte uniforme. S'il y a lieu, la juridiction qui prononce la condamnation ordonne la rectification des mentions et transcriptions inexactes »[49]. Quant à l'article 140 du même texte, il dispose que : « Le locataire-gérant est tenu d'indiquer en tête de ses bons de commande, factures et autres documents à caractères financier ou commercial, avec son numéro d'immatriculation au registre du commerce et du crédit mobilier, sa qualité de locataire-gérant du fonds. Toute infraction à cette disposition est punie par la loi pénale nationale ».[50]. Hormis ces deux articles ci-dessus, aucun autre article de l'AUDCG ne fait état de dispositions d'incriminations pénales. Il incombe au locataire-gérant d'indiquer sa qualité en tête des documents administratifs et financiers de la société. Tout comportement contraire est puni par la loi pénale interne complémentaire.

Outre ces deux Actes uniformes (Acte uniforme relatif au droit des sociétés commerciales et du groupement d'intérêt économique et l'Acte uniforme relatif au droit commercial général) évoqués, l'Acte uniforme portant organisation des sûretés contient aussi un article qui fait mention d'incriminations pénales.

– Les dispositions d'incriminations pénales dans l'Acte uniforme portant organisation des sûretés

Il s'agit notamment de l'article 65 qui dispose que : « Toute inscription de sûretés mobilière, effectuée par fraude, ou portant des inscriptions inexactes données de mauvaises foi, est punie des peines prévues par la loi pénale nationale »[51]. Le législateur entend punir à travers cette disposition, tout comportement tendant à effectuer des inscriptions de sûretés mobilières d'une manière frauduleuse ou des inscriptions inexactes données de mauvaise foi. Des dispositions d'incriminations

[49] Acte 69 de l'acte uniforme relatif au droit commercial général.

[50] Article 140 de l'Acte uniforme relatif au droit commercial général.

[51] Article 65 de l'acte uniforme portant organisation des sûretés.

pénales ressortent aussi dans l'Acte uniforme relatif au droit des sociétés coopératives.[52]

Tout comme l'AUDCG et celui portant organisation des sûretés, l'Acte uniforme relatif au droit des sociétés coopératives ne contient que deux dispositions d'incriminations pénales. L'article 386 réprime les comportements de toute personne qui, sans y être habilitée conformément aux dispositions légales et réglementaires applicables à ce type de groupements, aura indûment utilisé les expressions de sociétés coopératives, union de sociétés coopératives, fédération de société coopératives ou de confédérations de sociétés coopératives, accompagnées d'un qualificatif quelconque, ainsi que toutes les dénominations de nature à laisser entendre qu'il s'agit d'un des groupements cités dans le présent article[53]. Quant à l'article 387 du même texte, il dispose que : « Sous réserve des dispositions spécifiques prévues à l'article 386 ci-dessus, sont applicables aux sociétés coopératives ainsi qu'à leurs unions, fédérations et confédérations, les dispositions non contraires des articles 886 à 905 de l'AUDSCGIE »[54]. Est réprimé par le législateur, tout comportement de personnes sans y être habilitée tendant à faire usage des expressions sociétés coopératives, union de société coopératives, fédération de société coopératives ou de confédérations de sociétés coopératives. L'utilisation de ces expressions ne doit se faire que par des personnes habilitées par les dispositions légales et réglementaires. L'Acte uniforme relatif au droit comptable et à l'information financière et système comptable OHADA (SYSOHADA) contient aussi des dispositions d'incriminations pénales[55].

Le législateur OHADA a jugé nécessaire de réprimer les comportements des dirigeants sociaux qui : n'auront pas, pour chaque exercice, dressé l'inventaire et établi les états financiers annuels, consolidés ou combinés ainsi que le rapport de gestion et, le cas échéant le bilan social ; auront sciemment établi et communiqué des états financiers ne donnant pas une image fidèle du patrimoine, de la situation financière et du résultat de l'exercice. Les infractions prévues par ce

[52]L'acte uniforme relatif au droit des sociétés coopératives adopté le 15 décembre 2010, a été publié au JO OHADA n° 23 du 15 février 2011 et entré en vigueur le 15 mai 2011.
[53]Article 386 de l'acte uniforme relatif au droit des sociétés coopératives.
[54]Article 387 de l'acte uniforme relatif au droit des sociétés coopératives.
[55] L'acte uniforme relatif au droit comptable et à l'information financière et système comptable OHADA (SYSCOHADA) a été adopté le 26/01/2017 à Brazzaville et entré en vigueur le 01/01/2018.

présent Acte uniforme sont punies conformément aux dispositions du droit pénal en vigueur dans chaque État partie[56].
L'analyse des dispositions d'incriminations pénales contenues dans les Actes uniformes ci-dessus, porte non seulement sur la constitution des sociétés commerciales, mais également sur le fonctionnement de celles-ci. Il existe aussi d'autres dispositions d'incriminations pénales prévues par le législateur OHADA qui sont relatives à la dissolution et à la liquidation des sociétés commerciales.

II. Les incriminations pénales relatives à la dissolution et à la liquidation des sociétés commerciales

Si des infractions relatives à la constitution et au fonctionnement des sociétés commerciales ont été prévues par le législateur OHADA, le domaine de la dissolution et de la liquidation a fait aussi l'objet d'incriminations pénales. La dissolution peut être définie comme l'opération qui constate ou prononce la fin de la société. Elle est l'œuvre soit des associés, soit de la juridiction compétente chargée des affaires commerciales[57].

La dissolution de la société met fin à l'existence de celle-ci et ouvre la voie à la liquidation. Différentes causes de dissolution de la société sont énumérées à l'article 200 de l'AUDSCGIE. Il ressort clairement de cet article que : « La société prend fin : par l'expiration du temps pour lequel elle a été constituée ; par la réalisation ou l'extinction de son objet; par l'annulation du contrat de société ; par décision des associés aux conditions prévues pour modifier les statuts ; par la dissolution anticipée prononcée par la juridiction compétente, à la demande d'un associé pour justes motifs, notamment en cas d'inexécution de ses obligations par un associé ou de mésentente entre associés empêchant le fonctionnement normal de la société ; pour toute autre cause prévue par les statuts[58]. La plupart de ces causes sont « naturelles » [59] (expiration de sa durée, réalisation ou extinction de son objet, annulation de décision des associés, dissolution judiciaire anticipée, etc.). Mais, il en est qui peuvent être

[56] Article 111 de l'acte uniforme relatif au droit comptable et à l'information financière et système comptable OHADA (SYSCOHADA).
[57] A. FENEON, *op. cit.* p.389.
[58] Article 200 de l'AUDSCGIE.
[59] OHADA : Traité et actes uniformes commentés et annotés, Juriscope 2016, p. 717

« accidentelles »[60]. C'est l'hypothèse de la perte de la moitié du capital social.

Le législateur OHADA a jugé nécessaire de réprimer les comportements des dirigeants sociaux qui, sciemment, lorsque les capitaux propres de la société deviennent inférieurs à la moitié du capital social du fait des pertes constatées dans les états financiers de synthèse : n'ont pas convoquer, dans les quatre mois qui suivent l'approbation des états financiers de synthèse ayant fait apparaître ces pertes, l'assemblée générale extraordinaire à l'effet de décider, s'il y a lieu, la dissolution anticipée de la société ; n'ont pas déposé au registre du commerce et du crédit mobilier et publié dans un journal habilité à recevoir les annonces légales, la dissolution anticipée de la société[61].

Dès lors que la dissolution de la société est constatée, la société est alors appelée "société en liquidation". La société est en liquidation dès l'instant de sa dissolution pour quelque cause que ce soit (art.204 AUDSCGIE). La liquidation est constituée de l'ensemble des opérations qui permettent de déterminer les sommes affectées à la répartition entre les associés et les créanciers de la société en liquidation[62]. Le législateur OHADA est resté vigilant sur cette étape de liquidation de la société en incriminant tout comportement déviant. C'est ainsi que le liquidateur d'une société qui, sciemment : n'a pas, dans le délai d'un mois à compter de sa nomination publié dans un journal habilité à recevoir les annonces légales du lieu du siège social, l'acte le nommant liquidateur et déposé au registre du commerce et du crédit mobilier les décisions prononçant la dissolution ; n'a pas convoqué les associés, en fin de liquidation, pour statuer sur le compte définitif de la liquidation, sur le quitus de sa gestion et la décharge de son mandat et pour constater la clôture de la liquidation ; n'a pas, dans les cas prévus à l'article 219 [63]ci-dessus, déposé ses comptes définitifs au registre du commerce et du crédit mobilier du lieu du siège social, ni demandé en justice l'approbation de ceux-ci[64].

---

[60] *Ibid.*

[61] Article 901 de l'AUDSCGIE.

[62] A. Fénéon, *op. cit. p* 390.

[63] Aux termes des dispositions de l'article 219 de l'AUDSCGIE, "Les comptes définitifs établis par le liquidateur sont déposés au registre du commerce et du crédit mobilier de l'Etat partie du siège social. Il y est joint, soit la décision de l'assemblée des associés statuant sur ces comptes de la liquidation, le quitus de la gestion du liquidateur et la décharge de son mandate, soit, à défaut, la décision de justice vise à l'article précédent.

[64]Article 902 de l'AUDSCGIE.

En plus des incriminations pénales portées contre le liquidateur qui n'a pas publié dans un journal d'annonce légale l'acte le nommant liquidateur et qui n'a pas convoqué les associés à cet effet, le législateur communautaire a aussi prévu des sanctions pénales contre le liquidateur qui intervient sur décision judiciaire. Le liquidateur qui, sciemment: n'a pas, dans les six mois de sa nomination, présenté un rapport sur la situation active et passive de la société en liquidation et sur la poursuite des opérations de liquidation, ni sollicité les autorisations nécessaires pour les terminer ; n'a pas, dans les trois mois de la clôture de chaque exercice, établi les états financiers de synthèse au vu de l'inventaire et un rapport écrit dans lequel il rend compte des opérations de la liquidation au cours de l'exercice écoulé ; n'a pas permis aux associés d'exercer, en période de liquidation, leur droit de communication des documents sociaux dans les mêmes conditions qu'antérieurement; n'a pas convoqué les associés, au moins une fois par an, pour leur rendre compte des états financiers de synthèse en cas de continuation de l'exploitation sociale ; n'a pas déposé à un compte ouvert dans une banque au nom de la société en liquidation, dans le délai de quinze jours à compter de la décision de réparation, les sommes affectées aux répartitions entre les associés et les créanciers n'a pas déposé, sur un compte de consignation ouvert dans les écritures du Trésor, dans le délai d'un an à compter de la clôture de la liquidation, les sommes attribuées à des créanciers ou à des associés et non réclamées par eux[65]. Il est question ici de la liquidation judiciaire qui intervient généralement lorsque les associés n'ont pas pu gérer amiablement la liquidation de la société.

La mauvaise gestion des biens de la société par le liquidateur fait aussi l'objet d'incriminations pénales. Le liquidateur qui, de mauvaise foi : a fait des biens ou du crédit de la société en liquidation, un usage qu'il savait contraire à l'intérêt de celle-ci, à des fins personnelles ou pour favoriser une autre personne morale dans laquelle il est intéressé, directement ou indirectement ; a cédé tout ou partie de l'actif de la société en liquidation à une personne ayant eu dans la société la qualité d'associé en nom, de commandité, de gérant, de membre du conseil d'administration, d'administrateur général ou de commissaire aux comptes, sans avoir obtenu le consentement unanime des associés ou, à défaut, l'autorisation de la juridiction compétente.[66] Le liquidateur de mauvaise foi qui fait des

[65]Article 903 de l'AUDSCGIE.
[66]Article 904 de l'AUDSCGIE.

biens ou du crédit de la société en liquidation un usage contraire à l'intérêt de celle-ci est pénalement réprimé par le législateur OHADA.

L'Acte uniforme portant organisation des procédures collectives et d'apurement du passif (AUPC) est assorti d'incriminations pénales contre les dirigeants sociaux, auteurs de banqueroute simple et de banqueroute frauduleuse. Aux termes des dispositions de l'article 228 de l'AUPC,[67] est coupable de banqueroute simple toute personne physique en état de cessation des paiements qui se trouve dans l'un des cas suivants : si elle a contracté, sans recevoir des valeurs en échange, des engagements jugés trop importants eu égard à sa situation lorsqu'elle les a contractés ; si, dans l'intention de retarder la constatation de la cessation de ses paiements, elle a fait des achats en vue d'une revente au-dessus du cours ou si, dans la même intention, elle a employé des moyens ruineux pour se procurer des fonds; si, sans excuse légitime, elle ne fait pas au greffe de la juridiction compétente la déclaration de son état de cessation des paiements dans le délai de trente jours ; si sa comptabilité est incomplète ou irrégulièrement tenue ou si elle n'a tenu aucune comptabilité conforme aux règles comptables et aux usages reconnus de la profession eu égard à l'importance de l'entreprise débitrice; si, ayant été déclarée trois fois en état de cessation des paiements dans un délai de cinq ans, ces procédures ont été clôturées pour insuffisance d'actif.

En revanche, est coupable de banqueroute frauduleuse toute personne physique visée à l'article 227 ci-dessus [68], en cas de cessation des paiements, qui: a soustrait sa comptabilité ; a détourné ou dissipé tout ou

---

[67]Article 228 de l'AUPC.

[68]L'article 227 de l'acte uniforme portant organisation des procédures collectives et d'apurement du passif dispose que : « Les dispositions de la présente section sont applicables :

- aux personnes physiques visées par l'article 1-1 ci-dessus ;
- aux associés des sociétés commerciales qui ont la qualité de commerçant ».

L'article 1-1 du même texte dispose que : « Le présent acte uniforme est applicable à toute personne physique exerçant une activité professionnelle indépendante, civile, commerciale, artisanale ou agricole, à toute personne morale de droit privé ainsi qu'à toute entreprise publique ayant la forme d'une personne morale de droit privé.

Les procédures de conciliation, de règlement préventif, de redressement judiciaire et de liquidation des biens sont applicables aux personnes morales de droit privé qui exercent une activité soumise à un régime particulier lorsqu'il n'en est pas disposé autrement dans la réglementation spécifique régissant ladite activité. Les activités soumises à un régime particulier au sens du présent acte uniforme et des textes les régissant sont, notamment, celles des établissements de crédits au sens de la loi bancaire, des établissements de microfinance et des acteurs des marchés financiers ainsi que celles des sociétés d'assurance et de réassurance des Etats parties au Traité de l'OHADA ».

partie de son actif ; soit dans ses écritures, soit par des actes publics ou des engagements sous seing privé, soit dans son bilan, s'est frauduleusement reconnue débitrice de sommes qu'elle ne devait pas; a exercé une activité professionnelle indépendante, civile, commerciale, artisanale ou agricole en violation d'une interdiction prévue par un Acte uniforme ou par toute disposition légale ou réglementaire d'un État partie ; après la cessation des paiements, a payé un créancier au préjudice de la masse; a consenti à un créancier des avantages particuliers à raison de son vote dans les délibérations de la masse ou a conclu avec un créancier un accord particulier duquel il résulte pour ce dernier un avantage à la charge de l'actif du débiteur à partir du jour de la décision d'ouverture. Est également coupable de banqueroute frauduleuse toute personne physique visée à l'article 227 ci-dessus, qui, à l'occasion d'une procédure collective de règlement préventif, de redressement judiciaire ou de liquidation des biens, a : de mauvaise foi, présenté ou fait présenter un compte de résultats ou un bilan ou un état des créances et des dettes ou un état actif et passif des privilèges et sûretés, inexact ou incomplète ; sans autorisation du président de la juridiction compétente, a accompli un des actes interdits par l'article 11 ci-dessus[69].

Les incriminations pénales prévues par le législateur communautaire sont distillées dans les Actes uniformes. Ces incriminations sont relatives d'une part à la constitution et au fonctionnement des sociétés commerciales et d'autre part à la dissolution et à la liquidation des sociétés. L'essentiel de ces incriminations se retrouvent dans l'AUDSCGIE. L'on retrouve aussi des incriminations pénales dans l'AUDCG ; l'AUPC ; l'ASYSCOHADA ; l'AUDSC ; et l'AUOS. À ces incriminations pénales ci-dessus, les États-parties au Traité OHADA doivent déterminer des sanctions pénales correspondantes.

§2. La détermination des sanctions pénales applicables par les législations nationales

Dans le cadre de l'OHADA, l'on assiste à un partage de compétence entre d'une part, les Actes uniformes qui déterminent les incriminations pénales et d'autre part, les législations nationales qui ont la charge de fixer les sanctions encourues. Il ressort clairement de l'article 5 al. 2 précité que « les Actes uniformes peuvent inclure des dispositions d'incriminations pénales. Les États parties s'engagent à déterminer les sanctions pénales

[69]Article 229 de l'AUPC.

encourues. Quant à l'article 14 du Traité révisé, il délimite les compétences de la CCJA en lui défendant de traiter des questions d'ordres pénales. L'article 14 dispose que : « Saisie par la voie de recours en cassation, la cour se prononce sur les décisions rendues par les juridictions d'appel des États Parties dans toutes les affaires soulevant des questions relatives à l'application des Actes uniformes et des Règlements prévus au présent Traité à l'exception des décisions appliquant des sanctions pénales »[70].

Le législateur OHADA a fait le choix de renvoyer aux législations nationales des États membres de fixer le quantum des peines applicables aux incriminations contenues dans les Actes uniformes. Il convient de noter qu'à ce jour, il n'y a que onze[71]États sur un total de dix-sept qui ont mis leurs codes pénaux en conformité avec le droit OHADA.

Les sanctions pénales déterminées par les États parties sont relatives d'une part à la constitution et au fonctionnement des sociétés commerciales (A) et d'autre part à la dissolution et à la liquidation des sociétés (B).

I. Les sanctions pénales relatives à la constitution et au fonctionnement des sociétés commerciales

Le renvoi aux législations nationales pour fixer le quantum des peines, fait l'objet de controverse dans la doctrine. En effet, des auteurs affirment que : « le danger se situe à deux niveaux : La diversité des techniques de réception interne de l'initiative supranationale de pénalisation et la disparité des *quantums* de peines applicables »[72].

Relativement aux infractions portant sur la constitution des sociétés, le législateur ivoirien prévoit des sanctions pénales allant d'un emprisonnement de trois mois à trois ans et d'une amende de cinq cent mille à cinq millions de francs ou de l'une de ces deux peines seulement, à l'encontre du fondateur, du président directeur général, du directeur

---

[70]Article 14 du Traité révisé OHADA.

[71] Les Etats ayant mis en conformité leurs codes pénaux avec le droit OHADA sont les suivants : Bénin, Cameroun, Centrafrique, Congo, Côte d'Ivoire, Gabon, Guinée, Niger, Sénégal, Tchad, et Togo. Voir *https://www.ohada.org/index.php/fr/actualite/dernieres-nouvelles/2130-droit-penal-OHADA-du-nouveau-dans-les-textes-internes-complementaires*

[72]H. TCHANTCHOU ET M. Akouete AKUE, « l'état de droit pénal des affaires dans l'espace OHADA », *Revue de l'ERSUMA* : Droit des affaires-Pratiques professionnelle, n° spécial, nov/déc. 2011, p 26.

général, de l'administrateur général ou de l'administrateur général adjoint d'une société anonyme, qui émet des actions avant l'immatriculation ou à n'importe quelle époque, lorsque l'immatriculation est obtenue par fraude ou que la société est irrégulièrement constituée[73]. Quant à l'article 7 du même texte, sont punis d'un emprisonnement de trois mois à trois ans et d'une amende de cinq cent mille à cinq millions de francs ou de l'une de ces peines seulement, ceux qui: sciemment, par l'établissement de la déclaration notariée de souscription et de versement ou du certificat du dépositaire, affirment sincères et véritables, des souscriptions qu'ils savaient fictives ou déclarent que les fonds qui n'ont pas été mis entièrement à la disposition de la société ont été effectivement versés; remettent au notaire ou au dépositaire, une liste des actionnaires ou des bulletins de souscription et de versement mentionnant des souscriptions fictives ou des versements qui n'ont pas été mis définitivement à la disposition de la société; sciemment, par simulation de souscription ou de versement ou par publication de souscription ou de versement qui n'existe pas ou de tous autres faits faux, obtiennent ou tentent d'obtenir des souscriptions ou des versements ; sciemment, pour provoquer des souscriptions ou des versements, publient les noms de personnes désignées contrairement à la vérité comme étant ou devant être rattachées à la société à un titre quelconque; frauduleusement, font attribuer à un apport en nature, une évaluation supérieure à sa valeur réelle[74].

Dans le code pénal togolais, les sanctions pénales correspondantes aux infractions relatives à la constitution des sociétés commerciales apparaissent plus douces par apport aux sanctions pénales prévues par le code pénal ivoirien. En effet, l'article 1104 du code pénal togolais dispose que : « constitue une infraction le fait, pour les fondateurs, le président-directeur général, le directeur, l'administration général ou l'administrateur général adjoint d'une société anonyme d'émettre des actions avant l'immatriculation ou à n'importe quelle époque lorsque l'immatriculions est obtenue par fraude ou que la société est irrégulièrement constituée ». L'article 1105 ajoute que « toute personne coupable de l'infraction prévue à l'article précédent, est punie d'une peine d'emprisonnement de six mois à trois ans et d'une amende de deux cent

[73]Article 6 de la loi n°2017-727 du 09 novembre 2017 portant répression des infractions prévues par les Actes uniformes du Traité relative à l'Harmonisation du Droit des Affaires en Afrique.

[74]Article 7 de la loi ivoirienne n°2017-727 du 09 novembre 2017 portant répression des infractions prévues par les Actes uniformes du Traité relative à l'Harmonisation du Droit des Affaires en Afrique.

mille à deux millions de francs CFA ou de l'une de ces peines ».[75] Pendant que le législateur Ivoirien a décidé de punir d'une peine de trois mois à trois ans et d'une amende allant de cinq cent mille à cinq millions de francs CFA les comportements des dirigeants sociaux qui émettent des actions avant l'immatriculation ou à n'importe quelle époque, lorsque l'immatriculation est obtenue par fraude ou que la société est irrégulièrement constituée, le législateur togolais a décidé de sanctionner de tels comportements à des peines allant de six mois à trois ans et d'une amende de deux cent mille à deux millions de francs CFA ou de l'une de ces deux peines.

La différence de sanctions pénales en matière de constitution de sociétés commerciales est beaucoup plus importante dans le code pénal béninois. En effet, pour les mêmes infractions relatives à la constitution des sociétés commerciales, le législateur béninois prévoit des sanctions pénales plus lourdes que les deux précédentes (code pénal ivoirien et togolais). Conformément aux dispositions de l'article 758 du code pénal béninois, « est constitutif d'une infraction pénale, punie d'une peine d'emprisonnement de trois ans à dix ans et d'une amende de deux millions de francs CFA à dix millions de francs CFA le fait pour les fondateurs, le président-directeur général, le directeur général, l'administrateur général ou l'administrateur général adjoint d'une société anonyme d'émettre des actions avant l'immatriculation ou à n'importe quelle époque lorsque l'immatriculation est obtenue par fraude ou que la société est irrégulièrement constituée ».[76]L'article 759 du même texte reconduit les mêmes peines contre : ceux qui, sciemment par l'établissement de la déclaration notariée de souscription et de versement ou du certificat du dépositaire, ont affirmé sincères et véritables des souscriptions qu'ils savaient fictives ou ont déclaré que les fonds qui n'ont pas été mis définitivement à la disposition de la société ont été effectivement versés; ceux qui auront remis au notaire ou au dépositaire, une liste des actionnaires ou des bulletins de souscription et de versement mentionnant des souscriptions fictives ou des versements de fonds qui n'ont pas été mis définitivement à la disposition de la société ; ceux qui sciemment, par simulation de souscription ou de versement ou par publication de souscription ou de versement qui n'existent pas ou de tous autres faits faux, ont obtenus ou tentés d'obtenir des souscriptions ou des versements ; ceux qui sciemment, pour provoquer des souscriptions ou des versements

[75] Article 1104 du code pénal Togolais.

[76]Article 758 de la loi n° 2018-16 portant code pénal du Bénin.

ont publié les noms de personnes désignées contrairement à la vérité comme étant ou devant être attachées à la société à un titre quelconque ; ceux qui, frauduleusement, ont fait attribuer à un apport en nature, une évaluation supérieure à sa valeur réelle[77].

Quant aux infractions relatives à la gérance, à l'administration et à la direction des sociétés, le code pénal Ivoirien prévoit des sanctions pénales allant d'un emprisonnement de trois mois à trois ans et d'une amende de cinq cent mille à cinq millions de francs ou de l'une de ces peines seulement. Ceux qui, sciemment, négocient : des actions non entièrement libérées ; des actions de numéraire pour lesquelles le versement du quart du nominal n'a pas été effectué. [78] Pour les mêmes infractions, le législateur Béninois est resté un peu plus sévère car l'article 760 du code pénal prévoit des sanctions allant d'un an à cinq ans et d'une amende d'un million à cinq millions de francs CFA[79]. Quant au législateur togolais, il a prévu des sanctions pénales plus clémentes par rapport aux législateurs Ivoiriens et Béninois. Les sanctions pénales prévues par le législateur Togolais sont relatives à un mois d'emprisonnement et d'une amende de cent cinquante mille à six millions de francs ou de l'une de ces deux peines, toute personne qui, sciemment, négocie : des actions non entièrement libérées ; des actions de numéraire pour lesquelles le versement du quart du nominal n'a pas été effectué[80].

Le législateur béninois prévoit une peine d'emprisonnement de trois ans à dix ans et d'une amende de cinq millions à vingt millions de francs CFA contre les dirigeants sociaux qui sciemment, même en l'absence de toute distribution de dividendes, ont publié ou présenté aux actionnaires ou associés, en vue de dissimuler la véritable situation de la société, des états financiers de synthèse ne donnant pas, pour chaque exercice, une image fidèle des opérations de l'exercice, de la situation financière et de celle du patrimoine de la société, à l'expiration de cette période[81].Ces sanctions pénales sont plus lourdes que celles prévues par le législateur Ivoirien qui a puni les mêmes agissements d'un emprisonnement d'un à

[77] Article 759 du code pénal Béninois.

[78]Article 8 de la loi ivoirienne n°2017-727 du 09 novembre 2017 portant répression des infractions prévues par les Actes uniformes du Traité relative à l'Harmonisation du Droit des Affaires en Afrique.

[79] Article 760 du code pénal béninois.

[80]Article 1106 du code pénal togolais.

[81] Article 766 du code pénal béninois.

cinq ans et d'une amende d'un à cinq millions de francs.[82]Quant au code pénal togolais, il prévoit des sanctions pénales allant d'un emprisonnement de six mois à trois ans et d'une amende d'un million à six millions de francs CFA ou de l'une de ces deux peines[83].

Relativement aux infractions portant sur les modification du capital des sociétés anonyme, le législateur Ivoirien a prévu des sanctions pénales d'un emprisonnement de trois mois à trois ans et d'une amende de cent mille à un million de francs ou de l'une de ces deux peines seulement, l'administrateur, le président du conseil d'administration, le président directeur général, le directeur général, le directeur général adjoint, l'administrateur général, l'administrateur général adjoint d'une société anonyme ou le président d'une société par actions simplifiée qui, lors d'une augmentation du capital, émet des actions ou des coupures d'actions : avant que le certificat du dépositaire soit établi ; sans que les formalités préalables à l'augmentation du capital soient régulièrement accomplies; sans que le capital antérieurement souscrit de la société soit intégralement libéré; sans que les actions nouvelles soient libérées d'un quart au moins de leur valeur nominale au moment de la souscription ; le cas échéant, sans que l'intégralité de la prime d'émission soit libérée au moment de la souscription. Sont également punies des mêmes peines, les personnes mentionnées au présent article qui ne maintiennent pas les actions de numéraire sous forme nominative jusqu'à leur entière libération[84]. Ces mêmes infractions sont punies par le code pénal béninois d'une peine allant d'un emprisonnement d'un an à dix ans et d'une amende de cinq cent mille à six millions de francs CFA.[85] Quant au code pénal togolais, il prévoit pour les mêmes infractions une peine d'emprisonnement de six mois à un an et d'une amende de trois millions à six millions de francs CFA[86].

Le législateur togolais prévoit des sanctions pénales allant d'un emprisonnement de six mois à un an et d'une amende de trois millions à six millions de francs CFA contre les dirigeants sociaux qui, lors d'une augmentation de capital : n'ont pas fait bénéficier les actionnaires, proportionnellement au montant de leurs actions, d'un droit préférentiel

---

[82] Article 10 de la loi ivoirienne n°2017-727 du 09 novembre 2017 portant répression des infractions prévues par les Actes uniformes du Traité relative à l'Harmonisation du Droit des Affaires en Afrique.

[83]Article 1108 du code pénal togolais.

[84]Article 17 de la loi ivoirienne n° 2017-727 du 9 novembre 2017.

[85] Article 770 du code pénal béninois.

[86]Article 115 du code pénal togolais.

de souscription des actions de numéraire lorsque ce droit n'a pas été supprimé par l'assemblée générale et que les actionnaires n'y ont pas renoncé; n'ont pas fait réserver aux actionnaires un délai de vingt jours au moins, à dater de l'ouverture de la souscription, sauf lorsque ce délai a été clos par anticipation; n'ont pas attribué les actions rendues disponibles, faute d'un nombre suffisant de souscription à titre irréductible, aux actionnaires qui ont souscrit à titre réductible un nombre d'actions supérieur à celui qu'ils pouvaient souscrire à titre irréductible ; proportionnellement aux droits dont ils disposent ; n'ont pas réservé les droits des titulaires de bons de souscription.[87] Pour les mêmes infractions relatives à l'augmentation de capital, le code pénal béninois prévoit une peine d'emprisonnement d'un an à cinq ans et une amende de cinq cent mille à cinq millions de francs CFA.[88]Quant au législateur ivoirien, il prévoit pour les mêmes infractions une peine d'emprisonnement de trois mois à trois ans et d'une amende de cent mille à un million de francs ou de l'une de ces peines seulement.[89]

Quant aux infractions relatives au contrôle des sociétés, le législateur ivoirien prévoit des sanctions pénales allant de deux à cinq ans et d'une amende de cinq cent mille à cinq millions de francs ou de l'une de ces deux peines seulement à l'encontre des dirigeants sociaux qui ne provoquent pas la désignation des commissaires aux comptes de la société ou ne les convoquent pas aux assemblées générales.[90] Ces mêmes infractions relatives au contrôle des sociétés sont réprimées par le législateur béninois d'une peine d'emprisonnement d'un an à trois ans et d'une amende d'un million à dix millions de francs CFA sans préjudice des réparations civiles contre les dirigeants sociaux qui n'ont pas provoqué la désignation des commissaires aux comptes de la société ou ne les ont pas convoqué aux assemblées générales.[91] Le code pénal togolais réprime les mêmes agissements relatifs au contrôle des sociétés d'une amende de trois millions à six millions de francs CFA. En plus de cette amende, la juridiction saisie peut prononcer à son encontre la déchéance du droit d'exercer une activité professionnelle pendant cinq ans au plus.[92] Dans le même registre, le législateur togolais prévoit des sanctions pénales à l'encontre de tout dirigeant ou toute personne au

---

[87]Article 1117 du code pénal togolais.
[88] Article 771 du code pénal du Bénin.
[89] Article 19 de la loi ivoirienne n° 2017-727 du 9 novembre 2017.
[90] Ibid.
[91] Article 776 du code pénal béninois.
[92]Article 1120 du code pénal togolais

service de la société qui, sciemment, fait obstacle aux vérifications ou au contrôle des commissaires aux comptes ou qui refuse la communication, sur place, de toutes les pièces utiles à l'exercice de leur mission, notamment de tous contrats, livres, documents comptables et registres de procès-verbaux, d'une peine d'emprisonnement de six mois à un an et d'une amende de trois millions à six millions de francs CFA ou de ces deux peines. La juridiction saisie peut prononcer à son encontre la déchéance du droit d'exercer une activité professionnelle pendant cinq ans au plus et des droits civils pour trois ans au plus.[93]

Quant à l'article 779 du code pénal béninois, il sanctionne les mêmes infractions relatives au contrôle des commissaires aux comptes par une peine d'emprisonnement d'un an à cinq ans et une amende d'un million à cinq millions de francs CFA.[94]Les mêmes infractions sont punies par le législateur ivoirien d'une peine d'emprisonnement de deux ans à cinq ans et d'une amende de cinq cent mille à cinq millions de francs[95].

L'analyse comparative des législations pénales des affaires du Bénin, du Togo et de la Côte d'Ivoire relatives à la constitution et au fonctionnement des sociétés commerciales font ressortir que le législateur béninois est beaucoup plus sévère dans la fixation du quantum des peines correspondantes aux incriminations pénales contenues dans les Actes uniformes. Le Bénin se place donc à la tête des deux autres États membres de l'OHADA en manière de sanctions pénales plus lourdes. La dissolution et à la liquidation des sociétés commerciales font aussi l'objet de sanctions pénales dans les législations pénales béninoise, ivoirienne et togolaise.

II. Les sanctions pénales relatives à la dissolution et à la liquidation des sociétés commerciales

Le législateur ivoirien punit d'un emprisonnement de deux ans à cinq ans et d'une amende de cinq cent mille à cinq millions de francs ou de l'une de ces deux peines seulement, les dirigeants sociaux qui, sciemment, lorsque les capitaux propres de la société deviennent inférieurs à la moitié du capital social du fait des pertes constatées dans les états financiers de synthèse. Ne font pas convoquer, dans les quatre mois qui suivent l'approbation des états financiers de synthèse ayant fait apparaître ces pertes, l'assemblée générale extraordinaire à l'effet de décider, s'il y a

[93] Article 1123 du code pénal togolais.
[94] Article 779 du code pénal béninois.
[95] Article 25 de la loi ivoirienne n° 2017-727 du 9 novembre 2017.

lieu, de la dissolution anticipée de la société ; ne déposent pas au registre du commerce et du crédit mobilier et ne font pas publier, dans un journal habilité à recevoir les annonces légales, la dissolution anticipée de la société[96].

Quant au code pénal togolais, il ne prévoit pas d'emprisonnement pour les infractions relatives à la dissolution de la société, mais seulement une amende de trois cent mille à trois millions de francs CFA à l'encontre des dirigeants sociaux qui, sciemment, lorsque les capitaux propres de la société deviennent inférieurs à la moitié du capital social du fait des pertes constatées dans les états financiers de synthèse : ne convoquent pas dans les quatre mois qui suivent l'approbation des états financiers de synthèse ayant fait apparaître ces pertes, l'assemblée générale extraordinaire à l'effet de décider, s'il y a lieu, la dissolution anticipée de la société ; ne déposent pas au registre du commerce et du crédit mobilier et ne publient pas dans un journal habilité à recevoir les annonces légales, la dissolution de la société. La juridiction saisie peut ordonner la fermeture de l'établissement[97]. Pour les mêmes infractions, le législateur béninois prévoit une peine d'emprisonnement de six mois à deux ans et d'une amende de cinq cent mille à cinq millions[98].

Relativement à la liquidation des sociétés commerciales, le droit pénal interne complémentaire ivoirien prévoit des sanctions pénales allant d'un emprisonnement de deux à cinq ans et d'une amende de cinq cent mille à cinq millions de francs contre le liquidateur d'une société qui, sciemment : dans le délai d'un mois à compter de sa nomination, ne publie pas dans un journal habilité à recevoir les annonces légales du lieu du siège social, l'acte le nommant liquidateur et ne dépose pas au registre du commerce et du crédit mobilier les décisions prononçant la dissolution ; ne convoque pas les associés, en fin de liquidation, pour statuer sur le compte définitif de la liquidation, sur le quitus de sa gestion et la décharge de son mandat et pour constater la clôture de la liquidation ; dans le cas prévu par l'article 219 [99]de l'AUDSCGIE, ne dépose pas ses comptes définitifs au

[96]Ibid.

[97] Article 1124 du code pénal togolais.

[98] Article 780 du code pénal béninois.

[99] Aux termes des dispositions de l'article 219 de l'Acte uniforme relatif au droit des sociétés commerciales et du groupement d'intérêt économique, les comptes définitifs établis par le liquidateur sont déposés au registre du commerce et du crédit mobilier de l'Etat partie du siège social.

registre du commerce et du crédit mobilier du lieu du siège social, ni ne demande en justice l'approbation de ceux-ci[100]. Le droit pénal interne complémentaire béninois punit les mêmes infractions relatives à la liquidation de la société d'une peine d'emprisonnement de deux ans à cinq ans et une amende de deux millions à cinq millions de francs CFA ou l'une de ces peines seulement [101] .Quant au droit pénal interne complémentaire togolais, il prévoit pour les mêmes infractions, une amende de trois cent mille à trois millions de francs CFA.[102]

Dans la même dynamique, le législateur ivoirien prévoit des sanctions pénales allant de deux à cinq ans et d'une amende de cinq cent mille de francs à l'encontre du liquidateur qui, sciemment : dans les six mois de sa nomination, ne présente pas un rapport sur la situation active et passive de la société en liquidation, et sur la poursuite des opérations de liquidation, ni ne sollicite les autorisations nécessaires pour les terminer ; dans les trois mois de la clôture de chaque exercice, n'établit pas les états financiers de synthèse au vu de l'inventaire et un rapport écrit dans lequel il rend compte des opérations de la liquidation au cours de l'exercice écoulé ; ne permet pas aux associés d'exercer, en période de liquidation, leur droit de communication des [103] documents sociaux dans les mêmes conditions qu'antérieurement; ne convoque pas les associés, au moins une fois par an. Pour leur rendre compte des états financiers de synthèse en cas de continuation de l'exploitation sociale ; ne dépose pas sur un compte ouvert dans une banque au nom de la société en liquidation, dans le délai de quinze jours à compter de la décision de répartition, les sommes affectées aux répartitions entre les associés et les créanciers; ne dépose pas sur un compte de consignation ouvert dans les écritures du Trésor, dans le délai d'un an à compter de la clôture de la liquidation des sommes attribuées à des créanciers ou à des associés et non réclamées par eux.[104]Pour les mêmes infractions, le droit pénal interne complémentaire béninois prévoit une peine d'emprisonnement de deux ans à cinq cent et une amende de deux millions à cinq millions de francs CFA ou l'une de ces deux peines

---

Il y est joint, soit la décision de l'assemblée des associés statuant sur ces comptes de la liquidation, le quitus de la gestion du liquidateur et le décharge de son mandat, soit, à défaut, la décision de justice visée à l'article précédent.

[100] Article 28 de la loi ivoirienne n° 2017-727 du 9 novembre 2017.

[101] Article 781 du code pénal béninois.

[102] 1125 du code pénal togolais.

[104]Article 29 de la loi ivoirienne n° 2017-727, *op. cit.*

seulement.[105] Quant au droit pénal interne complémentaire togolais, il prévoit pour les infractions relatives à la liquidation judiciaire des sociétés commerciales, une amende de trois cent mille à trois millions de francs CFA.[106] Le droit pénal interne complémentaire togolais punit d'une peine d'emprisonnement d'un an à cinq ans et d'une amende de trois cent mille à six millions de francs CFA, tout liquidateur qui, de mauvaise foi : fait des biens ou du crédit de la société en liquidation, un usage qu'il sait contraire à l'intérêt de celle-ci, à des fins personnelles ou pour favoriser une autre personne morale dans laquelle il était intéressé, directement ou indirectement ; cède tout ou partie de l'actif de la société en liquidation à une personne ayant eu dans la société la qualité d'associé en nom, de commandité, de gérant, de membre du conseil d'administration, d'administrateur général ou de commissaire aux comptes, sans avoir obtenu le consentement unanime des associés ou, à défaut, l'autorisation de la juridiction compétente.[107] Le droit pénal interne complémentaire béninois apparaît beaucoup plus sévère encore sur les sanctions pénales qu'encourt le liquidateur animé de mauvaise foi. Les sanctions pénales prévues à cet effet vont de la réclusion criminelle à temps de cinq ans à vingt ans et d'une amende de deux millions à vingt millions de francs CFA. Pour les mêmes infractions, le législateur ivoirien prévoit des sanctions pénales moins sévères que celles prévues par le code pénal béninois, mais plus lourdes que celles contenues dans le code pénal togolais. Les sanctions pénales prévues vont de cinq à dix ans et d'une amende de cinq millions à dix millions de francs.[108]

L'analyse du droit pénal interne complémentaire des trois États (Bénin, Togo, Côte d'ivoire) de l'Afrique de l'Ouest membre de l'OHADA prouve à suffisance la diversité des sanctions pénales applicables aux incriminations contenues dans les Actes uniformes. La législation pénale béninoise se démarque des législations pénales ivoirienne et togolaise par la sévérité de ses sanctions pénales tant à la répression des infractions relatives à la constitution et au fonctionnement des sociétés commerciales qu'à celle relatives à la dissolution et à la liquidation des sociétés commerciales

[105] Article 782 du code pénal béninois.
[106] Article 1126 du code pénal togolais
[107] Article 1127 du code pénal togolais.
[108] Article 30 de la loi ivoirienne n° 2017-727 du 9 novembre 2017.

Conclusion du chapitre 1

Les juridictions suprêmes nationales, occupent une place infirme dans la nouvelle organisation judiciaire instaurée avec l'avènement du droit OHADA. Elles ne sont plus compétentes pour connaître du contentieux des affaires à l'exception de l'application des sanctions pénales.[1]Le retrait de leurs compétences en matière du contentieux des affaires, est diversement apprécié. L'objectif pour le législateur OHADA étant d'assurer l'unification de la jurisprudence communautaire et le moyen pour y parvenir, est l'instauration d'une Cour de cassation unique pour assurer l'application et l'interprétation uniforme du droit. Il convient dès lors de trouver un cadre qui permettra d'inclure les juridictions nationales de cassation dans la mise œuvre du droit OHADA. C'est dans cette perspective que certaines propositions ont été faites par l'association Africaine des hautes juridictions francophones et des correctifs apportés par les experts de la francophonie. Il s'agit de la validation par la CCJA des décisions rendues par les juridictions nationales de cassation avant leurs exécutions. Lorsque ces décisions ne sont pas validées, la CCJA évoque l'affaire. En outre, tout pourvoi en cassation devant une juridiction nationale doit être vidé dans un délai de douze mois sous peine d'être déféré devant la CCJA.[2] Ces mesures peuvent assurer une meilleure participation des juridictions nationales de cassation dans la nouvelle organisation judiciaire impulsée par le Traité OHADA. La CCJA continuera d'être la garante de l'ordre judiciaire OHADA en assurant l'interprétation et l'application commune du traité, des règlements pris pour son application, et des actes uniformes.

---

[1]L'article 5 al. 2 du Traité OHADA énonce que les actes uniformes peuvent inclure des dispositions d'incriminations pénales. Les Etats parties s'engagent à déterminer les sanctions pénales encourues.

[2]F.M. SAWADOGO, « Les 20 ans de l'organisation pour l'harmonisation en Afrique du droit des affaires (OHADA) : Bilan et perspectives », p. 35 et s. *www.daldewolf.com/documents/document/2O151125101654-47_8_communication_-_pr_sawadogo.pr*

CHAPITRE 2.

Les difficultés relatives au pouvoir d'évocation de la CCJA

Dans le cadre du règlement judiciaire des litiges, les rédacteurs du Traité OHADA ont fait le choix d'accorder à la CCJA le pouvoir d'évoquer en cas de cassation. Ce pouvoir d'évocation permet aux juges de la Cour de statuer sur le fond du litige qui lui a été soumis. Selon un auteur, l'évocation est une « attribution que possède une juridiction, dans tous les cas où elle est saisie, d'examiner complètement le dossier d'une affaire, de la réformer, de corriger les erreurs de qualification des juges primitivement saisis, de relever toutes les circonstances légales qui accompagnent les faits ».[1] L'évocation permet ainsi à la cour de connaître de l'entièreté du litige qui lui est soumis en s'érigeant ainsi en une cour d'appel. La CCJA, en cas de cassation, au lieu de renvoyer les parties et la cause devant une juridiction nationale du fond, évoque et statut sur le fond conformément à l'article 14 alinéa 5 du Traité OHADA. L'évocation induit la substitution de la CCJA aux juridictions nationales du fond dans le règlement judiciaire des litiges (Section 1). L'obligation légale d'évocation après cassation instituée par le Traité OHADA en son article 14 al. 5 n'est pas toujours suivie par les juges de la CCJA. L'analyse de la jurisprudence de la Cour indique de multiples dérogations au pouvoir d'évocation (section 2).

---

[1] I. NDAM, « L'évocation en matière judiciaire : obligation ou simple faculté pour la Cour commune de justice et d'arbitrage ? », *Revue Penant* n° 886, janvier-mars 2014, p. 89-113. Voir, *www.ohada.com/doctrine/ohadata/D-14-15.html,* voir aussi, B. DIALLO, « Réflexion sur le pouvoir d'évocation de la Cour commune de justice et d'arbitrage dans le cadre du Traité de l'OHADA », *Jurifis* info n° 1, janvier/février 2009, p.6. ; P. MEYER, « L'intervention des juridictions nationales et de la Cour commune : Une meilleure articulation est-elle possible ? », voir, *www.ohada.com/doctrine/ohadata/D-10-04.html*

SECTION 1.
L'évocation comme mécanisme de substitution de la CCJA aux juridictions nationales du fond

La substitution de la haute juridiction communautaire aux juridictions nationales du fond dans le règlement judiciaire des litiges liés au droit des affaires se fait à travers le mécanisme d'évocation institué par les rédacteurs du Traité OHADA. Bien qu'étant la plus haute juridiction communautaire en matière d'interprétation et d'application du droit des affaires, la CCJA est doté d'un pouvoir d'évocation après cassation des litiges qui lui sont soumis. Dès lors, il paraît nécessaire de rendre compte de ce mécanisme d'évocation (§ 1) et ses conséquences (§ 2).

§ 1. Description du mécanisme d'évocation de la CCJA

L'exercice du pouvoir d'évocation appartient en règle générale au juge du second degré qui saisit d'un litige en appel d'un jugement de première instance, s'empare de toute l'affaire c'est-à-dire du droit et du fait pour en donner une solution. Dans la perspective de mieux saisir le principe de l'évocation, il est intéressant de rendre compte de son fondement légal en droit communautaire OHADA (I) et dans les législations nationales (II).

I. Le fondement légal du pouvoir d'évocation en droit OHADA

En France, les premières manifestations de la notion d'évocation sont apparues dès le début du 13e siècle[2]dans le droit ecclésiastique. Ce type

[2] F. DUMAS, *L'évolution de l'évocation en matière en matière civile,* thèse, Droit, Rennes, 1968, p. 1, cité par I. NDAM, *op. cit.* p.2. « A l'origine, l'évocation fonctionnait en dehors de la voie d'appel et avait une importance considérable pour l'Ancien Régime Français. Les évocations de grâce étaient essentiellement des privilèges d'ordre public, car elles dépendaient du bon plaisir du Roi. Par des lettres dites de « Commitimus » (terme de chancellerie qui se trouvait en tête des lettres par lesquelles le Roi donnait commission aux juges du privilège), le Roi accordait à certaines personnes, à titre dérogatoire et à raison de leur qualité, le droit de ne plaider que devant le parlement de Paris (« Commitimus au Grand Sceau ») ou bien devant le parlement de leur province (« Commitimus au petit Sceau »), sans passer par les juridictions inférieures normalement compétentes. Les évocations de grâce se traduisent par le « renvoi de l'office du tribunal qui aurait dû en connaître à un autre tribunal, toujours supérieur,

d'évocation était divisé en deux catégories : d'une part, l'évocation de grâce et d'autre part, l'évocation de justice. Ces deux formes d'évocation étaient des moyens de transférer le litige à une autre juridiction que celle qui a été primitivement saisie dans le but d'une meilleure distribution de la justice. L'évocation était mise en œuvre soit par le Roi pour des raisons politiques ou soit à la requête des parties. À l'origine, l'évocation était un moyen pour les parties en litige, de passer d'une juridiction à une autre en vue d'une meilleure distribution de la justice. L'évocation a donc gardé toutes ses fonctions car elle consiste aujourd'hui aussi à faire rejuger une affaire devant une juridiction autre que celle qui a été précédemment saisie par les parties en litige. Il est important de rappeler que le règlement judiciaire des litiges dans l'espace OHADA fait intervenir à la fois le juge national qui est chargé d'appliquer le droit des affaires en instance et en appel, et la CCJA dont le rôle est d'assurer l'interprétation et l'application du Traité, des règlements pris pour son application et des actes uniformes. La juridiction suprême communautaire, en cas de cassation, évoque et statue sur le fond[3] conformément à l'article 14 al. 5 du Traité OHADA. Cette faculté de censurer les décisions rendues par les juridictions nationales du fond en cas de cassation, érige la CCJA en une véritable cour d'appel dotée du pouvoir de se substituer à la juridiction nationale de renvoi. Cette particularité de la CCJA qui consiste à connaître du fond des litiges est diversement appréciée par la doctrine quand on sait que la doctrine est partagée sur le fait de considérer la CCJA comme un

---

devenu exceptionnellement compétent. Elles étaient l'un des nombreux moyens utilisés par le Roi pour étendre la compétence de ses tribunaux et réduire à un rôle subalterne les juridictions seigneuriales ». En ce sens F. DUMAS, *L'évolution de l'évocation en matière civile*, thèse, Droit, Rennes, 1968, p.7, (cité par I. NDAM), *op. cit.*, p.2.

[3] Saisie par la voie du recours en cassation, la Cour se prononce sur les décisions rendues par les juridictions d'appel des Etats Parties conformément à l'alinéa 3 de l'article 14 du Traité. L'alinéa 5 de l'article 14 autorise la cour à évoquer et statuer sur e fond en cas de cassation. Il est important de distinguer la notion d'évocation de l'effet dévolutif. « L'évocation est considérée comme une prérogative des juges dont l'exercice est soumis à certaines conditions strictes : dans certaine législation, la décision attaquée doit être infirmée ou cassée alors que dans d'autres, la cour doit estimer de bonne justice de donner à l'affaire une solution définitive, ou encore l'affaire doit être en état d'être jugée au fond. La dévolution est une conséquence de l'exercice de certaines de certaines voies de recours. Dans le cadre de la dévolution, le juge examine, en principe, les points soumis à son appréciation par les parties ». Voir dans ce sens I. NDAM, *op. cit.* p.2.

troisième degré de juridiction.[4] Si certains auteurs[5]soutiennent la thèse selon laquelle la CCJA est un troisième degré de juridiction, d'autres par contre, ont une position plus nuancée.[6] Il est constant que l'évocation judiciaire dans le cadre de l'OHADA, est une obligation et non une simple faculté comme c'est le cas en matière d'arbitrage[7]. Le juge de la CCJA

---

[4] Le degré de juridiction est considéré comme toute phase au cours de laquelle, le juge dans la succession des phases d'un procès (en première instance ou sur recours), est appelé à connaître le litige dans ses éléments de fait et de droit et à statuer en fait et en droit, à l'exclusion de celle qui est exclusivement consacrée à l'examen du droit. En ce sens G. CORNU (dir.), *Vocabulaire juridique* de l'Association H. Capitant, *op. cit.* p. 314. La question d'évocation est traitée en droit français par les articles 627 du code de procédure civile et L. 411-3 du code de l'organisation judiciaire qui énoncent que « La Cour de cassation peut casser sans renvoi lorsque la cassation n'implique pas qu'il soit à nouveau statué sur le fond. Elle peut aussi, en matière civile, statuer au fond lorsque l'intérêt d'une bonne administration de la justice le justifie ». Cette dernière formulation a été introduite par la loi n° 2016-1547 du 18 novembre 2016 et reprend celle de l'article L. 821-2 du code de justice administrative applicable au Conseil d'Etat (V. F. Ferrand, « La Cour de cassation dans la loi de modernisation de la justice du XXIe siècle », JCP G 2017, act. 1407) En ce sens S. GUINCHARD, F. FERRAND, C. CHAINAIS, *Procédure civile, HyperCours, Cours & Travaux dirigés*, Paris, 5e éd. Dalloz, 2017, p. 650.

[5] En ce sens, E. N'SIE, « La Cour commune de justice et d'arbitrage », *Rec.Penant*, 1998, p.308 et s., v. spéc.p.321 ; A. p. SANTOS et J. Y. TOE, *OHADA*, *Droit commercial général*, Bruxelles Bruylant, 2002, n° 78. ; D. N'DOYE, *La nouvelle Cour de cassation de l'OHADA*, coll. « Droit communautaire africain », Dakar, 1998, p.8 et p. 102 à 103, note sous art. 47 du règlement de procédure de la CCJA ; cité par E. A. ASSI, « La Cour commune de justice et d'arbitrage de l'OHADA : un troisième degré de juridiction ? », *R.I.D.C* 4-2005,
www.ohada.com/doctrine/ohadata/D-06-23.htm.

[6]A-SAYEGH et J. LOHOUES-OBLE, *OHADA, et Harmonisation du droit des affaires*, Bruxelles, Bruylant, 2002, n° 390, p. 163 ; J. LOHOUES-OBLE, « L'apparition d'un droit international des affaires en Afrique », *RIDC*, 1999, p. 543 et s. Pour Bakary Diallo, « L'instance de cassation OHADA ne peut et ne doit pas faire office d'un degré supplémentaire de juridiction à ce stade, parce qu'en principe l'appel doit suffire à éliminer les erreurs judiciaires les plus graves, mais aussi parce que la procédure de cassation ne serait guère compatible avec un tel office dans une communauté où la diversité des cultures et des mentalités juridiques est assumée et appelée à se développer ».Voir B. DIALLO, « réflexions sur le pouvoir d'évocation de la Cour commune de justice et d'arbitrage de l'OHADA dans le cadre du Traité de l'OHADA » in : *La revue d'information juridique du cabinet d'avocats JurifisConsult*, actualité juridique, *économique, fiscale et sociale des activités économiques d'Afrique*, 1er numéro, janvier/février 2009, p. 8.

[7]Il est important de signaler que si l'évocation judiciaire relève d'une obligation pour le juge de la plus haute Cour de justice en matière de droit des affaires dans l'espace OHADA, elle n'est qu'une simple faculté en matière d'arbitrage. L'évocation en matière

est obligé d'évoquer en cas de cassation selon les prescriptions de l'article 14 al. 5 du Traité OHADA.

L'évocation en matière judiciaire dans le cadre de l'OHADA est une obligation et non une simple faculté. Cette obligation qui incombe au juge de la CCJA de donner une solution définitive au litige en cas de cassation afin d'éviter un renvoi devant une juridiction nationale, participe de sa juridictionnalisation.[8] Pour le Professeur Frédéric ZENATI-CASTAING, « à l'origine, la cassation n'était pas une voie de justice, mais un acte régalien par lequel le prince décidait d'anéantir un jugement, sans même avoir besoin d'être saisi par une partie. La procéssualisation de la cassation sous l'ancien régime est venue de la pratique des pouvoirs, qui n'était rien d'autre, initialement, qu'une dénonciation au Roi de la violation des ordonnances par les juges. L'invention du pourvoi n'a pas, pour autant, conférée une nature juridictionnelle à la décision de casser, décision qui est demeurée un acte de puissance, seules les formes se sont procéssualisées. Sous la révolution, la cassation n'a pas changé. Elle est devenue une manifestation de l'exercice du pouvoir législatif. Le conseil privé a été transformé en tribunal révolutionnaire, non pas pour devenir une juridiction, mais pour faire le procès des arrêts qui se soustrayaient aux lois ».[9] L'histoire de la cassation démontre qu'elle n'était pas au départ un acte de justice, mais plutôt un acte régalien permettant au prince d'anéantir un jugement. La vocation première de la cassation était de faire

---

arbitrale est conditionnée à la demande préalable des parties. Elle constitue ici une simple faculté pour le juge (art. 29 alinéa. 5 du règlement d'arbitrage de la CCJA).

[8] Selon le professeur ZENATI, « la juridictionnalisation réelle a commencé par l'accentuation du contrôle exercé sur les arrêts. Ce contrôle était superficiel. Il supposait une contravention expresse à la loi. Mais il s'est accentué par la suite afin de déjouer toutes les tentatives de contournement de la loi ou, simplement, les interprétations subjectives dictées par le tropisme des faits. On en est donc venu à sanctionner les fausses applications de la loi en opérant un contrôle des qualifications ». En ce sens F. Z. CASTING, « La juridictionnalisation de la Cour de cassation », *RTD Civ.* 2016 p. 511., Pour F. FERRAND, la cassation sans renvoi d'abord d'origine prétorienne, existe depuis 1967 pour l'assemblée plénière et 1979 pour toutes les chambres. Jusqu'à présent, les chambres civiles en ont fait un usage très modéré (le taux de ce type de cassation oscille entre 2 et 5% selon les années : 3, 25% en 2015 ; 2 % en 2010 ; 5 % en 2006) ». Voir dans ce sens F. FERRAND,« La Cour de cassation dans la loi de modernisation de la justice du XXIe siècle », La semaine juridique-Editiongénérale-N°52-26décembre2016.p.2417,voir *https://www.lexis360.fr/Document/justice_la_cour_de_cassation_dans_la_loi_de_modernisation_de_la_justice_du/3CrGaeyZy7cKb561t5kAA53ZeqIHuvPumO5skKUI1q81?data=c0luZGV4PTImckNvdW50PTExMyY=&rndNum=1631124434&tsid=search1_*

[9]F. Z. CASTING, « La juridictionnalisation de la Cour de cassation », *op. cit.*, p. 21.

le procès des arrêts. Suivant cette logique, la juridictionnalisation de la CCJA ne fait l'ombre d'aucun doute lorsqu'elle s'empare des faits et du droit en cas de cassation pour aboutir à une solution définitive. Le pouvoir d'évocation accordé par le législateur OHADA à la CCJA marque une véritable mutation de la cassation. Selon un auteur[10], l'évocation qui a toujours été une institution facultative, ne doit jamais s'imposer au juge. C'est un pouvoir discrétionnaire dont peut user ou ne pas user un juge. Il est clair que l'évocation telle qu'envisagée dans le cadre de l'OHADA, ne donne aucune possibilité aux juges de la haute juridiction de l'OHADA de décider autrement face à un litige dont il ne maîtrise pas tous les contours. Dans une telle hypothèse, le juge de la cassation comme il est de tradition, procède à un renvoi devant une autre cour d'appel pour se prononcer sur le litige. L'évocation dans le cadre de l'OHADA semble être une dérogation à la règle traditionnelle de renvoi. La possibilité doit être donnée à la Cour de refuser d'évoquer lorsqu'elle estime nécessaire que les juges internes seront à même de donner une décision satisfaisante aux faits litigieux. Si les juges de l'unique Cour de cassation de l'OHADA sont assujettis à une obligation légale d'évoquer après cassation, il est intéressant de rendre compte de certaines législations nationales des États-parties en matière d'évocation.

II. Le pouvoir d'évocation dans les législations nationales

Dans certaines législations nationales des États-parties au Traité OHADA, l'évocation reste une simple faculté pour le juge de la Cour suprême et non une obligation légale. En effet, le législateur malien[11] a décidé de faire du principe d'évocation une exception. Les juges de la Cour suprême malienne sont totalement libres d'apprécier l'opportunité d'user de leur droit d'évocation selon les situations litigieuses. Le code de procédure civile, commerciale et sociale malien en son article 650 autorise en cas de cassation de renvoyer la cause et les parties devant une autre juridiction de même nature que celle dont l'arrêt a été censuré ou devant la même juridiction composée d'autres magistrats. Les juges de la Cour suprême[12] ont la possibilité de casser sans renvoyer conformément

---

[10] B. DIALLO, *op. cit.*, p.14.

[11] Le Mali est un Etat francophone d'Afrique de l'Ouest membre de l'espace OHADA.

[12] La Cour suprême du Mali est composée de quatre sections : La section judiciaire, la section administrative et la section des comptes. En ce sens, la constitution de la République du Mali adoptée par référendum du 12 janvier 1992 et promulguée par décret

à l'article 651 du même texte lorsque la cassation n'implique pas qu'il soit à nouveau statué sur le fond. La Cour peut aussi en cassant sans renvoi, mettre fin au litige lorsque les faits, tels qu'ils ont été souverainement constatés et appréciés par les juges du fond, lui permettent d'appliquer la règle de droit appropriée[13]. Le législateur malien a ainsi offert plusieurs possibilités aux juges de la Cour suprême : d'abord, la Cour, en cas de cassation peut renvoyer les parties devant une autre juridiction. Ensuite, elle peut casser sans renvoi lorsque la cassation n'implique pas qu'il soit à nouveau statué sur le fond. Enfin, la Cour peut aussi en cas de cassation sans renvoi, décider, de mettre fin au litige lorsque les faits tels qu'ils ont été souverainement constatés et appréciés par les juges du fond, lui permettent d'appliquer la règle de droit appropriée. Ces règles permissives permettent aux juges de la Cour suprême malienne de procéder à une appréciation souveraine des situations litigieuses pouvant donner lieu à évocation en cas de cassation. Le droit d'évocation reste dans une telle situation liée au pouvoir discrétionnaire du juge. Le juge n'a plus les mains liées. Il apprécie au cas par cas.

Au Bénin[14], les juges de la Cour de cassation disposent d'un pouvoir discrétionnaire dans l'appréciation des situations litigieuses pouvant donner lieu à évocation. Ainsi, les juges de la Cour suprême béninoise ont la possibilité à l'instar des juges de la Cour suprême du Mali, en cas de cassation de renvoyer l'affaire devant une autre juridiction du même ordre ou autrement composée. La Cour suprême peut non seulement casser aussi sans renvoi lorsque la cassation n'implique pas qu'il soit à nouveau statué sur le fond, mais également en cas de cassation sans renvoi, peut mettre fin au litige lorsque les faits tels qu'ils ont été souverainement constatés et appréciés par les juges lui permettent d'appliquer la règle de droit appropriées.[15] Outre le législateur malien, le législateur béninois a fait le choix de faire de l'évocation une simple faculté et non une

---

n° 92-073/P-CTSP du 25 février 1992, secrétariat général du gouvernement, p. 28, Voir notamment *http://ngsystem.net/mjm-services/images/Constitution_Mali.pdf*

[13] Le code malien de procédure civile, commerciale et sociale-Décret n° 99-254 du 15 septembre 1999 modifié par le décret n° 09-220/ P-RM du 11 mai 2009 (JO 2009-23). Voir *http://www.droit-afrique.com/uploads/Mali-Code-1999-procedure-civile-MAJ-2009.pdf*

[14]Le Bénin est un Etat francophone d'Afrique de l'Ouest membre de l'espace OHADA.

[15]Articles 696 et 697 du code de procédure civile, commerciale, sociale et administrative. Voir *https://legis.cdij.bj/uploads/r/centre-de-documentation-et-dinformation-juridique-4/0/2/e/02ebc673c19ab91083cdf670b75972b696caae1a939c56409c6e1d93a31a5f47/L._2008-07.pdf*

obligation légale telle qu'elle est en œuvre dans l'espace OHADA. Les législateurs malien et béninois semblent s'être inspirés du droit français qui fait de l'évocation une simple faculté en accordant au juge de la Cour de cassation la possibilité d'apprécier souverainement en cas de cassation, les faits litigieux pouvant donner lieu à évocation. Le législateur OHADA en érigeant l'évocation en une obligation légale, semble vouloir gagner en temps en évitant de renvoyer les parties et leur cause devant une juridiction nationale. L'obligation légale qu'incombe aux juges de la CCJA d'évoquer et de statuer sur le fond en cas de cassation semble avoir certains effets dans le processus d'intégration juridique dans l'espace OHADA.

§ 2. Les effets du caractère obligatoire de l'évocation

Le choix du législateur OHADA de conférer un caractère obligatoire à l'évocation, marque une certaine mutation de celle-ci. En règle générale, l'évocation relève d'une simple faculté devant les cours de cassation de tradition civiliste et non d'une obligation légale dont les juges sont assujettis. Un tel choix du législateur OHADA semble être motivé par des raisons à la fois temporelles et procédurales.[16]La cassation sans renvoi implique non seulement la substitution du juge de la CCJA à la juridiction nationale de renvoi (I), mais également l'unification de la jurisprudence communautaire (II).

I. La substitution de la CCJA à la juridiction nationale de renvoi

La CCJA est la seule juridiction compétente dans l'espace OHADA pour connaître des pourvois en cassation formés contre les décisions des juridictions nationales d'Appel ou non susceptibles d'appel dans toutes les affaires soulevant des questions relatives à l'application des actes uniformes et des règlements prévus au Traité, à l'exception des décisions appliquant des sanctions pénales (article 14 al.3 du Traité). La Cour est non seulement juge de cassation, mais également, juridiction de renvoi. Elle se substitue à la juridiction de renvoi pour statuer sur le fond en cas de cassation. Lorsqu'un litige est porté devant une juridiction supérieure

---

[16] En ce sens, E. A. ASSI, « La Cour commune de justice et d'arbitrage de l'OHADA : un troisième degré de juridiction ? », *op. cit.*, p.3. V. *www.ohada.com/doctrine/ohadata/D-06-23.htm.*

notamment une cour de cassation, elle exerce son rôle de juge de la légalité qui est de nature disciplinaire.[17] Dans le cadre l'OHADA, la substitution de la CCJA à la juridiction de renvoi, est consacrée par l'article (14 al. 5 du Traité) qui autorise la Cour d'évoquer et de statuer sur le fond en cas de cassation. Le pouvoir d'évocation de la CCJA marque une certaine évolution de la conception de cassation car la Cour se transforme en un troisième degré de juridiction qui statue sur les faits et le droit et donne une solution définitive au litige qui lui est soumis. La consécration légale d'évocation judiciaire devant la CCJA a le mérite d'assurer une certaine célérité procédurale qui évite les renvois aux juridictions nationales et fait échec aux manœuvres dilatoires des plaideurs de mauvaise foi.[18] En effet, la substitution de la décision de la Haute Cour judiciaire à celle de la juridiction nationale de renvoi permet de gagner du temps. Les avantages de l'évocation sont multiples : souci de simplifier et d'accélérer le traitement des litiges ; désencombrement des juges du fond et limitation des coûts du procès. [19] Fanny LUXEMBOURG parle de la métamorphose de la Cour de cassation en troisième degré de juridiction. Elle constate que la Cour de cassation exerce quelque peu un rôle similaire à celui du Conseil d'État, qui est à la fois juge des faits et juge du droit ; elle regrette que l'absence de renvoi, qui empêche les juges du fond de résister à une doctrine de la Cour suprême, soit source de rigidité dans le mécanisme de la formation de la jurisprudence, mais surtout s'interroge sur les risques d'inégalités au regard de l'ordre juridique européen et de la nécessité d'assurer les conditions d'un procès équitable et de l'égalité des armes, au sens de l'article 6 § 1 de la convention européenne de sauvegarde des droits de l'homme et des libertés fondamentales. En l'absence de renvoi, la partie se voit privée de l'accès à un autre juge.[20] Fanny LUXEMBOURG s'interroge à juste titre sur la privation des plaideurs d'accéder à un autre juge en cas de cassation sans renvoi. Cette interrogation vaut aussi pour la CCJA qui se transforme en juge du fond lorsqu'elle évoque et statue sur le fond. En effet, devant le juge de renvoi, l'instance est reprise et les

---

[17] En ce sens, le rôle normatif de la Cour de cassation, Etude de la Cour de cassation 2018, p.7. V. *https://www.courdecassation.fr/IMG///20190118_ETUDE_2018.pdf*

[18] En ce sens, I. NDAM, *op. cit.*, p. 6.

[19] En ce sens, G. PLUYETTE, « La cassation, voie d'achèvement du procès ? », p. 13 ; voir *https://www.courdecassation.fr/IMG/File/Contribution_GPluyette_110124.pdf*

[20] Voir F. LUXEMBOURG, « La Cour de cassation, juge du fond », D. 2006, p. 2006, p. 2358.

parties peuvent produire des faits nouveaux au soutien de leurs prétentions. Or, l'évocation telle qu'elle est consacrée en droit OHADA prive les plaideurs de présenter de nouveaux moyens et fige définitivement le litige.[21] Les parties ont tout intérêt que leurs litiges soient réexaminés par une juridiction du fond devant laquelle elles ont l'occasion à nouveaux de faire valoir de nouveaux moyens. L'évocation quand bien même qu'elle est gage de célérité, prive tout de même les plaideurs d'être entendus sur leur cause devant la juridiction de renvoi. L'évocation semble être aussi un outil pour les juges de la CCJA d'unifier la jurisprudence communautaire.

II. L'impact de l'évocation sur l'unification de la jurisprudence communautaire

L'unification jurisprudentielle est entendue comme étant l'action de faire régner, au sein d'un système juridique, l'unité d'interprétation, d'assurer l'égale et uniforme application de la loi.[22] Cette fonction d'interprétation et d'application uniforme de la loi est la mission première de la Cour de cassation. L'instauration de la CCJA comme unique Cour de cassation pour les dix-sept États Parties au Traité OHADA[23] et la consécration légale de l'évocation dont est investie la Cour expriment la volonté du législateur d'aboutir à une jurisprudence uniforme.[24] L'application des actes uniformes est assurée au niveau national par les juridictions du fond notamment en instance et en appel. Dès lors, la nécessité d'instaurer une Cour de cassation unique pour unifier la jurisprudence semble se justifier. Les juridictions nationales du fond peuvent faire une application différente d'un même acte uniforme. Il appartient donc à la Cour à travers son pouvoir d'évocation, d'assurer une application et interprétation uniforme de la loi. Pour ce faire, elle substitue sa décision à celle rendue par les juridictions nationales du fond en cas de cassation. L'exploitation de la jurisprudence de la CCJA fait ressortir de

[21] B. DIALLO, *op. cit.*, p.10.

[22] En ce sens, G. CORNU (dir.), *Vocabulaire juridique*, Association Henri Capitant, *op. cit.*, p. 1050

[23] Il importe de rappeler que les Cours suprêmes des dix sept Etats Parties au Traité OHADA ne sont pas compétentes pour connaître du contentieux relevant du droit des affaires. Seule la CCJA a le monopole du règlement du contentieux lié au droit des affaires à l'exception de l'application des décisions appliquant dans sanctions pénales (article 14 alinéa 3 du Traité).

nombreux exemples à travers lesquels la Cour procède à la censure des décisions des juridictions nationales du fond et remplace celles-ci par sa propre décision.

Dans l'affaire Brou AKA GUSTAVE, c/ Société MEROUEH Fils & compagnie dite « MEFCO », la CCJA n'a pas hésité de censurer l'arrêt rendu par la Cour d'appel d'Abidjan au motif que le jugement objet de l'appel relève d'une bonne appréciation des faits et d'une bonne application de la loi. Dans cette affaire, il est reproché à la Cour d'Appel d'Abidjan d'avoir non seulement fait une erreur dans l'interprétation de l'article 127 de l'acte uniforme

sur le droit commercial générale ce qu'elle a fait la distinction entre une démolition partielle et une démolition totale, en retenant la démolition totale de l'immeuble comme le type de démolition visé par l'article 127, mais également d'avoir méconnu les dispositions de l'article 106 de l'acte uniforme portant sur le droit commercial général [25] en faisant une

[25] L'Acte uniforme portant sur le droit commercial général fait partie des dix Actes uniformes actuellement en vigueur dans l'espace OHADA. Il a été adopté à Lomé le 15/12/2010 et entré en vigueur le 16/05/2011. Aux termes des dispositions de son article 106 « Le bailleur fait procéder, à ses frais, dans les locaux donnés à bail à toutes les grosses réparations devenues nécessaires et urgentes. En ce cas, le preneur en supporte les inconvénients. Les grosses réparations sont notamment celles des gros murs, des voûtes, des poutres, des toitures, des murs de soutènement, des murs de clôture, des fosses septiques et des puisards. Le montant du loyer est alors diminué en proportion du temps et de l'usage pendant lequel le preneur a été privé de la jouissance des locaux. Si les réparations urgentes sont de telle nature qu'elles rendent impossible la jouissance du bail, le preneur peut en demander la suspension pendant la durée des travaux à la juridiction compétente statuant à bref délai. Il peut également en demander la résiliation judiciaire à la juridiction compétente. Quant à L'article 127 du même texte, il énonce que : « Le bailleur peut s'opposer au droit au renouvellement du bail à durée déterminée ou indéterminée, sans avoir à régler d'indemnité d'éviction, dans les cas suivants : s'il justifie d'un motif grave et légitime à l'encontre du preneur sortant. Ce motif doit consister soit dans l'inexécution par le locataire d'une obligation substantielle du bail, soit encore dans la cessation de l'exploitation de l'activité ; Ce motif ne peut être invoqué que si les faits se sont poursuivis ou renouvelés plus de deux mois après une mise en demeure du bailleur, par signification d'huissier de justice ou notification par tout moyen permettant d'établir la réception effective par le destinataire, d'avoir à les faire cesser. S'il envisage de démolir l'immeuble comprenant les lieux loués, et de le reconnaître. Le bailleur doit dans ce cas justifier de la nature et de la description des travaux projetés. Le preneur a le droit de rester dans les lieux jusqu'au commencement des travaux de démolition, et il bénéficie d'un droit de priorité pour se voir attribuer un nouveau bail dans l'immeuble reconstruit. Si les locaux reconstruits ont une destination différente de celle des locaux objets du bail, ou s'il n'est pas offert au preneur un bail dans les nouveaux locaux, le bailleur doit verser au preneur l'indemnité d'éviction... ». En ce sens,

confusion entre les travaux de rénovation de l'immeuble et les grosses réparations[26]La Cour d'appel d'Abidjan n'a retenu que le caractère total de la démolition alors que l'article 127 de l'AUDCG n'a pas spécifié le caractère de cette démolition qui peut être totale ou partielle. La CCJA, en évoquant et statuant sur le fond dans ce litige, a confirmé dans toutes ses dispositions le jugement rendu le 26 novembre 2015 par le tribunal de commerce d'Abidjan. C'est grâce à son pouvoir d'évocation, qu'elle a pu substituer sa décision à celle rendue par la Cour d'appel d'Abidjan en assurant une interprétation et application uniforme des articles 127 et 106 de l'AUDCG.

Dans l'affaire Maciré DIAKITE c/ Salifou BENGALY, société d'ingénierie en énergie dite SINERGIE SA, l'assemblée plénière de la CCJA a décidé, dans un premier temps, de casser l'arrêt rendu par la Cour d'appel de Bamako au motif qu'il a violé l'article 167 du code de procédure civile, sociale et commerciale du Mali qui dispose que : « S'il existe un motif légitime de conserver ou d'établir avant tout procès la preuve des faits dont pourrait dépendre la solution d'un litige, les mesures d'instructions légalement admises peuvent être ordonnées à la demande de tout intéressé, sur requête ou en référé ». Les juges de la haute Cour judiciaire ont estimé que c'est en violation de l'article 167 du code de procédure civile, commerciale et sociale du Mali que la Cour d'appel a énoncé « qu'il est constant ainsi qu'il résulte des pièces du dossier et des débats que des contestations majeures tendant à éclairer la lanterne de la Cour n'ont pas trouvé solution ; que des questions d'ordre techniques ont été posées de part et d'autre ; qu'il échet, pour une bonne distribution de la justice de dire n'y avoir lieu à référé et de renvoyer les parties à se mieux pourvoir », pour infirmer l'ordonnance ayant accueilli la demande d'une expertise, exposant son arrêt à la cassation. Il en est ainsi dès lors que l'emploi de la formule « dit n'y avoir lieu à référé » renvoie à l'irrecevabilité de la demande, alors que les dispositions de l'article 167 susvisées affranchissent le juge des référés des conditions habituelles et restrictives du référé, et qu'en vertu de ce texte l'examen des prétentions

www.ohada.com/actes-uniformes/940/acte-uniforme-revise-portant-sur-le-droit-commercial-general.html

[26]CCJA, deuxième chambre, arrêt n° 201/2018 du 25 octobre 2018, affaire : BROU AKA Gustave c/ Société MEROUEH Fils & Compagnie dite « MEFCO » ; En ce sens, *https://biblio.ohada.org/pmb/opac_css/doc_num.php?explnum_id=4183*

de DIAKITE relève des pouvoirs dudit juge... »[27] . Dans un second temps, en évoquant l'affaire, la Cour a estimé que le demandeur, en sa qualité d'actionnaire, a un motif légitime et un intérêt certain à préconstituer de faits dont pourrait dépendre la solution d'une action en responsabilité contre les dirigeants sociaux de la société. Sa demande précédente de communication de pièces ne peut, s'agissant d'une procédure de référé, faire obstacle à l'application de l'article 167 du code de procédure civile du Mali, la mission d'audit demandée ne constituant en rien une immixtion dans le fonctionnement de la société. C'est donc à bon droit que le premier juge y a fait droit et l'ordonnance doit être confirmée.[28] À travers ces deux arrêts ci-dessus indiqués, la haute Cour judiciaire procède à la censure des arrêts des Cour d'appel d'Abidjan et de Bamako en confirmant les jugements des premiers juges saisis notamment ceux des juridictions de commerce d'Abidjan et de Bamako.

Dans une autre espèce, la CCJA a décidé qu'il résulte des termes de l'offre de services acceptée par la société Yaouré Mining, que les engagements contractuels de la GCEF ne se limitaient pas à l'élaboration et au dépôt d'un dossier de remboursement, mais consistaient surtout dans son suivi diligent jusqu'au règlement effectif du montant demandé en remboursement ; que la GCEF ne produit aux débats aucune preuve de l'exécution de ses engagements contractuels, ni que le paiement obtenu est le résultat de diligences qu'elle aurait effectuées. La Cour a en déduit que c'est à mauvais droit que la Cour d'appel d'Abidjan a déclaré la créance litigieuse certaine, liquide et exigible [29] (...). C'est ce

---

[27] CCJA, Ass. Plén., Arrêt n° 057/2015 du 27 avril 2015 ; Pourvoi n° 091/2012/ PC du 14/08/2012 ; Moctar Maciré DIAKITE c/ Salifou BENGALY, Société d'ingénierie en énergie dite SINERGIE SA, v.
www.ohada.com/jurisprudence/ohadata/J-16-57.html. La jurisprudence de la CCJA recouvre de nombreux exemples de mise en œuvre de son pouvoir d'évocation. En ce ce sens l'arrêt n° 004/2019 du 24 janvier 2019, affaire Monsieur AMON OI AMON c/ 1- Monsieur N'DA BOIDOU DIANE 2- Monsieur YAO YAO Thierry
https://biblio.ohada.org/pmb/opac_css/doc_num.php?explnum_id=4283 ; Voir aussi l'arrêt n° 007/2020 du 23 janvier 2020, affaire : Société CERISES AUTO Co Ltd c/ Société TRANSIMEX SA
, *https://biblio.OHADA.org/pmb/opac_css/doc_num.php?explnum_id=4561* ; V. arrêt n° 001/2018 du 11 janvier 2018, affaire : Société CLEO PATRA c/ Compagnie Ivoirienne de promotion pour l'exportation et l'importation dite CIPEXI,
https://biblio.ohada.org/pmb/opac_css/doc_num.php?explnum_id=3446

[28] Ibid.

[29] CCJA, deuxième chambre, arrêt N° 024/2018 du 08 février 2018, affaire : Société Yaouré Mining SA c/ Société gestion, comptabilité et Etude de faisabilité (GCEF) SARL, en ce sens,

raisonnement qui a conduit la Cour dans un premier temps, a cassé l'arrêt rendu le 10 juillet 2015 par la Cour d'appel d'Abidjan et en évoquant dans un second temps, a confirmé le jugement rendu le 06 septembre 2013 par le tribunal de première instance d'Abidjan-Plateau.

Dans une autre affaire opposant la Banque OMNIFINANCE à la Société METAL TRADING SA, la CCJA, dans son arrêt,[30] a décidé que la Cour d'appel d'Abidjan en exigeant comme préalable au commandement aux fins de saisie immobilière du 28 mars 2007, un autre commandement de payer, a non seulement méconnu la volonté des parties par mauvaise interprétation de l'acte notarié du 11 novembre 2005, mais également a violé l'article 254 de l'AUPSRVE. En évoquant l'affaire, la CCJA a confirmé l'ordonnance de référée n° 623 rendue le 08 mai 2007 par la juridiction présidentielle du tribunal de première instance d'Abidjan.

La jurisprudence de la CCJA fait état de nombreux exemples d'évocation en cas de cassation. Le pouvoir d'évocation de la haute Cour judiciaire de l'OHADA, l'oblige à chaque fois qu'elle est saisie, en cas de cassation, d'évoquer et de statuer sur le fond du litige qui lui est soumis. Malgré ce pouvoir légalement constitué, la jurisprudence judiciaire de la Cour comporte de nombreux cas de dérogation au principe de l'évocation.

Section 2.
La consécration jurisprudentielle des exceptions à l'obligation légale de l'évocation

Les exceptions au pouvoir d'évocation légalement consacré par le Traité OHADA sont légion dans la jurisprudence judiciaire de la CCJA. L'analyse jurisprudentielle fait état de multiples cas dans lesquels les juges décident de déroger à l'obligation d'évoquer et de statuer après cassation. Ces exceptions vont de la cassation avec évocation suivie de renvoi des parties et de la cause devant une juridiction nationale du fond, à la cassation sans évocation suivie de renvoi et des cas de cassation sans renvoi et sans évocation.[31]Ces multiples figures de cassation issues du

---

https://biblio.ohada.org/pmb/opc_css/doc_num.php?explnum_id=3937

[30] CCJA, deuxième chambre, arrêt N° 016/2013 du 07 mars 2013, affaire : Banque OMNIFINANCE contre Société METAL TRADING SA, V. *https://biblio.ohada.org/pmb/opac_css/doc_num.php?explnum_id=3584*

[31] N. DAM, *op. cit.*, p. 12 et s.

pouvoir discrétionnaire des juges de la Cour fait penser que l'évocation en tant qu'obligation juridique semble être une simple faculté pour les juges (§ 1) qui n'hésitent pas à y déroger pour apprécier in casu les situations litigieuses qui leur sont soumises. Cette réalité jurisprudentielle mérite d'être observée par législateur OHADA dans la perspective d'une nécessaire mutation du caractère obligatoire de l'évocation (§ 2).

§ 1. L'évocation comme une simple faculté pour les juges de la CCJA

Les exceptions jurisprudentielles de la haute Cour judiciaire de l'OHADA au pouvoir de l'évocation se manifeste à travers d'une part, des exemples de cassation avec évocation suivie de renvoi des parties devant une juridiction nationale du fond (I), d'autre part, des cas de cassation sans évocation et non suivie de renvoi et les exemples de cassation sans évocation et suivie de renvoi (II).

I. Les cas de renvoi après cassation et évocation

L'analyse de la jurisprudence judiciaire de la CCJA révèle de nombreux exemples dans lesquels la haute Cour de justice semble aller au-delà de son pouvoir d'évocation après cassation en renvoyant l'affaire devant une autre juridiction nationale du fond. Ce faisant, la Cour s'octroie un pouvoir discrétionnaire dans l'appréciation in concreto des situations litigieuses pouvant être renvoyées après cassation.

En effet, dans l'affaire Société civile immobilière SANTALA (SCI SANTALA) contre Banque islamique du Sénégal (BIS SA), la haute Cour judiciaire de la CCJA, après cassation, a évoqué et statué sur le fond du litige en renvoyant les parties et la cause devant le tribunal de grande instance hors classe de Dakar. Dans son arrêt[32] en date du 23 janvier 2020, la Cour a estimé que : « La créance poursuivie par la banque ne souffre d'aucune contestation sérieuse en son principe, dans la mesure où celle-ci est corroborée par diverses pièces produites au dossier, notamment le contrat notarié de prêt signé par les parties, en forme exécutoire, ainsi que l'arrêté de compte établissant un solde débiteur au passif de la SCI SANTALA ; qu'en rejetant les dires de cette dernière relativement à sa

[32] CCJA, première chambre, arrêt N° 014/2020 du 23 janvier 2020, affaire : Société civile immobilière SANTALA (SCI SANTALA) c/ Banque islamique du Sénégal (BIS SA), *https://biblio.ohada.org/pmb/opac_css/doc_num.php?explnum_id=4568*

contestation y afférente, le premier juge a fait une saine application du droit (...) ». Dans cette affaire, il est reproché à la Cour d'appel de Dakar d'avoir violé l'article 300 de l'AUPSRVE qui énonce en ces dispositions combinées des alinéas 1 et 2 que « les décisions judiciaires rendues en matière de saisie immobilière (...) peuvent être frappées d'appel (...) lorsqu'elles statuent sur le principe même de la créance (...) » ; or, il résulte de l'arrêt attaqué que la Cour d'appel a déclaré recevable le moyen d'appel tiré de l'inexistence de la créance et irrecevable les autres moyens de l'appelante, au motif que ceux-ci n'entrent « pas dans les prévisions de l'article 300 de l'acte uniforme, texte qui énumère limitativement les cas donnant ouverture à appel pour ce qui concerne les décisions rendues en matière de saisies immobilières » ; qu'en statuant ainsi, alors que l'article 300 de l'AUPSRVE ouvre la voie de l'appel en présence des « décisions judiciaires rendues en matière de saisie immobilière, (...) les juges d'appel ont violé les dispositions de l'article 300 de l'AUPSRVE.[33] Dans cette affaire, la CCJA, après cassation et évocation, a décidé de renvoyer les parties et la cause devant le tribunal de grande instance hors classe de Dakar. Ce renvoi qui s'effectue en dehors de toute prescription légale, est la traduction du pouvoir discrétionnaire de la haute Cour de justice de l'OHADA dans l'appréciation matérielle des litiges.

Dans l'affaire Daouda Sidibé contre Batio Demba et Dionké Yaranangore, la CCJA a rendu un arrêt[34] en date du 27 mars 2008 dans lequel elle a d'abord cassé l'arrêt rendu par la Cour d'Appel de Bamako. Après avoir évoqué et statué sur le fond, elle a décidé de renvoyer les parties devant le tribunal de première instance de Kati pour la continuation de la procédure. Dans son raisonnement, la Cour a décidé (...) que

---

[33] Ibid.

[34]CCJA, 2e chambre, arrêt N° 008 du 27 mars 2008, affaire Daouda Sidibé contre Batio Demba et Dionké Yaranangoré.*www.ohada.com/jurisprudence/ohada/J-09-40.htm l*; voir aussi CCJA, première chambre, arrêt, N° 005/2019 du 24 janvier 2019, affaire : Afriland First Bank (Ex CCEI BANK) c/ Succession GARBA AOUDOU, *https://biblio.ohada.org/pmb/opac_css/doc_num.php?explnum_id=4284;* CCJA, arrêt N° 021/2002 du 26 décembre 2002, affaire : Sté Mobil Oil Côte d'Ivoire c/S.M, Le Juris-OHADA, n° 1/2003, janvier-mars 2003, p.9, note ; *Recueil de jurisprudence de la CCJA*, numéro spécial, janvier 2003, p. 65, *www.ohada.com/jurisprudence/ohadata/J-03-107.html* ; CCJA, arrêt N° 025/2004 du 15 juillet 2004, affaire : Dame Mondaju Jacqueline c/ Société commerciale de banque crédit Lyonnais cameroun dite SCB-CL *https://biblio.ohada.org/pmb/opac_css/doc_num.php?explnum_id=3928* ; CCJA, Première chambre, arrêt N° 005/2019 du 24 janvier 2019, affaire : Afriland First Bank (Ex CCEI Bank) c/ Succession Garba AOUDOU, en ce sens, *https://biblio.ohada.org/pmb/opac_css/doc_num.php?explnum_id=4284*

contrairement à l'affirmation de Monsieur D., l'application des dispositions de l'article 28 précité est sans considération de toute saisine d'une juridiction nationale de cassation ; qu'il suffit que le recours porté devant la Cour commune de justice et d'arbitrage soit exercé dans le délai de deux mois imparti par l'article 28 du règlement de procédure de la Cour (...) la saisine antérieure de la Cour suprême est sans influence sur la recevabilité dudit recours devant la Cour de céans ; qu'il s'ensuit de rejeter l'exception d'irrecevabilité du recours soulevée comme non pertinente[35] (...). Comme dans le précédent arrêt, la CCJA a décidé de renvoyer les parties et la cause devant le tribunal de première instance de Kati pour la continuation de la procédure. La jurisprudence judiciaire de la CCJA fait aussi ressortir des cas de cassation en dehors de tout cadre d'évocation et de renvoi et des cas de cassation sans évocation, mais suivie de renvoi.

II. Les cassations sans évocation et non suivies de renvoi et les cas de cassation sans évocation et suivies de renvoi

Les manifestations de la cassation devant la haute Cour judiciaire de l'OHADA sont multiples. Il existe dans sa jurisprudence, des situations dans lesquelles, la Cour, après cassation, décide de ne pas évoquer, ni de renvoyer les parties devant une juridiction nationale du fond. Dans son arrêt[36] rendu dans l'affaire Monsieur Roger FERMON contre Maître Béatrice AMENYA et ORABANK-Togo, la CCJA a décidé que l'arrêt rendu par la Cour de Lomé le 24 avril 2019 ayant mis fin à l'instance d'appel dans la cause opposant les parties relativement à la saisie pratiquée, le Président ne pouvait plus ordonner un quelconque sursis à l'exécution de ladite saisie ; qu'en outre, le simple dépôt d'une requête civile n'a pas un effet suspensif et n'introduit une instance qu'à la double condition que cette requête ait été déclarée recevable et la décision qu'elle attaque rétractée (...). La Cour en a déduit que l'arrêt rendu encourt cassation en ce sens qu'il a violé l'article 28 bis (nouveau) du règlement de procédure de la CCJA. Il est clair que dans le règlement de cette affaire, la Cour s'est attribuée un pouvoir discrétionnaire qui l'a conduit à ne pas évoquer alors qu'elle en avait l'obligation au regard de l'article (14 al. 5) du Traité. La CCJA a adopté la même position dans l'affaire qui a opposé

---

[35] Ibid.

[36]CCJA, arrêt N° 015/2020 du 23 janvier 2020, affaire : Monsieur Roger FERMON c/ Maître Béatrice AMENYA, ORABANK-Togo, *https://biblio.ohada.org/pmb/opac_css/doc_num.php?explnum_id=4569*

Société CORIS Bank international Togo à -ANIDA Paham-Esso et Autres -Société BIO4EVER Togo. Dans son arrêt[37], la Cour a non seulement cassé et annulé l'ordonnance de référé rendue le 14 décembre 2018 par la Cour d'appel de Lomé, mais également, jugé qu'il n'y a « lieu à évocation ».

Dans une autre espèce, la Cour, après avoir cassé l'arrêt rendu par la Cour d'appel d'Abidjan en date du 23 mai 2003, a décidé qu'il n'y pas « lieu d'évoquer ». Dans cette affaire, la CCJA s'est fondée sur l'article 15 de l'AUPSRVE aux termes duquel « la décision rendue sur opposition est susceptible d'appel dans les conditions du droit national de chaque État partie. Toutefois, le délai d'appel est de trente jours à compter de la date de cette décision. » ; (...) qu'en déclarant recevable l'appel alors que celui-ci avait été formé le 18 juillet 2002, soit plus de quatre jours après le délai légal d'appel prévu par l'article 15 de l'AUPSRVE, lequel avait couru depuis le 12 juin 2002 et expiré le 12 juillet 2002, la Cour d'appel d'Abidjan a violé ledit texte ; d'où il suit, d'une part, que la cassation de l'arrêt attaqué est encourue sans qu'il soit nécessaire de statuer sur les moyens du pourvoi et, d'autre part, que l'évocation est dépourvue d'intérêt, le jugement entrepris ayant acquis force de chose jugée.[38]Dans cette affaire, la Cour, a souverainement décidé que l'évocation est dépourvue de tout intérêt alors que la lettre de l'article 14 alinéa 5 ne lui donne aucune marge d'appréciation matérielle en cas de cassation. En vertu de ce texte, elle est tenue d'évoquer même s'il n'y a rien à évoquer.

Dans l'affaire Société Abidjan CATERING S.A c/ L.M., la Cour a cassé et annulé l'ordonnance rendue par le Premier Président de la Cour d'appel d'Abidjan au motif que celle-ci a ordonné la suspension d'une voie d'exécution alors qu'« aucune disposition de l'AUPSRVE ne reconnaît compétence et pouvoir au Premier Président de la Cour d'appel de suspendre même provisoirement une voie d'exécution. » et que ce « principe » est conforté par l'article 32 du même texte qui laisse la faculté au bénéficiaire d'un titre exécutoire de l'exécuter à ses risques et périls, sans qu'il soit prévu pour le juge national la possibilité d'ordonner la

---

[37] CCJA, deuxième chambre, arrêt N° 024/2020 du 30 janvier 2020, affaire : Société CORIS Bank International Togo c/ ANIDA Paham-Esso et autres, Société BI04EVER Togo ; V. *https://biblio.OHADA.org/pmb/opac_css/doc_num.php?explnum_id=4552*

[38] CCJA, deuxième chambre, arrêt N° 03 du 09 mars 2006, affaire : K née D.A.B c/ D.B.E, en ce sens *www.daldewolf.com/documents/document/20160128161752-84_37_ccja-03-2006-rcve-15.pdf*

suspension de l'exécution ; que par son ordonnance de suspension n° 112/2003 du 11 mars 2003, le Premier Président de la Cour d'appel d'Abidjan a violé de façon manifeste l'article 32 de l'acte uniforme ; que sa décision mérite d'être cassée et annulée.[39] Dans cette affaire, la Cour a jugé qu'il n'y a pas « lieu d'évoquer ». Du coup l'évocation n'apparaît pas comme une obligation légale pour la Cour car elle peut s'en passer quand les circonstances du litige l'exigent. Pour la Cour, ce n'est pas un impératif à respecter à tout prix. Il existe aussi dans sa jurisprudence, une autre catégorie de cassation où la Cour, n'évoque pas, mais renvoie tout de même les parties et la cause devant les juridictions nationales du fond.

Dans l'affaire Abdoulaye Baby contre Banque internationale pour l'Afrique dite BIA-Niger, la Cour, après cassation de l'arrêt de la Cour d'appel de Niamey (Niger), a décidé de renvoyer l'affaire devant une juridiction nationale du fond. La CCJA, dans son arrêt[40] en date du 27 janvier 2005, a décidé que la Cour d'appel de Niamey a statué, nonobstant le déclinatoire de compétence, comme une juridiction de fond en se prononçant non seulement sur l'existence de la créance contestée de la BIA-Niger à travers l'appréciation des pièces justificatives des versements faits, mais aussi, sur la régularité du pouvoir de vendre de gré à gré. Dans son arrêt, la CCJA ne fait aucune mention d'évocation. Elle se contente seulement de censurer l'arrêt de la Cour d'appel de Niamey et de renvoyer ensuite les parties et la cause devant le juge du fond. Cette affaire illustre une fois de plus le pouvoir discrétionnaire que se donne la Cour dans l'appréciation matérielle des litiges qui lui sont soumis.

Dans l'affaire Société WBHO Construction PTY Ltd, Société WBHO Guinéa Ltd contre FORECARIAH Guinéa Mining (FGM-SA), la CCJA, dans son arrêt[41] en date du 23 janvier 2020, a décidé d'annuler l'arrêt

---

[39] CCJA, deuxième chambre, arrêt N° 01 du 09 mars 2006, affaire : Société Abidjan CATERING S.A c/ L.M. En ce sens, *www.ohada.com/jurisprudence/ohadata/J-07-08.html*

[40] CCJA, première chambre, arrêt N° 002/2005 du 27 janvier 2005, affaire : Abdoulaye Baby Boua c/ Banque international pour l'Afrique dite BIA-Niger, Le Juris-OHADA n° 1/2005, janvier-mars 2005, p. 4.-Recueil de jurisprudence CCJA, n°5, janvier-juin 2005, volume 2, p. 14, *https://biblio.ohada.org/pmb/opac_css/doc_num.php?explnum_id=4145* ; Voir aussi l'arrêt N° 012/2005 du 24 février 20005 dans l'affaire Société de manufacture de caoutchouc de Côte d'Ivoire dite MACACI contre Monsieur MAY Jean-Pierre, en ce sens *https://biblio.ohada.org/pmb/opac_css/doc_num.php?explnum_id=2710*

[41] CCJA, première chambre, arrêt N° 005/2020 du 23 janvier 2020, affare : Société WBHO Construction PTY Ltd, Société WBHO Guinéa Ltd c/ Société FORECARIAH Guinéa Mining (FGM-SA), voir

rendu par la Cour suprême de Guinée au motif qu'il a ordonné le sursis à l'exécution de l'arrêt n° 202 du 31 mars 2015 rendu par la Cour d'appel de Conakry. La CCJA estime que la Cour suprême nationale est inapte à exercer sa compétence en matière de sursis à exécution, dès lors que cette exécution est consommée dans les conditions fixées par l'article 32 de l'AUPSRVE qui énonce que : « A l'exception de l'adjudication des immeubles, l'exécution forcée peut être poursuivie jusqu'à son terme en vertu d'un titre exécutoire par provision. L'exécution est alors poursuivie aux risques du créancier, à charge pour celui-ci, si le titre est ultérieurement modifié, de réparer intégralement le préjudice causé par cette exécution, sans qu'il ait lieu de relever de faute de sa part ». En outre, la Cour décide ainsi que l'ensemble des litiges, demandes et contestations relatives à la voie d'exécution forcée ainsi mise en œuvre relevant, en principe, de la compétence préalable de la juridiction statuant en matière d'urgence tel ressort des dispositions de l'article 49 du même acte uniforme. C'est ce raisonnement qui a conduit la Cour à dire qu'il n'y a pas lieu à évocation, étant donné que plus rien ne restant à juger. À travers cet arrêt, la CCJA exprime la méconnaissance par la Cour suprême de Guinée de l'ordre juridique communautaire et que dans l'intérêt de cet ordre, il y a lieu pour la Cour d'annuler l'arrêt déféré. Dans le même registre, la CCJA a cassé et annulé l'arrêt n° 136/11 du 17 février 2011 rendu par la Cour suprême de Côte d'Ivoire au motif qu'elle a ordonné la discontinuation des poursuites alors que l'exécution étant entamée, la CCJA a estimé que cette faculté ne lui est pas offerte même quand il s'agit d'une exécution en vertu d'un titre provisoire a fortiori quand le titre est définitif, comme c'est le cas ; que l'arrêt déféré ayant ainsi violé les dispositions de l'article 32 de l'AUPSRVE, encourt cassation.[42] La Cour a décidé de ne pas évoquer car il n'y a rien à juger. Dans une autre espèce,[43]la Cour a décidé dans un premier temps d'annuler l'ordonnance rendue par le premier président de la Cour d'Appel d'Abidjan au motif que celle-ci a violé l'article 49 de l'AUPSRVE qui énonce que « la juridiction compétente pour statuer sur tout litige ou toute demande

https://biblio.OHADA.org/pmb/opac_css/doc_num.php?explnum_id=4559

[42] CCJA, deuxième chambre, arrêt N° 017/2014 du 27 février 2014, affaire : SoroTchohona et Kouamé KAN BLAISE c/ Collège IRIS II et ZOHE Raymonde, voir, *https://biblio.ohada.org/pmb/opac_css/doc_num.php?explnum_id=3401*

[43] CCJA, deuxième chambre, arrêt N° 012/2015 du 02 avril 2015, affaire : Diarra Oumar, Société Ivoirienne de construction et de gestion immobilière dite SICOGI, Société générale de Banques en Côte d'Ivoire dite SGBCI, Voir, *https://biblio.OHADA.org/pmb/opac_css/doc_num.php?explnum_id=3163*

relative à une mesure d'exécution forcée ou à une saisie conservatoire est le président de la juridiction statuant en matière d'urgence ou le magistrat délégué par lui ; sa décision est susceptible d'appel dans un délai de quinze jours à compter de son prononcé... » La Cour en a déduit que le juge compétent en cette matière est le président du tribunal de première instance et, que c'est donc à tort que le premier président de la Cour d'appel a ordonné la mainlevée de la saisie. Dans un second temps, la CCJA, a décidé de renvoyer les parties à mieux se pourvoir dans le respect du double degré de juridiction en estimant qu'il n'y a pas lieu d'évoquer.

Il est important que le législateur OHADA tienne compte de la consécration jurisprudentielle du pouvoir discrétionnaire que s'octroie la CCJA dans l'appréciation des situations litigieuses pouvant donner lieu à évocation. Dans cette perspective, l'évocation, au lieu d'être un impératif pour les juges, doit être une simple faculté qui permettra aux juges d'être en phase avec les textes dont ils assurent l'application et l'interprétation uniforme sur l'espace couvert par le Traité OHADA. Les textes méritent d'être adaptés à l'évolution de la jurisprudence qui est le reflet exact de la réalité juridique.

§ 2. Perspective de mutation du caractère obligatoire de l'évocation

Les exceptions jurisprudentielles au caractère obligatoire de l'évocation semblent être une manifestation du pouvoir normatif de la CCJA (I). Le pouvoir discrétionnaire dont s'attribue la Cour dans l'appréciation matérielle de l'évocation mérite une consécration normative (II).

I. Le pouvoir normatif de la CCJA

Il est évident que le législateur ne peut pas tout prévoir. Il appartient donc au juge de dire le droit même en cas de silence, d'obscurité ou d'insuffisance de la loi. Le pouvoir de création de la norme revient aux juges de la Cour de cassation. Dans le cadre de l'OHADA, c'est la CCJA qui est investi de ce pouvoir. Selon l'article 14 alinéa premier du Traité, elle assure l'interprétation et l'application communes du Traité OHADA, des règlements pris pour son application et des Actes uniformes. « Quatre techniques ou catégories de techniques de création du droit par les juges des juridictions supérieures sont distinguées. En premier lieu, il arrive aux magistrats de combler les lacunes du droit positif : il n'y avait pas de réponse et désormais il y en a une. En deuxième lieu, il arrive que les juridictions opèrent des revirements de jurisprudences : dans ce cas, il y avait déjà une réponse, et elle est remplacée par une autre. En troisième lieu, la création du droit peut résulter de la façon de résoudre un conflit, ou en liant le conflit par interprétation conforme. En dernier lieu, il arrive que, sans créer du droit, les juridictions annoncent une telle création, sous une forme qui varie d'un ordre juridique à l'autre, et cette annonce suffit déjà à bouleverser le comportement de ceux qui guident leur conduite d'après ce que les tribunaux risquent d'en dire à la faveur d'un procès »[44]. Parmi les différentes catégories de techniques de création du droit énumérées ci-haut, celle portant sur l'intervention des magistrats pour combler les lacunes du droit caractérise bien le comportement des juges de la CCA lorsqu'ils décident en cas de cassation, d'évoquer et de renvoyer les parties et la cause devant une juridictions nationales du fond alors que l'alinéa 5 de l'article 14 du Traité ne fait aucune mention de renvoi. D'autres interventions de la Cour après cassation permettent d'établir son pouvoir normatif. Il s'agit notamment lorsque la Cour décide après cassation de ne pas évoquer ni d'opérer un renvoi devant une juridiction nationale ou de ne pas évoquer, mais renvoyer. Le pouvoir normatif de la Cour peut être analysée sous le prisme de ces multiples manifestions de cassation. En réalité, elle comble certaines lacunes du Traité qui l'oblige sans aucune marge de manœuvre à évoquer et à statuer sur le fond en cas de cassation. Si l'évocation instituée par le législateur OHADA permet d'assurer une unification de la jurisprudence communautaire, elle semble ne pas tenir compte de la réalité du droit qui conduit la Cour à s'attribuer un pouvoir discrétionnaire dans l'appréciation in concreto des litiges pouvant donner lieu à évocation.

II. La nécessaire consécration normative du pouvoir discrétionnaire des juges dans l'appréciation matérielle de l'évocation

Si la lettre de l'article (14 alinéa 5 du Traité) ne laisse aucune possibilité à la CCJA d'apprécier souverainement les litiges qui peuvent

[44] G. CANIVET, « activisme judiciaire et prudence interprétative, introduction générale, *Archi. Phil.droit* 50 (2006), p.25, *https://www.courdecassation.fr/IMG/File/pdf_2007/publications_2007/activisme_judiciaire-1.pdf*

donner lieu à cassation, il est clair, qu'elle a pu s'attribuer elle-même un pouvoir discrétionnaire dans ce domaine. Suivant cette logique, elle a pu développer dans sa jurisprudence, de multiples figures de cassation qui ne sont pas à l'origine prévues par les textes. C'est par exemple, les cas de renvoi des parties et la cause devant une juridiction nationale après cassation et évocation, les situations de cassation sans renvoi et sans évocation, et aussi les cas où la Cour n'évoque pas après cassation, mais renvoie les parties devant une juridiction. Ces multiples facettes de cassation traduisent une certainement inadéquation des textes à la réalité du droit exprimée dans la jurisprudence. Dès lors, il semble nécessaire de procéder à des réformes pour attribuer légalement à la Cour, la possibilité d'apprécier souverainement les litiges qui lui sont soumis et qui peuvent donner lieu à évocation. Dans cette perspective, un auteur[45] estime qu'il y a lieu de penser à la transformation du devoir d'évocation en une faculté d'évocation. Pour assurer l'unification jurisprudentielle en cas de renvoi, il peut être institué un second pourvoi contre la décision du juge de renvoi qui sera examiné définitivement par l'assemblée plénière de la Cour suprême communautaire.

Il est évident qu'il y a lieu de penser à la transformation du caractère obligatoire de l'évocation à une simple faculté d'évocation. En la matière, un pouvoir discrétionnaire doit être accordé au juge pour éviter qu'il s'en donne lui-même en dehors des textes.

[45] N. DAM, *op. cit.*, p. 17 et s.

Conclusion du chapitre 2

Le pouvoir d'évocation institué par le législateur OHADA dans la perspective d'assurer l'unification de la jurisprudence communautaire marque une certaine spécificité de la haute Cour judiciaire de l'OHADA à l'instar des autres juridictions nationales supérieures.[335] Le pouvoir d'évocation permet à la haute Cour de justice de se saisir de l'entièreté du litige notamment dans sa dimension juridique et factuelle pour en donner une solution définitive. Cette démarche de la CCJA lorsqu'elle évoque et statue sur le fond en cas de cassation, marque sa juridictionnalisation. La Cour se mue en une véritable juridiction du fond qui juge en fait et en droit. Les avantages de cette inversion du rôle de la CCJA en cas de cassation, sont d'assurer une application et interprétation uniformes des textes et de gagner en temps, en évitant les multiples renvois devant les juridictions nationales. Mais, il convient tout de même de signaler que l'évocation, telle qu'instituée par le Traité OHADA en son (article 14 alinéa 5) n'est pas toujours observée par les juges de la CCJA qui se sont attribués un pouvoir discrétionnaire dans l'appréciation matérielle des situations pouvant donner lieu à évocation. C'est ainsi qu'il existe de nombreuses figures de cassation. Des cas de cassation avec évocation et suivie de renvoi, des cas de cassation sans évocation et non suivie de renvoi et les cassations sans évocation et suivie de renvoi. La consécration jurisprudentielle de ces multiples exceptions au principe du pouvoir d'évocation semble être un indicateur de l'inadéquation des textes à la réalité du droit. Il convient alors pour le législateur OHADA, de tenir compte de cette réalité jurisprudentielle en accordant légalement un pouvoir discrétionnaire au juge de la haute Cour judiciaire dans l'appréciation souveraine des situations litigieuses pouvant donner lieu à évocation. Ces exceptions jurisprudentielles viennent combler les limites de (l'article 14 al.5) qui ne donne aucune possibilité aux juges d'apprécier

[335] Dans certaines législations nationales des États-Parties au Traité, l'évocation n'est pas érigée en règle, mais relève plutôt du pouvoir discrétionnaire du juge. C'est le cas par exemple du Mali et du Bénin.

les litiges à leur soumettre et qui peuvent donner lieu à évocation. En suivant le contenu de cet article, le juge a les mains liées et est tenu d'évoquer et de statuer sur le fond à chaque fois qu'il y a cassation. Dans la perspective de donner plus de possibilité d'appréciation des litiges aux juges, il y a lieu de réformer l'article 14 al. 5 du Traité en vue de faire de l'évocation une simple faculté et non une obligation légale.

Conclusion du titre 2

L'étude consacrée aux rapports entre la CCJA et les juridictions nationales de cassation a permis de faire ressortir les difficultés qui existent entre ces deux ordres de juridictions. Dans un premier temps, l'étude a permis de restituer l'exclusion dont fait l'objet les juridictions nationales de cassation dans le règlement du contentieux lié au droit des affaires. Les juridictions nationales de cassation ne sont plus compétentes pour connaître du contentieux relevant du droit uniforme. Elles doivent se déclarer incompétentes lorsqu'elles sont saisies d'un pourvoi faisant application d'un Acte uniforme. Leur compétence est seulement limitée à l'application des sanctions pénales dont les incriminations sont contenues dans les Actes uniformes. Des difficultés sont aussi à relever au niveau du renvoi fait aux États Parties pour déterminer le quantum des peines des incriminations contenues dans les Actes uniformes. Les États Parties sont donc libres de fixer des sanctions pénales plus lourdes ou plus légères en matière de constitution, fonctionnement, dissolution et liquidation des sociétés commerciales. Sur l'étude des sanctions pénales des trois États d'Afrique de l'Ouest (Bénin, Côte d'ivoire, Togo) parties au Traité OHADA en matière de constitution, de fonctionnement, de dissolution et liquidation des sociétés commerciales, le Bénin se démarque avec des sanctions pénales plus sévères. Les investisseurs pourront être tentés à aller vers les États qui ont adopté des sanctions pénales plus douces. Une certaine uniformisation des sanctions pénales internes doit être envisagée en vue de réduire les différences qui existent entre le quantum des peines fixé par les États Parties.

Dans un second temps, l'étude a permis aussi de rendre compte des difficultés relatives au pouvoir d'évocation dont est investie la CCJA dans le règlement du contentieux des affaires. L'article 14 al. 5 du Traité oblige la Cour d'évoquer et de statuer sur le fond en cas de cassation. La Cour, malgré son obligation légale d'évoquer et de statuer sur le fond en cas de cassation, s'attribue un pouvoir discrétionnaire dans l'appréciation matérielle des situations pouvant donner lieu à évocation. La jurisprudence judiciaire de la Cour contient de nombreux exemples de renvoi après cassation, de cassation sans évocation et sans renvoi, de cassation sans évocation suivie de renvoi. Ces exceptions jurisprudentielles doivent être la règle en matière d'évocation. Pour ce faire, l'évocation au lieu d'être une obligation légale doit être une simple faculté pour le juge qui doit disposer d'un pouvoir discrétionnaire pour apprécier in concreto les situations dans lesquelles il convient d'évoquer.

Conclusion de la première partie

Il s'agissait dans cette première partie, de rendre compte des difficultés relatives au règlement judiciaire des litiges commerciaux. L'étude a permis dans un premier temps, de restituer quelques insuffisances relatives au règlement judiciaire des litiges commerciaux. Il convient de rappeler que le règlement des litiges commerciaux en Afrique de l'Ouest notamment dans les États Parties au Traité OHADA, s'effectue à la fois par les juridictions nationales du fond et la CCJA. Les enquêtes de terrain réalisées dans le cadre de cette étude a permis de faire ressortir les difficultés auxquelles les juridictions nationales du fond sont confrontées dans le règlement judiciaire des litiges commerciaux. Ces difficultés sont à la fois relatives à l'organisation matérielle des tribunaux de commerce, à l'insuffisance de moyens financiers et au manque de ressources humaines qualifiées. Par exemple, il est quasiment impossible d'accéder aux décisions rendues par le tribunal de commerce de Bamako qui ne tient pas de statistiques de règlement des litiges. Les juges travaillent dans des conditions matérielles difficiles et ne sont pas à l'abri des tentatives de sollicitations des justiciables. L'objectif de création d'un espace juridique et judiciaire sécurisé et uniforme passera nécessairement par l'amélioration des conditions matérielles de travaille des juges du fond des juridictions nationales chargés du règlement des litiges commerciaux en instance et en appel. Il convient tout de même de noter une tendance générale de création de tribunaux de commerce au sein des États d'Afrique de l'Ouest Parties au Traité OHADA. La création des juridictions commerciales avec des juges spécialisés vient rompre avec une ancienne pratique qui consiste à confier le règlement des litiges commerciaux aux juridictions d'instance ou à créer des chambres commerciales au sein de ces juridictions.

Dans un second temps, l'étude a permis de restituer les difficultés rencontrées par la Cour de cassation unique de l'OHADA en l'occurrence la CCJA dans le règlement judiciaire des litiges commerciaux. Il existe une hiérarchisation dans l'organisation judiciaire de l'OHADA. La CCJA est au sommet de cette hiérarchie judiciaire dont la mission consiste à interpréter et appliquer en cassation le Traité OHADA, les règlements pris pour son application et les Actes uniformes. L'intérêt de la création de la CCJA est d'assurer une jurisprudence uniforme dans le règlement du contentieux des affaires. L'atteinte de cet objectif a conduit à la marginalisation des juridictions nationales de cassation des États Parties au Traité OHADA qui, avant l'avènement du droit uniforme avaient toute la plénitude de leurs compétences en matière de règlement du contentieux lié au droit des affaires. Les juridictions nationales de cassation ne sont désormais compétentes que pour appliquer les dispositions d'incriminations pénales contenues dans les actes uniformes conformément à l'article 5 alinéa 2 du Traité OHADA. Pour dépasser le statu quo et permettre aussi aux juridictions nationales de cassation de participer au règlement du contentieux lié au droit des affaires, des propositions ont été faites par l'association Africaine des hautes juridictions francophones au rang desquelles la validation par la CCJA des décisions rendues par les juridictions nationales supérieures avant leurs exécutions. L'évocation n'interviendra que lorsque la CCJA ne valide pas leurs décisions. L'instauration d'un délai de douze mois aux juridictions nationales de cassation pour vider leur saisine. L'idée de validation par la CCJA des décisions rendues par les juridictions nationales de cassation semble être une bonne perspective car elle permettra à la haute juridiction communautaire de procéder à l'unification jurisprudentielle du droit uniforme en évitant ainsi que les juridictions nationales de cassation puissent interpréter et appliquer le droit des affaires d'une manière différente alors que l'enjeu reste et demeure l'uniformisation. Une interprétation et application différente du droit uniforme est non seulement source d'insécurité judiciaire, mais également d'inaccessibilité de la jurisprudence. Pour assurer cette unification jurisprudentielle, la CCJA doit intervenir in fine malgré l'éventuelle participation des juridictions nationales supérieures dans le règlement du contentieux lié au droit des affaires.

DEUXIEME PARTIE.

Le recours à l'arbitrage et à la médiation dans la perspective d'une amélioration du règlement alternatif des litiges commerciaux

Entièrement consacrée au règlement judiciaire des litiges commerciaux, la première partie de notre étude a permis d'identifier les difficultés relatives à la mise en œuvre juridictionnelle des Actes uniformes. Ces difficultés sont à la fois relatives au manque de ressources humaines de qualité, d'infrastructures et de corruption qui constituent un obstacle majeur à l'émergence d'un espace juridique et judiciaire intégré favorable à l'investissement national et étranger. Au regard des difficultés qui émaillent la mise œuvre effective des Actes uniformes par les juridictions nationales et la CCJA, il est important d'encourager le recours à la justice alternative notamment à l'arbitrage et à la médiation dans la perspective d'amélioration du règlement des litiges commerciaux. Le législateur OHADA s'est très tôt inscrit dans la dynamique de promotion des modes alternatifs de règlement des litiges. En effet, il ressort clairement de l'article premier du Traité de l'OHADA que : « le présent Traité a pour objet l'harmonisation du droit des affaires dans les États Parties par l'élaboration des règles communes, simples, modernes, et adaptées à la situation de leurs économies, par la mise en œuvre de procédures judiciaires appropriées, et par l'encouragement au recours à l'arbitrage pour le règlement des différends contractuels ».

L'encouragement à recourir aux modes alternatifs pour le règlement des différends contractuels ressort également dans les dispositions de l'article 12 [1] de l'Acte uniforme portant organisation des procédures simplifiées de recouvrement et des voies d'exécution. Aux termes de cet article, « La juridiction saisie sur opposition procède à une tentative de

[1] Article 12 de l'Acte uniforme portant organisation des procédures simplifiées de recouvrement et des voies d'exécution.

conciliation. Si celle-ci aboutit, le président dresse un procès-verbal de conciliation signé par les parties, dont une expédition est revêtue de la formule exécutoire. Si la tentative de conciliation échoue, la juridiction statue immédiatement sur la demande ayant formé opposition, par une décision qui aura les effets d'une décision contradictoire ». La juridiction saisie sur opposition est tenue de procéder à une tentative de conciliation ce qui atteste largement de la volonté du législateur communautaire à amener les parties à trouver eux même une issue favorable à leur litige de manière à éviter une décision judiciaire qui serait de nature à mettre terme définitivement à leur relation contractuelle. Pendant qu'une décision judiciaire met fin définitivement aux relations contractuelles des parties en litige, le règlement alternatif permet de maintenir celles-ci.

Il doit avoir un changement de paradigme, autrement dit, le règlement judiciaire des litiges doit être l'exception et les modes amiables la règle en vue d'aller vers une société moins judiciarisée. S'inscrivant dans la perspective de promotion des modes alternatifs de règlement des litiges, Monsieur Idrissa Moussa DIALLO, secrétaire général de la chambre de commerce et d'industrie du Mali affirme que : « Les gens n'ont pas confiance au mode judiciaire de règlement de litiges. Les gens sont plus à l'aise quand ils passent dans un centre d'arbitrage : d'abord parce qu'il y a la confidentialité. Contrairement au centre d'arbitrage, les séances sont publiques dans les juridictions, du coup, les affaires sont exposées devant tout le monde. Ensuite il y a la rapidité du traitement des dossiers. Le choix des arbitres appartient aux parties »[2]. Pour l'ancien président du tribunal de commerce de Bamako, « La pratique des modes alternatifs de règlement des litiges est marginale. Quand bien même que le code de procédure civile, sociale et commerciale malien prévoit la médiation, la pratique est très timide. Durant les dix années passées au tribunal, M. Théra n'a eu qu'un seul cas de litige dans lequel il été fait recours à la médiation. Ce litige opposait une entreprise et sa banque. Le code de procédure civile malien prévoit qu'il faut qu'il ait une demande adressée au président du tribunal, la demande doit être notifiée à la partie adverse pour provoquer sa réaction et procéder par la suite à la médiation. Pour M. Théra la timidité du recours à la médiation est relative au fait que les justiciables ne sont pas assez informés et les avocats préfèrent le

[2]Entretien réalisé le 14/09/2017 à partir de 11 h 30 avec M. Idrissa Moussa Diallo, secrétaire général de la chambre de commerce et d'industrie du Mali.

contentieux qui exige le plein tarif contrairement aux modes alternatifs de règlement de litiges ».[3]

Le manque de confiance des justiciables en une justice étatique est ressorti dans une enquête d'opinion effectuée par Afro Baromètre en mars 2017. L'enquête a concerné cinquante-trois mille neuf cent trente-cinq personnes, ressortissantes de trente-six pays africains. L'étude indique qu'au nombre de ces personnes, près de la moitié, soit 43 %, n'ont pas confiance en la justice, plus d'un tiers, soit 33 % estiment que la plupart ou tous les juges sont corrompus ; 13 % estiment avoir eu à faire aux tribunaux durant les cinq dernières années ; 54 % ont estimé que l'assistance des tribunaux était difficile ou très difficile d'obtenir ; 30 % ont versé des pots-de-vin pour obtenir l'assistance des tribunaux ; 60 % ont estimé que leurs affaires devant la justice ont duré longtemps ; 47 % ont estimé ne pas avoir eu d'assistance juridique. Selon 38 %, le juge était inattentif et 38 % n'ont pas pu s'acquitter des frais[4]. Ces statistiques prouvent à suffisance la perception des justiciables de la justice en Afrique. Une justice difficile d'accès, loin des citoyens et dont les juges n'expriment plus confiance aux justiciables. C'est dans la perspective d'amélioration et de renforcement du règlement des litiges commerciaux qu'il est nécessaire de recourir à l'arbitrage pour combler les limites relatives au règlement judiciaire des litiges. (TITRE 1). Si le législateur communautaire encourage le règlement des litiges commerciaux par le biais de l'arbitrage, la médiation est aussi un cadre approprié de règlement alternatif de litiges qui n'a pas été ignoré par celui-ci. L'encouragement au recours à la médiation dans le cadre de l'OHADA s'est traduit par l'élaboration d'un Acte uniforme sur la médiation et à travers la création des centres de médiation dans l'espace OHADA dans la perspective d'amélioration du règlement alternatif des litiges commerciaux (TITRE2).

---

[3] Entretien réalisé le 15/09/2017 à 15 h avec M. Théra, Directeur national de la cellule nationale de traitement des informations financières (CENTIF), ancien Président du tribunal de commerce de Bamako.

[4] C. LOGAN, « L'ambition des ODD confronté à la réalité : la justice demeure inaccessible à beaucoup d'Africains », synthèse de politique N° 39, Afrobaromètre, mars 2017.

TITRE 1.

Le recours à l'arbitrage dans la dynamique d'une amélioration du règlement alternatif des litiges commerciaux

Le recours à l'arbitrage pour le règlement des différends contractuels ressort clairement dans le préambule du Traité qui affirme la volonté des hautes parties contractantes au Traité relatif à l'harmonisation du droit des affaires en Afrique, de promouvoir l'arbitrage comme instrument de règlement des différends contractuels. Les dispositions de l'article premier du Traité s'inscrivent dans la même dynamique de promotion de l'arbitrage. « Le présent Traité a pour objet l'harmonisation du droit des affaires dans les États parties par l'élaboration et l'adoption de règles communes simples, modernes et adaptées à la situation de leurs économies, par la mise en œuvre de procédures judiciaires appropriées, et par l'encouragement au recours à l'arbitrage pour le règlement des différends contractuels »[1] Les pères fondateurs de l'OHADA, dès le Traité constitutif du 17 octobre 1993, ont vu la nécessité de promouvoir l'arbitrage comme un instrument efficace de règlement du contentieux des affaires en Afrique. Il s'agira ici de rendre compte des difficultés relatives à l'applicabilité de l'Acte uniforme relatif au droit de l'arbitrage (chapitre 1), avant de passer en revue l'apport jurisprudentiel de la CCJA dans l'affermissement du droit de l'arbitrage (chapitre 2).

[1]Article 1er du Traité OHADA.

CHAPITRE 1.

Les difficultés relatives à la mise en œuvre de l'arbitrage OHADA

L'objet de ce chapitre est de passer en revue les difficultés relatives à la mise en œuvre de l'arbitrage OHADA. La justice arbitrale a eu un écho favorable dans l'entreprise d'harmonisation du droit des affaires en Afrique. Le préambule du Traité et son article premier suffisent pour se convaincre de la volonté des États Parties de promouvoir l'arbitrage comme instrument de règlement des différends contractuels. Il s'agira ici de rendre compte d'une part, des insuffisances relatives à l'arbitrabilité des litiges dans l'Acte uniforme relatif au droit de l'arbitrage (section 1), et d'autre part, des difficultés relatives à l'immunité d'exécution des personnes morales de droit public (section 2).

SECTION 1.
Les insuffisances liées à l'arbitrabilité des litiges dans l'acte uniforme relatif au droit de l'arbitrage

Le souci du législateur OHADA de promouvoir l'arbitrage comme instrument de règlement des différends contractuels, s'est traduit par l'adoption le 11 mars 1999 d'un Acte uniforme relatif au droit de l'arbitrage qui après une quinzaine d'années d'application a été révisé et adopté le 23 novembre 2017[1]. Il ne s'agit pas de rendre compte ici de

[1] Il est important de signaler que le régime juridique de l'arbitrage CCJA est constitué principalement par les textes suivants : 1) le Traité du 17 octobre 1993 relatif à l'harmonisation du Droit des affaires en Afrique entré en vigueur le 18 septembre 1995, révisé et adopté le 17/10/2008 à Québec au Canada. Ce Traité consacre un titre entier de son dispositif (titre IV) à l'arbitrage CCJA. 2) Le règlement d'arbitrage de la CCJA

l'intégralité de l'Acte uniforme relatif au droit de l'arbitrage, mais plutôt, de restituer certaines de ses limites les plus importantes notamment la question de l'arbitrabilité objective (§ 1), et de l'arbitrabilité subjective (§ 2).

§1. L'arbitrabilité objective dans l'espace

L'arbitrabilité peut être définie comme la faculté attachée à un litige d'être résolu par la voie de l'arbitrage.[2] Si l'arbitrage est considéré comme étant une justice privée, alternative à la justice judiciaire, il faut tout de même noter que l'arbitre bien qu'étant un juge ne peut pas juger tous les litiges. La compétence de l'arbitre est limitée. Selon Jean-Baptiste RACINE, tout le problème est de savoir où commencent les limites imposées aux arbitres et quels sont les critères permettant d'apprécier l'arbitrabilité des litiges.[3] « L'arbitrabilité est une question abstraite, délicate, mal cernée, fuyante, et qui suscite un certain nombre de malentendus, voire de contresens ».[4] Le concept d'arbitrabilité doit être saisi dans sa double dimension notamment objective et subjective. Il ne sera question dans ce paragraphe, que de l'arbitrabilité objective qui désigne l'aptitude d'une cause à être soumise à l'arbitrage.[5]

Il ressort des dispositions de l'article 2 de l'AUA que « toute personne physique ou morale peut recourir à l'arbitrage sur les droits dont elle a la libre disposition. Les États, les autres collectivités publiques territoriales, les établissements publics et toute autre personne morale de droit public peuvent également être parties à un arbitrage, quelle que soit la nature

---

adopté le 11 mars 1999 à Ouagadougou (Burkina Faso), révisé et adopté le 23/11/2017 à Conakry (Guinée) détermine les modalités de cet arbitrage ; 3) le Règlement intérieur de la CCJA en matière d'arbitrage par lequel la CCJA s'est dotée d'organes spécifiques chargés de son arbitrage. 4) La décision n° 004/99/CCJA du 3 février 1999 relative aux frais d'arbitrage. A titre secondaire, il y a l'Acte uniforme relatif au droit de l'arbitrage adopté le 11 mars 1999, révisé et adopté le 23 novembre 2017. Il convient de noter que l'Acte uniforme relatif au droit de l'arbitrage constitue le droit commun de l'arbitrage pour les 17 Etats membres de l'OHADA.

[2] J-B. RACINE, *op. cit.* p 406.

[3] J-B. RACINE, *op. cit.* p 164.

[4] Voir dans ce sens : Ch. JAROSSON, « L'arbitrabilité : présentation méthodologique », *RJ com.*1996, p.1.

[5] C. Jean Sossou BIADJA, *L'acte uniforme OHADA relatif à l'arbitrage à l'épreuve des standards transnationaux de la justice arbitrale : Approche comparée de droit international privé*, Thèse, Coll. Genevoise, Genève/Zurich, Schulthess éditions romandes, 2016, p.126.

juridique du contrat, sans pouvoir invoquer leur propre droit pour contester l'arbitrabilité d'un différend, leur capacité à compromettre ou la validité de la convention d'arbitrage. »[6].

S'il est clair que le législateur OHADA a consenti d'énormes efforts en matière d'arbitrage, il est important tout de même d'émettre des réserves par apport à l'alinéa 1er de l'article 2 de l'AUA qui dispose que : « toute personne physique ou morale peut recourir à l'arbitrage sur les droits dont elle a la libre disposition ». Le législateur OHADA a repris textuellement les termes de l'article 2059 du Code civil français qui dispose que « Toutes personnes peuvent compromettre sur les droits dont elles ont la libre disposition ».[7] Le législateur français va encore plus loin en dressant la liste des droits disponibles. En effet, aux termes des dispositions de l'article 2060 du Code civil, « On ne peut compromettre sur les questions d'état et de capacité des personnes, sur celles relatives au divorce et à la séparation de corps ou sur les contestations intéressant les collectivités publiques et les établissements publics et plus généralement dans toutes les matières qui intéressent l'ordre public. Toutefois, des catégories d'établissements publics à caractère industriel et commercial peuvent être autorisées par décret à compromettre. [8]

Quant au législateur OHADA, il ne fournit aucune liste de droits dont les titulaires auraient la libre disposition.[9] Un droit est disponible lorsqu'il est sous la totale maîtrise de son titulaire, à telle enseigne qu'il peut tout faire à son propos et notamment l'aliéner, voire y renoncer.[10] Le fait d'énoncer que toute personne physique ou morale peut recourir à l'arbitrage sur les droits dont elle a la libre disposition sans énumérer les droits sur lesquels peut porter l'arbitrage, constitue une limite importante dans l'entreprise d'harmonisation du droit de l'arbitrage. Il faudrait alors selon une partie de la doctrine, recourir au droit national applicable, sans que puisse être opposé le fait que l'Acte uniforme semble plus favorable à la méthode des règles matérielles en ce qui concerne l'appréciation de la validité de la convention d'arbitrage.[11]

À la notion de la libre disponibilité des droits que retiennent les législations française et OHADA comme critère d'appréciation de

---

[6]Article 2 de l'AUA.

[7] Article 2059 du code civil français.

[8] Article 2060 du code civil français.

[9]N. AKA, A. FENEON et J.-M TCHAKOUA, *op. cit.* p 35.

[10] P. LEVEL, « L'arbitrabilité », in Perspectives d'évolution du droit français de l'arbitrage, *Rev.arb.* n° 1 janvier-mars, 1992, p. 219.

[11] N. AKA, A. FENEON et J.-M TCHAKOUA, *op. cit.* p 35.

l'arbitrabilité objective, le législateur Suisse a opté pour un critère plus objectif de la « patrimonialité de la cause »[12]. En effet, aux termes des dispositions de l'article 177 alinéa 1er de la loi fédérale sur le droit international privé du 18 décembre 1987 [13] « Toute cause de nature patrimoniale peut faire l'objet d'un arbitrage ». La loi fédérale n'ayant donné de définition à la notion de patrimonialité de la cause, c'est la Haute juridiction Suisse qui donne la définition suivante : « Toutes les prétentions qui ont une valeur pécuniaire pour les parties, à titre d'actif ou de passif, autrement dit, les droits qui présentent pour l'une au moins de celles-ci, un intérêt pouvant être apprécié en argent ».[14]La patrimonialité de la cause comme critère d'évaluation de l'arbitrabilité objective en droit Suisse, doit servir de source d'inspiration au législateur OHADA.

Quant au droit chinois de l'arbitrage, il fait aussi référence à la notion de patrimonialité comme critère d'appréciation de l'arbitrabilité objective. En droit chinois de l'arbitrage, les litiges touchant aux matières familiales ou administratives ne peuvent être réglés par la voie de l'arbitrage. Les différends arbitrables en droit chinois sont tous ceux qui se rapportent à un droit patrimonial. Tous les différends commerciaux sont donc concernés, y compris certains litiges en matière de propriété intellectuelle[15]. En droit français, l'énumération des droits disponibles faite par le législateur, contient des insuffisances de nature à mettre fondamentalement en cause la pratique de l'arbitrage. En effet, il ressort clairement des dispositions de l'article 2060 qu'on ne peut compromettre sur les questions intéressant les collectivités publiques et les établissements et plus généralement dans toutes les matières qui intéressent l'ordre public. L'inarbitrabilité des litiges qui impliquent les personnes morales de droit public et intéressant l'ordre public est une limite importante à la promotion de l'arbitrage en tant que mode de règlement des litiges. C'est partant de ce constat que Patrice LEVEL estime que : « L'article 2060 n'est pas « montrable » tel quel et sans explications abondantes et difficiles, dans une négociation internationale. Outre son obsolescence déjà signalée en matière d'arbitrabilité des litiges concernant l'État et ses démembrements, il porte une référence à l'ordre

---

[12] C. J. S. BIADJA, *op. cit.* p 133.

[13]Article 177 de la loi fédérale sur le droit international privé du 18 décembre 1987.

[14]*Ibid.*

[15] K. FAN « un point (de vue) sur l'arbitrabilité en chine et à Hong Kong : toujours un pays, deux systèmes » *Rev. Arb.* n°4 octobre-décembre, 2014, p. 837.

public des plus équivoques : il faudra en finir avec cette fonction de l'ordre public dans la définition de l'arbitrabilité »[16].

Tout comme Patrice LEVEL, le professeur Philippe FOUCHARD met en cause également l'article 2060 du code civil. Il reconnaît que le droit OHADA de l'arbitrage apportait ainsi une avancée spectaculaire sur cette question par rapport au droit français où la réticence du Conseil d'État n'était toujours pas vaincue et où l'article 2060 du code civil continuait de recevoir application, alors que la quasi-majorité des législations sur l'arbitrage reconnaissaient la pleine capacité de l'État et de ses entités à s'engager par convention d'arbitrage.[17] L'article 2060 du Code civil doit être apprécié dans ses deux dimensions à savoir l'inarbitrabilité des litiges concernant l'État et ses démembrements et la référence faite à l'ordre public. Mais, la jurisprudence a pratiquement vidé de sa substance les dispositions de l'article 2060 du Code civil dans sa référence à l'ordre public. C'est dans le domaine du droit de la concurrence que les avancées dans le domaine de l'arbitrabilité ont réellement démarré. Le droit de la concurrence est considéré comme une matière d'ordre public. Il s'agit ici de l'ordre public économique qui se traduit par l'établissement des contraintes en vue de protéger le libre jeu de la concurrence. L'arrêt de référence, considéré comme l'arrêt fondateur a été rendu par la Cour suprême des Etats-Unis dans l'affaire Mitsubishi le 2 juillet 1985 par lequel la Cour a reconnu l'arbitrabilité des litiges de droit antitrust.[18] En France, l'arbitrabilité des litiges relatifs au droit communautaire de la concurrence a reconnu par l'arrêt Labinal rendu par la Cour d'appel de Paris le 19 mai 1993. La Cour a considéré que le litige n'est plus inarbitrable du seul fait que l'arbitre doit appliquer des règles d'ordre public. [19]

Le législateur OHADA, dans sa volonté de faire de l'arbitrage un instrument de règlement des différends contractuels, a décidé de l'ouvrir à toute personne physique ou morale de droit privé ou de droit public. L'alinéa 2 de l'article 2 de l'AUA est très explicite quant à l'énumération des personnes morales pouvant recourir à l'arbitrage. Il s'agit notamment, des États et ses émanations, les collectivités territoriales, les

---

[16]P. LEVEL, *op. cit.* p 218.

[17] Cité par A. FENEON, « L'arbitrage OHADA après la réforme du 23 novembre 2017 », *Rev. Arb.* N° 4 octobre-décembre, 2018, p.739. Voir dans ce sens, Ph. FOUCHARD, H. KENFACK DOUAJNI, J.M. BOSSO, in: *L'arbitrage OHADA,* actes du colloque de Paris du 2 février 2001, Rev. Cam.Arb., n° spécial, oct.2001, p.65-66.

[18]J-B. RACINE, F. SIIRIAINEN, *Droit du commerce international, op. cit.*, p. 408.

[19]J.-B. RACINE, *Droit de l'arbitrage, op. cit.*, p.172.

établissements publics ainsi que de toutes autres personnes morales de droit public. Le législateur va encore plus loin dans sa volonté de promouvoir l'arbitrage en estimant que les personnes morales de droit public peuvent également être parties à un arbitrage, quelle que soit la nature juridique du contrat. La nature juridique du contrat objet de l'arbitrage n'est plus un obstacle à la participation des personnes morales. Que le contrat soit de droit privé ou public, il n'existe plus aucune limitation à la participation de la personne morale de droit public dans un arbitrage. Cette ouverture de l'arbitrage aux personnes morales de droit public est qualifiée de novateur[20] par une partie de la doctrine. Il ressort de l'alinéa 2 de l'article 2 de l'AUA que « ... les États, les autres collectivités publiques territoriales, les établissements publics et toute autre personne morale de droit public peuvent également être parties à un arbitrage, quelle que soit la nature juridique du contrat, sans pouvoir invoquer leur propre droit pour contester l'arbitrabilité d'un différend, leur capacité à compromettre ou la validité de la convention d'arbitrage. »[21] Les États, ses démembrements et toute autre personne morale de droit public ne peuvent pas se soustraire à un arbitrage en invoquant leur propre droit pour contester l'arbitrabilité d'un différend. La CCJA a plusieurs fois eu l'occasion de rappeler aux États le respect de leurs engagements arbitraux.

Le législateur OHADA n'ayant pas fourni la liste des droits disponibles dans l'AUA ni dans aucun autre texte, renvoie implicitement aux droits internes non uniformes des États parties au Traité OHADA. Les législations internes des États parties au Traité peuvent ne pas avoir la même conception de la disponibilité des droits qui peuvent être différente d'un État à un autre mettant ainsi en cause l'objectif d'intégration normative du droit OHADA. Après avoir passé en revue les quelques insuffisances relatives à l'arbitrabilité objective dans l'AUA à la lumière du droit comparé, il y a lieu de rendre compte de l'arbitrabilité subjective.

§2. L'arbitrabilité subjective dans l'espace

Si l'arbitrabilité objective fait référence à la cause, l'arbitrabilité subjective fait plutôt état de l'aptitude d'un litige à faire l'objet d'un arbitrage en tenant compte de la qualité des personnes impliquées dans le

---

[20] C. J.S. BIADJA, *op. cit.* p.122.

[21] Alinéa 2 de l'article 2 de l'AUA.

litige. Les dispositions de l'article 2 de l'AUA affirment que « Toute personne physique ou morale peut recourir à l'arbitrage... »[22]. Aucune distinction n'est faite ici ntre les personnes physiques et morales. Elles ont toutes la capacité d'être partie à un arbitrage qu'il soit interne ou international[23] L'alinéa 2 de l'AUA ajoute que les États, les autres collectivités publiques territoriales, les établissements publics et toute autre personne morale de droit public peuvent également être parties à un arbitrage, quelle que soit la nature juridique du contrat, sans pouvoir invoquer leur propre droit pour contester l'arbitrabilité d'un différend, leur capacité à compromettre ou la validité de la convention d'arbitrage.[24] La jurisprudence arbitrale de la CCJA permet de restituer les enjeux de la participation des personnes morales de droit public dans l'arbitrage telle que consacrée par l'AUA.

Dans l'affaire République de Guinée Équatoriale c/ la Commercial Bank Guinea Ecuatorial (CBGE). La Cour, dans cet arrêt en date du

---

[22]Article 2 alinéa 1re de l'AUA.

[23]Il est important de signaler que contrairement à la législation française sur l'arbitrage qui fait la distinction entre l'arbitrage interne et international en consacrant ainsi le dualisme juridique, le législateur OHADA a retenu le monisme juridique en ne faisait pas de distinction entre l'arbitrage interne et international. Le monisme juridique de l'arbitrage OHADA tient donc au fait qu'il n'existe aucune différence de régime applicable à l'arbitrage interne et international. L'acte uniforme qui est le droit commun des 17 Etats parties au Traité OHADA en matière d'arbitrage, est à la fois valable pour l'arbitrage interne et international. Tel n'est pas l'option choisie par le législateur français qui a consacré une distinction entre l'arbitrage interne et international. En effet, l'article 1504 du code de procédure civile dispose qu'« est international l'arbitrage qui met en cause des intérêts du commerce international ». Le critère retenu ici est purement économique et non juridique. C'est bien la nature de l'opération économique à l'origine du litige qui sert à déterminer le caractère international ou non de l'arbitrage. Il existe une jurisprudence abondante sur la question de la détermination du caractère international de l'arbitrage. Il suffit pour que l'arbitrage soit international, que l'opération économique implique un mouvement de biens, de services ou un paiement à travers les frontières, autrement dit que le litige intéresse l'économie de plus d'un pays. (Paris, 29 mars 2001. 543, note D. Bureau). Voir dans ce sens J.-B Racine, Droit de l'arbitrage, *op. cit.* p 384. La Cour d'appel de Paris a plusieurs fois eu l'occasion d'affirmer que : « le caractère international de l'arbitrage doit être déterminé en fonction de la réalité économique du processus à l'occasion duquel il est mis en œuvre ; à cet égard, il suffit que l'opération économique réalise un transfert de biens, de services ou de fonds à travers les frontières, la nationalité des parties, la loi applicable au contrat ou à l'arbitrage, ainsi que le lieu de l'arbitrage étant, en revanche, inopérants (Paris 14 mars 1989, Rev., 1991, p 355 et s., obs.MOITRY et VERGNE). Voir P. Meyer, OHADA, Droit de l'arbitrage, Bruylant, Bruxelles, 2000, p. 48 et s.

[24] Article 2 alinéa 2 de l'AUA.

29 novembre 2011 [25], a fait application de l'article 4 de l'AUA en rappelant que la République de Guinée Équatoriale ne peut invoquer sa

---

[25] CCJA, arrêt n° 012/2011 du 29 novembre 2011, OHADAta J-13-142, affaire : République de Guinée Equatoriale et la Communauté Economique et Monétaire de l'Afrique Centrale (CEMAC) C/ La Commercial Bank Guinea Ecuatorial (CBGE), voir dans ce sens *www.ohada.com*in : OHADAta J-13-142, consulté le 26/05/2019. Dans cette affaire, le groupe camerounais FOTSO dans la perspective d'ouvir un établissement bancaire en Guinée Equatoriale a pris contact avec les autorités du pays pour les modalités de la création « Commercial Bank Guinea Ecuatorial », filiale de la « Commercial Bank of Cameroun » ; L'établissement bancaire dénommé « CBGE » a été constitué sous forme de société anonyme avec conseil d'administration suivant procès-verbal de l'Assemblée générale constitutive tenue le 16 août 2002 à Malabo. L'exercice de l'activité d'établissement de crédit est subordonné à l'agrément de l'Autorité Monétaire de l'Etat du siège de la banque, en l'occurrence la République de Guinée Equatoriale, agrément délivré sur avis conforme de l'institution communautaire dite Commission Bancaire d'Afrique Centrale (COBAC). Des demandes ont été ainsi déposées auprès de l'Autorité Monétaire de la République de Guinée Equatoriale pour obtenir l'agrément de la CBGE en qualité d'établissement de crédit, l'agrément d'un premier dirigent responsable de la banque en qualité de directeur général, d'un premier commissaire aux comptes titulaire et d'un commissaire au comptes suppléant. Les demandes ont été transmises par l'Autorité Monétaire de la République de Guinée Equatoriale à la « Commercial Bank Guinea Ecuatorial » qui dès le 09 décembre 2002 a adressé un courrier à Monsieur Torielli, en sa qualité de conseiller du Président du conseil d'administration du groupe FOTSO, dans lequel elle lui demandait de fournir des compléments de dossiers de demande d'agrément. Toute chose qui a été exécuté le 30 janvier 2003. C'est ainsi que le Président de la Commission bancaire d'Afrique Centrale a adressé une correspondance à Monsieur Torieli par laquelle il l'informait de sa décision « de délivrer un avis conforme pour l'agrément de la CBGE en qualité d'établissement de crédit, pour l'agrément portant sur un premier dirigeant responsable de la banque en qualité de directeur général, d'un premier commissaire aux comptes titulaire et d'un commissaire aux comptes suppléant ». La commission bancaire d'Afrique centrale a néanmoins conditionné le démarrage des activités de la « Commercial Bank Guinea Ecuatorial », à la production d'une situation consolidée de la partie bancaire du FOTSO, arrêtée le 31 décembre 2002 et à l'agrément d'un deuxième dirigeant responsable désigné par l'établissement, et a demandé à la CBGE de soumettre à l'agrément de l'Autorité Monétaire de la République de Guinée Equatoriale, la désignation du second commissaire aux comptes titulaire. C'est suivant cette logique, qu'une « convention d'établissement » a été signée entre la République de Guinée Equatoriale et la « Commercial Bank Guinea Ecuatorial » dans laquelle se trouvait une clause compromissoire. La Commercial Bank Guinea Ecuatorial après avoir rempli toutes ces démarches, n'a pas reçu l'agrément de l'Autorité Monétaire de la République de Guinée Equatoriale devant suivre l'avis conforme de la « Commission Bancaire d'Afrique Centrale (COBAC) pour ainsi démarrer ses activités. C'est donc l'absence de délivrance de la décision d'agrément et le refus de l'autorisation d'exercer conformément à son objet social qui est à l'origine du litige qui oppose la République de Guinée Equatoriale à la « Commercial Bank Guinea Ecuatorial ».

propre réglementation pour contester la validité de la convention d'arbitrage qui la lie à la Commercial Bank Guinea Ecuatorial. La Cour affirme en ces termes :

« ... mais, attendu qu'aux termes des dispositions de l'article 4 de l'Acte uniforme relatif au droit de l'arbitrage, la validité de la convention d'arbitrage « est appréciée d'après la commune volonté des parties, sans référence nécessaire à un droit étatique » ; que l'article 2 alinéa 2 du même Acte uniforme prévoit par ailleurs que, les États « peuvent...être parties à un arbitrage, sans pouvoir invoquer leur propre droit pour contester ...la validité de la convention d'arbitrage » ; Qu'au surplus, au regard des circonstances de la signature de la Convention d'établissement, les représentants de la CBGE ayant pu croire légitimement aux pouvoirs du Ministre en charge des Finances, qui était aussi l'Autorité monétaire de la République de Guinée Équatoriale, celle-ci est malvenue d'invoquer sa propre réglementation pour contester la validité de la convention d'arbitrage ; Qu'en conséquence, c'est à bon droit que le tribunal arbitral s'est estimé compétent pour statuer sur le litige en rendant la sentence dont la validité est contestée ». À travers cet arrêt, la Cour impose à la République de Guinée Équatoriale de respecter ses engagements vis-vis de la « Commercial Bank Guinea Ecuatorial » sans pouvoir invoquer sa propre législation dans la perspective de se soustraire de la convention d'arbitrage. En vertu du principe *Pacta sunt servanda*, l'État Equato-Guinéen se devait de respecter son engagement contractuel en s'abstenant d'invoquer son propre droit pour se soustraire de la convention d'arbitrage. Le législateur OHADA en admettant la participation des personnes morales de droit public à l'arbitrage, a quand même eu l'idée de les défendre à invoquer leur propre droit dans la perspective de contester la validité de la convention d'arbitrage.

Dans l'affaire Société Benin Control SA c/ État du Bénin, la Cour a rejeté le recours en contestation de validité de la sentence arbitrale de l'État du Bénin au motif qu'il « est constant que, toute clause renvoyant à l'arbitrage conformément aux dispositions du Traité de l'OHADA, renvoie à l'arbitrage institutionnel sous l'égide de la CCJA ; qu'en effet, le titre IV du Traité, intitulé « L'ARBITRAGE », auquel sont dédiés les articles 21 à 25, ne réglemente que l'arbitrage institutionnel de la CCJA, les arbitrages *ad hoc* et les autres arbitrages institutionnels étant régis par l'Acte uniforme relatif à l'arbitrage ; qu'ainsi, il y a lieu de rejeter comme non fondé ce grief formulé à tort contre la sentence arbitrale ».[26] Dans cette affaire, l'État du Bénin a contesté la validité de la sentence, estimant que la clause contenue dans l'article 49 du contrat de marché relatif à la mise en place du Programme de Vérification des Importations (PVI) de Nouvelle Génération avec la Société Benin Control SA, dans les termes et conditions convenus dans un délai de soixante jours à compter de la notification de la sentence.[27]

---

[26] CCJA, arrêt N° 103/2015 du 15 octobre 2015, affaire Société Bénin Control SA c/ Etat du Bénin.

[27]*In casu*, la Société Benin Control SA et l'Etat du Bénin avaient conclu un contrat de marché n° 20 en date du 9 février 2011 relatif à la mise en place d'un programme de vérification des importations de nouvelle génération, suivant lequel l'Etat du Bénin confiait à la société Benin Control, moyennant rémunération, les fonctions d'inspection avant embarquement des marchandises, de fourniture, mise en service et exploitation de scanners à rayon X, de fourniture, mise en service et exploitation d'un système de suivi électronique du transit, de gestion automatisée des magasins, aires d'exploitation de dédouanement, scanning des bagages et palettes de fret à l'aéroport de Cotonou. Par une correspondance en date du 2 mai 2012, l'Etat du Bénin notifiait à son cocontractant la suspension provisoire du contrat suite à des péripéties. C'est ainsi que la société Benin Control sur la base de l'article 49 du contrat la lie à l'Etat du Bénin, saisissait le centre d'arbitrage de la Cour commune de justice et d'arbitrage d'une demande d'arbitrage. C'est ainsi qu'un tribunal arbitral a été constitué et qui a rendu une sentence arbitrale le 13 mai 2014. « Par les motifs analysés et exposés ci-dessus, le Tribunal arbitral prononce la sentence suivante : 1)-le Tribunal arbitral, après avoir analysé et rejeté les motifs d'incompétence soulevés par l'Etat du Bénin, se déclare compétent pour connaître du présent litige soumis à l'arbitrage ; 2)- le Tribunal arbitral reçoit la Société Benin Control SA en ses demandes ; 3)-le Tribunal arbitral déclare fondées les demandes de la Société Benin Control SA ; 4)- le Tribunal arbitral constate la faute contractuelle de l'Etat du Bénin ; 5)-le Tribunal arbitral constate que cette faute contractuelle a causé des préjudices matériel, économique et moral à la Société Benin Control SA ; 6)- condamne l'Etat du Bénin à payer à la Société Benin Control SA, au titre de la réparation du préjudice qu'elle a subi du fait de la suspension abusive du contrat de marché, la somme de 12.879.216.238 F.CFA hors taxes représentant des sommes recouvrées et non reversées par le Tréser public et qui doivent être payées même en cas de reprise de l'exécution du contrat de marché ; 7)- enjoint à l'Etat du Bénin de reprendre et de poursuivre l'exécution du contrat de marché n° 20/MEF/MPDEPP-CAG/MDCEMTMIP/DNCMP du 9 février relatif à la mise en place du Programme de Vérification des Importations (PVI) de Nouvelle Génération avec la Société Benin Control SA, dans les termes et conditions convenus dans un délai de soixante (60) jours à compter de la notification de la sentence ; 8)- dit et juge que la reprise de l'exécution dudit contrat dans le délai prescrit entraîne la prorogation de la durée initiale au titre de chaque type de prestations d'une période de temps égale à la période pendant laquelle le contrat aura été suspendu ; A défaut de reprise de l'exécution du contrat de marché dans le délai prescrit : 9)- condamne l'Etat du Bénin à payer à la Société Benin Control SA, la somme de 2.000.000.000 F. CFA hors taxes au titire de son préjudice moral ; 11)- en application de l'article 24-1et 2 du Règlement

Dans l'affaire Société Benin Control c/ État du Bénin tout comme dans celle qui a opposé la République de Guinée Équatoriale c/ la Commercial Bank Ecuatoriale, la Cour n'a pas hésité à rappeler les deux États à leurs engagements. Cette tendance qui consiste pour les États d'invoquer leurs propres législations pour contester la validité de la convention d'arbitrage ou tout autre moyen pour se soustraire de leurs engagements n'est pas de nature à promouvoir l'arbitrage en tant qu'instrument de règlement des litiges en Afrique notamment dans les États membres de l'espace OHADA. Comme le disait le Professeur Dorothé C. SOSSA, le cocontractant privé d'un État doit, sur le terrain juridique, faire face à deux types de périls : il s'agit des risques que PROSPER WEIL a dénommés, respectivement, l'« aléa économique » et l'« aléa de souveraineté ». L'« aléa de souveraineté » comprend, suivant le schéma de WEIL, d'une part, l'« aléa législatif » et, d'autre part, l'« aléa de puissance publique ». L'« aléa législatif » se traduit par la mise en œuvre du pouvoir que détient l'État de modifier sa législation interne y compris, bien entendu, les réglementations fiscales, douanières, monétaires ou sociales qui concernent directement tout investisseur. En dehors des nationalisations et expropriation directes et ouvertes, on pourrait aussi se trouver face à une expropriation rampante, encore appelée, chez les Anglo-saxons, creeping espropriation. Quant à l'« aléa de puissance publique », il résulte du pouvoir de modification ou de résiliation unilatérale des contrats administratifs que le système de droit administratif français, et ceux qui en dérivent, dont notamment ceux de la plupart des membres de l'OHADA, confèrent à l'État.[28]

Cette tendance favorable à l'arbitrage qui ressort dans les arrêts rendus par la CCJA, se retrouve aussi dans la jurisprudence de la Cour de

d'arbitrage de la CCJA, met l'ensemble des frais d'arbitrage évalués à la somme de 186.098.420 F.CFA hors taxes à la charge de l'Etat du Bénin ; Le condamne à payer ladite somme à la Société Benin Control SA ; 12)- déboute la Société Benin Control SA de sa demande de paiement de la somme de 5.518.859.869 F. CFA au titre des dépenses exposées, comme non justifiées ; 13)-la sentence a été délibérée et rendue à l'unanimité des trois arbitres. »

[28] Cité par D. C. SOSSA, « L'aptitude des personnes morales de droit public à compromettre dans l'arbitrage OHADA : les mobiles d'une telle option », *Rev. Camerounaise de l'arbitrage*, numéro spécial, février 2010, p.110. Voir dans ce sens « les clauses de stabilisations ou d'intangibilité insérées dans les accords de développement économiques, *Mélanges Rousseau*, 1974, p.301 ; Philippe KAHN, « Souveraineté de l'Etat et règlement du litige. Régime juridique du contrat d'Etat. Revue de l'Arbitrage (1985), 641.657 et s. Henri BATTIFOL et Paul LAGARDE, *Droit international privé*, tome 1, 6e éd. Paris, L.G.D.J. 1983, n° 577, p. 282.

cassation française. Dans l'affaire Gatoil c/ NIOC, la Cour de cassation a écarté le moyen de la NIOC tendant à faire juger que, faute de l'autorisation du Parlement iranien prescrite par la Constitution de l'Iran pour la validité des conventions d'arbitrage conclues par les personnes morales de droit public de ce pays, l'arbitrage était sans fondement. En réponse à ce moyen, la Cour d'Appel de Paris a statué que l'ordre public international interdit à NIOC « de se prévaloir des dispositions restrictives de son droit national pour se soustraire a posteriori à l'arbitrage convenu entre les parties ».[29] L'arbitrage en tant qu'instrument de règlement des différends commerciaux reste confronté dans le cadre de l'OHADA, à l'immunité d'exécution des personnes morales de droit public.

SECTION 2.
Les difficultés relatives à l'immunité d'exécution des personnes morales de droit public

L'immunité s'entend de l'ensemble des prérogatives en vertu desquelles un État étranger ne peut être défendeur dans une action en justice devant les tribunaux de l'État national sans son consentement (immunité de juridiction), ni voir ses biens faire l'objet d'une mesure d'exécution (immunité d'exécution).[30] L'immunité s'apprécie donc sous sa double dimension à la fois de juridiction et d'exécution. Le principe de l'immunité de juridiction consiste à affirmer qu'un État ne peut pas être attrait devant les tribunaux de l'État national sans préalablement obtenir le consentement de l'État étranger à cet effet. De même, les biens de l'État étranger ne peuvent faire l'objet d'une mesure d'exécution sur le territoire de l'État national. Ces différends privilèges visent à ne pas traiter l'État sur le même pied d'égalité que les personnes de droit privé. Les immunités s'expliquent par des principes de souveraineté et d'indépendance.[31]Quant à la source des immunités, elle se trouve aussi bien en droit international public comme en droit international privé. En France, c'est la jurisprudence qui a bâti le régime des immunités. Dans son arrêt en date du 2 mai 1990, la Cour de cassation a retenu que : « Les États étrangers et

[29]Voir dans ce sens D. C. SOSSA, « L'aptitude des personnes morales de droit public à compromettre dans l'arbitrage : Les mobiles d'une telle option », p. 2 et s. *http://www.ohada.com/doctrine/ohadata/D-11-40*

[30]G. CORNU (dir.), *Vocabulaire juridique*, Association Henri Capitant, Quadrige, PUF, 12e éd., 2018, p. 522.

[31]J-B. RACINE, F. SIIRIAINEN, *Droit du commerce international*, *op. cit.*, p. 130.

les organisations agissant par leur ordre ou pour leur compte bénéficient de l'immunité de juridiction non seulement pour les actes de puissance publique, mais aussi pour ceux accomplis dans l'intérêt d'un service public ».[32]

Contrairement à la France où il n'a pas existé de législation régissant la matière, certains pays de Common Law ont adopté des lois spéciales notamment les États Unis avec le Foreign Sovereign Immunities Act de 1978 et la Grande Bretagne avec le State Immunity Act de 1978[33]. Ce n'est qu'en 2016 que la France s'est dotée d'une législation sur l'immunité d'exécution et non de juridiction. Il s'agit de la loi « Sapin 2 » [34] relative à la transparence, à la lutte contre la corruption et à la modernisation de la vie économique. En matière de conventions internationales, il y a la convention du Conseil de l'Europe sur l'immunité des États du 16 mai 1972 entrée en vigueur le 11 juin 1976 et la convention du 2 décembre 2004 sur les immunités juridictionnelles des États et de leurs biens.[35]

Il sera d'abord question dans un premier temps, du principe d'immunité d'exécution des personnes morales de droit public dans l'espace OHADA (§ 1), et dans un second temps, de la nécessité de restreindre le principe d'immunité d'exécution des personnes morales de droit public dans l'arbitrage (§ 2).

§1. Le principe d'immunité d'exécution des personnes morales de droit public dans l'espace

En droit OHADA, le principe d'immunité d'exécution est consacré par l'article 30 de l'Acte uniforme portant Organisation des procédures simplifiées de recouvrement et des voies d'exécution[36] qui dispose que : « L'exécution forcée et les mesures conservatoires ne sont pas applicables aux personnes qui bénéficient d'une immunité d'exécution. Toutefois, les dettes certaines, liquides et exigibles, des personnes morales de droit public ou des entreprises publiques, quelles qu'en soient la forme et la

---

[32] Cour de Cassation, chambre civile 1, du 2 mai 1990, 88-14.363, publié au bulletin. Consulté sur Légifrance le 08/06/2019.

[33] J-. B RACINE, F. SIIRIAINEN, *Droit du commerce international, op. cit.*, p.130.

[34] Ibid.

[35] Ibid.

[36] L'Acte uniforme portant organisation des procédures simplifiées de recouvrement et des voies d'exécution a été adopté le 10/04/1998 à Libreville et entrée en vigueur le 10/07/1998.

mission, donnent lieu à compensation avec les dettes également certaines liquides et exigibles dont quiconque sera tenu envers elles, sous réserve de réciprocité. Les dettes des personnes et entreprises visées à l'alinéa précédent ne peuvent être considérées comme certaines au sens des dispositions du présent article que si elles résultent d'une reconnaissance par elles de ces dettes ou d'un titre ayant un caractère exécutoire sur le territoire de l'État où se situent lesdites personnes et entreprises ».

Le législateur OHADA a fait le choix de soustraire les personnes morales de droit public à toute procédure d'exécution forcée et de mesure conservatoire. Ces privilèges accordés aux personnes morales de droit public sont assortis de mesures compensatoires. Les dettes certaines, liquides et exigibles des personnes morales de droit public ou des entreprises publiques, donnent lieu à compensation avec les dettes également certaines, liquides et exigibles dont quiconque sera tenu envers elles, sous réserve de réciprocité. Mais, il ressort de l'alinéa 3 du même texte que les dettes des personnes et entreprises visées à l'alinéa précédent ne peuvent être considérées comme certaines au sens des dispositions du présent article que si elles résultent d'une reconnaissance par elles de ces dettes ou d'un titre ayant un caractère exécutoire sur le territoire de l'État où se situent lesdites personnes et entreprises. La volonté du législateur OHADA de protéger les personnes morales de droit public contre toute procédure d'exécution forcée et de mesure conservatoire ne fait l'ombre d'aucun doute. Dans un premier temps, le législateur OHADA pose le principe de rejet de toute procédure d'exécution forcée et de mesure conservatoire contre les personnes qui bénéficient d'une immunité d'exécution. Dans un second temps, il fait assortir le principe d'immunité d'exécution des personnes morales par une compensation et enfin le législateur pose comme condition de compensation, la reconnaissance préalable par les personnes morales de droit public des dettes certaines, liquides et exigibles dont quiconque sera tenu envers elles.

La CCJA a plusieurs fois eu l'occasion de statuer sur la question d'immunité d'exécution des personnes morales de droit public. L'arrêt rendu le 07 juillet 2005 par la CCJA dans l'affaire TOGO TELECOM[37] met en lumière les enjeux du principe de l'immunité d'exécution des

[37]CCJA, arrêt n° 043/2005 du 07 juillet 2005, affaire : Aziablévi YOVO et autres c/ Société TOGO TELECOM, recueil de Jurisprudence de la CCJA, n° 6, juin-décembre 2005, p.25.- *Le Juris-OHADA* n° 1/2006, p.8. Voir observations du Professeur Filiga Michel SAWADOGO in OHADAta D-07-16. Voir dans ce sens *www.ohada.com*. Consulté le 09/06/2019.

personnes morales de droit public ou des entreprises publiques consacré par l'article 30 de l'AUPSRVE [38] . Conformément aux faits tels qu'énoncés par la CCJA dans son arrêt, c'est suite à l'arrêt rendu le 10 juillet 2003 par la Chambre Sociale de la Cour d'Appel de Lomé ayant condamné la Société Togo TELECOM à payer la somme de 118. 970 213 FCFA, que Aziablévi YOVO et autres ont fait pratiquer la « saisie attribution de créance entre les mains de divers établissements financiers de Lomé, sur les comptes de TOGO TELECOM ».

La défenderesse, la société TOGO TELECOM, contestant cette saisie attribution sur le fondement de l'article 30 de l'AUPSRVE qui consacre l'immunité d'exécution aux entreprises publiques, la société TOGO TELECOM a assigné à son tour les créanciers poursuivant notamment Aziablévi YOVO et autres devant le Président du Tribunal de Première instance de Lomé pour obtenir la mainlevée de la saisie attribution de créance. C'est à travers une ordonnance du 13 août 2003 que le juge des référés du Tribunal de Première instance de Lomé a fait droit à cette contestation et donné mainlevée de la saisie attribution de créance. Aziablévi YOVO et autres ont interjeté appel de l'ordonnance du 13 août 2003 et la Cour d'Appel de Lomé dans un arrêt du 26 septembre 2003 dont pourvoi, a confirmé l'ordonnance entreprise. C'est ainsi que la partie demanderesse Aziablévi YOVO et autres ont formé un pourvoi en cassation contre l'arrêt du 26 septembre 2003 devant la CCJA.

La Cour en rejetant le pourvoi formulé devant elle par la partie demanderesse notamment Azablévi YOVO et autres, s'est appuyée sur deux arguments majeurs. Dans un premier temps, la Cour s'est basée sur les dispositions de l'article 30 de l'AUPSRVE en affirmant dans son alinéa premier que : « l'exécution forcée et les mesures conservatoires ne sont pas applicables aux personnes qui bénéficient d'une immunité d'exécution », et en son alinéa 2, que « toutefois, les dettes certaines, liquides et exigibles des personnes morales de droit public ou des entreprises publiques, quelles qu'en soient la forme et la mission, donnent lieu à compensation avec les dettes également certaines, liquides et exigibles dont quiconque sera tenu envers elles, sous réserve de réciprocité ». L'arrêt de la Cour considère que la Société TOGO TELECOM figure dans l'énumération des Sociétés contre lesquelles s'applique la compensation et qu'il n'y a aucun doute sur sa qualité de

[38]Acte uniforme portant organisation des procédures simplifiées de recouvrement et des voies d'exécution.

bénéficiaire de l'immunité d'exécution. Et par conséquent, les biens de la Société TOGO TELECOM ne peuvent pas être saisis.

Le second argument de la Cour a consisté à s'appuyer sur les dispositions de l'article 10[39] du Traité OHADA qui affirme la supériorité normative des Actes uniformes sur le droit interne des États parties au Traité. Ce raisonnement suivi par la Cour a conduit à considérer que les dispositions de droit interne togolais notamment l'article 2 de la loi togolaise n° 90/26 du 04 décembre 1990[40] portant réforme du cadre institutionnel et juridique des entreprises publiques qui soustraient les entreprises publiques du régime de droit public pour les soumettre au droit privé, privent celles-ci, notamment de l'immunité d'exécution attachée à leur statut d'entreprises publiques et sont par conséquent, contraire aux dispositions de l'article 30 de l'AUPSRVE.

Cet arrêt de la CCJA a fait l'objet de critique au sein de la doctrine. En effet, pour le Professeur Filiga Michel SAWADOGO, la situation résultant de l'article 30, alinéa 2 de l'AUPSRVE et de son interprétation par la CCJA n'est manifestement pas satisfaisante. Selon le professeur Filiga, les immunités d'exécution des personnes morales de droit public ne semblent soulever de difficulté qu'en ce qui concerne les entreprises publiques. Professeur Filiga propose par conséquent, de réformer l'article 30 alinéa 2 de l'AUPSRVE, en remplaçant l'expression « entreprises publiques » par celle d'« établissements publics », ou de supprimer purement et simplement l'expression « entreprises publiques », car l'expression « personnes morales de droit public » qui figure déjà dans le texte recouvre les établissements publics[41]. Il est clair comme l'a mentionné le Professeur Filiga Michel SAWADOGO, toutes les difficultés relatives à l'immunité d'exécution sont relatives aux entreprises publiques.

Le principe d'immunité d'exécution dont bénéficient les personnes morales de droit public ou des entreprises publiques tel que consacré par l'article 30 de l'AUPSRVE se présente comme un obstacle à la création

[39]Aux termes des dispositions de l'article 10 du Traité OHADA : « Les Actes uniformes sont directement applicables et obligatoires dans les États parties, nonobstant toute disposition contraire de droit interne, antérieure ou postérieure » et « le présent Acte uniforme abroge toutes les dispositions relatives aux matières qu'il concerne dans les Etats-parties ».

[40] Article 2 de la loi togolaise du 04 décembre 1990.

[41]F.M. SAWADOGO, « L'immunité d'exécution des personnes morales de droit public dans l'espace OHADA », p. 27 et s. Voir dans ce sens *www.ohada.com*. Consulté le 10/06/2019, ohadata-11-43.

d'un espace juridique et judiciaire intégré en ce sens que l'exécution des sentences arbitrales rendues à l'encontre des personnes morales de droit public ou des entreprises publiques sera confrontée à l'immunité d'exécution dont bénéficient celles-ci. Les dispositions de l'article 30 de l'AUPSRVE sont en droit OHADA ce que l'article 2060 est, *mutatis mutandis*, dans le code civil français. L'analyse comparée de ces deux dispositions laisse apparaître certaines similitudes. Pendant que l'article 30 de l'AUPRSRVE prescrit le principe général de l'immunité d'exécution des personnes morales de droit public, l'article 2060 du code civil français énonce non seulement l'inarbitrabilité des contestations intéressant les collectivités publiques et les établissements publics, mais également fait référence à l'ordre public. Si les personnes morales de droit public peuvent compromettre en droit OHADA contrairement en droit français de l'arbitrage interne, elles bénéficient de l'immunité d'exécution et de mesures conservatoires. Ces privilèges accordés aux personnes morales de droit public constituent un obstacle majeur dans la promotion de la justice arbitrale en ce sens que les personnes morales de droit public constituent des acteurs majeurs du commerce international et l'extension de l'application du principe d'immunité d'exécution en matière arbitrale peut conduire à l'isolement de l'arbitrage OHADA sur le marché international de l'arbitrage. Les dispositions de l'article 30 de l'AUPSRVE ne sont pas montrables dans une négociation internationale avec un investisseur. Si le législateur OHADA arrive par le biais de la compensation à atténuer les effets de l'immunité d'exécution, il pose tout de même comme condition à cette compensation, la reconnaissance préalable des dettes ou de tout titre exécutoire par les personnes morales de droit public ou des entreprises publiques. Dès lors, il est important d'aller vers une restriction du principe immunitaire des personnes morales de droit public en vue de promouvoir la justice arbitrale en Afrique.

§2. La nécessaire restriction du principe d'immunité d'exécution des personnes morales de droit public dans l'arbitrage

L'arbitrabilité subjective consacrée en droit de l'arbitrage OHADA et considérée comme étant l'une des avancées les plus notables en termes de promotion de la justice arbitrale sur le continent Africain, est fondamentalement mise en cause par le principe d'immunité d'exécution dont bénéficient les personnes morales de droit public. En consacrant l'arbitrabilité subjective en droit de l'arbitrage OHADA, le législateur est resté silencieux sur les effets de la participation des personnes morales de droit public ou des entreprises publiques. M. DAGBEDGI souligne à juste titre cette contradiction manifeste[42] qui se traduit d'une part, par la consécration de la participation des personnes morales de droit public à l'arbitrage et d'autre part, le maintien des prérogatives de puissances publiques. Il est clair que le législateur OHADA dans sa volonté de promouvoir l'arbitrage, a consacré la participation des personnes morales de droit public qui peuvent compromettre au même titre que les personnes de droit privé. Mais, les difficultés de cette participation surgissent au niveau de l'exécution des sentences arbitrales. En effet, les personnes morales de droit public ne peuvent faire l'objet d'aucune exécution forcée ni de mesures conservatoires. Cependant, les dettes certaines, liquides et exigibles des personnes morales ou des entreprises publiques quelles qu'en soient la forme et la mission peuvent donner lieu à compensation avec les dettes également certaines, liquides et exigibles dont quiconque sera tenu envers elles. La compensation instaurée par le législateur OHADA est une manière d'atténuer les effets de l'immunité d'exécution dont bénéficient les personnes morales de droit public ou des entreprises publiques.

Il est important de rappeler que la jurisprudence de la CCJA a évolué sur la question de l'immunité d'exécution des personnes morales de droit public. Dans un arrêt rendu le 26 avril 2018, la Cour a procédé à un revirement jurisprudentiel[43]. Les arguments de la Cour se structurent en deux points : « L'Acte uniforme portant organisation des procédures

---

[42]C. O. G. DAGBEDJI, *Arbitrage OHADA et prérogatives de puissances publiques*, thèse, Université Jean Moulin Lyon 3, 2018, p.34.

[43]CCJA, arrêt n° 103/2018 du 26 avril 2018, affaire : MBULU MUSESO c/ La Société des Grands Hôtels du Congo S.A, voir dans ce sens *www.ohada.com*, consulté le 10/06/2018.

In casu, Il s'agit de Sieur MBURLU MUSECO qui après avoir obtenu la grosse du jugement RAT 16.367 du 21 février 2013 et de l'arrêt confirmatif R.T.A. 7281 rendu le 28 mai 2015 par la Cour d'appel de Kinshasa, pratiquait au préjudice de la société Grands Hôtels du Congo, des saisies-attributions de créances auprès des différents établissements bancaires de la place. Le 12 août 2015, le débiteur élevait contestation des saisies-attributions. C'est ainsi que par ordonnance du 02 septembre 2015, la juridiction présidentielle du tribunal de Travail de Kinshasa/Gombe annulait lesdites saisies et ordonnait la mainlevée. Sur appel de sieur MBULU MUSECO, la Cour de Kinshasa/Gombe rendait un arrêt confirmatif en date du 05 novembre 2015. Le 30 mai 2016, Sieur MBULU formula ainsi un recours devant la Cour commune de justice et d'arbitrage de l'OHADA.

simplifiées de recouvrement et des voies d'exécution n'ayant nullement renvoyé au droit national la question de la détermination des personnes bénéficiaires de l'immunité d'exécution, comme il l'a fait pour les biens insaisissables, celles-ci entrent dans la compétence de la Cour de céans ; qu'il s'en suit que cette exception ne peut être accueillie ». « Il ressort des arguments de la Cour que les dispositions de l'article 30 de l'Acte uniforme portant procédure simplifiées de recouvrement et des voies d'exécution posent en son alinéa 1er, le principe général de l'immunité d'exécution des personnes morales de droit public et en atténue les conséquences à l'alinéa 2, à travers le procédé de la compensation des dettes qui s'applique aux personnes morales de droit public et aux entreprises publiques ; qu'en l'espèce, il est établi que le débiteur poursuivi est une société anonyme dont le capital social est détenu à parts égales par des personnes privées et par l'État du Congo et ses démembrements ; qu'une telle société étant d'économie mixte, et demeure une entité de droit privé soumise comme telle aux voies d'exécution sur ses biens propres ; qu'en lui accordant l'immunité d'exécution prescrite à l'article 30 susmentionné, la Cour de Kinshasa/Gombe a fait une mauvaise application de la loi et expose sa décision à la cassation ; qu'il échet de casser l'arrêt déféré et d'évoquer ».[44]Ce revirement jurisprudentiel de la Cour s'inscrit dans une dynamique de sortie de l'absolutisme de l'immunité d'exécution. Dans un premier temps, la CCJA affirme n'avoir nullement renvoyé aux législations nationales la détermination des personnes bénéficiaires de l'immunité d'exécution. La Cour est la seule compétente à cet effet. Dans un second temps, la Cour affirme que le débiteur est une société anonyme dont le capital social est détenu à parts égales par des personnes privées et l'État du Congo et ses démembrements. Une telle société d'économie mixte selon les arguments de la Cour ne peut pas bénéficier de l'immunité d'exécution prescrite par l'article 30 de l'AUPSRVE. La CCJA en déclarant ainsi valable les saisies-attributions pratiquées par sieur MBULU MUSESO sur les avoirs de la société Grands Hôtels du Congo a procédé à une interprétation restrictive des dispositions de l'article 30 de l'AUPSRVE en accordant pas l'immunité d'exécution à la Société Grands Hôtels du Congo au motif que c'est une société anonyme dont le capital social est détenu à parts égales par des personnes privées et par l'État du Congo et ses démembrements. Cette position de la Cour visant à restreindre le principe général d'immunité d'exécution prescrit par

[44]Ibid.

l'article 30 de l'AUPSRVE est en phase avec l'évolution de la jurisprudence de la Cour de Cassation française. Dans l'affaire Eurodif, la Cour de cassation a décidé que « l'immunité d'exécution dont jouit l'État étranger est de principe ; que toutefois, elle peut être exceptionnellement écartée ; qu'il en est ainsi lorsque le bien saisi a été affecté à l'activité économique ou commerciale relevant du droit privé qui donne lieu à la demande en justice ».[45]

Dans un autre arrêt dit COMMISIMPEX II, la Cour de cassation en s'appuyant sur les dispositions législatives de la nouvelle loi « Sapin 2 »[46]

---

[45] Cour de Cassation, Chambre Civ. 1re, 14 mars 1984, affaire société Eurodif c/ République Islamique d'Iran.

[46] La loi « Sapin 2 » en date du 9 décembre 2016 est relative à la transparence, à la lutte contre la corruption et à la modernisation de la vie économique. Le but de cette loi est de renforcer les immunités d'exécution au profit des Etats étrangers. Voir dans ce sens J-B. Racine, F. Siiriainen, Droit du commerce international, *op. cit.*, p. 130.

Aux termes des dispositions de l'article L.111-1-1 du Code des procédures civiles d'exécution, introduits par la loi Sapin II, (L. n°2016-1691 du 9 déc.2016, art.59) Des mesures conservatoires ou des mesures d'exécution forcées ne peuvent être mises en œuvre sur un bien appartenant à un État étranger que sur autorisation préalable du juge par ordonnance rendue sur requête.

L'article 111-1-2 dispose que « Des mesures conservatoire ou des mesures d'exécution forcée visant un bien appartenant à un État étranger ne peuvent être autorisées par le juge que si l'une des conditions suivantes est remplie :

1° L'Etat concerné a expressément consenti à l'application d'une telle mesure ;

2° L'Etat concerné a réservé ou affecté ce bien à la satisfaction de la demande qui fait l'objet de la procédure ;

3° Lorsqu'un jugement ou une sentence arbitrale a été rendu contre l'Etat concerné et que le bien en question est spécifiquement utilisé ou destiné à être utilisé par ledit État autrement qu'à des fins de service public non commerciales et entretient un lien avec l'entité contre laquelle la procédure a été intentée.

Pour l'application du 3°, sont notamment considérés comme spécifiquement utilisés ou destinés à être utilisés par l'Etat à des fins de service public non commerciales, les biens suivants :Les biens, y compris les comptes bancaires, utilisés ou destinés à être utilisés dans l'exercice des fonctions de la mission diplomatique de l'Etat ou de ses postes consulaires, de ses missions spéciales, de ses missions auprès des organisations internationales, ou de ses délégations des les organes des organisations internationales ou aux conférences internationales ;Les biens de caractère militaire ou les biens utilisés ou destinés à être utilisés dans l'exercice des fonctions militaires ; Les biens faisant partie du patrimoine culturel de l'Etat ou de ses archives qui ne sont pas mis où destinés à être mis en vente ;

Les biens faisant partie d'une exposition d'objet d'intérêt scientifique, culturel ou historique qui ne sont pas mis ou destinés à être mis en vente ; Les créances fiscales ou sociales de l'Etat.

Art. L.111-1-3 (L. n° 2016-1691 du 9 déc.2016, art.59) Des mesures conservatoires ou des mesures d'exécution forcée ne peuvent être mises en œuvre sur les biens, y compris

qui « subordonnent la validité de la renonciation par un État étranger à son immunité d'exécution à la double condition que celle-ci soit expresse et spéciale, contredisent la doctrine isolée résultant de l'arrêt du 13 mai 2015, mais consacre la jurisprudence antérieure »[47]. La Cour précise que même si elles ne concernent que les seules mesures d'exécution mises en œuvre après l'entrée en vigueur de la loi et, dès lors, ne s'appliquent pas au présent litige ; que toutefois, compte tenu de l'impérieuse nécessité, dans un domaine touchant à la souveraineté des États et à la préservation de leurs représentations diplomatiques, de traiter de manière identique des situations similaires, l'objectif de cohérence et de sécurité juridique impose de revenir à la jurisprudence antérieure.[48] Au-delà de la restriction jurisprudentielle opérée par la CCJA du principe d'immunité d'exécution dans l'arrêt du 26 avril 2018, le législateur OHADA doit parachever son œuvre d'harmonisation du droit en procédant à une relecture de l'article 30 de l'AUPSRVE. La compensation prévue par l'article 30 de l'AUPSRVE n'est pas une garantie crédible pour l'exécution de la

---

les comptes bancaires, utilisés ou destinés à être utilisés dans l'exercice des fonctions de la mission diplomatique des États étrangers ou de leurs postes consulaires, de leurs missions spéciales ou de leurs missions auprès des organisations internationales qu'en cas de renonciation expresse et spéciale des États concernés.

[47]Civ. 1e, 10 janvier 2018, Commisimpex II, n° 16-22.494.
L'arrêt COMMISIMPEX II rendu le 10 janvier 2018 par la Première chambre Civile de la Cour de Cassation porte sur la renonciation à l'immunité d'exécution propre aux États. La singularité de cet arrêt est qu'il intervient après l'entrée en vigueur de la loi n° 2016-1691 du 9 décembre 2016, dite loi « Sapin II ». In casu, il s'agit de la République Démocratique du Congo qui s'est engagée auprès de la société Commission Import Export (COMMISIMPEX), à renoncer définitivement et irrévocablement à toute immunité de juridiction et d'exécution le 3 mars 1993. Le 3 décembre 2000, une sentence arbitrale rendue par la chambre du commerce internationale fait pratiquer une saisie-attribution des comptes de la mission diplomatique de la République Démocratique du Congo auprès de l'UNESCO. La République Démocratique du Congo demande alors la mainlevée des saisies, qui lui est accordée par le tribunal de Grande Instance de Nanterre le 15 décembre 2011. Le créancier Commissions Import Export (COMMISIMPEX) interjette appel de cette décision. La Cour d'appel de Versailles confirme celle-ci par un jugement du 15 novembre 2012 au motif que la renonciation à l'immunité ne peut se faire que de façon expresse et spéciale. Le créancier se pourvoit en Cassation, ce qui donne lieu à la décision du 13 mai 2015 (arrêt Commisimpex). La Cour de Cassation casse et annule le jugement d'appel au motif que le droit international coutumier n'exige qu'une renonciation expresse. Le renvoi est effectué devant la Cour d'appel de Paris, qui par un arrêt du 30 juin 2016 se conforme à la décision de la Cour de Cassation. Toutefois, la République Démocratique du Congo se pourvoit en Cassation, ce qui donne lieu à l'arrêt COMMISIMPEX II, du 10 janvier 2018.

[48] Ibid.

sentence arbitrale par la personne morale de droit public. La consécration normative de la participation des personnes morales de droit public à l'arbitrage doit être accompagnée de mesure permettant l'exécution des sentences arbitrales par celles-ci sans difficulté majeure. Pour parvenir à un tel objectif, le législateur OHADA doit mettre à contribution le droit comparé notamment le droit américain qui fait la distinction entre les activités souveraines de l'État (*acta jure imperii*), et les activités commerciales de l'État (*acta jure gestionis*)[49]. L'immunité d'exécution doit subsister seulement à l'égard des activités souveraines de l'État. Quant aux activités commerciales, elles doivent échapper au privilège des immunités.

---

[49] *Ibid.*

Conclusion du chapitre 1

Ce chapitre a permis de faire ressortir les difficultés qui structurent la mise œuvre de l'arbitrage en Afrique de l'Ouest notamment dans les États parties au Traité OHADA. En tant qu'instrument de règlement des différends contractuels, la pratique de l'arbitrage est vivement encouragée par les pères fondateurs de l'OHADA dans le préambule du Traité. Il s'agissait dans un premier temps, de rendre compte des difficultés relatives à l'arbitrabilité des litiges. L'alinéa premier de l'article 2 de l'AUA dispose que : « toute personne physique ou morale peut recourir à l'arbitrage sur les droits dont elle a la libre disposition... » Le législateur OHADA ne fournit aucune liste de droits dont les titulaires auraient la libre disposition. Selon LEVEL, un droit est disponible lorsqu'il est sous la totale maîtrise de son titulaire à telle enseigne qu'il peut tout faire à son propos et notamment l'aliéner, voire y renoncer. [1] Ce manque d'énumération des droits disponibles constitue une limite à l'entreprise d'uniformisation du droit de l'arbitrage. Dans un second temps, ce chapitre a aussi permis de restituer les insuffisances liées à l'immunité d'exécution des personnes morales de droit public. L'alinéa 2 de l'article 2 de l'AUA énonce que les États, les autres collectivités publiques territoriales, les établissements publics et toute autre personne morale de droit public peuvent être partie à un arbitrage quelle que soit la nature juridique du contrat, sans pouvoir invoquer leur propre droit pour contester l'arbitrabilité d'un différent, leur capacité à compromettre ou la validité de la convention d'arbitrage. Si la consécration de la participation de ces acteurs sus-indiqués constitue une avancée importante du droit de l'arbitrage, cependant, il convient d'indiquer que la participation est fortement mise à l'épreuve par le principe d'immunité d'exécution dont bénéficient ces personnes en vertu de l'article 30 de l'AUPSRVE. Les dettes certaines, liquides, et exigibles des personnes morales de droit public et des entreprises publiques quelles qu'en soient la forme et la

[1]P. LEVEL, « l'arbitrabilité », *op. cit.*, p.219.

mission peuvent donner lieu à compensation avec les dettes également certaine, liquides et exigibles dont quiconque sera tenu envers elles. Cette tentative d'atténuation des effets de l'immunité d'exécution est conditionnée à la reconnaissance préalable des dettes ou de titre exécutoire par les personnes morales de droit public et des entreprises publiques. Dès lors, il convient de restreindre le principe d'immunité d'exécution dont bénéficient les personnes morales de droit public et des entreprises publiques de manière à faciliter l'exécution des sentences arbitrales prononcées contre elles.

CHAPITRE 2.

L'apport jurisprudentiel de la CCJA dans l'affermissement du droit de l'arbitrage OHADA

Dans la Rome antique, la jurisprudence va résulter de l'activité des jurisconsultes qui délivrent des consultations dans le cadre de procès et ce, afin d'éclairer le juge. Les jurisconsultes sont considérés comme des prudents car ils disposent des connaissances, des qualités pour dire le droit.[1]Les prudents ont produit des solutions dont l'accumulation a fini par constituer le droit romain. Justinien a codifié le droit romain au 13e siècle dont les ouvrages sont constitués d'opinions de jurisconsultes, d'où l'idée que le droit romain est de la jurisprudence c'est-à-dire le droit de jurisconsultes. [2] Étymologiquement, jurisprudence vient du latin jurisprudencia jus, juris qui veut dire « droit » et prudentia, « connaissance ».[3]Selon PASCAL DEUMIER, la jurisprudence désigne la « science du droit »[4] et peut ainsi englober une part considérable du phénomène juridique tout en orientant insidieusement le profane du côté de la doctrine. Le Professeur ZENATI va encore plus loin en qualifiant la *jurisprudentia* de berceau de la notion de jurisprudence. La jurisprudence n'a pas du tout à Rome le sens qu'on lui attribue aujourd'hui. « Elle ne désigne pas les précédents judiciaires mais l'activité des jurisconsultes, les solutions qu'ils ont dégagées dans l'exercice de leur activité de praticiens et de savants. À cultiver le paradoxe, on pourrait être tenté de dire que la jurisprudence, à l'origine, c'était la doctrine. S'ils étaient assurément savants par leurs ouvrages, la communication publique de leur science, les élèves qui les entouraient, les jurisconsultes romains n'étaient

---

[1] M. TASCHER, *Les revirements de jurisprudence de la Cour de cassation*, thèse, Université de Franche-Comté-Besançon, Faculté de Droit, 2011, p.14.

[2] Séminaire de Sources du droit du Professeur Frédéric Zénati Casting, Master 2 Droit privé fondamental, Université Jean Moulin, Année 2014-2015.

[3] M. TASHER., *op. cit.*, p16.

[4] P. DEUMIER, *Introduction générale au droit*, Paris, LGDJ, 4e éd., 2017, p. 310.

cependant pas des professeurs mais avant tout des praticiens. Leur activité essentielle était de délivrer dans les procès des consultations qui avaient une grande influence sur les magistrats. Bien qu'agissant souvent en étant requis par l'une des parties, ils n'étaient pas considérés comme de simples conseils mais comme les détenteurs d'un savoir que n'avait pas la juridiction. La procédure romaine n'interdisait pas au juge de faire appel à un expert en droit et, quand les parties ne l'avaient pas fait, le juge prenait lui-même l'initiative de solliciter l'opinion d'un ou plusieurs jurisconsultes. Parce qu'ils avaient les qualités requises pour dire le droit, trouver La bonne solution, les jurisconsultes étaient qualifiés de prudents. Leurs opinions et les solutions qu'elles contenaient constituaient un véritable droit, le droit des prudents ».[5] La jurisprudence joue un rôle déterminant dans la consolidation du droit de l'arbitrage OHADA.

La CCJA, contribue fortement à travers ses arrêts rendus en dernier ressort à la consolidation du droit de l'arbitrage. La singularité de cette Cour tient au fait qu'elle est à la fois une Cour judiciaire et un centre régional d'arbitrage chargé d'administrer les procédures d'arbitrages lorsqu'elle est saisie par les parties et intervient pour jouer un pouvoir juridictionnel notamment en octroyant l'exequatur dans les procédures d'arbitrages menées sous son égide, en recevant les recours en annulation, en révision ou en tierce opposition. « Le caractère hybride et atypique de la CCJA né de sa double fonction de Cour de Cassation et de centre régional d'arbitrage a suscité çà et là quelques saines réactions de curiosité scientifique entremêlée quelquefois de défiance ».[6] La CCJA participe fortement à l'affermissement du droit de l'arbitrage en Afrique. Elle joue un rôle substantiel dans la construction du droit de l'arbitrage. En effet, de nombreux recours en annulation sont portés devant la Cour contre les sentences arbitrales rendues sous son égide (Section 1). Il est important également de signaler que les sentences arbitrales rendues par la CCJA font l'objet de nombreuses demandes exequatur (Section 2).

---

[5]F. ZENATI, *La jurisprudence*, Méthodes du Droit, Toulouse, Dalloz, 1991, p. 12.

[6]T. LAURIOL., E.A. ASSIEHUE, E. RAYNAUD, M. TAVAUT, *Le Règlement d'Arbitrage CCJA*, commentaire article par article, Paris, LexisNexis, 2018, p. 16. Voir dans ce sens, J. M'BOSSO, Le fonctionnement du Centre d'arbitrage de la CCJA et le déroulement de la procédure arbitrale : *Rev.CA* oct.2001, n° spécial, p.42-50.

SECTION 1.
La jurisprudence de la CCJA relative aux recours en annulation à l'encontre des sentences arbitrales

La CCJA joue un rôle d'uniformisation jurisprudentielle tant en matière judiciaire qu'arbitrale dans l'espace OHADA. Elle est investie d'une mission d'interprétation et d'application commune du Traité, des Actes uniformes et des règlements pris pour son application conformément à l'article 14 du Traité OHADA. Dans l'exercice de cette mission, la CCJA rend d'innombrables arrêts en matière arbitrale. Pour rendre compte de cette activité jurisprudentielle, il est important de s'intéresser d'une part, à la jurisprudence de la CCJA relative aux cas d'ouverture des recours en annulation contre les sentences arbitrales (§1), et d'autre part, à la jurisprudence relative aux recours en révision et à la tierce opposition (§ 2).

§1. La jurisprudence de la CCJA relative aux cas d'ouverture du recours en annulation à l'encontre des sentences arbitrales

Aux termes des dispositions de l'article 29[7] du Règlement d'arbitrage de la CCJA,

« La partie qui forme un recours en annulation contre une sentence rendue dans un arbitrage de la Cour par un tribunal, doit saisir la Cour par une requête que la Cour notifie à la partie adverse. Les parties peuvent convenir de renoncer au recours en annulation de la sentence arbitrale, à la condition que celle-ci ne soit pas contraire à l'ordre public international. Le recours en annulation contre la sentence n'est recevable que : Si le tribunal arbitral a statué sans convention d'arbitrage ou sur une convention nulle ou expirée ; Si le tribunal a été irrégulièrement composé ou l'arbitre unique irrégulièrement désigné ; Si le tribunal arbitral a statué sans se conformer à la mission qui lui a été confiée ; Si le principe du contradictoire n'a pas été respecté ; Si la sentence arbitrale est contraire à l'ordre public international ; si la sentence est dépourvue de toute motivation. Le recours en annulation est recevable dès le prononcé de la sentence. Il cesse d'être recevable s'il n'a pas été formé dans les deux mois de la notification de la sentence visée à l'article 25[8] du présent

[7]Article 29 du règlement d'arbitrage de l'OHADA.

[8]Aux termes des dispositions de l'article 25 du Règlement d'arbitrage « La sentence arbitrale rendue, le Secrétaire Général en notifie aux parties le texte signe du tribunal

Règlement. La Cour instruit la cause et statue dans les conditions prévues par son Règlement de procédure. Dans ce cas, les délais de procédure sont réduits de moitié. La Cour rend sa décision sur le recours dans les six mois de sa saisine. Si la Cour refuse la reconnaissance et l'autorité de chose jugée à la sentence qui lui est déférée, elle l'annule. Elle évoque et statue au fond si les parties en font la demande. Si les parties n'ont pas demandé l'évocation, la procédure est reprise à la requête de la partie la plus diligente à partir, le cas échéant, du dernier acte de l'instance arbitrale reconnu valable par la Cour ».

L'article 26 de l'Acte uniforme relatif au droit de l'arbitrage qui plus est, le droit commun de l'arbitrage dans l'espace OHADA fournit également la liste des cas d'ouverture d'annulation des sentences arbitrales. Selon les dispositions de l'article 26 « Le recours en annulation contre les sentences arbitrales n'est recevable que : Si le tribunal arbitral a statué sans convention d'arbitrage ou sur une convention nulle ou expirée ; Si le tribunal a statué irrégulièrement composé ou l'arbitre unique irrégulièrement désigné ; Si le tribunal arbitral a statué sans se conformer à la mission qui lui a été confiée ; Si le principe du contradictoire n'a pas été respecté ; Si la sentence arbitrale est contraire à l'ordre public international ; Si la sentence arbitrale est dépourvue de toute motivation ».

Dans une approche comparative avec le droit français de l'arbitrage, il ressort que le législateur OHADA a repris textuellement l'essentiel des cas d'ouverture du recours en annulation des sentences arbitrales. Il suffit pour s'en convaincre de s'intéresser aux dispositions des articles 1492 du Code de procédure civile français en matière d'arbitrage interne et l'article 1520 en matière d'arbitrage international. Il est important de rappeler que l'arbitrage en droit français n'est pas soumis à un régime moniste comme en droit OHADA. Le législateur français fait la distinction entre l'arbitrage interne et international. En effet, l'arbitrage interne est soumis à des règles plus strictes contrairement à l'arbitrage international qui implique un plus grand libéralisme [9]. Selon les dispositions de l'article 1492 du code de procédure civile français : « Le

---

arbitral, après que les frais de l'arbitrage ont été intégralement à la Cour par les parties ou l'une d'entre elles.
Des copies supplémentaires certifiées conformes par le Secrétaire Général sont à tout moment délivrées inclusivement aux parties qui en font la demande.
Par le fait de la notification ainsi effectuée, les parties renoncent à toute autre notification ou dépôt à la charge du tribunal arbitral.

[9] J.-B. RACINE, *op. cit., p*. 38.

recours en annulation n'est ouvert que si : Le tribunal arbitral s'est déclaré à tort compétent ou incompétent ; ou le tribunal arbitral a été irrégulièrement constitué ; ou le tribunal arbitral a statué sans se conformer à la mission qui lui avait été confiée ; ou le principe de la contradiction n'a pas été respecté ; ou la sentence est contraire à l'ordre public ; ou La sentence n'est pas motivée ou n'indique pas la date à laquelle elle a été rendue ou le nom du ou des arbitres qui l'ont rendue ou ne comporte pas la ou les signatures requises ou n'a pas été rendue à la majorité des voix. ». Quant à l'article 1520 du Code de procédure civile français : « Le recours en annulation n'est ouvert que si : Le tribunal arbitral s'est déclaré à tort compétent ou incompétent ; ou Le tribunal arbitral a statué irrégulièrement constituer ; ou le tribunal arbitral a statué sans se conformer à la mission qui lui avait été confiée ; ou Le principe de la contradiction n'a pas été respecté ; ou la reconnaissance ou l'exécution de la sentence est contraire à l'ordre public international ».

I. Arrêts de la CCJA relatifs aux cas d'ouvertures du recours en annulation

L'article 29.2 du règlement d'arbitrage et l'article 26 de l'AUA énumèrent les cas d'ouverture du recours en annulation des sentences arbitrales. Pour que la sentence arbitrale soit censurée par la CCJA, il faut que le tribunal arbitral ait statué sans convention d'arbitrage ou sur une convention nulle ou expirée. Le recours en annulation contre la sentence n'est recevable que si le tribunal arbitral a été irrégulièrement composé ou l'arbitre unique irrégulièrement désigné. Le recours en annulation contre la sentence est aussi possible quand le tribunal a statué sans se conformer à la mission qui lui a été confiée. Le non-respect du principe du contradictoire, la contrariété à l'ordre public international et l'absence de motivation sont des motifs d'annulation des sentences arbitrales. La CCJA a plusieurs fois eu l'occasion de se prononcer sur les manquements liés à l'inobservation des prescriptions contenues dans l'article 29.2 (a) du Règlement de procédure de la CCJA et qui ressortent également dans les dispositions de l'article 26 [10] de l'Acte uniforme relatif au droit de l'Arbitrage qui constitue le droit commun de l'arbitrage.

[10]Article 26 de l'Acte uniforme relatif au droit de l'arbitrage.

– Le premier cas d'ouverture du recours en annulation : Le moyen tiré de l'absence de convention d'arbitrage, de convention nulle ou expirée

L'arbitrage est l'expression du consentement des parties à soumettre leur litige à un juge privé notamment à un arbitre. Ce consentement qui peut prendre la forme d'une clause compromissoire ou d'un compromis selon qu'il s'agit de prévenir le règlement d'un litige à naître ou de régler un litige né, il appartient donc au juge de s'assurer de l'existence de cette clause compromissoire ou de ce compromis qui lie les parties. C'est dans cette dynamique d'appréciation de l'existence de convention d'arbitrage que la CCJA a décidé dans l'affaire État du Mali c/ Sté CFAO-Mali que :

« Le consentement à la saisine du tribunal arbitral sous l'égide de la CCJA ne se présume point et qu'aucune disposition ni du Traité fondateur de l'OHADA, ni du Règlement de procédure de la CCJA, ne permet de tirer de la non réponse à une lettre reçue dans le cadre d'une procédure arbitrale, une renonciation à un déclinatoire écrit et plaidé de compétence ; le tribunal arbitral ayant statué sans convention d'arbitrage, sa sentence doit donc être annulée sans qu'il soit besoin de statuer sur le second moyen [...] »[11].

Il ressort de l'arrêt de la CCJA que le tribunal arbitral a statué sans convention en retenant sa compétence en raison du silence observé par l'État du Mali aux courriers du 19 avril et du 13 juillet 2011 par la société CFAO pour conclure à un renoncement de son déclinatoire de compétence pourtant réaffirmé et plaidé par l'État du Mali lors de l'audience de plaidoiries. Si la Cour a fait droit au recours en contestation de validité [12] fondé sur le moyen tiré de l'absence de convention

[11] CCJA, Assemblée plénière, Arrêt n° 039/2014 du 17 avril 2014 ; Recours en contestation de validité de sentence arbitrale n° 095/2013/PC du 26/07/2013 : Etat du Mali c/Société CFAO. En espèce, le litige qui a opposé l'Etat du Mali à la société CFAO-Mali était relatif au paiement d'un trop perçu dans le cadre de la liquidation des droits et taxes d'importation pour la période allant du 1er janvier 2005 au 28 février 2007, après de multiples tentatives de règlement amiable, la CFAO-Mali a d'abord saisi les juridictions nationales maliennes avant de porter le litige devant la CCJA afin de mettre en œuvre la procédure arbitrale. C'est ainsi qu'une sentence arbitrale a été rendue le 09 juillet 2013 sous l'égide de la CCJA (centre d'arbitrage). La sentence rendue a fait l'objet d'un recours en contestation de validité par l'Etat du Mali au motif qu'il n'a jamais existé une convention d'arbitrage entre les deux parties.

[12] Il est important de préciser que le recours en contestation de validité était l'expression utilisée avant la réforme de l'acte uniforme relatif au droit de l'arbitrage et du Règlement d'arbitrage de la CCJA de novembre 2017. Après cette réforme, les articles 26 de l'AUA

d'arbitrage dans l'arrêt sus-indiqué, elle a suivi le raisonnement contraire pour admettre l'existence de la convention d'arbitrage et par conséquent le rejet du recours en contestation de validité dans l'affaire National Financial Crédit Bank SA (NFC) c/ Cheickh Ibra Fall N'DIAYE. Les faits à l'origine de cette affaire sont relatifs au recrutement de M. Cheik N'DIAYE le 16 août 2011 en qualité de Directeur Général de la Société NFC BANK. Les parties ont signé à cet effet, un contrat de travail à durée déterminée de deux ans. Le 10 avril 2012, la NFC BANK a décidé de mettre fin à leur relation contractuelle. C'est ainsi que M. Cheikh N'DIAYE saisissait l'inspection du travail qui dressait un procès-verbal de non-conciliation le 02 août 2012. M. Cheikh DIAYE en renonçant à la procédure engagée, a mis en œuvre une procédure arbitrale qui a abouti à une sentence rendue le 22 janvier 2016 et favorable à M. Cheikh DIAYE. En contestant la validité de ladite sentence, la Société NFC BANK a saisi la CCJA sur les motifs tirés de l'absence de convention d'arbitrage et de la contrariété de la convention à l'ordre public international. En effet, seul le motif tiré de l'absence de convention d'arbitrage sera traité ici. La requérante reprochait au tribunal arbitral d'avoir statué dans le cadre du litige, en retenant l'existence d'une convention d'arbitrage résultant de l'article 22 du contrat de travail et, en déduisant que la volonté commune des parties est d'aller à l'arbitrage CCJA, alors que l'article 22 invoqué précise que « tout litige découlant de l'interprétation de l'exécution du contrat sera tranché par arbitrage, conformément aux règles d'arbitrage de l'OHADA ; en cas d'échec, les parties se réfèrent aux juridictions nationales du pays abritant le siège de la banque » ; De cette disposition, il peut être déduit la volonté des parties d'aller à l'arbitrage institutionnel de la CCJA, comme l'affirme le tribunal ; les arbitres en se saisissant du litige selon la requérante, ont statué sans convention. Il ressort de l'arrêt de la Cour que : « Les « règles d'arbitrage de l'OHADA » visées dans la clause compromissoire renvoient indiscutablement aux dispositions du titre IV du Traité de l'OHADA consacré à l'arbitrage institutionnel de la Cour commune de Justice et d'Arbitrage et auxquelles les parties doivent se soumettre ; que dès lors, c'est à bon droit que le Tribunal arbitral s'est déclaré compétent pour connaître du litige à lui soumis ; qu'il échet de rejeter ce motif comme non fondé ».[13]

---

et 29.2 du Règlement d'arbitrage CCJA parlent du recours en annulation de sentence arbitrale.

[13]CCJA, arrêt n° 111/2017 du 11 mai 2017, affaire : National Financial Credit Bank SA (NFC) c/ Cheikh Ibra Fall N'DIAYE.

La reconnaissance de la compétence du tribunal arbitral dans l'affaire sus-indiquée participe de l'efficacité de l'arbitrage en tant que mode approprié de règlement de litiges commerciaux. À cet égard, la CCJA joue un rôle fondamental dans l'uniformisation de la jurisprudence arbitrale à travers les recours en annulation de sentence arbitrale portés devant elle. En plus du cas d'ouverture du recours en annulation du motif tiré de l'absence de convention d'arbitrage, la Haute Juridiction en matière de droit des affaires OHADA, a eu aussi l'occasion de se prononcer sur le cas d'ouverture du recours en annulation du moyen tiré de la constitution irrégulière du tribunal arbitral.

– **Le deuxième cas d'ouverture du recours en annulation : Le moyen tiré de la constitution irrégulière du tribunal arbitral**

La CCJA a plusieurs fois eu l'occasion de se prononcer sur les manquements liés à l'inobservation des prescriptions contenues dans l'article 29.2 du Règlement d'arbitrage qui ressortent également dans les dispositions de l'article 26[14] de l'AUA qui constitue le droit commun de l'arbitrage pour les 17 États Parties au Traité OHADA.

Dans l'affaire SOCIETE AFRICAINE DE RELATIONS COMMERCIALES et INDUSTRIELLES SARCI Sarl c/ ATLANTIQUE TELECOM S.A et TELECEL Bénin S.A. la CCJA a dans un arrêt en date du 17 juillet 2008 décidé que :

« en cas d'arbitrage par trois arbitres, chaque partie nomme un arbitre et les deux autres arbitres ainsi nommés choisissent un troisième ; si une partie ne nomme pas un arbitre dans un délai de trente jours à compter de la réception d'une demande à cette fin émanant de l'autre partie ou si les deux arbitres ne s'accordent sur le choix du troisième arbitre dans un délai de trente jours à compter de leur désignation, la nomination est effectuée sur la demande d'une partie par le juge compétent dans l'État partie » ; et enfin « les parties doivent être traitées sur le même pied d'égalité et chaque partie doit avoir toute possibilité de faire valoir ses droits [...] ; Atlantique TELECOM n'ayant pu exercer son droit de désignation de l'un des membres du Tribunal arbitral ad hoc constitué ; qu'il s'ensuit que ledit tribunal ad hoc a été irrégulièrement constitué ; qu'il échet de dire et juger que la sentence rendue par ledit Tribunal irrégulièrement constitué encourt l'annulation de ce chef ».[15]

---

[14]Article 26 de l'Acte uniforme relatif au droit de l'arbitrage.

[15]CCJA, arrêt n° 044/2008 du 17 juillet 2008, affaire : SOCIETE AFRICAINE DE RELATIONS COMMERCIALES ET INDUSTRIELLES dite SARCI Sarl C/ ATLANTIQUE TELECOM SA et TELECEL BENIN S.A.

Dans l'affaire sus-indiquée, la Cour n'a pas manqué de sanctionner les irrégularités liées à la constitution du tribunal arbitral qui a abouti à l'annulation de la sentence arbitrale rendue. En effet, la société africaine de relations commerciales et industrielles dite SARCI a à travers une lettre en date du 29 novembre 2006, informé son cocontractant Atlantique TELECOM SA de sa décision de mettre en œuvre la procédure d'arbitrage prévue par les dispositions de l'article 43 des statuts de TELECEL Bénin SA. Ladite lettre portait à la connaissance d'Atlantique TELECOM SA que la SARCI avait déjà désigné un arbitre devant siéger dans la formation arbitrale et qu'il incombait à Atlantique TELECOM SA de désigner un autre arbitre dans un délai de 15 jours pour faire partie du tribunal arbitral. Ayant estimé que ce délai conventionnel de 15 jours qui incombait à Atlantique TELECOM SA pour la désignation du second arbitre est expirée, la SARCI a jugé nécessaire de saisir le Président du tribunal de première instance de première classe de Cotonou, lequel rendait au pied de la requête l'Ordonnance[16] n° 1067 du 18 décembre 2006 portant désignation du deuxième arbitre en la personne de sieur Gabriel Comlan QUENUM. C'est ainsi que par exploit en date du 27 décembre 2006 de Maître Simplice DAKO, huissier de justice près le Tribunal de première instance de première classe et la Cour d'appel de Cotonou, qu'Atlantique TELECOM SA s'est formellement opposée à l'ordonnance précitée portant désignation du deuxième arbitre. En effet, à travers l'ordonnance n° 031/07-1 ère CR Civ. en date du 08 août 2007, la juridiction saisie a débouté Atlantique TELECOM, d'une part de sa demande en rétractation de l'ordonnance de désignation du deuxième arbitre aux motifs qu'il n'y a eu aucune manœuvre frauduleuse tendant à tromper la religion du juge et l'ordonnance a été prise dans le respect des dispositions légales, et, d'autre part, de sa demande en annulation de la notification du procès-verbal de désignation du troisième arbitre aux motifs que le troisième arbitre a été désigné conformément au contrat qui est la loi des parties et conformément au droit positif « en vigueur ». Dans son arrêt, la Cour n'a nullement tenu compte du délai conventionnel de 15 jours qui était imparti à Atlantique TELECOM de désigner un autre arbitre. La Cour a plutôt mis en avant le délai légal de 30 jours contenu dans les dispositions de l'article 5 al. 2 (ancien) de l'AUA. La Cour a décidé qu'Atlantique TELECOM qu'en considérant la date du 30 novembre 2006, date de réception de la lettre sus indiquée du 29 novembre 2006 et de la demande de désignation du deuxième arbitre

---

[16]Ibid.

émanant de la SARCI Sarl, Atlantique TELECOM SA disposait, avant toute mise en demeure et conformément à l'article 5 al. 2 de l'Acte uniforme, d'un délai de 30 jours s'achevant le 30 décembre 2006 pour la désignation du deuxième arbitre. La Cour, à travers cet arrêt, rappelle le respect strict des prescriptions légales relatives au délai que dispose un cocontractant de désigner un arbitre devant siéger dans le tribunal constitué à cet effet. En la matière, les délais conventionnels des parties ne peuvent déroger aux prescriptions légales. Le non-respect par l'arbitre de sa mission est le troisième moyen d'annulation des sentences arbitrales fréquemment invoqué par la CCJA tel qu'il ressort des dispositions de l'article 26 de l'AUA et de l'article 29.2 du Règlement d'arbitrage de la CCJA.

– Le troisième cas d'ouverture du recours en annulation : Le moyen tiré de la violation par l'arbitre de sa mission

Dans l'affaire République de Guinée c/ GETMA International, la Cour, dans un arrêt en date du 19 novembre 2015, a décidé d'annuler la sentence arbitrale au motif que le tribunal arbitral ne s'est pas conformé à sa mission. La Cour a rendu sa décision en ces termes :

« Il résulte des dispositions des articles 24,2, 24,3, 25,1 du Règlement d'arbitrage de la CCJA et 9 de la Décision n° 004/99/CCJA du 3 février 1999 relative aux frais d'arbitrage visés que dans l'arbitrage sous l'égide de la CCJA, les honoraires des arbitres sont exclusivement fixés par la Cour, conformément au barème annexé à la Décision n° 004/99/CCJA du 3 février1999. La Cour peut fixer les honoraires des arbitres à un montant supérieur ou inférieur à ce qui résulterait de l'application de ce barème, si les circonstances de l'espèce le rendent exceptionnellement nécessaire ; mais tout accord séparé entre les parties et l'arbitre sur les honoraires est nul et de nul effet. Ces dispositions ont pour objet de garantir aux parties qui ont décidé de soumettre leur litige à l'arbitrage de la Cour, le paiement d'honoraires prévisibles, proportionnels à la valeur réelle du litige et déterminés selon un barème connu à l'avance [...] ; Il résulte des dispositions de l'article 10.1 du Règlement d'arbitrage de la CCJA que « Lorsque les parties sont convenues d'avoir recourent à l'arbitrage de la Cour, elles se soumettent par là même aux dispositions du titre IV du Traité de l'OHADA, au présent règlement, au règlement intérieur de la Cour, à leur annexes et au barème des frais d'arbitrage, dans leur rédaction en vigueur à la date de l'introduction de la procédure d'arbitrage indiquée à l'article 5 ci-dessus ». En conséquence, ne s'est pas conformé à sa mission et a exposé sa sentence à l'annulation, le tribunal qui a délibérément écarté des dispositions essentielles du règlement d'arbitrage auquel les parties ont convenu de soumettre le traitement de leur différend par la clause compromissoire insérée dans leur contrat. Il en est ainsi lorsque la suite de la fixation par la Cour du montant des honoraires des arbitres, le président du tribunal arbitral a directement négocié avec les conseils des parties en litige et obtenu leur accord pour que le montant desdits honoraires soit revu à la hausse ; qu'ayant ensuite saisi la CCJA pour obtenir la régularisation de cette majoration, ses requêtes ont été à deux reprises et que nonobstant ces décisions de refus, le président du tribunal arbitral a obtenu de la partie au bénéfice de laquelle la sentence a été rendue, le paiement de sa quote-part sur la somme réclamée, outre la condamnation de cette dernière au paiement de la quote-part de la partie ayant succombé dans l'arbitrage »[17].

Dans l'affaire Société NESTLE SAHEL c/ Société Commerciale d'Importation AZAR et SALAME dite SCIMAS, la Cour n'a pas manqué de souligner le caractère flagrant de la violation de la mission du tribunal arbitral. La Cour a rendu la décision suivante :

« Attendu qu'il est reproché au Tribunal arbitral d'avoir violé sa mission en jugeant en amiable compositeur alors que l'obligation lui était faite d'appliquer la loi ivoirienne ; qu'en effet, selon la requérante, pour retenir sa responsabilité dans la rupture du contrat de distribution la liant à la SCIMAS, ledit Tribunal, en fixant à cinq milliard de francs CFA le montant de la condamnation prononcée contre elle, ne s'est fondé sur aucun texte de droit ; qu'en affirmant notamment que « ...le rôle important joué par la Société NESTLE sahel, en bout de la chaîne des sociétés du groupe NESTLE dans la mise à l'écart brutale de la Société SCIMAS », le Tribunal arbitral passe outre le droit qui limitait son appréciation aux 18 mois de relations contractuelles pour prendre en compte la situation de la Société NESTLE Sahel dans le groupe NESTLE avec lequel la SCIMAS a travaillé pendant 23 ans [...] ; que ce faisant, ledit Tribunal a violé la mission qui lui avait été conférée telle qu'elle résulte de la clause compromissoire rappelée dans le procès-verbal du 29 juillet 2004 et qui

---

[17] CCJA, Ass.plén., n° 139/2015 du 19 novembre 2015, affaire : République de Guinée c/ GETMA International. En espèce, C'est suite à la résiliation unilatérale par la République de Guinée de la convention du22 septembre 2008, par laquelle elle avait attribué à la société GETMA la concession du Terminal à conteneurs du port de Conakry que ladite société a saisi la Cour d'une requête d'arbitrage sur la base de la clause d'arbitrage stipulée à la convention de concession.

était de statuer selon la loi ivoirienne ; que la violation de la mission étant flagrante, la sentence querellée encourt annulation ».[18]

En effet, pour la Cour, le caractère flagrant de la violation de la mission du tribunal arbitral est relatif ici au fait que les arbitres ont statué en équité alors qu'ils avaient l'obligation de statuer en droit. La CCJA ne laisse aucune zone d'ombre dans l'appréciation du moyen d'annulation tiré du non-respect par les arbitres de la mission qui leur est confiée. La CCJA ne fait pas toujours droit au moyen d'annulation tiré du non-respect par les arbitres de leur mission. C'est ainsi que dans l'affaire Société Nationale pour la Promotion Agricole dite SONAPRAc/ Société des Huileries du BENIN, la Cour a décidé que :

« attendu qu'il est aussi, reproché à la sentence attaquée « un manque de validité pour violation [par les arbitres] des termes de leur mission » en ce sens que, selon le moyen, les arbitres ont statué sans se conformer à la mission qui leur avait été confiée dans le délai qui leur avait été imparti et qu'ils avaient accepté, leur mission étant censée s'achever le 02 août 2006 ; qu'en ne rendant pas leur sentence au plus tard le 02 août 2006, les arbitres n'ont pas respecté les termes de leur mission et ont ainsi exposé ladite sentence à l'annulation ;

Mais attendu que le calendrier du déroulement de la procédure, établi par le Tribunal arbitral au cours de la réunion durant laquelle, entre autres, est défini l'objet du litige, a un caractère prévienne ; que s'agissant d'une prévision de date, celle-ci est susceptible de modification ; que dès lors, le fait de modifier un tel calendrier, qui n'avait qu'un caractère prévisionnel ou indicatif, ne saurait être valablement considéré comme une violation par le tribunal arbitral des termes de sa mission ; qu'il suit que ce moyen, qui manque de pertinence, doit être rejeté ».[19]

Dans cette affaire sus-indiquée, la Cour a procédé à une interprétation restrictive du moyen d'annulation tiré du non-respect par le tribunal arbitral de sa mission. Parlant du moyen d'annulation fondé sur le non-respect par le tribunal arbitral de sa mission, Jean-Baptiste RACINE souligne que c'est une forme de motif « fourre-tout »[20], apte à accueillir divers moyens au soutien de la demande d'annulation. Pour Pierre

[18]CCA, arrêt, n° 028/2007 du 19 juillet 2007, affaire : Société NESTLE SAHEL c/ Société Commerciale d'Importation AZAR et SALAME dite SCIMAS. Voir dans ce sens *www.ohada.com* , consulté le 24/07/2019.

[19]CCJA. Assemblée plénière, Arrêt n° 45 du 17 juillet 2008 : Affaire : Société Nationale pour la promotion Agricole dite SONAPRA c/ Société des Huilleries du Benin dite SHB Le Juris OHADA, n° 4/2008, p. 60.

[20]J-B. Racine, *op. cit.*, p.588.

MAYER, « tel que formulé, ce moyen permet l'annulation chaque fois qu'il pourrait être reproché à l'arbitre la méconnaissance d'une règle de procédure quelle qu'elle soit ou de l'une quelconque des règles applicables au fond du litige », pour logiquement en déduire qu'« un tel moyen [pouvait] devenir une arme redoutable entre les mains d'une partie qui souhaiterait obtenir l'annulation d'une sentence arbitrale ».[21]

Dans la jurisprudence de la Cour de cassation française, la réception du motif tiré du non-respect par le tribunal arbitral de sa mission s'effectue sur la base d'une interprétation restrictive. En effet, dans un arrêt en date du 06 mars 1996, la Cour a décidé de ne pas faire droit à l'annulation de deux sentences arbitrales rendues à Paris sous l'égide de la Chambre de commerce internationale, pour méconnaissance par les arbitres des limites de leur mission. Il ressort de l'arrêt de rejet de la Cour de Cassation que : « ...La mission de l'arbitre, définie par la convention d'arbitrage, est délimitée principalement par l'objet du litige, tel qu'il est déterminé par les prétentions des parties ; que la Cour d'appel a exactement retenu que les arbitres, investis par une clause d'arbitrage qui leur soumettait « tout litige relatif au présent contrat », pouvaient statuer sur toutes les demandes qui leur étaient soumises à cet égard, sans s'attacher uniquement à l'énoncé des questions litigieuses dans l'acte de mission... ».[22]

La Cour de Cassation a adopté le même raisonnement dans l'affaire Valenciana aboutissant ainsi à un arrêt de rejet au motif que l'arbitre a statué en droit ainsi qu'il en avait l'obligation conformément à l'acte de mission.[23] L'interprétation restrictive de la jurisprudence de la Cour de Cassation et de la CCJA de l'OHADA relative au moyen tiré du non-respect par le tribunal arbitral de sa mission, doit inspirer les juridictions nationales des États Parties au Traité OHADA lorsqu'elles seront appelées à connaître du recours portant sur ce moyen.

II. Les autres cas d'ouvertures du recours en annulation à l'encontre de la sentence arbitrale

Parmi les autres cas d'ouverture à cassation y figure le non-respect du principe du contradictoire, l'absence de motivation et la violation de l'ordre public international.

---

[21] P. MEYER, Le droit de l'arbitrage dans l'espace OHADA, dix ans après l'acte uniforme, *Rev.arb.* Année 2010-N° 3-juillet-septembre, p. 487.

[22] Cour de cassation, chambre civ. 1, du 6 mars 1996, 94-13.092, publié au Bulletin.

[23] Cour de cassation, Chambre civile du 22 octobre 1991, 89-21.528, publié au bulletin.

– Le quatrième cas d'ouverture du recours en annulation : Le moyen tiré du non-respect du principe du contradictoire

En matière d'arbitrage, le non-respect du principe du contradictoire s'entend de l'abstention du tribunal arbitral d'appliquer un moyen de fait ou de droit sans le soumettre à la discussion préalable des parties, ou de conduire des investigations personnelles sur les faits de la cause sans en référer aux parties.[24] La CCJA a eu l'occasion dans l'affaire Société Bénin control SA c/ État du Bénin de donner des éléments de définition du principe du contradictoire. Dans cette affaire, parmi les griefs formulés à l'encontre de la Société Bénin Control SA par l'État du Bénin, figurait la violation du principe du contradictoire. En effet, Il était reproché à la sentence attaquée, la violation du principe du contradictoire, en ce que le tribunal arbitral ne s'est pas assuré que la demande formulée par la partie comparante est justifiée par des pièces probantes. À cette question, la Cour rétorqua que :

« le principe du contradictoire suppose que chacune des parties ait été mise en mesure de discuter l'énoncé des faits et les moyens juridiques que ses adversaires lui ont opposés ; qu'en l'espèce, il résulte de la sentence contestée que les deux parties au litige ont été mises en état, non seulement de faire connaître tout ce qui est nécessaire au succès de leur demande ou de leur défense, mais aussi d'examiner et de discuter les pièces ainsi que les moyens soumis au tribunal arbitral ; que l'article 19.3 du Règlement d'arbitrage de la Cour laisse le soin de recourir à un expert à la discrétion de l'arbitre ; qu'il échet dès lors, de rejeter également ce moyen comme étant non fondé ».[25] La CCJA a adopté la même position pour aboutir au rejet du moyen tiré de la violation du principe du contradictoire dans l'affaire Société Ivoirienne de Raffinage dite SIR c/ BONA SHIPHOLDING Ltd. L'un des griefs fait à la sentence arbitrale rendue le 31 octobre 2005 portait sur la violation du principe du contradictoire. En effet, la Société Ivoirienne de Raffinage dite SIR reprochait à la sentence attaquée d'avoir été rendue sans que le tribunal arbitral lui ait permis de discuter, d'une part, « les hypothèses avancées par l'armateur et validées par le tribunal pour statuer sur la responsabilité, d'autre part, la part de

---

[24] Cité par Th. LAURIOL, E. A. ASSIEHUE, C. DU PAC DE MARSOULIES, E. RAYNAUD, M. TAVAUT, Le Règlement d'arbitrage CCJA, commentaire article par article, coll. Droits Africains, Paris, LexisNexis, 2018, p.283. Voir dans ce sen, C. Seraglini et J. Ortscheidt, Droit de l'arbitrage interne et international, paris, Lextenso, Montchrestien, 2013, spéc.p.732.

[25] CCJA, Ass. Plén., n° 103/2015 du 15 octobre 2015, affaire : Société Benin Control SA c/ Etat du Bénin.Voir dans ce sens *www.ohada.com.* Consulté le 28/07/2019.

responsabilité attribuée à chaque partie, tant « dans la demande principale que dans la demande reconventionnelle ». Dans sa réponse à cette question, la Cour a rappelé qu'il satisfait au principe du contradictoire, dès lors que chaque partie a eu la possibilité d'examiner et de discuter les pièces ainsi que les moyens soumis au tribunal arbitral ; qu'en l'espèce la sentence énonce que « toutes les pièces ont été bien reçues et qu'aucune d'entre elles n'a été dissimulée ; ... ; qu'il en résulte, que le principe du contradictoire n'a pas été violé ».[26]

La réception du moyen tiré du non-respect du principe du contradictoire se fait d'une manière très restrictive par la CCJA. Dans les deux arrêts sus-indiquées, la CCJA a procédé à une interprétation restrictive du motif tiré du non-respect du principe du contradictoire. Cette interprétation restrictive évite non seulement de faire droit à tous les moyens tirés du non-respect du principe du contradictoire présentés devant la CCJA, mais également d'assurer l'efficacité de la sentence arbitrale. Cette interprétation restrictive de la jurisprudence arbitrale de la CCJA relative au moyen tiré du non-respect du principe du contradictoire ne doit pas permettre aux arbitres de méconnaître le principe du contradictoire dans leur sentence. La Cour doit à la fois adoptée une position sévère et souple s'il le faut dans l'accueil du motif tiré du non-respect du principe du contradictoire.

En France, la Cour d'appel de Paris en rappelant l'importance du principe du contradictoire en matière arbitrale a indiqué que : « rien de ce qui sert à fonder le jugement de l'arbitre ne doit échapper au débat contradictoire des parties ».[27]La même Cour a indiqué dans une autre affaire que : « La juridiction arbitrale doit impérativement respecter et faire respecter le principe du contradictoire ; ce principe suppose que chaque partie ait été en mesure de faire valoir ce moyen de fait et de droit, de connaître ceux de son adversaire et de les discuter, ensuite qu'aucune écriture et qu'aucun document n'aient été portés à la connaissance des arbitres sans être également communiqués à l'autre partie, enfin qu'aucun moyen de fait et de droit, ne soit relevé d'office par le tribunal arbitral sans que les parties aient été invitées à présenter leurs observations ».[28]

---

[26]CCJA, arrêt n° 029/2007 du 19 juillet, affaire : Société Ivoirienne de raffinage dite SIR c/ BONA SHIPOLDING Ltd.

[27]Cour d'appel de Paris, 14 oct. 1993, rev. Arb. 1994.380.

[28]Cour d'appel de Paris, 16 janvier.2003, Rev.arb., 2004.369., note Jaeger.

– Le cinquième cas d'ouverture du recours en annulation : le moyen tiré de la violation de l'ordre public international

Selon le Vocabulaire juridique Henri Capitant, l'ordre public est l'ensemble de principes, écrits ou non, qui sont, au moment où l'on raisonne, considérés dans un ordre juridique, comme fondamentaux et qui, pour cette raison, imposent d'écarter l'effet, dans cet ordre juridique, non seulement de la volonté privée (C.civ., a.6) mais aussi des lois étrangères et des actes des autorités étrangères (en quoi il est dit parfois ordre public d'éviction)[29]. Selon la définition proposée par l'association de Droit international, l'ordre public international se définit comme l'ensemble des principes et des règles en vigueur dans un État qui, par leur nature, peuvent faire échec à la reconnaissance ou l'exécution de la sentence arbitrale rendue dans le contexte d'un arbitrage commercial international, lorsque la reconnaissance ou l'exécution de cette sentence entraînerait leur violation, soit en raison de la procédure au terme de laquelle la sentence a été rendue (ordre public international procédural), soit en raison du contenu de la sentence (ordre public international relatif au fond).[30] La réserve de l'ordre public international permet d'évincer une sentence arbitrale ou de refuser l'exequatur d'une sentence contraire à l'ensemble des principes et des règles en vigueur dans un État dans un contexte d'arbitrage internationale. L'ordre public international est un ordre d'éviction.

Il ressort des dispositions de l'article 25 du Traité OHADA que l'exequatur peut être refusé si la sentence arbitrale est contraire à l'ordre public international. Les articles 26 (e) de l'AUA et 29.2 (e) du Règlement d'arbitrage CCJA disposent que le recours en annulation contre la sentence arbitrale n'est recevable que si la sentence arbitrale est contraire à l'ordre public international. Parmi les motifs de refus de l'exequatur énumérés par l'article 30.5 du règlement d'arbitrage CCJA, figure la contrariété de la sentence à l'ordre public international. Aux termes des dispositions de l'article 31.4 de l'AUA, la reconnaissance et l'exequatur sont refusés si la sentence est manifestement contraire à une règle d'ordre public internationale. Il est important de noter que la référence à l'ordre public international ne concerne que les seuls litiges internationaux portés devant la CCJA. Le législateur a opté pour le monisme juridique ce qui fait que l'Acte uniforme sur le droit de l'arbitrage ne fait pas de distinction

[29]G. Cornu, Vocabulaire juridique, Paris, PUF, 12èmeédi. 2007, 2018. p. 721.

[30]Th. LAURIOL, E. A. ASSIEHUE, C. du Pac de MARSOULIES, E. RAYNAUD, M. TAVAUT, *op. cit.*, p. 284.

entre l'arbitrage interne et l'arbitrage international. L'arbitrage interne et l'arbitrage international sont soumis au même régime juridique dans l'espace OHADA contrairement au droit français de l'arbitrage qui fait la distinction entre l'arbitrage interne et international. Le législateur OHADA en retenant comme motif d'annulation de la sentence ou de refus de l'exequatur uniquement la violation de la règle d'ordre public international n'a pas tenu compte des litiges portant sur l'arbitrage interne et par conséquent la mobilisation de l'ordre public interne. La CCJA a eu l'occasion de faire la distinction entre l'ordre public interne et l'ordre public international dans l'affaire Société Nationale pour la Promotion Agricole dite SONAPRAc/ Sociétés des Huileries du Benin dite SHB. Les faits à l'origine de cette affaire sont relatifs à la signature d'une convention-cadre d'approvisionnement CCA des graines de coton entre la SONAPRA et SHB. Aux termes de cette convention-cadre d'approvisionnement la SONAPRA s'est engagée à fournir à la SHB des graines de coton. Selon l'article 2.2 de cette convention-cadre, des contrats annuels devaient être conclus pour préciser les modalités et conditions de cet approvisionnement. Au moment de l'exécution de la convention-cadre, la cocontractante SHB s'était plainte d'avoir subi durant les années 2000 et 2001 ! 2003 un préjudice évalué à quatre milliards quatre cent soixante-huit millions trois cent vingt et un mille neuf cent quatre-vingt-cinq FCFA en raison du manque à gagner consécutif à l'insuffisance d'approvisionnement en graines de coton de la SONAPRA comme il était prévu dans la convention-cadre. C'est ainsi que la SHB a décidé de saisir la CCJA d'une demande d'arbitrage pour obtenir réparation du préjudice subi. Le tribunal arbitral mis en place sous l'égide de la CCJA a rendu le 10 mars 2006 une sentence avant dire droit pour retenir sa compétence et à statuer par la suite sur le fond en rendant une sentence partielle le 26 septembre 2006 qui a fait l'objet d'un recours en contestation de validité formé par la SONAPRA. L'un des griefs fait à la sentence est la violation de l'ordre public international. En effet, la SONAPRA reproche à la sentence attaquée d'avoir fait une mauvaise interprétation de la clause de règlement amiable, mauvaise application de l'article 274 de l'Acte uniforme portant sur le droit commercial général notamment la prescription en matière de vente commerciale, mauvaise interprétation de la notion de force majeure et violation du principe du contradictoire. Dans son arrêt, la Cour a précisé que : « aux termes de la clause compromissoire en vertu de laquelle le litige opposant la SHB à la SONOPRA a été soumis à l'arbitrage, le droit applicable au fond du litige est le droit béninois ; que ledit litige, qui oppose deux sociétés de droit béninois relativement au commerce interne, relève de l'arbitrage interne ; que dès lors ; c'est à tort qu'est invoqué la violation de l'ordre public international comme moyen d'annulation de la sentence rendue dans un tel arbitrage [...] ».[31]

La Cour donne une précision de taille dans l'arrêt sus-indiqué en indiquant que le droit applicable au fond du litige est le droit béninois et que le litige qui oppose deux sociétés de droit béninois relativement au commerce interne relève du droit de l'arbitrage interne et par conséquent l'on ne peut invoquer la violation de l'ordre public international comme moyen d'annulation de la sentence rendue dans un arbitrage interne. Selon Pierre MEYER, la Cour devait ajouter que, par contre, un tel arbitrage doit pouvoir connaître du moyen tiré de la violation par la sentence de l'ordre public interne qui est d'ailleurs plus contraignant parce que plus étendu que l'ordre public international.[32] Cet arrêt de la Cour a le mérite de préciser que la violation de l'ordre public international ne peut être invoquée que dans un arbitrage international. Un requérant ne peut donc pas mobiliser une règle d'ordre public international dans un arbitrage interne.

Dans l'affaire État du Mali c/ Société des Télécommunications du Mali SA dite SOTELMA SA, la CCJA a procédé à une interprétation restrictive similaire pour aboutir au rejet du moyen tiré de la violation de l'ordre public international. En espèce, la SOTELMA, une société d'État malienne a signé le 13 juillet 2006 avec la Société SEAQUEST INFOTEL MALI SA dite SQIM SA, une convention de partenariat pour une durée de 15 ans en vue d'assurer le financement, l'implantation, le développement et l'assistance en gestion du système intégré de télécommunications et de sécurité au Mali. Les parties ont poursuivi leurs relations commerciales jusqu'au 02 mai 2007, date à laquelle le président de la Société SOTELMA a adressé un courrier au Directeur Générale de la Société SEAQUEST-INFOTEL MALI SA mettant fin à la convention de partenariat qui lie les deux parties. Suite à cette résiliation, la SQIM SA a déposé le 02 février 2010 une demande d'arbitrage devant la CCJA. Le tribunal arbitral mis en place sous l'égide de la CCJA a rendu une sentence défavorable à l'État du Mali et la Société des Télécommunications du Mali SA. Les requérants ont alors formé un

---

[31]CCJA, Assemblée plénière, arrêt n°45 du 17 juillet 2008, affaire : Société Nationale pour la promotion Agricole dite SOPRANA c/ Société des Huileries du BENIN dite SHB. Voir dans ce sens www.ohada.com, consulté le 02/08/2017.

[32]P. MEYER, *op. cit.*, p.489.

recours en contestation de validité de la sentence arbitrale devant la CCJA. L'un des griefs fait à la sentence attaquée est la contrariété à l'ordre public international. En effet, les requérants reprochent à la sentence d'avoir fait une mauvaise computation des délais l'ayant empêchée de constater la caducité de la convention entre les parties qui a fait naître le présent litige. À cette question, la CCJA rétorqua que :

« (...), il ressort de la convention du 13 juillet 2006 que la SOLTEMA et la SQIM SA ont convenu à l'article 18.2 que « La réalisation des conditions ci-dessus devra être constatée par les deux Parties dans un document commun, qui formalisera de ce fait la date d'entrée en vigueur de la convention. Les conditions préalables à l'entrée en vigueur de la Convention prévues ci-dessus devront avoir été réalisées au plus tard soixante jours après la signature de ladite Convention, à moins que les parties fixent d'un commun accord, avant la fin de cette période, une date ultérieure. Il sera mis fin de plein droit à la Convention de concession dans le cas où les conditions précisées ci-dessus ne seraient pas réalisées dans la limite ainsi fixée » ; que le 12 septembre 2006, la SOTELMA et la SQIM, représentées par les mêmes personnes, ont signé un avenant qui stipulait notamment : « afin de finaliser la formalisation pour l'entrée en vigueur de la Convention de partenariat signé le 13 juillet 2006 entre la SOTELMA et SEAQUEST-INFOTEL MALI SA, les deux parties s'accordent pour procéder au report de quatre-vingt-dix jours à compter de la signature de ce document (...). Ainsi, le délai d'entrée en vigueur de la convention est fixé de commun accord et pour une durée supplémentaire de quatre-vingt-dix jours à compter du 12 septembre 2006 ; pendant cette période, il sera procédé à la signature de l'Accord Tripartite de gestion du compte spécial (entre les parties) ainsi qu'à la finalisation du cahier des charges » ; qu'il ressort donc que les parties ont renoncé à se prévaloir de la non-réalisation d'une des conditions suspensives de leur convention dans le délai initial, souhaitant ainsi poursuivre l'exécution de cette dernière aux nouvelles conditions arrêtées par elles ; que la convention des parties ayant été prorogée, l'État du Mali est mal venu à réclamer sa caducité ; qu'il s'en suit que la sentence arbitrale attaquée n'est pas contraire à l'ordre public international (...) »[33].

La Cour a procédé à une interprétation restrictive du motif tiré de la contrariété de la sentence à l'ordre public international. Dans les deux

---

[33] CCJA, arrêt n° 027/2017 du 02 mars 2017, affaire : Etat du Mali, Société des Télécommunications du Mali SA dite SOTELMA SA c/ SEAQUEST-INFOTEL MALI S.A (SQIM S.A). Voir dans ce sens *www.ohada.com*, consulté le 03/08/2019.

arrêts sus-indiqués, la Cour est arrivée à la conclusion que la sentence n'est pas contraire à l'ordre public international. La réserve d'ordre public est devenue un fourre-tout que les requérants n'hésitent pas à mobiliser pour évincer une sentence arbitrale rendue par un tribunal constitué régulièrement à cet effet. Cette interprétation restrictive permet à la Cour de ne pas faire droit à tous les moyens tirés de la contrariété de la sentence arbitrale à l'ordre public international. L'analyse de la jurisprudence arbitrale de la CCJA semble indiquer que la Cour reste assez prudente sur l'accueil des moyens tirés de la contrariété de la sentence à l'ordre public international.

Dans l'affaire État du Mali c/ Société Groupe TOMOTA S.A, la Cour n'a pas fait droit au motif tiré de la violation de l'ordre public international. En effet, parmi les griefs portés devant la Cour, figurait la violation de l'ordre public international. L'État du Mali s'est élevé contre la sentence arbitrale rendue devant la Cour au motif que le tribunal arbitral a anéanti une partie des dispositions contractuelles convenues par les parties, sous couvert d'une certaine forme d'équité ; qu'il s'est arrogé le pouvoir de modifier le prix de cession, déplafonner le montant de l'indemnisation prévue et d'empêcher le jeu de la forclusion de s'opérer, d'une part, et d'autre part de n'avoir pas tenu compte d'un jugement rendu en première instance par une juridiction malienne dans un litige opposant le Groupe TOMOTA, via HUICOMA, à la CMDT dont appel est pendant devant la Cour de Bamako ; le requérant reproche alors à la sentence d'avoir condamné une personne tierce dont la mission était uniquement de faciliter la conclusion du contrat d'approvisionnement entre HUICOMA et CMDT. Le requérant estime alors qu'en retenant sa responsabilité dans cette affaire, la sentence arbitrale doit être déclarée contraire à l'ordre public international. La CCJA a décidé que :

« (...), pour retenir la responsabilité de l'État du Mali qui s'est engagé contractuellement à assister l'acquéreur dans la conclusion d'un contrat commercial de fourniture de grain de coton avec la CMDT, le tribunal a procédé à l'analyse des éléments en liaison avec la convention litigieuse conclue entre l'État du Mali et le Groupe TOMOTA S.A., produits et débattus contradictoirement par les parties ; qu'il en a déduit, en s'appuyant sur la loi malienne, que l'État a manqué à ses obligations contractuelles et l'a condamné à réparer les dommages subis par

TOMOTA ; que, dès lors, la sentence arbitrale n'est en rien contraire à l'ordre public international (...) ».[34]

In fine, la Cour décide au terme de son raisonnement que la sentence arbitrale n'est en rien contraire à l'ordre public international comme elle l'a fait dans les autres arrêts sus-indiqués.

En France, la Cour d'appel de Paris a fait une interprétation restrictive quant à la question relative au moyen tiré de la violation de l'ordre public international. L'arrêt Thalès[35] a adopté une conception du contrôle de conformité de la sentence à l'ordre public international limitée aux seuls cas d'une violation flagrante, effective et concrète. La jurisprudence de la Cour de cassation est restrictive en ce qui concerne l'appréciation de la violation de l'ordre public international. La Cour de cassation est allée dans le même sens que la Cour d'appel dans l'arrêt SNF/Cytec. Dès lors, il se dégage une tendance faite de méfiance que ce soit dans la jurisprudence de la CCJA comme dans celle de la Cour de cassation française vis-à-vis de la violation de l'ordre public international comme moyen d'annulation de la sentence arbitrale. Cette tendance de méfiance s'inscrit aussi dans une dynamique de promotion de l'arbitrage comme mode approprié de règlement des litiges commerciaux. Il faut assurer à la sentence arbitrale toute son efficacité pour ne pas obtenir facilement son annulation. La jurisprudence de la Cour de cassation exige maintenant que

---

[34] CCJA, Ass. Plén., Arrêt n° 033/2015 du 23 avril 2015 ; Recours n° 011/2014/PC du 24/01/2014 : Etat du MALI c/ Société Groupe TOMOTA S.A. Voir dans ce sens *www.ohada.com*, consulté le 04/08/2019.

C'est à la faveur de la restructuration du secteur coton que l'Etat du Mali a cédé à titre onéreux 84, 31% du capital de la société Huilerie Cotonnière du Mali (HUICOMA) au Groupe TOMOTA S.A pour un montant 9.000.000.000 FCFA. L'Etat du Mali s'est engagé à assister le Groupe TOMOTA S.A dans la conclusion d'un contrat commercial de fourniture de grain de coton avec la CMDT. C'est à la suite du transfert des actions et de la reprise effective de la société vendue que le Groupe TOMOTA S.A., confronté à des graves difficultés d'approvisionnement en coton grains, a fait réaliser un audit technique, organisationnel, financier et comptable, lequel a révélé une situation réelle de la société, en rien comparable à celle qui avait été présentée par le vendeur et convenue des deux parties. Malgré les efforts fournis pour obtenir le soutien de l'Etat du Mali face à ces difficultés, le Groupe TOMOTA en application de la clause compromissoire contenue dans la convention a saisi la CCJA le 17 juillet 2012 aux fins d'arbitrage. Le tribunal arbitral constitué à cet effet sous l'égide de la CCJA a rendu une sentence le 08 novembre 2013 défavorable à l'Etat du Mali qui a formulé un recours en contestation de validité de la sentence auprès de la CCJA.

[35] Cour d'appel de Paris 1 er Chambre, section, 18 novembre 2014 (n°2002/19606), SA Thalès Air Défense c/ GIE Euromissille et EADS. Voir dans ce sens, J-B. RACINE, F. SIIRIAINEN, *op. cit.*, p. 475.

la violation de l'ordre public international soit flagrante, effective et concrète. En effet, dans l'affaire Société SNF c/ Société Cytec industries BV, société de droit néerlandais, la Cour a décidé que :

« (...), s'agissant de la violation de l'ordre public international, seule la reconnaissance ou l'exécution de la sentence est examinée par le juge de l'annulation au regard de la compatibilité de sa solution avec cet ordre public, dont le contrôle se limite au caractère flagrant, effectif et concret de la violation alléguée ; que l'arrêt retient, d'abord, qu'en annulant le contrat de fourniture de 1993, contraire à l'article 81 du Traité CE, et en décidant qu'en l'absence de position dominante, la société Cytec n'avait pas pu se rendre coupable d'un abus au sens de l'article 82 du Traité, le tribunal arbitral a fait application du droit communautaire de la concurrence ; ensuite, que la société SNF ne démontre aucune violation flagrante, effective et concrète de l'ordre public international ; enfin, que la Société SNF ayant pu demander réparation selon ce que commande le principe d'effectivité du droit communautaire et ces réparations n'entrant pas dans le cadre du contrôle exercé au titre de

l'article 1502-5° du code de procédure civile pour la protection des principes fondamentaux, les conclusions du tribunal arbitral dans la sentence du 28 juillet 2004 n'avaient pas à être rediscutées devant la Cour d'appel ; que celle-ci, qui a procédé dans les limites de ses pouvoirs, c'est-à-dire sans révision au fond de la sentence arbitrale au contrôle des sentences au regard de l'application des règles communautaires de la concurrence, a exactement dit que leur reconnaissance et leur exécution n'étaient pas contraires à l'ordre public international (...) ».[36]

– Le sixième cas d'ouverture du recours en annulation : le moyen tiré de l'absence de motivation

Le moyen tiré de l'absence de motivation s'entend du défaut de justification en droit, et surtout en fait de la décision rendue.[37]L'absence de motivation de la sentence arbitrale rend impossible le contrôle du juge. Il est important de noter que le sixième et dernier cas d'ouverture du recours en annulation portant sur le moyen tiré de l'absence de motivation est issu de la réforme de 2017 du droit de l'arbitrage et du règlement d'arbitrage CCJA. C'est à la faveur de cette réforme qu'il a été ajouté un sixième cas d'ouverture du recours en cassation basé sur le moyen tiré de

---

[36] Cour de cassation, première chambre civile, arrêt n° 680 du 4 juin 2008.

[37] M.-N JOBARD-BACHELLIER, X. BACHELLIER, J. Buk LAMENT, *La technique de cassation, pouvoirs et arrêts en matière civile*, Méthode du Droit, Paris, 9e éd. 2018. p.209.

l'absence de motivation. Le moyen tiré de l'absence de motivation n'est pas assez mobilisé par les litigants devant la CCJA pour obtenir l'annulation de la sentence arbitrale. La Cour a eu l'occasion de se prononcer sur le moyen d'annulation pris de l'insuffisance de motifs dans l'affaire État du Niger c/ Société AFRICARD CO LTD (BVI).

En espèce, il s'agit de l'État du Niger qui dans la perspective de doter ses ressortissants de passeports biométriques et électroniques, a initié en 2011, sous l'égide du Ministère de l'Intérieur, de la Sécurité Publique, de la Décentralisation et des Affaires Religieuses, une procédure administrative dite « négociée par entente directe » avec mise en concurrence de trois sociétés spécialisées à la production à grande échelle de ces documents. C'est dans cette perspective que le marché a été attribué à la Société AFRICARD CO Limited (BVI) dont notification a été faite par lettre en date du 28 janvier 2011. Le coût total du marché s'élevait à Trente-quatre milliards huit cents millions F CFA. La lettre de notification de l'adjudication du marché fut suivie d'une convention en date du 13 octobre dénommée « convention pour la production de passeports biométriques et électroniques en République du Niger ». Le 24 mars 2012, le ministre de l'Intérieur, de la Sécurité Publique, de la Décentralisation et des Affaires Religieuses informait le Directeur Général de la Société AFRICARD CO LTD de la résiliation de la convention. Suite à cette résiliation unilatérale, la Société AFRICARD CO LTD recourut à la voie judiciaire pour obtenir l'annulation de la décision d'annulation de la convention. Malgré l'arrêt rendu le 23 janvier 2013 faisant droit à la demande de la Société, cela ne changera rien à la position du Ministre. C'est ainsi que la Société AFRICARD COLTD décida de saisir la CCJA aux fins d'arbitrage. Un tribunal arbitral a été constitué à cet effet sous l'égide de la CCJA et qui rendit une sentence favorable à la Société AFRICARD COLTD. L'État du Niger formula un recours en contestation de validité de la sentence arbitrale devant la CCJA. L'un des griefs fait à la sentence par l'État du Niger est d'avoir violé les dispositions de l'article 22.1 du règlement d'arbitrage de la CCJA au motif que la sentence querellée était insuffisamment motivée. La Cour, dans sa réponse à cette question, rétorqua que : « (...) aux termes des dispositions de l'article 29.2 du règlement d'arbitrage CCJA, la contestation de validité de la sentence arbitrale ne peut être fondée que sur un des motifs énumérés à l'article 30.6 du même règlement ; que l'insuffisance de la motivation de la sentence ne faisant pas partie de ces cas d'ouverture, ce moyen est irrecevable »[38].

En France, la Cour d'appel de Paris a plusieurs fois eu l'occasion de se prononcer sur l'absence de motivation comme moyen d'annulation de la sentence arbitrale. En effet, la Cour d'appel de Paris a décidé dans un arrêt en date du 27 novembre 2018 que : « (...) les arbitres ne sont pas tenus de répondre à la totalité de l'argumentation des parties ; qu'en l'espèce, la sentence arbitrale rappelle les pièces dont la production a été demandée par l'arbitre dès l'acte de mission du 5 janvier 2016 ; que si l'arbitre a estimé ne pas devoir faire droit à une demande de production de pièces complémentaires, il n'appartient pas au juge de l'annulation de remettre en cause l'opinion de l'arbitre qui a implicitement mais nécessairement considéré que cette demande était sans utilité ».[39]

Dans une autre espèce, la Cour d'appel a décidé que l'exigence de motivation des décisions de justice est un élément du droit à un procès équitable ; qu'elle est nécessairement comprise dans la mission des arbitres, même si elle ne figure pas dans le règlement d'arbitrage auquel les parties se sont soumises. La Cour ajouta que le contrôle du juge de l'annulation ne porte que sur l'existence et non sur la pertinence des motifs de la sentence ».[40] Il ressort des deux arrêts de la Cour d'appel sus-indiqués, une interprétation restrictive du moyen d'annulation tiré de l'absence de motivation de la sentence arbitrale. Le juge de l'annulation ne peut ni mettre en cause l'opinion de l'arbitre ni contrôler la pertinence des motifs de la sentence. La CCJA et les juridictions nationales des États parties au Traité devraient éventuellement s'inspirer des arrêts rendus par la Cour d'appel de Paris relativement aux recours en annulation du moyen tiré de l'absence de motivation. Outre la jurisprudence abondante de la CCJA relative aux cas d'ouverture du recours en annulation des sentences arbitrales, il est important également de rendre compte de sa jurisprudence relative aux recours en révision et à la tierce opposition.

---

[38] CCJA, arrêt n° 141/2016 du 14 juillet 2016, affaire : Etat du Niger c/ Société AFRICARD CO LTD.

[39] Cour d'appel de paris, Pôle-chambre 1, arrêt du 27 novembre 2018.

[40] Cour d'appel de paris, Pôle 1-chambre 1, arrêt du 20 novembre 2018.

§2. La jurisprudence de la CCJA relative aux voies de recours extraordinaires à l'encontre des sentences arbitrales

À l'instar du mode judiciaire du règlement des litiges, la justice arbitrale admet de recourir aux voies extraordinaires de recours contre la sentence arbitrale. Il est important de rendre compte d'une part, de la jurisprudence de la CCJA relative au recours en révision(I) et d'autre part, du recours à la tierce opposition (II)

I. La jurisprudence de la CCJA relative aux recours en révision contre la sentence arbitrale

Le recours en révision s'entend du recours permettant de sanctionner la fraude et opérant par voie de rétractation.[41] Selon le Vocabulaire juridique Henri Capitant, le recours en révision tend à faire rétracter un jugement passé en force de chose jugée, pour l'une des causes spécifiées par la loi, afin qu'il soit à nouveau statué en fait et en droit (...)[42].

Aux termes des dispositions de l'article 32 du règlement d'arbitrage CCJA, « la sentence arbitrale peut faire l'objet d'un recours en révision, déposé au Secrétariat général qui le transmet au tribunal en raison de la découverte d'un fait de nature à exercer une influence décisive et qui, avant le prononcé de la sentence, était inconnu du tribunal arbitral ou de la partie qui demande la révision. À défaut d'accord des parties sur la nomination d'un nouveau tribunal arbitral ; lorsque le tribunal arbitral était constitué d'un arbitre unique et ne peut plus être réuni, la Cour nomme un arbitre unique afin de statuer sur le recours en révision ; lorsque le tribunal arbitral était constitué de trois arbitres et ne peut plus être réuni, la Cour nomme, après consultation des parties, soit un nouveau tribunal constitué de trois arbitres, soit un arbitre unique afin de statuer sur le recours en révision ; lorsque le tribunal arbitral était constitué de trois arbitres et qu'un ou plusieurs des arbitres ne peuvent plus être réuni, la Cour nomme, après consultation des parties, des arbitres afin de compléter le tribunal arbitral statue sur le recours en révision ». Relativement à l'article 25 al. 5 de l'AUA qui plus est, le droit commun de l'arbitrage dans l'espace OHADA, la sentence arbitrale peut également faire l'objet d'un recours en révision devant le tribunal arbitral en raison de la découverte d'un fait de nature à exercer sur la solution du différend une

[41] J.-B. RACINE, *Droit de l'arbitrage*, *op. cit.*, p.615.
[42] G. CORNU, *Vocabulaire juridique*, *op. cit.*, p. 867.

influence décisive et qui, avant le prononcé de la sentence, était inconnu du tribunal arbitral et de la partie qui demande la révision. Lorsque le tribunal arbitral ne peut plus être réuni, le recours en révision est porté devant la juridiction de l'État Partie qui eût été compétente à défaut d'arbitrage.[43]

En France, selon les dispositions de l'article 1502 du Code de procédure civile[44], « Le recours en révision est ouvert contre la sentence arbitrale dans les cas prévus pour les jugements à l'article 595 et sous les conditions prévues aux articles 594, 596, 597 et 601 à 603. Le recours est porté devant le tribunal. Toutefois, si le tribunal arbitral ne peut à nouveau être réuni, le recours est porté devant la cour d'appel qui eût été compétente pour connaître des autres recours contre la sentence ». Il ressort des dispositions de l'article 595 du même code que l'exercice du recours en révision est soumis aux quatre cas d'ouverture notamment : une décision surprise par fraude, des pièces décisives ayant été retenues, des pièces reconnues ou déclarées fausses, 4) des attestations, témoignages ou serments déclarés faux. L'alinéa 2 de l'article 595 soumet le recours à la condition que son auteur n'ait pu, sans faute, « faire valoir la cause qu'il invoque avant que la décision ne soit passée en force de chose jugée ».[45]

L'analyse de la jurisprudence arbitrale de la CCJA fait ressortir des cas de recours en révision portés devant la Cour. En effet, dans l'affaire Fond Africain de Garantie et de Coopération Économique dit FAGACE c/ Banque Sénégalo-Tunisienne dite BST devenue CBAO ATTIJARI WAFA BANK Sénégal, Société Industrie Cotonnière Africaine dite ICOTAF, la Cour a décidé de rejeter la demande en révision de la sentence au motif qu'elle n'a pas été présentée dans le délai imparti à cet effet. Suite à la sentence arbitrale rendue le 19 novembre 2008 par le tribunal arbitral constitué sous l'égide de la Cour commune de justice et d'arbitrage, que le FAGACE, mécontent, a introduit une requête le 13 mai 2013 devant la Cour aux fins de révision de la sentence arbitrale. A l'appui de sa requête, le FAGACE invoque la découverte d'un fait de nature à exercer une influence décisive et qui était inconnu, au moment du prononcé de la sentence arbitrale [...] ; À la demande en révision de la sentence du FAGACE, la Cour a décidé que :

---

[43] Article 25 al. 5 de l'AUA.

[44] Article 1502 du CPC.

[45] Article 595 du CPC.

« [...], le fait nouveau invoqué par le FAGACE était connu de lui depuis plus de trois mois ; qu'au surplus le FAGACE n'apporte aucune précision s'agissant de l'existence éventuelle ou non d'un jugement de distribution ; qu'il y a lieu en conséquence en application de l'article 49-4[46] de déclarer la demande en révision introduite par FAGACE pour forclusion [...] »[47].

Si dans l'arrêt sus-indiqué la Cour a rejeté la demande en révision formée par le FAGACE au motif que le délai de trois mois impartis était dépassé, elle a suivi le raisonnement contraire pour aboutir à la recevabilité de la demande en révision formée par l'État du Niger contre les sentences arbitrales du 09 juin 2014 et du 06 décembre 2014. Dans cette affaire, l'État du Niger a formé un recours en révision contre la sentence avant-dire-droit du 09 juin 2014 et la sentence finale du 06 décembre 2014. L'État du Niger estime avoir découvert un fait nouveau ayant une influence décisive sur la sentence rendue. Il appui sa requête sur la découverte de deux courriers électroniques en date des 1ers et 2 juin 2014 émanant d'AFRICARD et ayant trait d'une part à la recommandation par celle-ci du cabinet Deloitte et Touch en qualité d'expert à désigner pour évaluer son propre préjudice et, d'autre part, à des versements occultes de sommes effectués par AFRICARD en vue d'obtenir une sentence favorable. L'État du Niger estime que ce fait nouveau met fondamentalement en cause les principes d'indépendance et d'impartialité de l'arbitre. Ce fait nouveau selon l'État du Niger, était ignoré du tribunal arbitral pendant la procédure arbitrale et de la Cour au moment de la procédure en contestation de validité de la sentence et ont

[46] Aux termes des dispositions de l'article 49 du Règlement de procédure : « La révision de l'arrêt ne peut être demandée à la Cour qu'en raison de la découverte d'un fait de nature à exercer une influence décisive et qui, avant le prononcé de l'arrêt, était inconnu de la Cour et de la partie qui demande la révision. La procédure de révision s'ouvre par un arrêt de la Cour constatant expressément l'existence d'un fait nouveau, lui reconnaissant les caractères qui donnent ouverture à la révision et déclarant de ce chef la demande recevable. La Cour peut subordonner l'ouverture de la procédure en révision à l'exécution préalable de l'arrêt. La demande en révision doit être formée dans un délai de trois mois à compter du jour où le demandeur a eu connaissance du fait sur lequel la demande en révision est basée. 5) Aucune demande en révision ne pourra être formée après l'expiration d'un délai de dix ans à dater de l'arrêt.

[47] CCJA, Assemblée Plénière, Arrêt n° 068/2013 du 14 novembre 2013 ; affaire : Fonds Africain de Garantie et de Coopération Économique dit FAGACE c/ Banque Sénégalo-Tunisienne dite BST devenue CBAO ATTIJARIWAFA BANK Sénégal, Société Industrie Cotonnière Africaine dite ICOTAF.Voir dans ce sens *www.ohada.com,* ohadata J-15-68.

eu une influence décisive dans sa condamnation par le tribunal arbitral. Dans son arrêt, la CCJA a décidé que :

« [...] ; L'État du Niger verse au dossier de la procédure deux courriels en date des 1er et 2 juin 2014 sur lesquels il fonde sa demande de révision et dont les contenus révèlent une collusion entre l'arbitre, le conseil D'AFRICARD, le dirigeant d'AFRICARD monsieur Dany CHACCOUR et le cabinet Deloitte ; que l'existence et l'authenticité de ces courriels ont été rapportées par le Directeur général de la Société Niger TELECOMS sur réquisitions du Procureur général près la Cour d'appel de Niamey ; que le Bureau Central National Interpol de Niamey, la Direction de l'Informatique et des Traces Technologiques de la police criminelle de la République de Côte d'Ivoire et l'expert agrée près la Cour de cassation française ont conforté l'authenticité desdits courriels ; que par ailleurs, Maître Yankori, conseil d'AFRICARD a, lors de son audition, avoué l'existence des mails et précisé l'identité de leurs auteurs ; que l'authenticité des courriels versés au dossier par le requérant et de leur contenu est établie ; qu'il s'ensuit que l'existence de ces mails produits au dossier constitue un fait nouveau, inconnu de la Cour de l'État du Niger, demandeur à la révision, lequel, s'il était connu de la Cour avant le prononcé de son arrêt dont révision est sollicité, aurait exercé une influence décisive ; que la découverte de ce fait nouveau donne ouverture à la procédure de révision de l'arrêt attaqué [...] »[48].

Pour faire droit à la demande en révision de la sentence arbitrale rendue à l'encontre de l'État du Niger, la Cour a souligné la collusion entre l'arbitre, le conseil d'AFRICARD, le dirigeant d'AFRICARD monsieur CHACCOUR et le cabinet Deloitte. Cette collusion est de nature à mettre en cause les principes d'indépendance et d'impartialité de l'arbitre. Il ressort des dispositions de l'article 4-1 du règlement d'arbitrage que « Tout arbitre nommé ou confirmé par la Cour doit être et demeurer indépendant et impartial vis-à-vis des parties ».[49]La réception du recours en révision de l'État du Niger par la CCJA sur le fondement du motif tiré de la violation du principe d'impartialité et d'indépendance de l'arbitre, met sérieusement en cause l'arbitrage CCJA. Les accusations portées contre la Société AFRICARD sont graves. Elles font état de versement de sommes occultes par l'une des parties à l'arbitrage en l'occurrence la société AFRICARD à l'arbitre pour obtenir une sentence

---

[48] CCJA, Assemblée plénière, Arrêt n° 087/2018 du 12 avril 2018, affaire : Etat du Niger c/ Société AFRICARD CO LIMITED. Voir dans ce sens : *www.biblio.OHADA.org.*
[49]Article 4-1 du Règlement d'arbitrage CCJA.

favorable ce qui constitue une violation du principe d'indépendance et d'impartialité En plus du recours en révision contre la sentence arbitrale, il est aussi possible de recourir à la tierce opposition devant la CCJA.

II. La jurisprudence de la CCJA relative à la tierce opposition

Selon les dispositions de l'article 566 du code de procédure civile du Burkina Faso « La tierce opposition tend à faire rétracter un jugement qui préjudicie aux droits d'une personne qui n'y a pas été partie. Elle est ouverte à tous les tiers, lorsque ni eux, ni leurs auteurs ou ceux qu'ils représentent n'ont été appelés au procès ».[50] La tierce opposition permet à un tiers qui s'estime lésé de contester une décision à la double condition d'y avoir intérêt et de ne pas avoir été partie ou représentée à la décision attaquée.[51] La tierce opposition donne au tiers lésé le droit d'agir contre une décision de justice ou une sentence arbitrale. Le tiers qui au départ n'était pas partie au litige, devient par la suite une partie à part entière au litige du fait du préjudice qui lui ai causé par la décision de justice ou la sentence arbitrale rendue. Il ressort des dispositions de l'article 33 du règlement d'arbitrage CCJA que : « La tierce opposition contre les sentences arbitrales est portée devant la Cour. Il en est de même contre les arrêts de la Cour, lorsque celle-ci a statué au fond conformément à l'alinéa 2 du paragraphe 29.5[52] de l'article 29 du présent règlement. La tierce opposition est ouverte sous les conditions prévues par l'article 47 [53] du règlement de procédure de la Cour commune de justice et

[50] Article 566 du code de procédure civile du Burkinabè.

[51] Article 583 al. 1 code de procédure civile française.

[52]Il ressort de l'alinéa 2 du paragraphe 29.5 de l'article 29 du Règlement d'arbitrage que : « Si la Cour refuse la reconnaissance et l'autorité de chose jugée à la sentence qui lui est déférée, elle l'annule.
Elle évoque et statue au fond si les parties en font la demande.
Si les parties n'ont pas demandé l'évocation, la procédure est reprise à la requête de la partie la plus diligente à partir, le cas échéant, du dernier acte de l'instance arbitrale reconnu valable par la Cour. »

[53]Article 47 du Règlement de procédure CCJA. Il ressort des dispositions de cet article que : Toute personne physique ou morale peut présenter une demande en tierce opposition contre un arrêt rendu sans qu'elle ait été appelée, si cet arrêt préjudicie à ses droits.
Les dispositions des articles 23 et 27 du présent Règlement sont applicables à la demande en tierce opposition. Celle-ci doit en outre, spécifier l'arrêt attaqué ; Indiquer en quoi cet arrêt préjudicie aux droits du tiers opposant ; Indiquer les raisons pour lesquelles le tiers

d'arbitrage ».[54] Le règlement d'arbitrage CCJA indique seulement que la tierce opposition est portée devant la Cour et renvoie aux dispositions de l'article 47 du Règlement de procédure de la CCJA sur la procédure d'ouverture de la tierce opposition. Les règles de procédures qui s'appliquent à la tierce opposition en matière judiciaire devant la CCJA sont les mêmes que celles en matière arbitrales. Il ressort des dispositions de l'article 25 de l'AUA que la sentence arbitrale peut faire l'objet d'un recours en annulation qui doit être porté devant la juridiction compétente dans l'État Partie.[55] Dans l'affaire Société de transformation industrielle de Lomé dite STIL c/ Société des tubes d'acier et d'aluminium dite SOTACI, la Cour commune et d'arbitrage a décidé de rejeter le recours en tierce opposition exercé par la STIL, le cocontractant. Il ressort de l'arrêt de la Cour que :

« [...], doit être déclaré irrecevable le recours en tierce opposition exercé par la STIL contre l'Arrêt n° 010/2003 du 19 juin 2003 de la Cour de céans, lequel, pour se prononcer comme il l'a fait, s'est limité et ne pouvait se limiter qu'à l'examen de la mission des arbitres à la lumière de la convention des parties et du dispositif de la sentence arbitrale. L'arrêt n'a, à aucun moment, eu à se prononcer sur le fond du litige notamment sur le fait de savoir si la SOTACI devait payer aux époux DELPECH un complément de prix de cession des actions au regard des états comptables de la STIL. Il n'a pu, en conséquence, contrairement à ce que soutient la STIL, condamner la SOTACI à payer aux époux DELPECH la somme de 115 206 425 F CFA dont 100 209 189 FCFA au titre de complément de cession de leurs actions détenues dans la STIL et n'a pu, par conséquent, causer un quelconque préjudice à la STIL sur le point allégué par celle-ci ».[56] La Cour a adopté une interprétation restrictive du recours en tierce

opposant n'a pu participer au litige principal. La demande est formée contre toutes les Parties au litige principal. L'arrêt attaqué est modifié dans la mesure où il fait droit à la tierce opposition. La minute de l'arrêt rendu sur tierce opposition est annexée à la minute de l'arrêt attaqué. Mention de l'arrêt rendu sur tierce opposition est faite en marge de la minute de l'arrêt attaqué.

[54] Article 33 du Règlement d'arbitrage CCJA.

[55] Article 25 de l'Acte uniforme relatif au droit de l'arbitrage.

Le législateur OHADA renvoie aux législations nationales des Etats Parties le soin de désigner la juridiction nationale compétente pour connaître des recours en annulation contre les sentences arbitrales rendues en application de l'Acte uniforme relatif au droit de l'arbitrage.

[56] CCJA, Arrêt n° 37 du 2 juin 2005, Société de transformation industrielle de Lomé dite STIL c/ Société des tubes d'acier et d'aluminium dite SOTACL. *Recueil de*

opposition en déboutant la STIL au motif que l'arrêt attaqué ne s'est pas prononcé sur le fond du litige notamment sur le fait de savoir si la SOTACI devait payer aux époux DELPECH un complément de prix de cession des actions au regard des états comptables de la STIL. Cette position de la Cour s'inscrit dans une tendance générale de promotion de l'arbitrage en tant que mode efficace de règlement des litiges commerciaux. La jurisprudence arbitrale de la Cour est empreinte de cette interprétation restrictive des recours formés devant elle à l'encontre des sentences arbitrales rendues.

Dans l'affaire République de Guinée Équatoriale et la Communauté Économique et Monétaire de l'Afrique centrale (CEMAC) c/ La Commercial Bank Guinea Ecuatorial (CBGE), la Cour a rappelé les conditions d'exercice du recours en tierce opposition. En effet, elle a décidé que :

« [...], que l'exercice de la tierce opposition suppose, au regard des dispositions de l'article 47.2 ci-dessus énoncé du règlement de procédure de la Cour, qui dispose que, la demande doit « indiquer en quoi l'arrêt préjudicie aux droits du tiers opposant », l'existence d'un intérêt à agir, alors qu'en l'espèce, la solution donnée au litige dans la sentence consistant en l'allocation de dommages-intérêts en réparation d'un préjudice né d'une situation ponctuelle qui a épuisé ses effets dans le dénouement de l'instance arbitrale, n'est pas de nature à perpétuer un comportement en contrariété à un ordre public dont la CEMAC[57] serait chargée de veiller au respect dans son espace ; qu'il s'ensuit que cette organisation communautaire ne justifie pas d'un intérêt à agir pour l'exercice de ce recours [...]. »[58]

La tendance qui se dégage de l'analyse de la jurisprudence arbitrale de la CCJA fait état d'une interprétation restrictive de la Cour vis-à-vis des recours en annulation de sentence, en révision ou en tierce opposition.

---

jurisprudence de la CCJA, n°5, janvier-juin 2005, volume 1, p.21. *Le Juris-OHADA*, n°4/2005, juillet-septembre 2005, p.16.

[57] Communauté Economique et Monétaire d'Afrique centrale.

[58] CCJA, Arrêt n° 012/2011 du 29 novembre 2011, Audience publique du 29 novembre 2011, 1/Recours en contestation de validité de sentence arbitrale n° 065/2009/ PC du 13 juillet 2009 ; 2/ Requête en tierce opposition n° 073/2009/PC du 11 août 2009 ; 3/ Requête en exequatur en date du 18 juin 2009, Affaire : République de Guinée Equatoriale et la Communauté Economique et Monétaire de l'Afrique Centrale (CEMAC) c/ La Commercial Bank Guinea Equatoriale (CBGE). Recueil de Jurisprudence n° 17 (Juillet-Décembre 2011), p.22 ; Juris-OHADA, n° 1, 2012, janvier-mars, p.34.

Dans sa jurisprudence, la Cour reste d'une manière générale favorable au maintien des sentences arbitrales qu'à leur annulation. Dans l'affaire République de Guinée Équatoriale et la communauté Économique et Monétaire d'Afrique Centrale c/ la Commercial Bank Guinea Ecuatorial (CBGE), la Cour a confirmé cette tendance favorable au maintien de la sentence arbitrale en indiquant que la Communauté Économique et Monétaire d'Afrique Centrale ne justifie pas d'un intérêt à agir pour l'exercice du recours en tierce opposition. Elle a rappelé que la demande en tierce opposition doit indiquer en quoi l'arrêt préjudicie aux droits du tiers opposant.

Outre de sa jurisprudence en matière de recours en tierce opposition, la CCJA connaît également des demandes en exequatur des sentences arbitrales.

SECTION 2.
La jurisprudence de la CCJA relative à l'exequatur de la sentence arbitrale

L'exequatur s'entend de l'injonction émanant d'une autorité d'un État qui a pour vertu d'incorporer à l'ordre juridique étatique qu'elle représente un élément extérieur à celui-ci. En matière arbitrale, l'exequatur est la décision par laquelle le tribunal de grande instance donne force exécutoire à une sentence arbitrale.[59] Le recours à l'exequatur pour l'exécution de la sentence arbitrale émane du fait que la partie perdante refuse de s'exécuter spontanément. Le cocontractant en faveur duquel la sentence a été rendue doit alors saisir la juridiction compétente en vue d'obtenir l'exequatur. Dans cette section, il sera question d'une part de l'ordonnance d'octroi de l'exequatur de la CCJA (§ 1) et d'autre part de l'ordonnance de refus d'exequatur de la Cour (§ 2).

§ 1. L'ordonnance d'octroi de l'exequatur de la CCJA

Aux termes des dispositions de l'article 30 du règlement d'arbitrage, « La sentence est susceptible d'exequatur dès son prononcé. L'exequatur est demandé par une requête adressée au Président de la Cour, avec copie au Secrétaire Général. Ce dernier transmet immédiatement à la Cour les

[59] G. CORNU, Vocabulaire juridique, *op. cit.*, p. 435.

documents permettant d'établir l'existence de la sentence arbitrale et de la convention d'arbitrage. L'exequatur est accordé, dans les quinze jours du dépôt de la requête, par une ordonnance du Président de la Cour ou du juge délégué à cet effet et confère à la sentence un caractère exécutoire dans les États Parties. Cette procédure n'est pas contradictoire. L'exequatur n'est pas accordé si la Cour se trouve déjà saisie, pour la même sentence, d'une requête formée en application de l'article 29 ci-dessus. En pareil cas, les deux requêtes sont jointes. Sauf si l'exécution provisoire de la sentence a été ordonnée par le tribunal arbitral, l'exercice du recours en annulation suspend l'exécution de la sentence arbitrale jusqu'à ce que la Cour ait statué. La décision sur l'exequatur des sentences relatives à des mesures provisoires ou conservatoires est rendue dans un délai de trois jours à compter du dépôt de la requête de la Cour. Si l'exequatur est refusé, la partie requérante peut saisir la Cour dans les quinze jours de la notification du rejet de sa requête. Ce délai est réduit à trois jours lorsque le recours porte sur l'exécution d'une sentence du tribunal arbitral relative à des mesures provisoires ou conservatoires. Elle notifie le recours à la partie adverse. La décision du Président qui accorde l'exequatur n'est susceptible d'aucun recours. L'exequatur ne peut être refusé que dans les cas suivants : Si le tribunal arbitral a statué sans convention d'arbitrage ou sur une convention nulle ou expirée ; Si le tribunal arbitral a statué sans se conformer à la mission qui lui avait été conférée ; Lorsque le principe de la procédure contradictoire n'a pas été respecté ; Si la sentence est contraire à l'ordre public international. [60]»

Il ressort des dispositions de l'article 30 du Règlement d'arbitrage, que dans l'arbitrage organisé sous l'égide de la CCJA, la demande d'exequatur est adressée au Président de la Cour à charge pour lui d'accorder ou de refuser l'exequatur. Si le Président de la Cour décide d'accorder l'exequatur, il doit le faire dans un délai de 15 jours à compter du dépôt de la requête. L'ordonnance d'exequatur confère à la sentence un caractère exécutoire dans les États Parties au Traité OHADA. Ce caractère communautaire de l'exequatur est une innovation majeure en matière arbitrale dans l'espace OHADA. La partie gagnante dans une procédure d'arbitrage sous l'égide de la CCJA n'aura pas besoin d'entamer une autre procédure de demande d'exequatur devant les juridictions nationales des États Parties. L'exequatur communautaire permet à la sentence de produire ses effets dans les différents États Parties au Traité OHADA.

---

[60]Article 30 du règlement d'arbitrage CCJA.

Mais, il convient de signaler qu'à la différence de l'arbitrage institutionnel CCJA, la sentence arbitrale de droit commun de l'arbitrage n'est susceptible d'exécution forcée qu'en vertu d'une décision d'exequatur rendue par la juridiction compétente dans l'État Partie.[61]Que ce soit un arbitral ah doc ou institutionnel, la demande d'exequatur de la sentence dans l'arbitrage de droit commun est adressée à la juridiction compétente de l'État Partie au Traité OHADA. Le législateur OHADA renvoie aussi aux États Parties de déterminer la juridiction compétente pour connaître des recours en annulation contre les sentences dans une procédure arbitrale de droit commun. L'exequatur accordé à la sentence dans une telle procédure n'a pas un caractère communautaire, il n'est pas susceptible de produire des effets dans les autres États Parties comme le fait l'exequatur accordé dans une procédure d'arbitrage sous l'égide de la CCJA. La CCJA a eu l'occasion de se prononcer favorablement sur des recours aux fins d'exequatur portés devant elle.

La CCJA a décidé de faire droit à la demande d'exequatur formée par la Société Bénin Control SA dans l'affaire qui l'opposait à l'État du Bénin. La Société Bénin Control SA avait sollicité la Cour en vue d'obtenir l'exequatur de la sentence arbitrale rendue le 14 mai 2014. Quant à l'État du Bénin, il avait à son tour et dans la même procédure saisi la Cour aux fins de recours en contestation de validité de la même sentence arbitrale. Constatant le lien de connexité entre les deux procédures et pour une bonne administration de la justice, la Cour a décidé d'ordonner la jonction de ces deux procédures pour être statué par une seule et même décision. Dans cette affaire, la Cour a décidé dans un premier temps de rejeter le recours en contestation de validité de la sentence arbitrale introduite par l'État du Bénin et en second lieu d'ordonner l'exequatur de ladite sentence.[62]

---

[61]Article 30 de l'Acte uniforme relatif au droit de l'arbitrage.

[62] CCJA, Ass. Plén., n° 103/2015 du 15 octobre 2015 ; Req.n° 093/2014 PC du 21/05/2014 ; Rec. n°100/2014/PC du 30/05/2014 : Société Benin Control SA c/ Etat du Bénin. Dans cette affaire, les deux parties parties notamment l'Etat du Bénin et la Société Bénin Control SA avaient conclus un contrat en date du 09 février 2011relatif à la mise en place d'un programme de vérification des importations de nouvelle génération. L'Etat du Bénin confiait à la société Benin Control moyennant rémunération les fonctions d'inspection avant embarquement des marchandises, de fourniture, mise en service et exploitation de scanners à rayon X, de fourniture, mise en service et exploitation d'un système de suivi électronique du transit, de gestion automatisée des magasins, aires d'exploitation de dédouanement, scanning des bagages et palettes de fret à l'aéroport de Cotonou. C'est ainsi que l'Etat du Bénin, après plusieurs périphéries, a notifié à son cocontractant la suspension provisoire du contrat par correspondance le 02 mai 2012.

Dans une autre espèce, la Cour n'a pas suivi l'ordonnance rendue par le Président du Tribunal de commerce de Kinshasa-Matete en date 13 novembre 2013 dans l'affaire Société VODACOM International Limited c/ Société Congolese Wireless Network SPRL. Il s'agit dans cette affaire de la condamnation de la Société Congolese Wireless Network à rembourser diverses sommes à VODACOM International Limited par un tribunal arbitral siégeant à Bruxelles sous l'égide de la Cour International d'Arbitrage de la CCI. La sentence arbitrale rendue par la CCI a été exequaturée par le Tribunal de grande instance de Paris en date du 19 septembre 2013. Le 07 novembre 2013, la Société Congolese Wireless Network saisissait le Président du Tribunal de commerce de Kinshasa-Matete aux fins d'opposition à l'exequatur de la Sentence. À travers une ordonnance en date du 13 novembre 2013, le Président du tribunal de commerce a fait droit à la demande de Congolese Wireless Network en décidant que la sentence arbitrale rendue par la Cour International d'Arbitrage de la CCI le 06 septembre 2013 n'est pas exécutoire sur le territoire de la République Démocratique du Congo. Saisi du litige, la CCJA n'a pas suivi l'ordonnance du Président du Tribunal de Commerce de Kinshasa-Matete. La Cour a décidé que : « l'exequatur des sentences arbitrales rendues dans les États tiers à l'OHADA s'opère selon les conventions internationales si l'État où la sentence a été rendue et l'État partie où la sentence est invoquée sont liés en ce domaine ; qu'en espèce la Belgique (pays où la sentence a été rendue) et la République Démocratique du Congo (pays de l'exécution) sont liés par des conventions internationales notamment celle de New York en date du 10 juin 1958 ; que c'est donc à tort que le Président du Tribunal a fait application de l'Acte uniforme relatif au droit de l'arbitrage ; qu'il échec de casser l'ordonnance querellée et dire que les parties seront remises au même et semblable état où elles étaient avant ladite ordonnance (...) »[63]. La Cour a conclu que c'est à tort que le Président du Tribunal de commerce de Kinshasa-Matete a fait application en espèce de l'Acte uniforme relatif au droit de l'arbitrage. La Cour rappelle que l'exequatur des sentences arbitrales rendues dans les États tiers à l'OHADA s'opère

---

Suite à la suspension provisoire du contrat par l'Etat du Bénin, la Société Bénin Control SA saisissait alors le centre d'arbitrage de la Cour commune de justice et d'arbitrage. Le tribunal arbitral constitué sous l'égide de la CCJA a rendu le 13 mai 2014 une sentence arbitrale favorable à la Société Bénin Control SA.

[63] CCJA, Arrêt n° 003/2017 du 26 2017 ; affaire : Société VODACOM International Limited c/ Société Congolese Wireless Network SPRL. Voir dans ce sens *www.ohada.com*. Consulté le 17/08/2019.

selon les conventions internationales si l'État où la sentence a été rendue et l'État partie où la sentence est invoquée sont liés en ce domaine. La Belgique (État où la sentence a été rendue) et la République Démocratique du Congo (État de l'exécution de la sentence) sont tous membres de la convention de New York du 10 juin 1958. Ce raisonnement devait conduire le Président du Tribunal de commerce à l'application de la Convention de New York du 10 juin 1958 et non de l'Acte uniforme relatif au droit de l'arbitrage.

Dans l'affaire Monsieur GILLET Jean Paul c/ BRVM-DC/BR, la Cour a fait droit à la demande d'exequatur formée par les Conseils de Monsieur GILLET Jean Paul pour l'exécution dans tous les États membres de l'OHADA de la sentence arbitrale rendue le 08 décembre 2014 par le tribunal arbitral constitué sous l'égide de la Cour. Il ressort de l'ordonnance de la Cour que conformément à l'article 30.2 du règlement d'arbitrage de la CCJA, l'exequatur est accordé à l'occasion d'une procédure non contradictoire par une ordonnance du Président de la CCJA ou du juge délégué à cet effet et confère à la sentence un caractère exécutoire dans tous les États Parties[64]. La CCJA a suivi le même raisonnement pour aboutir à l'octroi de l'exequatur dans l'affaire Société Inter Africaine de Distribution dite I.A.D. c/ 1) Compagnie Malienne pour le Développement des Textiles dite CMDT, 2) Groupement des Syndicats de Producteurs de Coton et Vivriers du Mali dit GSCVM. La Cour a décidé que l'exequatur est accordé conformément à l'article 30.2 du règlement d'arbitrage de la CCJA à l'occasion d'une procédure non contradictoire par une ordonnance du Président de la CCJA ou du juge délégué à cet effet et confère à la sentence un caractère exécutoire dans tous les États Parties[65]. Si la jurisprudence de la CCJA est favorable aux recours aux fins d'exequatur des sentences arbitrales rendues par elle-même, il arrive qu'elle rende aussi des ordonnances de refus de l'exequatur des sentences arbitrales.

---

[64]CCJA, Ord. N° 003/2015 du 4 juin 2015 ; Req. 077/2015/PC du 05/05/2015 : Monsieur GILLET Jean-Paul c/ 1) Bourse Régionale des Valeurs Mobilières (BRVM), 2) Dépositaire Central/ Banque de Règlement (DC/BR).

[65]CCJA, Ord. N° 01/2015/CCJA ; Req.du 09-12-2014 : 1er mars 2012 : Société Inter Africaine de Distribution dite I.A.D. c/ Compagnie Malienne pour le Développement des Textiles dite CMDT, 2) Groupement des Syndicats de Producteurs de Coton et Vivriers du Mali dit GSCVM.

§ 2. L'ordonnance de refus de l'exequatur de la CCJA

Il ressort des dispositions de l'article 30.2 du règlement d'arbitrage de la CCJA que l'exequatur n'est pas accordé si la Cour se trouve déjà saisie, pour la même sentence, d'une requête formée en application de l'article 29 [66] . En pareil cas, les deux requêtes sont jointes. Sauf si l'exécution provisoire de la sentence a été ordonnée par le tribunal arbitral, l'exercice du recours en annulation suspend l'exécution de la sentence arbitrale jusqu'à ce que la Cour ait statué[67]. L'alinéa 30.3 du même texte ajoute que si l'exequatur est refusé, la partie requérante peut saisir la Cour dans les quinze jours de la notification du rejet de sa requête. Ce délai est réduit à trois jours lorsque le recours porte sur l'exécution d'une sentence du tribunal arbitral relative à des mesures provisoires ou conservatoires. Elle notifie le recours à la partie adverse [68] . Selon

---

[66] L'article 29 du Règlement d'arbitrage dispose :
« 29. 1 La partie qui forme un recours en annulation contre une sentence rendue dans un arbitrage de la Cour par un tribunal arbitral doit saisir la Cour par une requête que la Cour notifie à la partie adverse.
29.2 Les parties peuvent convenir de renoncer au recours en annulation de la sentence arbitrale, à la condition que celle-ci ne soit pas contraire à l'ordre public international.
Le recours en annulation contre la sentence n'est recevable que :
a) Si le tribunal a statué sans convention d'arbitrage ou sur une convention nulle ou expirée ;
b) Si le tribunal arbitral a été irrégulièrement composé ou l'arbitre unique irrégulièrement désigné ;
c) Si le tribunal arbitral a statué sans se conformer à la mission qui lui a été confiée ;
d) Si le principe du contradictoire n'a pas été respecté ;
e) Si la sentence arbitrale est contraire à l'ordre public international ;
f) Si la sentence arbitrale est dépourvue de toute motivation.
29.3 Le recours en annulation est recevable dès le prononcé de la sentence. Il cesse d'être recevable s'il n'a pas été formé dans les deux mois de la notification de la sentence visée à l'article 25 du présent Règlement.
29.4 La Cour instruit la cause et statue dans les conditions prévues par son Règlement de procédure.
Dans ce cas, les délais de procédure sont réduits de moitié.
La Cour rend sa décision sur le recours dans les six mois de sa saisine.
29.5 La Cour refuse la reconnaissance et l'autorité de chose jugée à la sentence qui lui est déférée, elle l'annule.
Elle évoque et statue au fond si les parties en font la demande.
Si les parties n'ont pas demandés l'évocation, la procédure est reprise à la requête de la partie la plus diligente à partir, le cas échéant, du dernier acte de l'instance arbitrale reconnu valable par la Cour.

[67] Article 30.2 du Règlement d'arbitrage CCJA.

[68] Article 30.3 du Règlement d'arbitrage.

l'article 30.5 l'exequatur ne peut être refusé que dans les cas suivants : Si le tribunal arbitral a statué sans convention d'arbitrage ou sur une convention nulle ou expirée ; Si le tribunal arbitral a statué sans se conformer à la mission qui lui avait été conférée ; Lorsque le principe de la procédure contradictoire n'a pas été respecté ; Si la sentence est contraire à l'ordre public international[69]. En France, aux termes des dispositions de l'article 1516 du code de procédure civile, le juge de l'exequatur est le tribunal de grande instance. En ce qui concerne les sentences internationales rendues en France, le juge de l'exequatur est le tribunal de grande instance dans le ressort où la sentence a été rendue. Pour les sentences rendues à l'étranger, c'est le tribunal de grande de Paris qui est le juge de l'exequatur.[70] L'ordonnance qui accorde l'exequatur n'a pas à être motivée. En revanche, l'ordonnance refusant l'exequatur doit être motivée[71]. En droit français de l'arbitrage, le contrôle du juge de l'exequatur porte sur deux éléments : l'existence de la sentence et sa non-contrariété manifeste à l'ordre public international.[72] La Cour commune de justice et d'arbitrage a eu l'occasion de rejeter des recours aux fins d'exequatur des sentences arbitrales rendues par le centre d'arbitrage de la Cour elle-même.

En effet, dans l'affaire [73] État du Bénin représenté par l'Agent Judiciaire du Trésor c/ Société Commune de Participation et Patrice

---

[69] Article 30.5 du Règlement d'arbitrage.

[70] Article 1516 du code de procédure civile.

[71] J.-B. RACINE, F. SIIRIAINEN, *Droit du commerce international*, *op. cit.*, p.463.

[72] Ibid.

[73] CCJA, Ass. Plén., n° 104/2015 du 15 octobre 2015 ; Req. N° 094/2014/PC du 21/05/2014 ; Rec.n°099/2014/PC du 30/05/2014 ; affaire : Etat du Bénin representé par l'Agent Judiciaire du Trésor c/ Société Commune de Participation, Patrice TALLON. V. *www.ohada.com*. Consulté le 17/08/2019.

Les faits à l'origine de cette affaire sont relatifs à la libéralisation par l'Etat du Bénin en 1995 de la filière coton. C'est suite à cette libéralisation que la filière coton a été ouverte au secteur privé via un appel d'offre. C'est ainsi que la Société Commune de Participation S.A dont le capital est détenu en totalité par Monsieur Patrice TALLON (SCP) a été déclarée adjudicataire pour l'acquisition de 33, 5 % des parts sociales et l'Etat du Bénin a conservé 66, 5 % du capital, constitué d'apports en nature portant sur l'outil industriel de l'ancienne société SONAPRA. Le 07 octobre 2008, un décret a créé « une société d'économie mixte dénommée SODECO (Société pour le Développement du Coton). Le 10 octobre de la même année, l'Etat du Bénin et Patrice TALLON ont conclu conformément aux dispositions du règlement de l'appel d'offres, la « Convention de création de la société pour le Développement du Coton » (SODECO). L'objet social de la SODECO portait principalement sur l'égrenage du coton-graine, la commercialisation et la transformation de produits et sous-produits du coton-graine ainsi que la contribution

TALON, la partie défenderesse notamment l'État du Bénin avait sollicité la CCJA aux fins de contestation de validité de la sentence arbitrale rendue le 13 mai 2014. Quant à la partie demanderesse en l'occurrence la Société commune de Participation et Patrice TALLON, elle avait saisi la Cour aux fins d'exequatur de la même sentence arbitrale. La Cour conformément à l'article 30.3 du règlement d'arbitrage et au regard du lien de connexité entre les deux procédures, a décidé d'ordonner leurs jonctions en statuant par une seule et même décision. C'est suivant ce raisonnement que la Cour a décidé in fine de faire droit au recours en contestation de validité formé par l'État du Bénin à l'encontre de la sentence arbitrale rendue le 13 mai 2014. Ce faisant, la demande d'exequatur formée par la Société Commune de Participation et Patrice TALLON a été rejetée par la Cour. L'annulation par la Cour de la sentence arbitrale emporte refus de la demande d'exequatur.

---

au développement durable de la production du coton. Le 24 décembre 2009, il a été convenu entre les deux parties de céder au bénéfice de la SCP de 17,5 % d'actions que l'Etat détenait en portage pour le compte du public. Les 25, 28, 29 avril 2012 et le 27 juin 2012, l'Etat du Bénin a pris des actes réglementaires remettant en cause les différents Accords conclus avec les partenaires sociaux de la filière-coton et a ressuscité la SONAPRA qui a repris le monopole des activités en assurant pour le compte de l'Etat l'approvisionnement et la distribution des intrants, le suivi de la campagne de production, l'organisation et le suivi de la commercialisation du coton-graine et la gestion de flux physiques et financiers. Par la lettre du 17 septembre 2013, le secrétaire Général du Gouvernement a notifié à la SCP la décision de l'Etat du Bénin de renoncer à la cession des 48 % d'actions qu'il détient en propre et en portage dans le capital de la SODECO.La SCP a écrit au Gouvernement pour dans un premier contester cette renonciation et dans un second temps inviter le Gouvernement à un règlement amiable. C'est ainsi que le Gouvernement a notifié à la SCP le 22 novembre 2013 le décret 2013-485 portant suspension de la Convention portant création de la SODECO. Sur le fondement de l'article 11 de la Convention, la SCP et Patrice TALLON ont saisi le centre d'arbitrage de la Cour commune de justice et d'arbitrage d'une demande d'arbitrage. Le tribunal arbitral constitué sous l'égide de la Cour a rendu une sentence favorable à la SCP et Patrice TALLON et l'Etat du Bénin a ainsi formé un recours en contestation de validité de la sentence rendue le 13 mai 2014.

Conclusion du chapitre 2

Ce chapitre a permis de rendre compte du rôle fondamental de la jurisprudence arbitrale dans l'affermissement du droit de l'arbitrage dans l'espace OHADA. Dans un premier temps, il s'agissait de restituer les cas d'ouvertures du recours en annulation à l'encontre des sentences arbitrales. Ces cas sont relatifs d'une part, à l'absence de convention d'arbitrage, à la constitution irrégulière du tribunal arbitral ; à la violation par l'arbitre de sa mission et d'autre part, au non-respect du principe du contradictoire ; à la violation de l'ordre public international et à l'absence de motivation. La recevabilité d'un recours devant le centre régional d'arbitrage de la CCJA à l'encontre d'une sentence arbitrale est conditionnée au respect des cas d'ouverture sus-indiqués. Dans un second temps, il s'agissait de rendre compte du système d'exequatur communautaire de l'arbitrage CCJA. L'exequatur communautaire permet à la sentence arbitrale rendue sous l'égide du centre régional d'arbitrage CCJA de produire des effets dans les différents États Parties au Traité OHADA. Ce caractère communautaire de l'exequatur semble être une avancée importante en matière d'arbitrage CCJA en ce sens qu'il permet à la partie en faveur de laquelle la sentence a été rendue, de ne plus faire de demande d'exequatur dans les autres États Parties au Traité. Ce qui permet une meilleure circulation des sentences arbitrales rendues sous l'égide de la CCJA. À la différence de l'arbitrage CCJA, dans la procédure d'arbitrage de droit commun (ad hoc ou institutionnelle), le législateur OHADA renvoie aux États Parties la désignation de la juridiction compétente chargée de rendre la décision d'exequatur conformément à l'article 30 de l'AUA.

Conclusion du Titre 1

Ce titre consacré au recours à l'arbitrage dans la perspective d'amélioration du règlement des litiges commerciaux a permis de faire l'état des lieux des enjeux relatifs à la mobilisation de l'arbitrage en tant qu'instrument par excellence de règlement des litiges liés au droit des affaires. Dans sa volonté de promouvoir l'arbitrage, le législateur OHADA a permis aux personnes morales de droit public et aux entreprises publiques de participer dans une procédure d'arbitrage. La consécration de cette participation est considérée comme une avancée notable dans la promotion de l'arbitrage. Cependant, il convient de souligner que l'immunité d'exécution dont bénéficient ces personnes morales de droit public est un frein au développement de l'arbitrage en Afrique même si cette immunité est atténuée par une procédure de compensation des dettes certaines, liquides et exigibles des personnes morales de droit public et des entreprises publiques avec quiconque qui sera tenu envers elles. Dans la jurisprudence de la CCJA, les sociétés d'économies mixtes[1] dont le capital social est détenu à parts égales par des personnes privées et un État et ses démembrements sont des entités privées qui sont soumises aux voies d'exécution sur ses biens propres. Cette précision jurisprudentielle permet de limiter davantage les prérogatives de puissances publiques et constitue un gage important à l'exécution des sentences arbitrales rendues contre les personnes morales de droit public et des entreprises publiques. La réforme de l'article 30 de l'AUPSRVE semble s'imposer dans la perspective d'instaurer une cohérence entre la participation des personnes morales de droit public et des entreprises publiques à l'arbitrage, et l'immunité d'exécution dont elles bénéficient.

[1]CCJA, arrêt n° 103/2018 du 26 avril 2018, *op. cit.*

TITRE 2.

L'émergence des centres d'arbitrage de médiation et de conciliation dans la perspective d'une amélioration du règlement alternatif des litiges commerciaux

L'une des préoccupations majeures des rédacteurs du Traité OHADA a toujours consisté à assurer aux investisseurs nationaux et étrangers un règlement efficace de leurs litiges. Le règlement des litiges est donc au centre de la politique d'uniformisation du droit en Afrique. C'est dans cette perspective que des centres d'arbitrages et de médiations ont été créés dans les différents États membres de l'OHADA. L'objectif est de permettre aux opérateurs économiques nationaux et étrangers de régler leurs litiges commerciaux sans pourtant recourir aux juridictions judiciaires des États parties au Traité OHADA. Le législateur OHADA a toujours été animé de la volonté d'assurer aux acteurs économiques un règlement efficace de leurs litiges commerciaux. C'est dans cette perspective, qu'un Acte uniforme relatif à la médiation a été adopté le 23 novembre 2017 et entré en vigueur le 23 février 2018. La consécration de l'AUM constitue une avancée notable dans la promotion des modes alternatifs de règlement des litiges dans l'espace OHADA. Il s'agira donc ici, de rendre compte d'une part de l'apport des centres d'arbitrage, de médiation et de conciliation dans le règlement alternatif des litiges commerciaux (chapitre 1), et d'autre part, de procéder à l'analyse de l'Acte uniforme relatif à la médiation dans la perspective d'une amélioration du règlement amiable des litiges commerciaux (chapitre 2).

CHAPITRE1.

L'apport des centres d'arbitrage, de médiation et de conciliation dans le règlement alternatif des litiges commerciaux

L'objet de ce chapitre est de rendre compte de la contribution des centres d'arbitrage de médiation et de conciliation dans le règlement alternatif des litiges commerciaux. Avec l'adoption de l'Acte uniforme sur l'arbitrage, de nombreux centres d'arbitrage ont été créés [1] dans l'espace OHADA parmi lesquels : le centre d'arbitrage, de médiation et de conciliation de Ouagadougou CAMC-O et le centre de conciliation et d'arbitrage du Mali – CECAM. Le choix de ces deux centres se justifie par le fait qu'ils ont fait l'objet de travaux d'enquêtes de terrain réalisés dans le cadre de la présente étude[2]. Il s'agit d'une part de traiter de la

[1]Il est important de noter que sur les dix-sept Etats membres de l'OHADA, douze possèdent au moins un centre d'arbitrage et de médiation. Ces douze centres sont : Le centre d'arbitrage, de médiation et de conciliation de la chambre de commerce et d'industrie du Bénin- CAMeC- CCIB ; le Centre d'arbitrage, de médiation et de conciliation de Ouagadougou- CAMC-O ; Le centre d'arbitrage du Gicam (groupement inter-patronal du Cameroun) ; Le centre d'arbitrage, de médiation et de conciliation de Centrafrique –CAMC-CA ; Le centre d'arbitrage et de médiation du Congo CEMACO ; La Cour d'arbitrage des Comores CACOM ; La Cour d'arbitrage de Côte d'Ivoire CACI ; La chambre d'Arbitrage de Guinée CAG ; Le centre de conciliation, d'arbitrage du Mali CECAM ; La République Démocratique du Congo compte deux centres : le centre national d'arbitrage, de conciliation et de médiation CENACOM et le centre d'arbitrage du Congo CAC ; Au Sénégal il y a le centre d'arbitrage, de médiation et de conciliation de Dakar CAMC-D ; le centre d'arbitrage du Togo CATO et le centre d'arbitrage de la CCJA. Voir dans ce sens S. MENETREY, « La multiplication des centres d'arbitrage dans l'espace OHADA » in : D. HIEZ et S. MENETREY (dir.), *op. cit.* p. 347 et s.

[2]Les enquêtes de terrain réalisés du 29 août au 25 septembre au Mali et du 07 mars au 15 avril 2018 au Burkina Faso dans le cadre de la présente étude ont permis de rencontrer M. Demba DIANKA le Directeur du centre de conciliation et d'arbitrage du Mali et

contribution du CECAM dans le règlement alternatif des litiges commerciaux (section 1) et d'autre part, de rendre compte de l'apport du CAMC-O en matière de règlement alternatif des litiges commerciaux (section 2).

SECTION 1. La contribution du centre de conciliation et d'arbitrage du Mali dans le règlement alternatif des litiges commerciaux

Le CECAM a été créé en 2004 par la chambre de commerce et d'industrie du Mali (CCIM) auquel il est rattaché. L'idée de création d'un centre de conciliation et d'arbitrage au Mali participe de la volonté des autorités étatiques de désengorger le rôle des juridictions étatiques, de restaurer la sécurité juridique et judiciaire avec un climat de confiance favorable à l'investissement dans la perspective de proposer aux acteurs économiques d'autres voies alternatives de règlement de leurs litiges[3]. Il s'agit ici, d'une part, de restituer le déroulement de la procédure d'arbitrage et de conciliation devant le CECAM (§1) et d'autre part, de traiter de la gestion financière de l'arbitrage et de la conciliation du CECAM (§ 2).

Madame Yvette H. LANOU et Gouswendé Moussa SAVADOGO, deux responsables du centre d'arbitrage, de médiation et de conciliation de Ouagadougou.

[3]Selon les propos de M. Dianka le directeur du CECAM lors de l'entretien réalisé le 07 octobre 2017 au siège du centre, « le centre a été mis en place pour contribuer à l'amélioration du climat des affaires au Mali. Les opérateurs économiques, les acteurs du monde des affaires notamment les banques et établissements financiers ont fait savoir qu'ils souffrent devant les juridictions étatiques. Créé en 2004, le centre n'a été effectif qu'en 2008. C'est à partir de cette date que les dossiers ont commencé à leur parvenir. Toutes les premières années ont été consacrées aux activités de communication, de sensibilisation. Ce n'est qu'à partir de 2008 que le centre a été saisi pour la première fois et compte aujourd'hui 32 dossiers. Selon le directeur, le CECAM n'a pas d'autonomie financière. Il dépend de la chambre de commerce et d'industrie du Mali qui finance ses activités. Le centre bénéficie aussi des financements extérieurs. Parmi les bailleurs du centre, il y a « le fond pour l'amélioration du climat des investissements en Afrique -ICF qui est basé en Tanzanie. Le CECAM a bénéficié d'un financement d'ICF pour le renforcement de ces capacités. Dans le cadre ce projet, des activités ont été réalisées en 2010 jusqu'en 2014. C'est à travers ce projet, que le centre a pu être équipé. (Les bureaux, les ordinateurs,). Ce projet aussi a permis de former des magistrats, des avocats et notaires sur les modes alternatifs de règlement des litiges à Bamako ainsi qu'à l'intérieur du pays excepté les régions du nord à cause de l'insécurité ».

§ 1. Le déroulement de la procédure d'arbitrage et de conciliation devant le CECAM

Le déroulement de la procédure d'arbitrage et de conciliation devant le CECAM est soumis à des conditions matérielles de forme (I) et de fond (II).

I. Les conditions matérielles de forme

En matière arbitrale, la saisine du CECAM est conditionnée au respect par le requérant de certaines prescriptions de forme notamment une demande adressée à la direction du centre qui notifie aux parties la réception de la demande. L'article premier du règlement d'arbitrage énonce que la demande d'arbitrage doit contenir les noms, prénoms, qualité, raison sociale, et adresses des parties avec une indication de domicile ainsi que l'énoncé du montant de ses demandes. La saisine du CECAM exige aussi de la part de la requérante de fournir la convention d'arbitrage intervenue entre les parties ainsi que tous les documents contractuels ou non, de nature à établir clairement les circonstances de l'affaire. Le demandeur est tenu de fournir un exposé sommaire de ses prétentions ainsi que les moyens produits à l'appui. Il a l'obligation de donner toutes les informations relatives au nombre et aux choix de l'arbitre[4], à la langue de l'arbitrage, la loi applicable, à la procédure et la convention d'arbitrage[5]. Le défendeur dans la procédure d'arbitrage devant le CECAM dispose de trente jours pour adresser sa réponse à la direction du centre. Conformément à l'article 2 du règlement d'arbitrage du CECAM, la réponse du défendeur contient ses noms, qualités et adresse ainsi que l'exposé de ses moyens de défense.

Les parties qui désirent saisir le CECAM sont tenues de se conformer aux conditions posées ci-dessus pour que leur demande soit prise en compte par la direction du centre. La saisine du CECAM suppose l'existence préalable d'une convention d'arbitrage signée entre les parties.

---

[4]Le choix des arbitres par les parties à une procédure d'arbitrage devant le CECAM se fait sur la liste établit par le centre. L'article 4 du règlement de conciliation et d'arbitrage du CECAM énonce que : « La liste des arbitres et conciliateurs est établie par le comité d'arbitrage et de conciliation du centre. La sélection se fait sur dossier et au besoin après un entretien entre les postulants et les membres du comité d'arbitrage et de conciliation du centre. La liste est mise à jour une fois par an et composée de personnes qualifiées, jouissant d'une haute considération morale et offrant toute garantie d'indépendance.

[5] Voir dans ce sens le règlement d'arbitrage du CECAM.

Sans une convention d'arbitrage préalable entre les parties, le centre n'est pas en mesure de connaître du litige. Cette convention d'arbitrage peut être soit une clause compromissoire ou un compromis d'arbitrage[6]. Conformément à l'article 3 du règlement de procédure, lorsque l'une des parties soulève un ou plusieurs moyens relatifs à l'existence, à la validité ou à la portée de la convention d'arbitrage, le centre après avoir constaté l'existence de cette convention, peut décider que l'arbitrage aura lieu. Dans ce cas, il appartient à l'arbitre de prendre toutes les décisions sur sa propre compétence[7]. Si l'arbitre considère que la convention d'arbitrage

---

[6] La clause compromissoire est définie par l'article 1442 du code de procédure civile français comme étant « la convention par laquelle les parties à un ou plusieurs contrats s'engagent à soumettre à l'arbitrage les litiges qui pourraient naître relativement à ce ou à ces contrats ». Quant au compromis d'arbitrage, il est défini par l'article 1443 al. 3 du code de procédure civile français comme « la convention par laquelle les parties à un litige soumettent celui-ci à l'arbitrage ». Voir dans ce sens, L. CADIET ET TH. CLAY, *op. cit.*, p 59 et s.
Il est important de noter ici les propos du directeur du CECAM lors de l'entretien qu'il nous a accordé durant les enquêtes de terrain au Mali. « La saisine du CECAM exige la mise en place préalable de clauses d'arbitrages et de conciliation dans les contrats. Quand les gens ont su qu'il existait un centre d'arbitrage, ils venaient sans avoir mis des clauses d'arbitrages dans leurs contrats. Cela a posé beaucoup de problèmes car le centre ne peut pas connaître de litige sans que les parties soient d'accord pour mettre une convention d'arbitrage ».

[7] L'arbitre reste le seul compétent pour statuer sur sa propre compétence. En d'autres termes, si l'une des parties conteste l'arbitre, cette contestation ne peut être portée devant le juge étatique. L'arbitre est le seul compétent pour traiter de cette contestation. L'AUA dispose en son article 11 que « le tribunal arbitral est seul compétent pour statuer sur sa propre compétence, y compris sur toutes questions relatives à l'existence ou à la validité de la convention d'arbitrage. L'exception d'incompétence doit être soulevée avant toute défense au fond, sauf les faits sur lesquels elle est fondée ont été relevés ultérieurement. Le tribunal arbitral peut statuer sur sa propre compétence dans la sentence au fond ou dans une sentence partielle sujette au recours en annulation.
Sur la même question, l'article 1448 du code de procédure civile français dispose que : « Si, devant l'arbitre, l'une des parties conteste dans son principe ou son étendue le pouvoir juridictionnel de l'arbitre, il appartient à celui-ci de statuer sur la validité ou les limites de son investiture ». La convention de Genève du 21 avril 1961 sur l'arbitrage commercial international consacre aussi la même solution, « Sous la réserve des contrôles judiciaires ultérieurs prévus par la loi du for, l'arbitre dont la compétence est contestée ne doit pas se dessaisir de l'affaire ; il a le pouvoir de statuer sa propre compétence et sur l'existence et la validité de la convention d'arbitrage ou du contrat dont cette convention fait partie ». En ce sens J.-M. JACQUET, Ph. DELEBECQUE, S. CORNELOUP, *op. cit.*, p. 838.

est valable et que le contrat liant les parties est nul[8], il est compétent pour déterminer les droits respectifs des parties et statuer sur leur demande et conclusions. En attribuant la compétence exclusive à l'arbitre, la convention d'arbitrage retire toute compétence aux juridictions étatiques. La saisine du CECAM relative à une demande de conciliation exige également des prescriptions de forme.

En matière de conciliation, la saisine du CECAM est conditionnée au respect de certaines mentions obligatoires notamment l'identification du différend, les coordonnées des parties et les frais d'ouverture du dossier[9]. Le centre, après avoir reçu la demande en conciliation du demandeur, doit informer le défendeur par écrit pour obtenir ses observations conformément à l'article 5 du règlement de conciliation. Ce sont les parties qui désignent le conciliateur conformément aux modalités prévues par leur accord sur la liste des conciliateurs du centre. En l'absence d'accord des parties sur la désignation du conciliateur, le centre nomme un conciliateur unique. Le conciliateur est tenu d'être indépendant et impartial[10]. La conciliation devant le CECAM commence dès lors que le centre obtient l'accord des parties et que les provisions sur honoraires du conciliateur et les frais administratifs ont été réglés. Le centre organise alors la première rencontre avec les parties et le conciliateur désigné. Les parties peuvent se faire représenter par les personnes de leur choix conformément à l'article 8 du règlement de conciliation. Le CECAM ne fait aucune distinction entre la conciliation et la médiation. L'article 2 du règlement de conciliation énonce que « conciliation » désigne aussi médiation. Il existe une controverse doctrinale entre les thèses qui font la distinction entre les deux notions et les thèses assimilatrices qui tendent à les confondre. La tendance assimilatrice est la plus dominante[11]. La loi type de la CNUDCI[12] sur la médiation commerciale internationale et les

[8]Aux termes des dispositions de l'article 4 de l'AUA « La convention d'arbitrage est indépendante du contrat principal. Sa validité n'est pas affectée par la nullité de ce contrat et elle est appréciée d'après la commune volonté des parties, sans référence nécessaire à un droit étatique. Les parties ont toujours la faculté, d'un commun accord, de recourir à l'arbitrage, même lorsqu'une instance a déjà été engagé devant une autre juridiction ».

[9]Selon l'article 15 du règlement de conciliation du CECAM, les droits d'ouverture d'un dossier de demande de conciliation s'élèvent à trente mille francs.

[10]Voir dans ce sens le règlement de conciliation du CECAM.

[11]Y. S. KOITA, « La médiation ou le blivert du droit OHADA » *www.ohada.com*. In : OHADA D.19-09.

[12]L'article premier de la loi type de la CNUDCI définie la médiation comme étant un « processus, qu'il porte le nom de médiation, de conciliation ou un nom équivalent, par lequel les parties demandent à un ou plusieurs tiers (le « médiateur ») de

accords de règlement internationaux issus de la médiation de 2018 (modifiant la loi type de la CNUDCI sur la conciliation commerciale internationale de 2002) ne fait aucune différente entre la médiation et la conciliation. En plus des conditions matérielles de forme, la saisine du CECAM en matière d'arbitrage ou de conciliation est soumise à certaines prescriptions de fond.

II. Les conditions matérielles de fond

En matière d'arbitrage, les parties sont libres de déterminer le droit applicable au fond du litige conformément à l'article 13 du règlement d'arbitrage du CECAM. Ce n'est qu'à défaut du choix par les parties du droit applicable que l'arbitre procède à l'application des règles de droit qu'il juge appropriées au cas litigieux en tenant compte des dispositions du contrat et des usages du commerce en la matière. Le choix par les parties du droit applicable au fond du litige participe de l'autonomie de la volonté qui structure la procédure arbitrale. L'arbitre n'intervient pour désigner des règles de droit applicable que lorsque les parties n'ont pas fait de choix de règle de droit. Les arbitres, à défaut du choix par les parties de la règle applicable au fond du litige, peuvent choisir une loi étatique, un texte de droit uniforme, les principes transnationaux ou la Lex mercatoria[13]. Dès la réception du dossier de la demande d'arbitrage devant le CECAM, le tribunal arbitral, après l'instruction de la cause, convoque les parties et leurs conseils à une conférence préparatoire. À l'issue de cette conférence, il sera établi un procès-verbal appelé acte de mission conformément à l'article 16 du règlement d'arbitrage du CECAM. Le tribunal arbitral est tenu de respecter le principe du contradictoire. Les parties sont traitées sur un même pied d'égalité dans le strict respect du contradictoire[14]. Mais lorsqu'une partie est

---

les aider dans leurs efforts pour parvenir au règlement amiable d'un litige découlant d'un rapport juridique, contractuel ou autre, ou lié à un tel rapport. Le médiateur n'a pas le pouvoir d'imposer aux parties une solution au litige ». V. *https://uncitral.un.org/fr/texts/mediation.*

[13] J.-M. JACQUET, Ph. DELEBECQUE, S. CORNELOUP, Droit *du commerce international*, Précis, droit privé, Paris, 3e Dalloz, 2014, p.899.

[14]La Cour d'appel de Paris a considéré que « la juridiction arbitrale doit impérativement respecter et faire respecter le principe de la contradiction ; que ce principe suppose que chaque partie ait été en mesure de faire valoir ses moyens de fait et de droit, de connaître ceux de son adversaire et de les discuter, ensuite qu'aucune écriture et qu'aucun document n'ait été porté à la connaissance des arbitres sans être également communiqué

régulièrement convoquée et ne s'est pas présentée, l'arbitre, après s'être assuré que la convocation lui est bien parvenue, a le pouvoir, à, défaut d'excuse valable, de procéder à l'accomplissement de sa mission conformément à l'article 18 du règlement d'arbitrage du CECAM. Le tribunal arbitral peut décider d'entendre au besoin des experts commis par les parties ou nommer d'office un ou plusieurs experts qui seront chargés de lui faire un rapport écrit sur des aspects du litige qu'il déterminera. Une copie du rapport d'expertise est remise aux parties pour leurs observations conformément à l'article 19 du règlement d'arbitrage du CECAM. Conformément à l'article 21 du règlement d'arbitrage, la clôture des débats est prononcée lorsque le tribunal arbitral estime que les parties ont été suffisamment entendues sur leur cause et à cette date, aucune autre écriture, aucun argument ou aucune preuve ne peuvent être présentés sauf à la demande ou avec l'autorisation du tribunal arbitral. Suite à la clôture des débats, le tribunal arbitral annonce à la direction du centre la date à laquelle le projet de sentence arbitrale sera soumis au comité d'arbitrage et de conciliation pour examen préalable conformément à l'article 21 du règlement d'arbitrage.

La mise en place du CECAM résulte de la volonté des autorités maliennes notamment de la chambre de commerce et d'industrie du Mali de privilégier le règlement alternatif des litiges commerciaux. Mais, au regard des résultats enregistrés par le centre depuis sa création en 2004, il est évident que son impact sur le règlement des litiges commerciaux semble être faible malgré les efforts fournis par le centre en matière de sensibilisations et de promotion des modes alternatifs de règlement des litiges. Le centre n'a enregistré jusqu'ici que trente-deux dossiers de demande d'arbitrage[15]. Cette faible[16] saisine du CECAM s'explique par

---

à l'autre partie, enfin qu'aucun moyen de fait ou de droit ne soit soulevé d'office par le tribunal arbitral sans que les parties n'aient été invitées à présenter leurs observations éventuelles ». En ce sens, J.-B. RACINE, F. SIIRIAINEN, Droit du commerce international, *op. cit.*, p.472. V. CH. SERAGLINI et J. ORTSCHEIDT, *Droit de l'arbitrage interne et international*, Domat, droit privé, Paris, Montchrestien-Lextenso éditions, 2013, p.338.

[15] Le CECAM ne tient pas de statistiques. Ce chiffre nous a été communiqué par le directeur du centre lors des enquêtes de terrain réalisées dans le cadre de cette étude.

[16]Selon les propos du secrétaire général de la chambre de commerce et d'industrie du Mali, M. Idrissa Moussa Diallo lors de l'entretien réalisé le 14/09/2017 au Mali « La culture de l'habitude fait que les gens, malgré qu'ils soient sensibilisés sur les avantages du règlement des litiges commerciaux par le centre, ne viennent pas. Les justiciables sont tellement habitués à rouler leurs bottes dans les tribunaux que malgré tout ce que cela leur pose comme problème, ils ne viendront pas ». Pour M. Fatoma THERA, le directeur

le fait que les modes alternatifs de règlement des litiges ne font pas encore l'objet d'engouement au Mali. Malgré l'existence d'un centre d'arbitrage et de conciliation, les opérateurs économiques continuent de saisir les juridictions judiciaires notamment le tribunal de commerce pour régler leurs litiges. Selon Mme Séverine MENETREY, le CECAM qui emploie trois personnes et qui n'a qu'une activité très réduite semble être une coquille vide[17]. Le centre peut avoir un impact sur le règlement des litiges commerciaux en réduisant la charge du travail des juridictions judiciaires s'il était régulièrement saisi par les opérateurs économiques en cas de litige. C'est ainsi que le professeur Filiga Michel SAWADOGO appelle à juste titre de promouvoir l'arbitrage à petite échelle qui est moins cher notamment celui effectué dans les centres d'arbitrage au sein des États[18].

---

de la cellule nationale de traitement des informations financières CENTIF et ancien président du tribunal de commerce de Bamako, rencontré au Mali le 15/09/2017 lors des enquêtes réalisées dans le cadre cette étude, « Les avocats préfèrent le contentieux car c'est le plein tarif contrairement aux modes alternatifs de règlement des litiges. Malheureusement les conseils n'encouragent pas dans ce sens. Il y a un élément d'information qui fait défaut. Les entreprises au Mali ne croient pas aux modes amiables de règlement des litiges. Ce sont les entreprises étrangères qui mettent très souvent des clauses d'arbitrages dans leurs contrats avec les entreprises nationales. C'est la voie judiciaire qui est vraiment sollicitée. Il faut davantage de sensibilisation pour attirer les opérateurs économiques à s'intéresser aux modes amiables. En tout état de cause, les entreprises étrangères imposent des clauses d'arbitrages dans leurs rapports avec les entreprises nationales qui se permettent d'aller devant les juridictions malgré l'existence de clauses compromissoires. Dans une telle hypothèse, le tribunal se voit dans l'obligation de se déclarer incompétent ».

Il ressort des propos de M. Fotama THERA quelques remarques dont la prise en compte pourrait être de nature à promouvoir davantage les modes alternatifs de règlement des conflits. Il s'agit notamment de l'implication des acteurs de la justice notamment les magistrats et les avocats à encourager les parties à recourir au règlement alternatif de leur litige. Comme le dit M. THERA, les entreprises maliennes ne croient pas aux modes alternatifs. Ce sont les entreprises étrangères qui, dans leurs relations avec les entreprises nationales, insèrent des clauses d'arbitrage dans leurs contrats. Le fait pour les entreprises étrangères d'insérer systématiquement des clauses d'arbitrages dans leurs contrats avec les entreprises nationales en désignant des centres d'arbitrages étrangers pour le règlement de leur litige, prouve à suffisance qu'elles font plus confiance aux règlements alternatifs des litiges qu'au mode judiciaire. Les propos de M. Fatoma THERA en dit long sur la faible saisine du CECAM. Il est évident que le règlement judiciaire reste la voie principale sollicitée au Mali par les opérateurs économiques pour régler leurs litiges.

[17] S. MENETREY, « La multiplication des centres d'arbitrage dans l'espace OHADA », In : D. HIEZ et S. MENETREY (dir.), *L'effectivité du droit économique dans l'espace OHADA*, Paris, L'Harmattan, p. 354.

[18]Entretien réalisé avec le Professeur Filiga Michel SAWADOGO à Ouagadougou le mercredi 13 mars 2018.

§2. La gestion financière de l'arbitrage au sein du CECAM

Il s'agit ici de rendre compte des frais administratifs d'une part, (I) et d'autre part, des honoraires des arbitres (II) devant le CECAM. La procédure d'arbitrage exige des frais auxquels les parties sont tenues de se conformer dans le règlement alternatif de leurs litiges.

I. Les frais administratifs du CECAM en matière d'arbitrage

Toute demande de procédure d'arbitrage introduite devant le CECAM est accompagnée du règlement des frais administratifs du centre. Ces frais sont repartis selon le montant en litige. Selon le barème du CECAM, pour un dossier dont le montant en litige est un million, les frais administratifs du CECAM s'élève à trente-mille francs CFA. Lorsque le montant en litige d'une demande d'arbitrage va d'un-million francs CFA à cinq-millions francs CFA, les frais administratifs sont fixés à cinquante-mille francs CFA. Pour un dossier de demande d'arbitrage dont le montant en litige va de cinq-millions francs CFA à dix-millions, les frais administratifs sont fixés par le centre à 1 % du montant en litige. Pour un dossier d'arbitrage dont le montant en litige va de dix-millions francs CFA à vingt-millions, les frais administratifs du CECAM s'élèvent à 1 % de ce montant. Cela va de même lorsque le montant en litige du dossier d'arbitrage va de vingt-millions à cinquante-millions francs CFA, les frais administratifs du centre est de 1 % de ce montant. Pour cinquante-millions à un-milliard de montant en litige d'un dossier d'arbitrage, les frais administratifs du CECAM se chiffrent à 1 % de ce montant[19].

Les frais administratifs du CECAM selon le barème en vigueur en matière d'arbitrage indiqué ci-dessus ne semblent pas être un obstacle à la saisine du centre. Les montants des frais administratifs sont attractifs. Pour s'en convaincre, il suffit de mettre en perspective le barème des frais administratifs d'une procédure d'arbitrage au sein du CECAM avec celui en vigueur en matière d'arbitrage au CAMC-O. Une demande d'arbitrage devant le CECAM dont le montant en litige est compris entre cinq à dix-millions francs CFA, les frais administratifs vont de cinquante-mille à cent-mille francs CFA. Tandis que pour la même demande d'arbitrage

[19] Le barème des frais d'arbitrage du CECAM se trouve dans le règlement d'arbitrage du CECAM qui nous a été remis par son directeur lors de notre entretien en date du 07 octobre 2017 dans le cadre de la présente étude.

devant le CAMC-O avec le même montant en litige, les frais administratifs s'élèvent à deux-cent-cinquante-mille francs CFA. Pour un dossier de demande d'arbitrage devant le CAMC-O dont le montant en litige est compris entre dix à vingt-cinq-millions francs CFA, les frais administratifs du centre sont fixés à trois-cent-cinquante-mille francs CFA, alors que pour la même demande d'arbitrage devant le CECAM les frais administratifs s'élèvent à 1 % du montant en litige.[20]

Il est évident que le barème en vigueur des frais administratifs d'une procédure d'arbitrage devant le CECAM est attractif. Cette attractivité ne semble pas avoir une incidence sur la saisine du CECAM. Malgré un coût de procédure d'arbitrage relativement faible, la saisine du centre demeure timide en matière de règlement alternatif des litiges commerciaux. Le CECAM dispose d'un barème de frais administratifs compétitifs, moins onéreux et conforme aux réalités socio-économiques maliennes. Il est important aussi de savoir si les honoraires des arbitres et les frais d'expertises sont aussi attractifs.

II. Les honoraires des arbitres du CECAM

La CCJA a déjà eu l'occasion de se prononcer sur la question des honoraires des arbitres dans le cadre de l'affaire GETMA c/ République de Guinée. L'arrêt[21] rendu par la Cour le 19 novembre 2015 se présente

---

[20] L'étude réalisée en 2014 sur la réforme du CECAM considère que le barème en vigueur pourrait constituer un obstacle à la saisine du centre par les grandes entreprises et les investisseurs (banques, mines...) Ces entreprises sont les principales pourvoyeuses de dossiers dont les litiges sont souvent à enjeux financiers élevés. En ce sens, Chambre de commerce et d'industrie du Mali, Rapport de la mission d'audit du cadre juridique, institutionnel et opérationnel du CECAM, plan stratégique de développement (psd) à horizon cinq ; étude réalisée par AFRIDIS-TA CONSULTING, 2014, p. 54.

[21] CCJA, Assemblée Plénière, arrêt n° 139/2015 du 19 novembre 2015, affaire : République de Guinée c/ GETMA International. En ce sens *www.ohada.com* In : OHADA. J-16-132.

A l'origine de cette affaire, il s'agit de la République de la Guinée qui a décidé unilatéralement de résilier la convention du 22 septembre 2008 par laquelle elle avait attribué à la société GETMA la concession du Terminal à conteneurs du port de Conakry. C'est ainsi que la société GETMA a saisi la CCJA d'une requête d'arbitrage, sur le fondement de la clause d'arbitrage stipulée à la convention de concession. Le tribunal arbitral formé sous l'égide de la CCJA a jugé irrégulière la résiliation de la convention de mise en concession du Terminal à conteneurs conclue le 22 septembre 2008 entre la République de Guinée et la Société GETMA international SAS en condamnant la République de Guinée à indemniser la société GETMA international du préjudice subi du fait de la résiliation.

comme suit : « mais attendu qu'il résulte des dispositions combinées des textes visés au moyen que dans l'arbitrage sous l'égide de la CCJA, les honoraires des arbitres sont exclusivement fixés par la Cour, conformément au barème annexé à la décision n° 004/99/CCJA du 3 février 1999 ; que la Cour peut fixer les honoraires des arbitres à un montant supérieur ou inférieur à ce qui résulterait de l'application de ce barème, si les circonstances de l'espèce le rendent exceptionnellement nécessaire ; que tout accord séparé entre les parties et l'arbitre sur ses honoraires est nul et de nul effet ; attendu que ces dispositions ont pour objet de garantir aux parties qui ont décidé de soumettre leur litige à l'arbitrage de la Cour, le paiement d'honoraires prévisibles, proportionnels à la valeur réelle du litige et déterminés selon un barème connu à l'avance... » Dans l'arrêt GETMA, la Cour a décidé d'annuler la sentence arbitrale rendue au motif que le président du tribunal arbitral a directement négocié avec les conseils des parties en litige l'augmentation du montant des honoraires préalablement fixés. L'article 10 du règlement d'arbitrage de la CCJA énonce que : « lorsque les parties sont convenues d'avoir recours à l'arbitrage de la Cour, elles se soumettent par là même aux dispositions du titre IV du Traité de l'OHADA, au présent règlement, au règlement intérieur de la Cour, à leur annexe et au barème des frais d'arbitrage, dans leur rédaction en vigueur à la date de l'introduction de la procédure d'arbitrage indiquée... » L'intérêt de la fixation des honoraires des arbitres dans un arbitrage institutionnel est d'éviter que les arbitres négocient directement avec les conseils des parties leurs honoraires qui peuvent être exorbitants comme ce fut le cas dans l'arrêt GETMA.

Dans un arbitrage institutionnel, les honoraires des arbitres sont préalablement fixés et les arbitres sont tenus de s'y soumettent. L'article 30 du règlement d'arbitrage du CECAM énonce que : « les honoraire des arbitres sont fixés selon le barème en annexe lors du dépôt de la demande d'arbitrage ou à la discrétion du comité d'arbitrage et de conciliation du centre lorsque l'intérêt du litige ne peut être évalué avec une précision suffisante. Si le litige présente une certaine particularité, le centre peut fixer, en les motivant spécialement, les honoraires à un montant égal ou supérieur à celui fixé par le barème. Dès la constitution du tribunal arbitral, le comité d'arbitrage et de conciliation du centre fixe le montant des provisions pour les honoraires des arbitres. Ces provisions doivent être versées à parts égales par les parties. En cas de demande principale et reconventionnelle, le centre peut fixer des provisions distinctes pour chaque demande et chaque partie doit verser les provisions correspondant à ces demandes respectives. » Les honoraires des arbitres sont fixés selon le barème en vigueur à la date du dépôt de la demande d'arbitrage. Les arbitres et les conseils des parties ne peuvent pas apporter de changement à ce barème. Les honoraires sont versés à parts égales par les parties. Il convient d'indiquer que le centre peut selon la nature du litige fixer les honoraires à un montant supérieur ou inférieur à celui fixé par le barème en vigueur. La fixation des honoraires des arbitres relève de la compétence exclusive du CECAM et les parties sont tenues solidairement de les payer comme l'a décidé la Cour de cassation française dans l'affaire République de Guinée c/ GETMA international.

« mais attendu qu'après avoir relevé le caractère international de l'arbitrage, la cour d'appel, qui n'avait pas à se référer à une loi étatique, en a exactement déduit, par une décision motivée, que, la nature solidaire de l'obligation des parties au paiement des frais et honoraires des arbitres résultait du contrat d'arbitre, de sorte que cette dernière, non discutée en son montant, n'était pas sérieusement contestable ; que le moyen, qui, en ses quatrième et cinquième branches, critiques des motifs surabondants de l'arrêt, n'est pas fondé... »[22]. La Cour de cassation a décidé à juste titre que les parties sont tenues d'une obligation solidaire de payer les honoraires des arbitres. L'arbitrage devant le CECAM tient compte de cette obligation solidaire des parties au paiement des honoraires des arbitres. Le règlement d'arbitrage du centre en son article 30 affirme qu'en cas de demande principale et reconventionnelle, chaque partie doit verser les provisions correspondant au montant des demandes respectives. Le CECAM ne fait pas exception à la règle de la fixation des honoraires des arbitres. Au sein du centre, il existe un barème en vigueur auquel les arbitres sont tenues d'observer. À titre d'exemple, pour un dossier d'arbitrage d'un montant en litige d'un million de francs CFA, les honoraires des arbitres devant le centre s'élèvent à cinquante-mille francs CFA[23]. Dans un dossier d'arbitrage dont le montant en litige est compris entre un-million à cinq-millions de francs CFA, les honoraires des arbitres

---

[22]Arrêt n° 145 du 01 février 2017 (15-25-687)-Cour de cassation-Première chambre civile-ECL1 : FR : CCASS 2017 :C100145,
V.*https://www.courdecassation.fr/jurisprudence_2/premiere_chambre_civile_568/145_01_36018.html.*

[23]Le barème des honoraires des arbitres devant le CECAM est moins onéreux que celui en vigueur devant le CAMC-O. Pour un dossier d'arbitrage dont le montant en litige est de deux-millions de francs CFA, les honoraires de l'arbitre selon le barème en vigueur devant le CAMC-O est cent-mille francs CFA.

sont fixés à soixante-quinze mille francs CFA. Le barème des honoraires des arbitres en vigueur devant le CECAM est attractif.

SECTION 2.
La contribution du Centre d'arbitrage, de médiation et de conciliation de Ouagadougou dans le règlement alternatif des litiges commerciaux

La création du CAMC-O s'inscrit dans une dynamique globale d'amélioration du climat des affaires dans l'espace OHADA. C'est dans cette perspective que le Gouvernement Burkinabé s'est engagé à travers la chambre de commerce et d'industrie à mettre en place le centre d'arbitrage, de médiation et de conciliation de Ouagadougou le 11 janvier 2005[24]. Pour mieux rendre compte du travail du CAMC-O, notamment de son impact sur le règlement alternatif des litiges commerciaux au Burkina Faso, il sera question d'une part du déroulement de la procédure d'arbitrage et de médiation (§1) et d'autre part, des statistiques enregistrées par le centre aux cours des deux dernières années 2018-2019[25] (§2).

§ 1. Le déroulement de la procédure d'arbitrage et de médiation devant le CAMC-O

La procédure devant le CAMC-O en matière arbitrale et de médiation se fait sur le fondement de certaines prescriptions de forme (I) et de fond (II).

I. Les conditions matérielles de forme

La saisine du CAMC-O en matière d'arbitrage est soumise à certaines prescriptions de forme dont les litigants sont tenues d'observer. Selon l'article 6 du règlement d'arbitrage du CAMC-O, la demande d'arbitrage

---

[24] B.B. DJIBO, « Centre d'arbitrage, de médiation et de conciliation de Ouagadougou (CAMC-O), » Revue camerounaise de l'arbitrage, numéro spécial, février 2010, p .23. V. *www.ohada.com* in : *ohadata*D-11-29.

[25] Le choix de ne travailler que sur les statistiques des deux dernières années du CAMC-O se justifie par la simple raison que ce sont les résultats du traitement des litiges de ces deux dernières années qui se trouvent sur le site internet du centre.

est adressée au secrétariat permanent du centre qui délivre au demandeur et au défendeur un récépissé indiquant la date de la demande et de la réception du dossier d'arbitrage. Les parties sont tenues d'observer certaines mentions dans le dossier de leur demande d'arbitrage notamment les noms et dénominations complètes, leurs qualités et adresses. La demande contient aussi un exposé de la nature et des circonstances du litige. Le règlement d'arbitrage du CAMC-O indique aussi en son article 6 que la demande doit contenir les conventions intervenues entre les parties ainsi que la convention d'arbitrage. Les parties sont tenues aussi conformément à l'article 6 du règlement d'arbitrage, d'indiquer le nombre des arbitres et leur choix[26] ainsi que le lieu d'arbitrage, les règles de droit applicable et la langue de l'arbitrage. En plus des éléments de demande d'arbitrage indiqués ci-haut, les parties sont tenues de verser l'avance sur les frais administratifs[27] pour que leur demande soit traitée par le centre. Comme en matière d'arbitrage, la saisine du CAMC-O en matière de médiation est conditionnée au respect de certaines prescriptions de forme.

La saisine du CAMC-O en matière de médiation[28] est soumise à des prescriptions de forme. La mise en œuvre de la médiation peut se faire à la demande conjointe des parties lorsqu'elles en conviennent à la naissance du litige conformément à l'article 4 du règlement de médiation

---

[26]Selon M. TOE, arbitre au CAMC-O, « Si l'arbitrage est organisé dans un centre, ce sont les parties, s'il y a une convention valide qui saisissent le centre. Les parties peuvent choisir les arbitres sur la liste des arbitres du centre ou sinon proposer eux-mêmes des arbitres. S'il y a un accord sur les arbitres, un comité technique d'arbitrage et de médiation étudie la proposition des parties pour confirmer ou infirmer le choix de l'arbitre. C'est à la suite de cela que l'arbitre est informé et il prend connaissance du dossier à charge pour lui de l'accepter ou de le refuser. L'étape suivante est la déclaration d'indépendance après l'acceptation du dossier par celui-ci. L'arbitre convoque les parties et commence les entretiens en vue de la préparation de l'acte de mission établit sous l'égide du centre d'arbitrage ». Ce passage est tiré de l'entretien réalisé dans le cadre de cette étude avec M. Souleymane TOE, arbitre au CAMC-O, le 09 mars 2018 au Burkina Faso à l'Université Ouaga II.

[27]Les frais administratifs du CAMC-O en matière d'arbitrage comme en médiation font l'objet d'un barème appelé « barème des frais de procédures CAMC-O » adopté par le conseil d'administration en sa réunion du 14 juin 2012.

[28]Il convient d'indiquer que le règlement de médiation ne fait aucune distinction entre celle-ci et la conciliation. Le règlement indique que « Médiation » désigne aussi la conciliation et toute autre appellation dans la mesure où les parties acceptent de se soumettre à ce règlement ». « Médiateur » ou « conciliateur » désigne une ou des personnes physiques chargées d'assister les parties dans la recherche d'une solution amiable d'un différend conformément à ce règlement.

du centre. Elle peut être aussi mise en œuvre à la demande de l'une des parties lorsque celles-ci en sont convenues aux termes de leur contrat. La partie la plus diligente formule la demande de médiation accompagnée des frais d'ouvertures du dossier[29]. Les parties sont tenues de faire ressortir dans leur demande, un exposé des faits et les circonstances de la cause. Lorsque le CAMC-O est saisi par l'une des parties dans une procédure de médiation, le centre informe l'autre partie en lui adressant le règlement de médiation et lui laisse un délai de quinze jours pour sa réponse conformément à l'article 9 du règlement de médiation du CAMC-O. La désignation du médiateur peut se faire sur la liste des médiateurs du centre. Si les parties n'arrivent pas à s'accorder sur l'identité du médiateur, le centre intervient pour nommer un médiateur unique. Il est clair que le succès du CAMC-O résulte aussi de l'expertise[30] des médiateurs et arbitres mobilisés pour le règlement des litiges. Les parties sont tenues de respecter les différents éléments énumérés ci-haut pour que leur demande de médiation soit prise en compte. En plus de ces éléments de forme indiqués ci-haut, la demande de médiation est soumise aussi à des conditions de fond.

---

[29]Les frais d'ouverture de la demande de médiation devant le CAMC-O s'élèvent à vingt cinq mille francs CFA. Voir dans ce sens le barème des frais de procédures CAM-O, version révisée : juin 2012, p.7.

[30]Le CAMC-O reçoit d'énormes appuis de la part de certains partenaires techniques et financiers dans la promotion de la médiation dans l'espace OHADA. Parmi ces partenaires, l'on peut citer le centre de commerce international (CCI) de Genève. Le centre a par exemple participé de 2002 à 2009 à des rencontres régulières des gestionnaires de centres internationaux à Chamonix pour une meilleure impulsion de la médiation dans un but d'échanges et de coopération entre institutions de continents différents. Le Département Américain du droit commercial fait l'un des partenaires du centre. Le CAMC-O a participé en décembre 2003 à la formation sur « international Arbitration and Médiation » à international Law Institute à Washington DC au profit des gestionnaires de centres et autres acteurs judiciaires. La société financière internationale (IFC) fait partie aussi des partenaires du CAMC-O. Un protocole tripartite entre l'Etat burkinabè, le CAMC-O et la société financière internationale a été signé le 14 janvier 2010 pour entre autres : former les médiateurs du CAMC-O ; améliorer le cadre législatif en faveur de la médiation ce qui a permis d'ailleurs l'adoption de la loi sur la médiation en 2012 ; fournir le centre d'un logiciel de gestion des dossiers ; promouvoir la médiation comme mode de règlement des différents d'affaires. Voir dans ce sens, B. B. DJIBO, « *Les enjeux et les défis de la médiation dans l'espace OHADA* », école d'été de la justice francophone juin 2016, p. 11 et s. *file:///F:/contribution-mme-boli-bintou-OHADA.pdf*

II. Les conditions matérielles de fond

Le déroulement de la procédure d'arbitrage devant le CAMC-O est soumise à certaines conditions de fond. Après la réception du dossier d'arbitrage par l'arbitre, celui-ci procède à la convocation des litigants et leurs conseils dans les trente jours suivant la réception du dossier pour une réunion pour mettre en place l'acte de mission conformément à l'article 20 du règlement d'arbitrage du centre. L'objet de cette réunion est d'une part, de constater la saisine de l'arbitre et éventuellement, d'examiner les demandes résultant des mémoires produites par les parties. D'autre part, de fixer un calendrier prévisionnel de la procédure arbitrale précisant ainsi les dates de remise des parties et celle de l'audience à l'issue de laquelle les débats seront clos[31]. À l'issue de la réunion de l'arbitre avec les litigants et leurs conseils, un procès-verbal est signé établissant ainsi la mission du tribunal arbitral[32]. En ce qui concerne l'établissement de l'acte de mission du tribunal arbitral, pour M. TOE, « l'une des difficultés est la disponibilité des premières conclusions. Selon cet arbitre inscrit auprès du CAMC-O, lorsque la requête introductive est déposée, l'arbitre qui a accepté sa mission, demande au défendeur de produire ses conclusions en réplique en vue de la préparation de l'acte de mission qui contient les prétentions préliminaires des parties, il peut y avoir des retards avant la signature de l'acte de mission. Pour M. TOE, il peut avoir aussi des difficultés lorsqu'il y a nécessité de faire intervenir un expert. Compte tenu du caractère technique de certaines questions, une partie ou l'arbitre peut demander une expertise comme par exemple l'expertise d'un compte courant. Si l'enjeu financier n'est pas très élevé et qu'il faut nommer un expert-comptable compte tenu du caractère technique du dossier, les parties peuvent avoir des difficultés à faire face aux frais de l'expertise comptable. L'avis de l'expert ne s'impose pas à l'arbitre, mais le coût peut ne pas être supporté par les parties. Le rapport d'expertise peut être contesté par les parties et dans une telle hypothèse, il

---

[31]Voir dans ce sens le règlement d'arbitrage du CAMC-O, *file:///F:/Centre%20de%20médiation%20de%20Ouagadougou/REGLEMENT_D_ARBITRAGE_CAMC_O%20(1).pdf*.

[32] Dans l'arbitrage institutionnel, c'est-à-dire l'arbitrage organisé sous l'égide d'un centre d'arbitrage, plusieurs conventions se superposent : il y a d'une part le contrat d'organisation de l'arbitrage conclu entre les parties et le centre, et d'autre part, le contrat qui lie le centre et l'arbitre et celui passé entre l'arbitre et les parties. En ce sens CH. SERAGLINI et J. ORTSCHEIDT, *op. cit.*, p., 273.

faut une contre-expertise »[33]. La nomination d'un expert peut engendrer des frais pour les parties qui peuvent avoir des difficultés à y faire face. Or, l'intérêt de l'intervention de l'expert permet d'éclairer davantage les parties sur certains aspects techniques du litige. Mais, les frais élevés de cette expertise comme le souligne M. TOE pose de réelles difficultés aux parties en litige et met en avant la question fréquente de l'onérosité de l'arbitrage. Quand le tribunal constate que les parties ont été suffisamment entendues, il prononce la clôture des débats et indique au secrétariat permanent[34] du centre conformément à l'article 26 du règlement de procédure, la date à laquelle le projet de sentence sera soumis au comité d'arbitrage et de médiation[35]. En matière de médiation, la procédure devant le CAMC-O est soumise à certaines prescriptions de fond.

La médiation commence lorsque le centre obtient l'accord des parties qui peut se manifester par une lettre d'acceptation ou un compromis de médiation conformément à l'article 12 du règlement de médiation du CAMC-O. Cet accord est accompagné du paiement des honoraires du médiateur et des frais de la médiation[36]. C'est dans cette perspective que le secrétariat permanent organise la première rencontre entre le médiateur et les parties. Chaque partie peut soumettre au médiateur des suggestions

---

[33] Entretien réalisé avec M. Souleymane TOE, arbitre au CAMC-O, le 09 mars 2018 au Burkina Faso à l'Université Ouaga II.

[34]Le secrétariat permanent selon l'article 10 du règlement intérieur du CAMC-O, veille au respect des exigences de forme lorsqu'il assure le secrétariat des réunions du comité d'arbitrage et de médiation. Il rédige les procès verbaux. Les membres du secrétariat permanent assurent la gestion de la documentation du centre, des fichiers d'arbitres, de médiateurs, d'experts, d'interprètes et de traducteurs. Ils organisent la communication entre les parties, les arbitres et les médiateurs. Ils sont chargés de percevoir les provisions sur honoraires et frais administratifs, les honoraires des arbitres et des médiateurs, les recouvrements aux profits des parties et autres prestataires de services ; d'assurer le règlement des honoraires des arbitres et des médiateurs, reversement des sommes recouvrées et des prestataires de services intervenus lors d'un processus de règlement de litige organisé par le centre... ».

[35]Selon l'article 5 du règlement intérieur, le comité d'arbitrage et de médiation est composé de cinq membres. Ces membres sont désignés pour trois ans par le conseil d'administration du centre parmi les personnalités connus pour leur intégrité, leur expertise en matière juridique, judiciaire, ou de règlement alternatif de différends et leur indépendance. Le comité a pour mission de veiller au respect du caractère confidentiel des procédures qui lui sont soumises et qui s'impose à ses membres, aux personnels du centre, aux parties, à leurs conseils... ».

[36]Le règlement de médiation précise en son article 16 que les honoraires et les frais de médiation sont répartis entre les parties à parts égales entre. Il convient de noter que le coût de la médiation est moins élvé que celui d'une procédure judiciaire et arbitrale.

pour lui permettre de régler le litige qui lui est soumis. Les parties sont tenues de collaborer avec le médiateur et de satisfaire à sa demande de produire des documents écrits, de présenter des preuves ou de participer à des réunions conformément à l'article 13 du règlement de procédure du CAMC-O. Les parties s'engagent aussi durant la procédure de médiation et conformément à l'article 13 du règlement de médiation de ne pas entamer une procédure arbitrale ou judiciaire relative au même différend. En revanche, les parties peuvent recourir à l'arbitrage ou aux tribunaux si la médiation échoue. Dans la procédure de médiation devant le CAMC-O, le médiateur dispose d'un délai de deux mois pour trouver un accord de médiation. Toutefois, le médiateur avec l'accord des parties, peut demander un délai supplémentaire d'un mois conformément à l'article 14 du règlement de médiation. In fine, la procédure de médiation arrive à terme avec la réception par le centre d'une copie de l'accord de médiation, d'une déclaration écrite d'une partie mettant fin à la médiation ou lorsque les parties ne payent pas les provisions pour les honoraires du médiateur et les frais de la médiation conformément à l'article 14 du règlement de médiation du centre. La médiation se veut une procédure souple, dans laquelle les parties ont la maîtrise totale de leur différend. Le rôle du tiers médiateur consiste à assister les parties dans la recherche d'une solution amiable. Michel Armand-PREVOST souligne à juste titre que : « dans un monde économique où tout va de plus en plus vite, les entreprises découvrent que les litiges qui les opposent et qu'elles soumettent aux tribunaux, risquent de ne trouver leur solution judiciaire qu'au bout de plusieurs années, sans que celle-ci soit nécessairement considérée comme satisfaisante. Pendant toute la durée de la procédure, les relations contractuelles entre les entreprises en conflit seront gelées, souvent au détriment des deux parties. L'issue du procès risque en outre d'écarter pour l'avenir toute idée de relations contractuelles entre les parties qui se sont combattues avec âpreté dans les prétoires » [37]. Une procédure judiciaire est longue et coûteuse et compromet fortement l'avenir des relations des litigants. Le juge tranche le litige et désigne un gagnant et un perdant. Or, le médiateur ne dispose d'aucun pouvoir de décision dans la procédure de médiation. Un auteur fait d'ailleurs remarquer que : « le jugement laisse un goût d'amertume au perdant et le vainqueur ne sort pas toujours indemne du procès qu'il a gagné. Pour y parvenir, il a souvent dû exacerber sa rancœur, amplifier la faute de l'autre et dissimuler les

[37] J. CRUYPLANTS, M. GONDA, M. WAGEMANS, *Droit et pratique de la médiation*, Bruxelles Bruylant, 2008, p. 41 et s.

siennes, traduire dans le langage impitoyable du droit un différend qui ne se vit jamais dans le manichéisme du procès. Même quand elle a pris fin, la procédure judiciaire laisse ses acteurs dans un état de belligérance qui ne les prédispose ni à l'amitié ni au pardon »[38]. Il est constant qu'à l'issue d'une procédure judiciaire ou arbitrale, les parties peuvent difficilement continuer d'entretenir des relations d'affaires. Compte tenu de ces remarques, il paraît nécessaire de promouvoir la médiation qui, contrairement aux modes judiciaire et arbitrale de règlement des litiges, permet aux parties de poursuive leurs relations d'affaires après avoir trouvé un accord de médiation sur le différend qui les oppose. Le CAMC-O à travers ses statistiques, semble avoir un impact important dans le règlement alternatif des litiges commerciaux au Burkina Faso.

§ 2. Les données statistiques de traitement des dossiers enregistrés auprès du CAMC-O au titre des années 2018-2019

En matière de règlement alternatif des litiges, le CAMC-O est l'un des rares centres en Afrique de l'Ouest qui tient des statistiques des dossiers traités[39]. Pour rendre compte de l'impact du centre sur le règlement alternatif des litiges au Burkina Faso, il semble nécessaire de s'intéresser à ses statistiques disponibles. Il s'agit de restituer le traitement des litiges enregistrés auprès du centre en matière d'arbitrage et de médiation au cours des deux dernières années notamment l'année 2018 (I) et l'année 2019[40] (II).

I. Les données statistiques enregistrées en 2018

Pour mesurer l'impact du CAMC-O sur le règlement des litiges commerciaux au Burkina Faso, il paraît important de mettre en avant ses

[38]J. CRUYPLANTS, M. GONDA, M. WAGEMANS, *op. cit.* p.v.

[39]Il est important de signaler que le CAMC-O a commencé à donner ses statistiques dès l'année 2006 juste un an après sa création. Au cours de l'année 2006, le centre a enregistré seulement six dossiers dont deux demandes d'arbitrage, deux demandes de médiation et deux demandes de recouvrement. En 2007, le centre a enregistré vingt-sept dossiers dont vingt-deux demandes d'arbitrage et cinq demandes de médiation. En ce sens, B.B. DJIBO, *op. cit.* V. S. MENETREY, « *La multiplication des centres d'arbitrage dans l'espace OHADA* », In : D. HIEZ et S. MENETREY (dir.), *op. cit.*, p. 356 et s.

[40]Le choix de travailler sur les statistiques des deux dernières années se justifie par le fait que le CAMC-O semble avoir commencé a publié ses données statistiques de règlement des litiges sur son site internet à partir de l'année 2018.

statistiques disponibles. Au cours de l'année 2018, le CAMC-O a enregistré soixante dossiers [41] dont quinze requêtes d'arbitrage et quarante-cinq demandes de médiation. Les dossiers enregistrés par le centre sont repartis par secteur d'activités. En ce qui concerne les banques et établissements financiers, le nombre de dossiers enregistrés est dix-sept soit 28 % de l'état global des dossiers enrôlés. Le montant en litige est cinq-cent-un-millions-cent-quarante-sept-mille-huit-cent-quatre-vingt-dix-sept francs CFA. Les banques et établissements financiers sont suivies du secteur des bâtiments et travaux publics avec huit dossiers enregistrés soit 13 % de l'état global des dossiers enrôlés et un montant en litige de quatre-milliards-cinq-cent-cinquante-neuf-millions-quatre-cent soixante-trois-mille-neuf-cent-quinze-francs CFA. Le centre a enregistré un seul dossier en matière d'assurance au cours de l'année 2018 représentant 2 % de l'état global des dossiers enregistrés avec un montant en litige de cinquante-millions de franc CFA. Relativement au secteur de la télécommunication, le centre a enregistré un seul dossier au cours de l'année 2018 représentant 2 % de l'état global des dossiers enrôlés avec un montant en litige de quatre-millions-deux-cent-mille francs CFA. Les litiges commerciaux enrôlés au cours de l'année 2018 auprès du Centre sont au nombre de quatorze, soit 23 % de l'état global des dossiers enrôlés avec un montant en litige qui se chiffre à deux-milliards-et un-million-sept-cent-trente-huit-mille-cinq-cent-trente-quatre francs CFA. En matière de prestation de services, le nombre de dossier enrôlés est quinze soit 25 % de l'état global des dossiers enregistrés auprès du centre avec un montant en litige de trois-cent-vingt-trois millions-deux-cent-quarante-mille-deux-centre-huit francs CFA. En matière immobilière, le centre n'a enregistré que deux dossiers soit 3 % de l'état global des dossiers enrôlés avec un montant en litige de quatre-cent-mille francs CFA. Quant aux litiges relatifs au transport, le centre n'a été saisi que d'un seul dossier soit 2 % de l'état global des dossiers enrôlés avec un montant en litige de deux-cent-millions-deux-cent-seize-mille-neuf-cent soixante-six francs CFA. Quant au secteur social, il compte un seul dossier enregistré auprès du centre soit 2 % de l'état global des dossiers enregistrés avec un montant en litige de douze- milliards -trois-cent-

[41]Voir dans ce sens *https://camco.bf/donnees-statistiques-du-01-01-2018-au-31-12-2018* Il est important de noter que l'ensemble des soixante dossiers enregistrés par le centre en 2018 cumulent un montant global de dix- neuf-milliards -neuf -cent –quatre-vingts – quatre- millions -six -cents-vingt-six-mille-neuf-cents-douze francs CFA.

quarante-quatre-millions-deux-cent-dix-neuf-mille-trois-cent-quatre-vingt douze francs CFA.

L'analyse des données statistiques du CAMC-O au titre de l'année 2018 classe la médiation au premier plan de la saisine du centre avec quarante-cinq dossiers enrôlés contre seulement quinze demandes d'arbitrage. La médiation semble être le mode de règlement alternatif des litiges le plus sollicité en 2018 par les opérateurs économiques au Burkina Faso. Le choix de la médiation comme mode privilégié de règlement des litiges au sein du CAMC-O s'explique aussi par le fait que le centre offre de bonne perspective dans le domaine. Une politique d'incitation des entreprises[42] à utiliser la médiation est mise en place par le centre. Le CAMC-O a reçu moins de dossiers de demande d'arbitrage au cours de l'année 2018. Ce qui peut s'expliquer par le coût d'une procédure d'arbitrage qui semble être trop élevé pour les opérateurs économiques par rapport au coût maîtrisé de la médiation[43]. Selon les données statistiques de 2018, les banques et établissements financiers occupent la première position de la saisine du centre avec dix-sept dossiers enregistrés représentant 28 % de l'état global des dossiers enrôlés avec un montant en litige de cinq-cent-et-un-millions-cent-quarante-sept-mille-huit-cent-quatre-vingt-dix-sept Franc CFA. Ce qui prouve à suffisance l'intérêt que portent les banques et établissements financiers dans le règlement alternatif de leurs litiges. Le CAMC-O devient dès lors, une véritable alternative au système de règlement judiciaire des litiges. Les banques et établissements financiers sont suivies dans ce classement, du secteur de la prestation de service qui occupe la deuxième position avec quinze dossiers soit 25 % de l'état global des dossiers enrôlés par le centre avec un montant en litige de trois-cent-vingt-trois-millions-deux-cent-quarante-mille-deux-centre-huit francs CFA. Le secteur commercial

[42] Le CAMC-O développe d'autres outils de règlement alternatif des litiges notamment le perfectionnement des contrats qui consiste à assister les entreprises dans le cadre de la rédaction/ou de la relecture de leurs contrats d'affaires notamment sur la clause de règlement des litiges. Le centre propose aussi comme outil, la « médiation de salon » conduite en entretiens séparés dans les lieux de travail ou domicile des parties... *file:///F:/contribution-mme-boli-bintou-OHADA.pdf.*

[43] Il est évident que le coût de la médiation est beaucoup plus maîtrisé que celui de l'arbitrage. C'est ainsi que certains auteurs reconnaissent que : « sans être gratuite, une médiation assurée par un professionnel compétent qui s'y est formé spécifiquement au sein d'un centre offrant des garanties fondamentales, reste un processus particulièrement peu onéreux ». En ce sens M. BOURRY D'ANTIN, G. PLUYETTE, S. BENSIMON, *Art et technique de la médiation, Pratique professionnelle,* Paris, LexisNexisLitec, Editions du Juris-Classeur, 2004, p. 32.

occupe la troisième place avec quatorze dossiers enregistrés soit 23 % de l'état global des dossiers enrôlés avec un montant en litige de deux-milliards-et -un-million-sept-cent-trente-huit-mille-cinq-cent-trente-quatre francs CFA. Quant au secteur des bâtiments et travaux publics, il occupe la quatrième place dans la saisine du centre au cours de l'année 2018 avec huit dossiers enregistrés soit 13 % de l'état global des dossiers enrôlés avec un montant en litige de quatre-milliards-cinq-cent-cinquante-neuf-millions-quatre-cent-soixante-trois-mille-neuf-cent-quinze francs CFA. Relativement au secteur immobilier, il vient en cinquième position avec deux dossiers représentant 03 % de l'état global des dossiers enrôlés auprès du centre avec un montant en litige de quatre-cent-mille francs CFA. Les secteurs d'assurance, de télécommunication, de transport et social sont les secteurs qui ont le moins saisi le centre en 2018. Chacun de ces secteurs ne compte qu'un seul dossier enregistré auprès du centre représentant que 2 % de l'état global des dossiers enregistrés.

II. **Les données statistiques enregistrées en 2019**

Les données statistiques enregistrées auprès du CAMC-O au titre de l'année 2019 font état de trente-sept dossiers dont vingt-neuf en arbitrage et huit en médiation[44]. Les dossiers ainsi enrôlés sont repartis par secteur d'activités. En ce qui concerne les banques et établissements financiers, le CAMC-O a enregistré treize dossiers soit 35 % de l'état global des dossiers avec un montant en litige de sept milliards sept cent quatre millions cent mille six cent soixante-six franc CFA. Les dossiers enrôlés dans le domaine des bâtiments et travaux publics sont au nombre de trois soit 8 % de l'état global des dossiers enrôlés avec un montant en litige de six-cent-trente-trois-millions-mille-quarante-huit francs CFA. En matière

---

[44]Les dossiers enregistrés en arbitrage et en médiation font un montant global de onze-milliards-six-cent-quartre-vingt-six-millions-neuf-cent-dix neuf-mille-quatre-cent-soixante-sept, *https://camco.bf/donnees-statistiques-des-dossiers-enregistres-par-le-centre-du-01-01-2019-au-31-12-2019/*. Consulté le 15/04/2020. Selon une Séverine MENETREY, les centres nationaux les plus dynamiques ont parfaitement intégré l'utilité marketing de publier les statistiques du centre. Certes, ces statistiques doivent être considérées avec prudence, mais pour ce qui est des centres financés par des programmes internationaux spécifiques, le bailleur de fonds exige des audits extérieurs, ce qui permet de garantir tant que faire se peut l'exactitude des chiffres. C'est moins pour les centres entièrement dépendants des chambres de commerce... En ce sens S. MENETREY, « *La multiplication des centres d'arbitrage dans l'espace OHADA* », In : D. HIEZ et S. MENETREY (dir.), *op. cit.*, p. 356.

commerciale, sept dossiers ont été enregistrés, soit 19 % de l'état global des dossiers enrôlés avec un montant en litige d'un-milliard-cent-dix-sept-millions-soixante-quatre-mille-soixante-deux francs CFA. Dans le domaine de prestation de services, six dossiers ont été enregistrés soit 16 % de l'état global des dossiers enrôlés avec un montant en litige d'un-milliard-sept-cent-deux-millions-trois-cent-cinquante-quatre-mille-trois-cent-douze franc CFA. En matière de règlement alternatif des litiges relatifs aux mines et de l'énergie, le centre a enregistré cinq dossiers avec un montant en litige de trois-cent-soixante-quatorze-millions-neuf-cent-trois-mille-huit-cent-soixante-dix-neuf franc CFA, soit 14 % de l'état global des dossiers enrôlés. Relativement aux litiges liés au transport, deux dossiers ont été enregistrés avec un montant en litige de soixante-quinze-millions-quatre-cent-quatre-vingt-trois-mille-cinq-cents francs CFA soit 5 % des dossiers enregistrés[45].

Les données statistiques des activités de règlement des litiges du CAMC-O réalisées en 2019 font état de trente-sept dossiers enregistrés dont vingt-neuf dossiers de demandes d'arbitrage et huit dossiers de médiation. Les dossiers ainsi enrôlés sont repartis entre différents secteurs d'activités notamment les banques et établissement financiers, le secteur du bâtiment et travaux publics, le secteur du commerce, de la prestation de services, des mines et énergies, du transport, et du secteur social. Comme en 2018, le secteur des banques et établissements financiers occupent la première place en 2019 avec 13 dossiers enregistrés. Le secteur du commerce vient en deuxième position des statistiques avec sept dossiers enregistrés auprès du centre suivi du secteur de prestation de services qui occupe la troisième place avec six dossiers enregistrés. Quant au secteur des mines et de l'énergie, il vient en quatrième position avec cinq dossiers enregistrés suivi du secteur du bâtiment et des travaux publics qui cumule trois dossiers et occupe la sixième position. En fin, le secteur de transport n'a enregistré qu'un seul dossier et occupe la dernière position du classement des litiges par secteur. Au regard des statistiques ci-dessus indiquées, l'on peut en déduire que le CAMC-O semble avoir

---

[45] *https://camco.bf/donnees-statistiques-des-dossiers-enregistres-par-le-centre-du-01-01-2019-au-31-12-2019/.* La publication des données statistiques annuelles du CAMC-O relatives au traitement des litiges par secteur d'activité participe de l'attractivité du centre auprès du monde des affaires notamment des entreprises au Burkina Faso. Ces données statistiques permettent de déterminer la typologie des entreprises qui saisissent le centre pour régler leurs litiges. Ces entreprises sont entre autres : les banques et établissements financiers, le secteur de transport, d'assurance, de commerce, de la prestation de service, des mines et de l'énergie, du bâtiment et des travaux publics.

un impact important sur le règlement des litiges liés aux affaires au Burkina Faso. Les multiples saisines du centre par les opérateurs économiques est un témoignage éloquent de la qualité de la prestation de ses services.

La saisine d'un centre d'arbitrage, de médiation et de conciliation permet aux litigants d'éviter les juridictions étatiques pour le règlement de leurs litiges. L'évitement d'un procès devant les juridictions étatiques assure aux litigants la confidentialité dans la conduite de leurs relations d'affaires. Un procès devant le prétoire est un lieu d'affrontement par excellence. Les parties en litige peuvent difficilement continuer leurs relations d'affaires après le rendu d'une décision judiciaire condamnant publiquement une partie au profit d'une autre. Pour Charles JARROSSON, « la naissance ou le renouveau des modes alternatifs de règlement des conflits a d'abord pris corps dans les pays de Common Law (aux Etats-Unis surtout), mais font l'objet d'une attention croissante dans les pays de tradition romano-germanique. Cet essor va de pair avec une certaine désaffection pour le droit et les solutions juridiques, comme si le droit était moins qu'hier l'instrument privilégié de la recherche du juste (...) » [46] .Il est évident que c'est dans la déception des modes judiciaires de règlement des litiges, qu'il convient de trouver l'origine du développement des modes alternatifs de règlement des différends. La déception ainsi suscitée par les institutions judiciaires est d'autant plus grande en Afrique qu'il convient de promouvoir les modes alternatifs de règlement des litiges.

---

[46] Ch. JARROSSON, « Les modes alternatifs de règlement des conflits. Présentation générale. » *In RIDC*. Vol. 49 N° 2, avril-juin 1997. pp.325.345.

Conclusion du chapitre 1

L'initiative de création des centres d'arbitrage, de médiation et de conciliation en Afrique, notamment dans l'espace OHADA fait suite aux difficultés constatées dans le règlement judiciaire des litiges. C'est le dysfonctionnement des appareils judiciaires qui a conduit les rédacteurs du Traité OHADA à promouvoir d'autres modes alternatifs de règlement des litiges relatifs au droit des affaires. Dans cette perspective, les États parties au Traité OHADA ont été vivement encouragés à mettre en place des centres d'arbitrage, de médiation et de conciliation en vue de permettre aux opérateurs économiques nationaux et non nationaux de régler leurs litiges sans aller s'affronter devant les juridictions judiciaires. Au regard des données statistiques réalisées par le CAMC-O aux cours des deux dernières années (2018-2019), il est clair que les modes alternatifs de règlement des litiges s'inscrivent de plus en plus dans le quotidien des entreprises au Burkina Faso. Contrairement au CAMC-O, le CECAM du Mali semble avoir des difficultés de fonctionnement au regard des résultats obtenus depuis sa création en 2005. Avec seulement trente-deux dossiers traités depuis sa création en 2005, le CECAM semble avoir du mal à convaincre les opérateurs économiques. La méthode de gestion du CAMC-O peut servir de cadre de référence pour le CECAM du Mali.

CHAPITRE 2.

L'adoption d'un Acte uniforme relatif à la médiation dans la perspective d'amélioration du règlement alternatif des litiges commerciaux

Il est clair que le recours aux modes alternatifs de règlement des litiges permet d'éviter des procédures judiciaires longues et coûteuses. Selon Mme Béatrice BLOHORN-BRENNEUR, la qualité de la réponse judiciaire est à repenser : justice parfois désuète, tournée vers le passé, occupée à rechercher qui a tort et qui a raison, qui a commis la faute ; bref, à faire ce qui pourrait être considéré comme l'autopsie d'un cadavre, résultat des affrontements meurtriers qui se déroulent dans les enceintes judiciaires [1]. Le prétoire est un lieu d'affrontement des parties qui cherchent par tous les moyens imaginables de remporter la victoire, de vaincre l'autre partie. Or, la victoire suppose un gagnant et un perdant. Le juge a pour mission de trancher un litige (...) or, trancher un litige n'induit pas nécessairement l'obligation de résoudre le conflit. Le juge est effectivement lié par l'objet de la demande en justice et éventuellement par le dépôt de demandes reconventionnelles. Il lui est difficile de prendre en considération des données n'appartenant pas au litige, mais qui, au contraire, relèvent de la sphère du conflit[2]. Deux raisons expliquent le succès des modes alternatifs de règlement des litiges selon M. Boris BERNABE. D'une part, un motif conjoncturel qui tient à « l'explosion du contentieux judiciaire » [3] et la volonté subséquente d'échapper à

---

[1]B. BLOHORN-BRENNEUR, « Une culture de la communication pour retrouver la paix », p. 34 ; in : B. BLOHORN-BRENNEUR et D. CALIN (dir.), *La médiation, un chemin de paix pour la justice en Europe. GEMME, 10 ans déjà...* ! Paris, L'Harmattan, 2015.

[2] G. HUCHET, *La clause de la médiation*, thèse, Université Jean Moulin Lyon 3, 2007, p. 15.

[3] B. BERNABE, « Une vision historique de la médiation judiciaire, deuxième essai de génétique juridique » ; in : F. OSMAN (dir.), *La médiation en matière civile et*

l'engorgement des rôles et d'autre part, un motif structurel qui est relatif au déclin de la loi et de la puissance de l'État. Le déclin de la loi dont fait allusion à juste titre M. Boris BERNABE s'explique par le fait que l'État n'est plus le centre de normativité, la puissance de l'État n'a plus le monopole de la création du droit. Dès lors, d'autres lieux de normativités concurrentes ont vu le jour et favorisent davantage la contractualisation des rapports sociaux en général et du règlement des litiges en particulier.

Le recours à la médiation comme mode amiable de règlement des conflits est fortement encouragé en droit de l'Union européenne. L'article 5 de la directive indique qu'une juridiction saisie d'une affaire peut, le cas échéant et compte tenu de toutes les circonstances de l'espèce, inviter les parties à recourir à la médiation pour résoudre le litige. La juridiction peut également inviter les parties à assister à une réunion d'information sur le recours à la médiation pour autant que de telles réunions soient organisées et facilement accessibles. La directive s'applique sans préjudice de toute législation nationale rendant le recours à la médiation obligatoire ou le soumettant à des incitations ou des sanctions que ce soit avant ou après le début de la procédure judiciaire pour autant qu'une telle législation n'empêche pas les parties d'exercer leur droit d'accès au système judiciaire[4].

Le législateur OHADA, dans sa volonté de promouvoir les modes alternatifs de règlement des litiges, a décidé de l'adoption d'un Acte uniforme relatif à la médiation[5] (AUM) de manière à faciliter le règlement alternatif des litiges. L'AUM un outil approprié de règlement des litiges commerciaux (Section 1). L'adoption de l'AUM est la traduction en acte de la volonté du législateur OHADA de trouver une alternative crédible au règlement judiciaire des litiges commerciaux (Section 2).

SECTION 1. L'Acte uniforme relatif à la médiation comme outil de règlement alternatif des litiges commerciaux

La présente section portera d'une part sur le champ d'application de l'Acte uniforme relatif à la médiation (§1) et d'autre part, sur le

commerciale, un nouveau champ d'exploitation pour les modes alternatifs de règlement des différents en méditerranée, Bruxelles, Bruylant, 2012, p.17.

[4] Article 5 de la directive 2008/52 du 21 mai 2008.

[5] L'Acte uniforme relatif à la médiation a été adopté le 23 novembre 2017, publié au journal officiel de l'OHADA le 15 décembre 2017 et entré en vigueur le 15 mars 2018.

déroulement de la procédure de médiation telle que prévue par l'Acte uniforme relatif à la médiation (§ 2).

§ 1. Le champ d'application de l'acte uniforme relatif à la médiation

L'adoption d'un AUM dans l'espace OHADA est une œuvre salutaire d'autant plus qu'elle va permettre aux acteurs économiques de l'espace OHADA comme d'ailleurs d'avoir d'autres outils de règlement amiable de leurs litiges que la justice judiciaire. Le règlement judiciaire des litiges éloigne les litigants tandis que le règlement amiable à travers la médiation les rapproche davantage en ce sens qu'ils peuvent continuer leurs relations d'affaires après la résolution de leur litige. Les sociétés africaines traditionnelles connaissaient bien la médiation car elle était le mode privilégié de règlement des conflits avant l'avènement de la justice moderne. Par exemple, dans certains groupes ethniques comme chez les Mandingues, les médiateurs sont plénipotentiaires désignés obligatoirement parmi les Nyamakalas[6]. Pour être désigné comme tel, le médiateur doit faire preuve d'objectivité et de neutralité, il ne doit avoir aucune alliance parentale ou matrimoniale avec les personnes ou groupes en conflit. Il doit avoir la confiance totale des protagonistes qui doivent accepter sa médiation pour la résolution pacifique du conflit. Le médiateur traditionnel est aussi un « maître de la parole » doté d'une éloquence exceptionnelle et d'une maîtrise parfaite des proverbes et adages qui ont une valeur d'usages reconnus par toute la communauté[7]. Pour un auteur, les différents moyens conceptuels et pratiques en vue de consolider la paix et éviter le conflit sont inscrits dans les coutumes. Par exemple, des expressions telles que « Bademaya bemènè n'ga a tèsissi » signifie

---

[6] La charte de Kurugan Fuga dispose dans son article 2 que « Les Nyamakalas se doivent de dire la vérité aux chefs, d'être leurs conseillers et de défendre par le verbe les règles établies et l'ordre sur l'ensemble du royaume ». Les Nyamakalas jouent aussi le rôle de médiateurs reconnus par la communauté pour le règlement des conflits sociaux. Cette fonction de médiateur est dévolue aux castes (griots, forgerons, cordonniers, etc.) et aux anciens. Voir dans ce sens, B. Sidibé, Résolution traditionnelle des conflits au Mali, publié le 6 juin 2008 in La Revue, une publication du cabinet d'avocats Squire Patton Boggs.

[7]M. SAMB, « A propos de la résurgence de la médiation comme mode alternatif de résolution des conflits sociaux en Afrique », *Penant*, janvier-mars 2016 N° 894, numéro spécial Arbitrage et Médiation, p.18.

littéralement « la fraternité peut brûler mais ne grille jamais » [8]. La médiation a donc traversé le temps pour s'imposer aujourd'hui comme un mode alternatif de règlement des litiges.

La médiation est définie par l'article premier de l'Acte uniforme comme tout processus, quelle que soit son appellation, dans lequel les parties demandent à un tiers de les aider à parvenir à un règlement amiable d'un litige, d'un rapport conflictuel ou d'un désaccord (ci-après le « différend ») découlant d'un rapport juridique, contractuel ou autre ou lié à un tel rapport, impliquant des personnes physiques ou morales, y compris des entités publiques ou des États. Selon le même article, le « médiateur » désigne tout tiers solliciter pour mener une médiation, quelle que soit l'appellation ou la profession de ce tiers dans l'État Partie concerné. La médiation peut être mise en œuvre par les parties (médiation conventionnelle), sur demande ou invitation d'une juridiction étatique (médiation judiciaire), d'un tribunal arbitral ou d'une entité publique compétente. La médiation peut être ad hoc ou conventionnelle[9].

L'acte uniforme retient une définition extensive de la médiation en la définissant comme « tout processus quelle que soit son appellation... ». Cette définition extensive de l'AUM[10]s'aligne derrière celle donnée par la loi type de la CNUDCI qui implique aussi la conciliation. La définition donnée par l'acte uniforme relatif à la médiation intéresse non seulement les personnes physiques ou morales, mais également les entités publiques et les États. Les États peuvent désormais être partie à la médiation comme ils le sont en matière d'arbitrage. L'extension de la définition de la médiation dans l'acte uniforme impliquant ainsi les États et les entités publiques est la traduction de la volonté du législateur OHADA d'offrir aux États membres de l'espace OHADA un cadre de règlement amiable de leurs litiges évitant ainsi la justice arbitrale et judiciaire. Les États et les entités publiques doivent désormais mobiliser la médiation pour régler leurs litiges avec leurs partenaires d'affaires. Contrairement au mode judiciaire de règlement des litiges, la médiation nous « épargne cette technologie déshumanisante qui exproprie le justiciable de son conflit, qui règle les comptes du passé sans se soucier du lendemain, qui entretient les acteurs du procès dans un état de belligérance qui ne les dispose ni à

---

[8] M. B. DEMBELE, « La justice coutumière et la justice étatique dans la résolution des différends au Mali » in : D. HIEZ et S. MENETREY (dir.), *L'effectivité du droit économique dans l'espace OHADA*, Paris, L'Harmattan, 2016, p. 332.

[9]Article premier de l'Acte uniforme relatif à la médiation.

[10] Acte uniforme relatif à la médiation.

l'amitié, ni au pardon. Elle défie tout ce qui fait la fierté des juristes : le culte de la pensée rationnelle, de la logique binaire, du syllogisme fermé. Elle tolère tout ce que le droit déteste : les émotions, la sensibilité, les affects. Elle cultive ce que le droit a banni : la créativité, l'imagination, l'altruisme. Elle réhabilite la bienveillance et l'empathie. Là où la justice entretient la rupture, la médiation privilégie le lien. Là où le procès brise les solidarités, elle les raccommode. »[11]. En France, la réforme du code de procédure civile a accordé une place de choix aux modes alternatifs de règlement des litiges. En effet, l'article 750-1 du code de procédure civile issu de l'article 4 du décret n° 2019-1333 du 11 décembre 2019 réformant la procédure civile dispose qu'à peine d'irrecevabilité, le juge peut prononcer d'office, la demande en justice doit être précédée, au choix des parties, d'une tentative de conciliation menée par un conciliateur de justice, d'une tentative de médiation ou d'une tentative de procédure participative, lorsqu'elle tend au paiement d'une somme n'excédant pas cinq mille euros ou lorsqu'elle est relative à l'une des actions mentionnées aux articles R. 211-3-4 et R.211-3-8 du code de l'organisation judiciaire. Les parties sont dispensées de l'obligation mentionnée au premier alinéa dans les cas suivants : si l'une des parties au moins sollicite l'homologation d'un accord ; lorsque l'exercice d'un recours préalable est imposé auprès de l'auteur de la décision ; si l'absence de recours à l'un des modes de résolution amiable mentionnés au premier alinéa est justifiée par un motif légitime tenant soit à l'urgence manifeste soit aux circonstances de l'espèce rendant impossible une telle tentative ou nécessitant qu'une décision soit rendue non contradictoirement soit à l'indisponibilité de conciliateurs de justice entraînant l'organisation de la première réunion de conciliation dans un délai manifestement excessif au regard de la nature et des enjeux du litige. Si le juge ou l'autorité administrative doit, en application d'une disposition particulière, procéder à une tentative préalable de conciliation[12]. Le législateur Français a fixé le seuil à cinq mille euros en deçà duquel s'applique désormais la tentative obligatoire de règlement amiable des litiges. Cette tentative préalable obligatoire de résolution amiable des litiges permet de désengorger les juridictions et d'inciter davantage les justiciables à régler leurs litiges loin des prétoires

[11] Th. MARCHANDISE, (dir.), *une autre justice possible ? La médiation dans tous ses états*, Bruxelles, Edition Larcier, 2015, p.400.
[12] Article 750-1 du code de procédure civile.

Le législateur OHADA s'inscrit aussi dans la même dynamique de promotion des modes alternatifs de règlement des litiges. En effet, il ressort de l'article 2 de l'AUM que, « le présent Acte uniforme s'applique à la médiation. Toutefois, il ne s'applique pas aux cas dans lesquels un juge ou un arbitre, pendant une instance judiciaire ou arbitrale, tente de faciliter un règlement amiable directement avec les parties ». Le législateur OHADA a fait le choix d'étendre le champ d'application de l'AUM. L'article 2 de l'AUM ne fait pas de distinction entre la médiation civile et commerciale. Le principe posé est l'application du présent acte uniforme à la médiation. Toutefois, il est précisé que l'AUM ne s'applique pas aux cas dans lesquels un juge ou un arbitre, pendant une instance judiciaire ou arbitrale, tente de faciliter un règlement amiable directement avec les parties. Il s'agit bien ici de l'exclusion de la médiation judiciaire du champ d'application de l'AUM. La médiation judiciaire est celle conduite par un juge à l'occasion d'une instance judiciaire qui tente de faciliter le règlement amiable directement avec les parties. Le mode de médiation retenu par le législateur communautaire est la médiation conventionnelle qui découle de la seule volonté des parties de régler leurs litiges en faisant recours à un tiers médiateur. La médiation conventionnelle consiste à désigner une tierce personne ou un organisme dont la fonction n'est pas de juger, n'est pas d'arbitrer, n'est pas de décider mais seulement de rechercher, dans un esprit de bonne foi et de loyauté, une solution amiable au différend ; le médiateur, qui est un tiers impartial et indépendant, est choisi pour la confiance qu'il inspire aux parties, et souvent à leurs avocats, pour ses compétences et ses qualités personnelles ; sans aucun pouvoir, le médiateur ne peut imposer une solution. Il a, toutefois, la possibilité de proposer des pistes de réflexion pour parvenir à cette solution acceptable et acceptée par les parties.[13]

Le champ d'application de l'Acte uniforme relatif à la médiation couvre toutes les matières énumérées par l'article 2 du Traité OHADA comme faisant partie du domaine du droit des affaires. Aux termes des dispositions de l'article 2[14] du Traité OHADA, entrent dans le domaine du droit des affaires l'ensemble des règles relatives au droit des sociétés et au statut juridique des commerçants, au recouvrement des créances, aux sûretés et aux voies d'exécution, au régime du redressement des

[13] M. BOURRY D'ANTIN, G. PLUYETTE, S. BENSIMON, *Art et technique de la médiation, Pratique professionnelle,* Paris, LexisNexisLitec, Editions du Juris-Classeur, 2004, p.121.

[14] L'article 2 du Traité OHADA.

entreprises et de la liquidation judiciaire, au droit de l'arbitrage, au droit du travail, au droit comptable, au droit de la vente et des transports, et toute autre matière que le Conseil des Ministres déciderait d'y inclure, conformément à l'objet du présent Traité et aux dispositions de l'article 8. Le domaine d'application de l'AUM se veut plus large car il couvre toutes les matières du droit des affaires. Outre les matières énumérées par l'article 2 du Traité OHADA comme faisant partie du domaine du droit des affaires, d'autres secteurs d'activités économiques ont manifesté leurs intérêts en faisant recours à la médiation pour le règlement amiable de leurs litiges. C'est notamment le cas du secteur des banques et établissements financiers, du bâtiment et travaux publics, de l'assurance, des télécommunications, du domaine immobilier, des mines et de l'énergie et de prestation de services. Ces différends secteurs d'activités ont saisi le CAMC-O aux fins de règlement de leurs litiges.

§ 2. Le déroulement de la procédure de médiation dans l'Acte uniforme relatif à la médiation

Aux termes des dispositions de l'article 4 de l'AUM : « la procédure de médiation débute le jour où la partie la plus diligente met en œuvre toute convention de médiation écrite ou non. Si, en l'absence de convention, la partie qui a invité une autre partie à la médiation n'a pas reçu d'acceptation de son invitation écrite dans les quinze jours de la date de réception de l'invitation ou à l'expiration de tout autre délai qui y est spécifié, elle peut considérer l'absence de réponse comme un rejet de l'invitation à la médiation. Une juridiction étatique ou arbitrale peut, en accord avec les parties, suspendre la procédure et les renvoyer à la médiation. Dans les deux cas, la juridiction étatique ou arbitrale fixe le délai de suspension de la procédure. Sauf convention contraire des parties, le début de la procédure de médiation suspend le délai de prescription de l'action. Lorsque la procédure de médiation a pris fin sans qu'un accord issu de la médiation soit intervenu, le délai de prescription recommence à courir, pour une durée qui ne peut être inférieur à six mois, à compter du jour où la médiation s'est achevée sans accord »[15]. Tout comme en arbitrage, le déroulement de la procédure de médiation nécessite que les parties en relation d'affaires mettent en œuvre une convention de médiation écrite ou non dans laquelle elles conviennent de régler d'une manière amiable tout litige qui surviendra dans l'exécution de leur contrat.

[15] Article 4 de l'AUM.

Cette convention de médiation ou encore clause de médiation peut être mise en œuvre avant ou après la naissance du différend. L'entrée en médiation qui nécessite la mise en œuvre d'une convention de médiation se rapproche de la procédure d'arbitrage qui selon les dispositions de l'article 3-1 de l'Acte uniforme relatif au droit de l'arbitrage, la convention d'arbitrage prend la forme d'une clause compromissoire ou d'un compromis. La clause compromissoire est la convention par laquelle les parties s'engagent à soumettre à l'arbitrage les différends pouvant naître ou résulter d'un rapport d'ordre contractuel. Le compromis est la convention par laquelle les parties à un différend déjà né conviennent de le régler par la voie de l'arbitrage. La convention d'arbitrage doit être faite par écrit ou par tout autre moyen permettant d'en administrer la preuve, notamment par la référence faite à un document la stipulant.[16]

Le législateur OHADA a fixé le délai d'acceptation de l'invitation écrite à la médiation à quinze jours à compter de la date de réception de l'invitation ou à l'expiration de tout autre délai. Ce délai est de trente jours dans la loi type de CNUDCI qui dispose en son article 5 que « la procédure de médiation portant sur un litige déjà né débute le jour où les parties à ce litige conviennent d'engager une telle procédure. Si la partie qui a invité une autre partie à la médiation n'a pas reçu d'acception de son invitation dans les trente jours de la date d'envoi de l'invitation ou à l'expiration de tout autre délai qui est y spécifié, elle peut choisir de considérer l'absence de réponse comme un rejet de l'invitation à la médiation »[17]. Le délai d'acceptation de l'invitation à la médiation est aussi de trente jours dans la loi du 17 décembre 2012 portant médiation civile et commerciale au Burkina Faso. Le législateur Burkinabè avait déjà légiféré en matière de médiation avant l'adoption de l'AUM. L'article 5 de cette loi dispose que : « la partie qui prend l'initiative de la médiation communique, par écrit, à l'autre partie une invitation à la médiation. Cette invitation décrit brièvement l'objet du litige. La procédure de médiation débute quand l'autre partie accepte cette invitation. L'acception de médiation donnée oralement doit être confirmée par écrit. Si l'autre partie rejette l'invitation ou si la partie qui a pris l'initiative de la médiation n'a pas reçu de réponse dans les trente jours qui suivent son envoi ou dans le délai qui y était précisé, il n'y a pas

[16] Article 3-1 de l'Acte uniforme relatif à l'arbitrage.

[17] Article 5 de la loi type de la CNUDCI sur la médiation commerciale internationale et les accords de règlement internationaux issus de la médiation de 2018 (modifiant la loi type de la CNUDCI sur la conciliation commerciale internationale de 2002.)

de procédure de médiation »[18]. Le législateur Burkinabè précise bien que l'acceptation de médiation donnée oralement doit être confirmée par écrit. Cette précision permet d'éviter toute ambiguïté quant à la conduite de la médiation. Le législateur OHADA devrait tenir compte de ce passage qui consiste pour l'acceptant de la médiation de constater par écrit son acceptation, sa volonté d'être partie à la médiation. La conduite de la procédure de médiation exige la désignation des médiateurs. En effet, l'article 5 de l'AUM dispose que : « les parties choisissent le ou les médiateurs d'un commun accord. Pour la désignation des médiateurs, les parties peuvent demander l'assistance de toute personne physique ou morale, notamment un centre ou institution offrant des services de médiation, appelée « autorité de désignation ». À cet effet, une partie peut demander à l'autorité de désignation de recommander des personnes ayant les qualités et compétences requises pour servir de médiateur. Les parties peuvent également convenir que l'autorité de désignation nomme directement le ou les médiateurs. Lorsqu'elle recommande ou nomme des médiateurs, l'autorité de désignation tient compte des considérations propres à garantir la désignation d'une personne indépendante, impartiale et disponible. Elle prend en compte, le cas échéant, le fait qu'il peut être souhaitable de nommer une personne de nationalité différente de celle des parties, notamment lorsque les parties sont de nationalité différente. Lorsqu'une personne est sollicitée en vue de sa désignation en qualité de médiateur, elle signale toutes circonstances de nature à soulever des doutes légitimes sur son impartialité ou son indépendance. À compter de la date de sa nomination et durant toute la procédure de médiation, le médiateur révèle aux parties, sans tarder, toutes circonstances nouvelles susceptibles de soulever des doutes légitimes sur son impartialité ou son indépendance. »[19]

La désignation du médiateur est l'un des points essentiels de la procédure de médiation. Cette étape de la procédure est déterminante en ce sens qu'elle permet aux parties de convenir sur une personne physique ou morale qui aura la lourde tâche d'aider les litigants à résoudre leur conflit. Le législateur OHADA a prévu que le médiateur peut être soit une personne physique ou une personne morale, centre ou institution de médiation. L'intérêt pour les parties de désigner elles-mêmes d'un commun accord les personnes physique ou morale devant régler leur

[18] Article 5 de la loi du 17 décembre 2012 relative à la médiation civile et commerciale au Burkina Faso.
[19] Article 5 de l'AUM.

conflit tient au fait qu'elles (les parties) peuvent directement choisir des médiateurs spécialisés pour régler leur conflit. Les parties disposant de la plénitude de leur conflit. Elles peuvent recourir à des personnes qui disposent des compétences techniques, capables de les aider à résoudre leur conflit au lieu d'aller devant le prétoire. Le médiateur doit être une personne indépendante, impartiale et disponible. Elle doit être aussi différente de la nationalité des parties selon le législateur OHADA. La personne sollicitée pour être médiateur, doit signaler aux parties toutes circonstances légitimes qui sont de nature à mettre en cause son indépendance et son impartialité. Le médiateur doit faire preuve d'indépendance et d'impartialité dans la conduite de la procédure de médiation. L'indépendance du médiateur implique qu'il ne puisse faire l'objet d'aucune forme d'influence ou de pression, extérieure ou intérieure, relative au différend qui lui est soumis. Il ne peut avoir le moindre intérêt, direct ou indirect, au résultat positif ou non de la médiation. L'impartialité du médiateur implique qu'il n'ait aucun parti pris pour l'une ou l'autre des parties et pour la position qu'elle défend[20]. La confidentialité fait partie des exigences du médiateur. Le médiateur et les parties doivent garder toute la confidentialité autour de la procédure de médiation. L'article 11 de l'AUM dispose que : « une partie à la procédure de médiation, le médiateur et toute tierce personne, y compris celles qui ont été associées à l'administration de la procédure, de médiation, ne peuvent, dans une procédure arbitrale ou judiciaire ou dans une procédure analogue ni évoquer ni présenter l'un ou l'autre des éléments de preuve ci-après ni témoigner à leur sujet : Une invitation à la médiation adressée par une partie ou le fait qu'une partie était disposée à participer à une procédure de médiation, sauf lorsqu'une partie doit prouver l'existence d'un accord ou de l'envoi d'une invitation pour engager le processus de médiation en relation avec l'article du présent Acte uniforme ; Les vues exprimées ou les suggestions faites par une partie au cours de la médiation concernant une solution éventuelle de règlement du différend ; Les déclarations faites ou les faits admis par une partie au cours de la procédure de médiation ; Les propositions faites par le médiateur ou l'une des parties ; Le fait qu'une partie a indiqué être disposée à accepter une proposition de règlement présentée par le médiateur ou par l'autre partie ; Un document établi aux seules fins de la procédure de médiation. L'alinéa 1 du présent article s'applique, quel que soit le support ou la forme des informations ou des éléments de preuves

[20] T. MARCHANDISE, (dir.), *op. cit.* p.,39 et s.

qui s'y trouvent visés. La divulgation des informations visées à l'alinéa 1 du présent article ne peut être ordonnée par un tribunal arbitral, une juridiction étatique ou une autre autorité publique compétente. Si de telles informations sont présentées comme éléments de preuve en violation des dispositions de l'alinéa 1 du présent article, ceux-ci sont irrecevables. Néanmoins, ces informations peuvent être divulguées ou reçues comme éléments de preuve dans la mesure exigée par la loi ou nécessaire à la mise en œuvre ou à l'exécution de l'accord issu de la médiation. Les dispositions des alinéas 1, 2 et 3 du présent article s'appliquent, que la procédure arbitrale ou judiciaire ou toute procédure analogue se rapporte ou non au différend qui fait ou a fait l'objet de la procédure de médiation ». L'obligation de confidentialité ne s'étend pas aux éléments de preuve préexistants à la procédure de médiation ou constitués en dehors de toute relation avec celle-ci[21].

Le principe de confidentialité dans la procédure de médiation concerne non seulement le médiateur et les parties, mais également toute personne ayant pris part à la procédure de médiation. Le législateur OHADA s'est largement inspiré de la loi type de CNUDCI sur la médiation commerciale internationale et les accords de règlement internationaux issus de la médiation de 2018 (modifiant la loi type de la CNUDCI sur la conciliation commerciale internationale de 2002). En effet, aux termes des dispositions de l'article 10 de cette loi, sauf convention contraire des parties, toutes les informations relatives à la procédure de médiation doivent demeurer confidentielles, sauf lorsque la divulgation est exigée par la loi ou est rendue nécessaire pour la mise en œuvre ou l'exécution de l'accord de règlement[22]. Il ressort de l'analyse des deux textes (AUM et loi type de CNUDCI) que les informations relatives à la médiation doivent demeurer confidentielles. Mais, cette confidentialité peut céder aux exigences de la loi ou à la nécessité que peut requérir la mise en œuvre ou l'exécution de l'accord de médiation.

Contrairement au règlement judiciaire et arbitral des litiges, la procédure de médiation est économique en temps et en argent[23]. La procédure de médiation prend fin avec la conclusion d'un accord entre les parties. Cet accord est le fruit d'intenses négociations entre les parties

---

[21]Article 11 de l'AUM.

[22] Article 10 de loi type de CNUDCI sur la médiation commerciale internationale et les accords de règlement internationaux issus de la médiation de 2018 (modifiant la loi type de la CNUDCI sur la conciliation commerciale internationale de 2002).

[23]H. D. AMBOULOU, *La déjudiciarisation et les procédures non contentieuses en Afrique*, Paris, L'Harmattan, Etudes africaines, 2015, p. 67.

avec l'aide du tiers médiateur qui n'a pas de pouvoir de décision. Sa mission consiste à aider les parties à mettre terme au conflit. L'article 12 de la loi type de CNUDCI dispose que : « la procédure de médiation prend fin : par la conclusion par les parties d'un accord de règlement, à la date de l'accord ; par une déclaration du médiateur indiquant, après consultation des parties, que de nouveaux efforts de médiation ne se justifient plus, à la date de la déclaration ; par une déclaration des parties adressée au médiateur indiquant qu'il est mis fin à la procédure de médiation, à la date de la déclaration ; ou d) par une déclaration d'une partie adressée à l'autre partie ou aux autres parties et, si un médiateur a été nommé, au médiateur, indiquant qu'il est mis fin à la procédure de médiation à la date de la déclaration ».[24] L'article 12 de la loi type de CNUDCI a été repris par le législateur OHADA. L'article 12 de l'AUM dispose que : « La procédure de médiation prend fin par : la conclusion d'un accord écrit, issu de la médiation, signé par les parties et, si celles-ci en font la demande, par le médiateur ; la déclaration écrite du médiateur indiquant, après consultation des parties, que de nouveaux efforts de médiation ne se justifient plus, à la date de la déclaration, ou lorsqu'une des parties ne participe plus aux réunions de médiation malgré des relances du médiateur ; La déclaration écrite des parties adressée au médiateur indiquant qu'elles mettent fin à la procédure de médiation, à la date de la déclaration ; La déclaration écrite d'une partie adressée à l'autre partie ou aux autres parties et, si un médiateur a été nommé, au médiateur, indiquant qu'il est mis fin à la procédure de médiation, à la date de la réception ; ou L'expiration du délai de médiation sauf si les parties décident conjointement de prolonger ce délai en accord avec le médiateur. La partie qui entend se prévaloir de la fin de la médiation est tenue d'en apporter la preuve ; elle peut le faire par tout moyen. Lorsque la médiation ordonnée par le juge ou par l'arbitre prend fin sans que les parties ne parviennent à un accord, la procédure judiciaire ou arbitrale reprend son cours normal. Lorsqu'une telle procédure de médiation prend fin par accord amiable des parties, le juge ou l'arbitre constate cet accord, qui peut faire l'objet d'exécution conformément à l'article 16 présent Acte uniforme »[25].

Le règlement de médiation du centre d'arbitrage, de médiation et de conciliation de Ouagadougou énonce en son article 14 que le médiateur dispose d'un délai de deux mois pour parvenir à la conclusion d'un accord

---

[24]Article 12 de la loi type de CNUDCI.
[25]Article 12 de l'AUM.

ou à son échec. Ce délai ne pourrait pas être prorogé au-delà d'un mois. L'alinéa 2 du même texte prévoit que la médiation prend fin à la date à laquelle le centre reçoit copie de l'accord de transaction signé entre les parties, ou une déclaration écrite du médiateur constatant l'échec de la médiation, ou une déclaration écrite d'une partie mettant fin à la médiation. La médiation prend aussi fin si les parties ne payent pas les provisions pour les honoraires du médiateur et les frais de la médiation selon les demandes du centre et dans les délais fixés par lui[26].

L'AUM tout comme la loi type de la CNUDCI ne fixe pas de délai au médiateur pour trouver un accord de médiation mettant ainsi terme au processus de médiation. Cette absence de délai dans l'AUM est critiquable en ce sens que le médiateur, n'est pas astreint au respect d'un délai dans lequel il doit conduire la médiation et aboutir à un accord ou constater l'échec de la médiation. L'un des objectifs de l'adoption de l'Acte uniforme relatif à la médiation étant l'évitement du procès et le règlement rapide des litiges, l'absence de fixation d'un délai de règlement amiable des différends peut être de nature à mettre en cause l'atteinte de ces objectifs. Pour ce faire, le législateur OHADA doit s'inspirer du règlement de médiation du centre d'arbitrage, de médiation et de conciliation de Ouagadougou qui a prévu un délai de deux mois au médiateur pour trouver un accord ou constater l'échec de la médiation. Ce délai ne pourrait être prorogé au-delà d'un mois. Le processus de médiation étant un acte volontariste, il est évident que le délai de règlement du différend ne doit pas être long. Le délai de deux mois paraît raisonnable. Il est clair que la procédure de médiation prend fin avec la conclusion d'un accord signé par les parties. L'accord conclu entre les parties est obligatoire et doit être exécuté. Le législateur OHADA a prévu toutes les garanties nécessaires à l'exécution de l'accord de médiation. En effet, l'article 16 de l'AUM énonce que si, à l'issue de la médiation, les parties concluent un accord écrit réglant leur différend, cet accord est obligatoire et les lie. L'accord issu de la médiation est susceptible d'exécution forcée. À la requête conjointe des parties, l'accord de médiation peut être déposé au rang des minutes d'un notaire avec reconnaissance d'écriture et de signatures. Le notaire en délivre, à la requête de la partie intéressée, une grosse ou une copie exécutoire. À la requête conjointe des parties, ou, à défaut, à la requête de la partie la plus diligente, l'accord de médiation peut également être soumis à

---

[26] Article 14 du Règlement de médiation du Centre d'arbitrage, de médiation et de conciliation de Ouagadougou.

l'homologation ou à l'exequatur de la juridiction compétente. Le juge statue par ordonnance. Il ne peut modifier les termes de l'accord issu de la médiation. La juridiction compétente se borne à vérifier l'authenticité de l'accord de médiation et fait droit à la demande dans un délai maximum de quinze jours ouvrables à compter du dépôt de la demande. Toutefois, l'homologation ou l'exequatur peut être refusé si l'accord de médiation est contraire à l'ordre public. À défaut de décision dans le délai de quinze jours visés au quatrième alinéa du présent article, l'accord de médiation bénéficie automatiquement de l'homologation ou de l'exequatur. La partie la plus diligente saisit le greffier en chef ou l'organe compétent qui oppose la formule exécutoire. La partie adverse qui estime que l'accord de médiation est contraire à l'ordre public peut saisir la Cour commune de justice et d'arbitrage d'un recours contre l'acte d'homologation ou d'exequatur automatique dans les jours de la notification de l'accord revêtu de la formule exécutoire ; la Cour commune de justice et d'arbitrage statue dans un délai maximum de six mois. Dans ce cas, les délais prévus par le règlement de procédure de la Cour commune de justice et d'arbitrage sont réduits de moitié. Le recours est suspensif de l'exécution de l'accord. La décision du juge qui accorde l'homologation ou l'exequatur n'est susceptible d'aucun recours. Celle qui refuse l'homologation ou l'exequatur ne peut faire l'objet que d'un pourvoi devant la Cour commune de justice et d'arbitrage, qui statue dans un délai maximum de six mois. Dans ce cas, les délais prévus par le règlement de procédure de la Cour commune de justice et d'arbitrage sont réduits de moitié. Les dispositions des alinéas 4, 5, 6 et 7 du présent article s'appliquent à l'accord issu d'une médiation intervenue en l'absence de procédure arbitrale en cours. Lorsque l'accord issu d'une médiation intervient alors qu'une procédure arbitrale est en cours, les parties ou la partie la plus diligente avec l'accord expresse de l'autre partie peuvent demander au tribunal arbitral constitué de constater l'accord intervenu dans une sentence d'accord-partie. Le tribunal arbitral statue sans débat, à moins qu'il estime nécessaire d'entendre les parties.

Le législateur OHADA a prévu toutes les garanties nécessaires à l'exécution de l'accord de médiation. Pour ce faire, diverses voies ont été prévues pour homologuer l'accord de médiation. En effet, de commun accord, les parties peuvent décider de déposer l'accord de médiation au rang des minutes d'un notaire avec reconnaissance d'écriture et de signature. À charge pour le notaire, de délivrer à la partie la plus diligente une grosse ou une copie exécutoire. En plus de l'homologation du notaire, l'accord de médiation peut aussi être également soumis à l'homologation ou à l'exequatur de la juridiction compétente. Cette diversification de la procédure d'homologation de l'accord de médiation donne le choix aux parties de faire recours à la procédure la plus accessible. Mais, il convient de noter que le renvoi par le législateur OHADA aux législateurs nationaux de déterminer la juridiction compétente pour l'homologation ou l'exequatur de l'accord de médiation peut être de nature à mettre en cause son exécution par les parties. Le législateur OHADA devait désigner la juridiction nationale compétente pour l'homologation ou l'exequatur de l'accord de médiation dans la perspective d'éviter aux parties, toute confusion dans la recherche de la juridiction compétente pour homologuer leur accord. Les États parties peuvent mettent du temps à compléter l'AUM en désignant la juridiction nationale compétente d'homologation de l'accord de médiation. Il ressort clairement des dispositions de l'article 16 de l'AUM que la juridiction compétente doit se limiter uniquement de l'authenticité de l'accord. Elle n'a aucun pouvoir de reformer ce qui a été décidé par les parties. Mais, l'homologation ou l'exequatur peut être refusé si l'accord de médiation est contraire à l'ordre public. L'exception d'ordre public permet à la juridiction compétente de ne pas homologuer l'accord de médiation. La partie adverse qui estime que l'accord de médiation est contraire à l'ordre public, peut saisir la Cour commune de justice et d'arbitrage contre l'acte d'homologation dans un délai de quinze jours à compter de la notification de l'accord revêtu de la formule exécutoire. La Cour dispose d'un délai de six mois pour statuer.

Si l'adoption de l'AUM a été une œuvre salutaire en ce sens qu'il offre d'autres voies alternatives de règlement des différends plus rapide et moins coûteux. Cependant, il convient tout de même de signaler quelques insuffisances du texte.

SECTION 2.
Les limites de l'Acte uniforme relatif à la médiation

Les limites de l'AUM sont à la fois relatives au choix du législateur OHADA d'exclure la médiation judiciaire du champ d'application de l'Acte uniforme (§1) et au manque d'élaboration d'un règlement de médiation (§2).

§1. L'exclusion de la médiation judiciaire du champ d'application de l'Acte uniforme relatif à la médiation

La médiation judiciaire est celle qui émane de l'initiative d'un juge qui, en cours d'une procédure judiciaire décide d'encourager les parties à trouver une solution amiable à leur litige. Contrairement à la médiation conventionnelle qui émane purement de la volonté des parties de trouver une solution amiable à leur litige, la médiation judiciaire suppose que les parties ont d'abord saisi la justice. Ce n'est qu'au cours de l'instance judiciaire que le juge a pu les convaincre de recourir à une solution amiable profitable aux parties. Le législateur OHADA a décidé d'exclure la médiation judiciaire du champ d'application de l'AUM. En effet, il ressort clairement de l'article 2 de l'AUM que le présent acte uniforme s'applique à la médiation. Toutefois, il ne s'applique pas aux cas dans lesquels un juge ou un arbitre, pendant une instance judiciaire ou arbitrale, tente de faciliter un règlement amiable directement avec les parties[27]. Cette exclusion est critiquable en ce sens que la médiation judiciaire est un pan important de la médiation qu'il convient de promouvoir. La médiation ne doit pas s'arrêter à la porte des tribunaux. Elle doit y trouver toute sa place pour permettre aux juges de vider les vieux contentieux à l'amiable. Il sied à cet effet, dans une perspective comparative, de mettre en avant l'expérience Ghanéenne[28], Nigériane et Chinoise de la médiation judiciaire afin que le législateur OHADA puisse s'en inspirer.

– L'expérience Ghanéenne et Nigériane de médiation judiciaire

L'expérience Ghanéenne de règlement amiable des différends est particulièrement intéressante. En effet, suite à un projet de réforme judiciaire, le Ghana a organisé en 2003 sa première semaine de médiation au cours de laquelle environ trois cent affaires en instances devant divers tribunaux d'Accra ont été soumises à un processus de médiation pendant cinq jours. Cette première étape a été un véritable succès car 90 % des personnes concernées étaient satisfaites du processus de médiation. En 2007, une initiative similaire a porté sur cent-cinquante-cinq affaires de droit commercial et familial de dix tribunaux de district d'Accra pendant quatre jours. La quasi-totalité de ces affaires ont fait l'objet d'une médiation intégrale ou ont abouti à un règlement amiable. Dix-huit

[27]Article 2 de l'AUM.

[28] Il convient de noter que le Ghana, un Etat Anglophone d'Afrique de l'Ouest, n'est pas partie au Traité OHADA. En tant qu'ancienne colonie Britannique, le système juridique Ghanéen est inspiré de la Common Law Anglais.

affaires ont abouti à un règlement partiel et ont été renvoyées à une seconde tentative de médiation ultérieure. Trente-sept affaires ont été renvoyées devant les tribunaux. Au regard des résultats positifs, le programme de 2007 a été étendu jusqu'à la fin 2008 et plus de 2 500 affaires de sept tribunaux de district d'Accra ont été soumises à médiation ; dans plus de 50 % d'entre elles, les parties ont pu trouver un règlement complet. Ces différentes expériences ont pu désengorger les tribunaux Ghanéens des vieux contentieux. Par exemple, dans la ville d'Ashaiman, une équipe de cinq médiateurs a réglé 476 des 493 affaires dont elle a été chargée de janvier à juin 2011 [29] .Cette expérience Ghanéenne de règlement amiable des litiges est efficace car elle a permis en quelques jours de régler plusieurs litiges devant les tribunaux. Le législateur OHADA doit s'en inspirer pour améliorer davantage le cadre législatif des modes amiables de règlement des litiges dans l'espace OHADA.

L'expérience Nigériane de médiation judiciaire est aussi une source d'inspiration pour le législateur OHADA. Le Nigéria[30] a établi en 2002 le Multi-Door Court house (Cour de justice polyvalente de Lagos) et son centre de règlement extrajudiciaire des différends. Les parties aux litiges peuvent choisir des mécanismes de règlement extrajudiciaire des différends rattachés aux tribunaux, en l'occurrence les centres de médiation des citoyens (CMC) du ministère de l'État de Lagos. Des Cours de justice polyvalents et des centres de médiation citoyens ont été créés dans une dizaine d'autres lieux au Nigéria. Ils traitent en moyenne 200 dossiers par mois et leur taux de règlement se situe entre 60 et 85 %.[31]

La médiation judiciaire est un mode alternatif de règlement des litiges ordonné par le juge en commun accord avec les parties. Deux facteurs peuvent caractériser le domaine privilégié de la médiation judiciaire : il s'agit d'abord de l'existence d'une situation de fait ou de droit totalement bloquée pour laquelle la décision judiciaire est inappropriée ou inexécutable en ce sens qu'elle ne peut pas mettre un terme au litige ni apaiser la situation des parties. Ensuite, le second facteur est celui de

[29]E. UWAZIE, « Le règlement extrajudiciaire des différends en Afrique : prévention des conflits et renforcement de la stabilité », *Bulletin de la sécurité africaine*, Centre d'études stratégiques de l'Afrique, n°16, novembre 2011,

p.4.*https://africacenter.org/fr/publication/alternative-dispute-resolution-in-africa-preventing-conflict-and-enhancing-stability/*

[30] Le Nigéria est Etat anglophone d'Afrique de l'Ouest dont le système juridique est inspiré de la Common Law Britannique. Le Nigéria n'est pas parti au Traité OHADA.

[31] E. UWAZIE, *op. cit.*, p.5.

l'existence de rapports de fait et de droit impliquant pour les parties la nécessité de poursuivre des relations personnelles, professionnelles, commerciales ou sociale[32]. C'est en suivant ce raisonnement que le Premier président de la Cour d'appel de Paris M. Guy CANIVET faisait observer le 9 janvier 1998 à l'occasion de l'audience solennelle de début d'année judiciaire que : « tous les conflits civils ne requièrent pas nécessairement une décision de justice. Il est des cas où le tranchant du droit ne peut apporter aux parties une solution praticable, soit parce qu'au-delà de leurs divergences, leurs intérêts et leurs situations sont totalement imbriqués, soit parce que le procès ne met pas fin à leurs relations familiales, personnelles ou professionnelles et que, pour les poursuivre, ils devront, en toute hypothèse, assumer puis transcender leurs divergences, leurs discordes ou leurs querelles. En outre, l'évolution des valeurs sociales fait que sont de moins en moins admises les solutions imposées, fût-ce la suite d'un débat judiciaire. De sorte que la solution d'équilibre est mieux admise que la solution juridique, la mesure négociée paraît préférable à l'ordre décidé, l'accord maîtrisé plus souhaitable que le jugement révélé. En ces cas, la justice consensuelle prend le pas sur la justice processuelle »[33]. Il est évident que la solution directement négociée avec les parties vaut mieux que la solution imposée, qui tranche le différend sans tenir compte de la continuité des rapports professionnels ou sociaux des parties. Les parties doivent mettre tout en œuvre pour éviter une solution judiciaire à leur litige. La médiation judiciaire paraît être un bon compromis pour les parties qui dans une instance judiciaire peuvent sous la conduite du juge, trouver une solution consensuelle à leur litige. La médiation judiciaire peut être proposée à la fois par le juge des référés, au cours de l'instance, mais également au fond, par le juge chargé de l'instruction de l'affaire, et la formation de jugement, qu'elle soit collégiale, à juge rapporteur ou à juge unique[34]. En Asie, l'expérience Chinoise de médiation judiciaire est enrichissante et peut être une source d'inspiration pour le législateur OHADA.

– L'expérience Chinoise de médiation judiciaire

L'expérience chinoise de médiation judiciaire peut être une source d'inspiration pour le législateur OHADA. En effet, la Cour suprême Chinoise a publié le 24 juillet 2009, un rapport relatif à l'instauration d'un système de règlement des différends qui repose sur la connexion entre

---

[32] M. BOURRY D'ANTIN, G. PLUYETTE, S. BENSIMON, *op. cit.*, p. 164.
[33] M. BOURRY D'ANTIN, G. PLUYETTE, S. BENSIMON, *op. cit.*, p. 162.
[34] M. BOURRYD'ANTIN, G. PLUYETTE, S. BENSIMON, *op. cit.*, p. 165.

tribunaux et centre de médiation. Pour le fonctionnement du système chinois de médiation, il faut la conclusion d'une convention entre un tribunal et un centre de médiation. À la suite de cela, un bureau de médiation est installé dans les locaux du tribunal. La médiation devient dans ce cas un préalable obligatoire. Si les parties parviennent à trouver un accord, celui-ci est homologué par le juge. Si la médiation échoue, le dossier est remis au greffe du tribunal. Cette expérience chinoise de médiation judiciaire a été un succès. En janvier 2011, selon un rapport d'un séminaire sur la réforme de la médiation commerciale du centre de médiation de china Council for the Promotion of International Trade (ci-après CCPIT), en quelques mois après l'avis de juillet 2009 de la Cour suprême, plus de 20 centres de médiation du CCPIT ont signé des conventions de coopération avec les tribunaux et traité plus de 300 affaires par médiation. Selon le même rapport, en six mois, le centre de médiation de Shenzhen a reçu du tribunal du district de Baoan 115 affaires dont 64 réglés par médiation[35].

L'expérience chinoise de médiation judiciaire est particulièrement intéressante car elle met en avant les centres de médiations et les tribunaux en vue de trouver une solution consensuelle aux différends. Une convention de collaboration est signée entre le centre de médiation et les tribunaux en vue de l'installation d'un bureau de médiation dans les locaux du tribunal. L'expérience est enrichissante et peut être une source d'inspiration pour le législateur OHADA. L'existence des centres de médiation dans l'espace OHADA peut faciliter la mise en place d'un tel système. Les centres de médiation peuvent signer des conventions de collaboration avec les juridictions commerciales en vue de l'installation d'un bureau de médiation dans les locaux de ces juridictions. Ce bureau de médiation aidera les parties à trouver une solution consensuelle à leur litige. Cette collaboration des centres de médiation et des juridictions commerciales permettra non seulement de réduire considérablement la charge du travail des juges, mais également de permettre un règlement rapide et moins coûteux des litiges. Ce système de règlement amiable des litiges peut être de nature à occuper davantage les centres de médiation de l'espace OHADA qui sont moins sollicités. Des réformes doivent être menées par le législateur communautaire pour tenir compte de la coopération des centres de médiations et des juridictions commerciales

[35] B. BLOHORN-BRENNEUR (dir.), *Conciliation et médiation commerciales, domaines d'application et droit comparé,* Paris, l'Harmattan, 2013, p.155.

dans l'espace OHADA. L'une des limites de l'AUM est relative à l'absence de règlement de médiation.

§2. La nécessaire élaboration d'un règlement de médiation

En plus de l'AUM, l'adoption d'un règlement de médiation est nécessaire. À l'image du règlement d'arbitrage de la CCJA, il est nécessaire d'adopter un règlement de médiation CCJA en vue d'aller vers la mise en place d'un centre régional de médiation. La création d'un centre régional de médiation à l'image du centre régional d'arbitrage, permettra aux parties de recourir directement à la médiation institutionnelle CCJA. Le futur règlement de médiation déterminera la procédure à suivre devant le centre régional de médiation CCJA. Pour l'élaboration de ce règlement de médiation, le législateur communautaire doit s'inspirer éventuellement des centres ayant une bonne réputation en matière de pratique de médiation en l'occurrence le règlement de médiation de la chambre de commerce internationale CCI de Paris et celui du centre d'arbitrage, de médiation et de conciliation de Ouagadougou CAMC-O.

Le règlement de médiation de la chambre de commerce internationale CCI de Paris est assorti de différentes clauses que les parties sont libres d'insérer dans leur contrat. Il ressort de la clause A du Règlement relatif aux recours facultatifs au règlement de médiation que les parties peuvent, à tout moment et sans préjudice de toutes autres procédures, rechercher un règlement de tout différend résultant du présent contrat ou s'y rapportant, conformément au règlement de médiation de la CCI.[36] La clause B du Règlement de médiation de la CCI va encore plus loin en énonçant qu'en cas de différend résultant du présent contrat ou s'y rapportant, les parties conviennent de discuter et d'envisager en premier lieu de soumettre le différend au Règlement de médiation de la CCI. Cette clause exige aux parties en cas de différend de chercher à trouver un règlement amiable en faisant recours au règlement de médiation de la CCI. Quant à la clause C du règlement, elle offre aux parties l'obligation de soumettre le différend au règlement de médiation de la CCI tout en autorisant, si nécessaire, une procédure d'arbitrage parallèle. La clause C énonce qu'en cas de différend résultant du présent contrat ou s'y rapportant, les parties soumettent en premier lieu le différend à la

---

[36] Le règlement de médiation de la chambre de commerce internationale de Paris, p. 98 en ce sens, *https://cdn.iccwbo.org/content/uploads/sites/3/2017/02/ICC-2017-Arbitration-and-2014-Mediation-Rules-french-version.pdf*

procédure prévue par le règlement de médiation CCI. L'introduction de la procédure prévue par le règlement de médiation de la CCI ne fera pas obstacle à l'introduction par l'une ou l'autre des parties d'un arbitrage[37].La clause C indique en outre que tous différends découlant du présent contrat ou en relation avec celui-ci seront tranchés définitivement suivant le Règlement d'arbitrage de la Chambre de commerce internationale par un ou plusieurs arbitres nommés conformément à ce règlement[38]. Cette clause est très importante car elle offre aux parties de recourir en premier lieu au règlement de médiation pour régler le différend. Mais ce recours à la médiation n'empêche pas les parties d'envisager un règlement du différend par la voie de l'arbitrage. Ces différentes clauses peuvent être une source d'inspiration pour le législateur communautaire dans la rédaction du règlement de médiation de la CCJA. L'adoption d'un règlement de médiation conduira la CCJA notamment le futur centre régional de médiation, de se doter d'un barème des frais et honoraires du médiateur. En la matière, le Centre d'arbitrage, de médiation et de conciliation de Ouagadougou pourrait être une source d'inspiration pour le législateur communautaire

En effet, l'article 16 du règlement de médiation du CAMC-O indique que sauf convention contraire entre les parties, les honoraires du médiateur et les frais de médiation sont répartis à parts égales entre elles. Avant le début de la médiation, le centre demande aux parties de verser des provisions pour garantir le paiement des honoraires du médiateur et des frais prévisibles de la médiation. La médiation commence lorsque la provision ainsi demandée est reçue par le Centre. En cours de médiation, le centre peut soumettre aux parties des comptes partiels et leur demander de verser à nouveau des provisions aux mêmes fins. À la fin de la médiation, le centre communique aux parties le compte final et leur restitue le cas échéant, tout solde non dépenser après avoir effectué la compensation pour le montant exigible de chacune d'elles. Les frais de médiation comprennent notamment :

– Les frais administratifs

– Les frais de déplacement et de séjour du médiateur et autres frais directs encourus par ce dernier à l'occasion de la médiation ;

– Les frais afférents à la tenue des séances de médiation ;

– Les honoraires dus au médiateur ;

---

[37]*Ibid.*

[38]*Ibid.*

– Les frais à être encourus par le Centre à l'occasion de la médiation, y compris le cas échéant, les frais nécessités par le déplacement de son représentant lorsque la médiation a lieu en dehors de la ville de Ouagadougou.

Les honoraires du médiateur pour les services déjà rendus et les frais engagés pour la médiation, y compris les frais administratifs du centre, sont dus par les parties, même si la médiation prend fin sans la conclusion d'un accord de transaction ou échoue totalement ou partiellement. Chacune des parties assume directement les frais de déplacement et autres indemnités de ses témoins, experts, avocats ou autres personnes le cas échéant qui le représentent ou l'assistent lors de la médiation[39]. La médiation en tant que processus de règlement amiable des différends n'est pas gratuite. Sa mise en œuvre nécessite des frais. Contrairement à la conciliation qui est gratuite, la médiation exige aux parties le paiement des frais et honoraires de médiation. C'est d'ailleurs cette question d'argent qui différencie les deux procédures (médiation et conciliation). Pendant que la conciliation porte sur les petites frictions de voisinages, les différends ponctuels sur des sommes limitées, la médiation en revanche concerne les enjeux plus lourds, les problèmes entraînant des conséquences complexes ou à long terme[40].

---

[39] Article 16 du règlement de médiation du CAMCO.
[40] M. BOURRY D'ANTIN, G. PLUYETTE, S. BENSIMON, *op. cit.*, p.31.

Conclusion du chapitre 2

Dans sa volonté de promouvoir les modes alternatifs de règlement des litiges, le législateur communautaire a mis en place un Acte uniforme relatif à la médiation. La médiation comme outil de règlement des litiges permet aux parties de trouver une solution amiable à leur différend. L'article premier de l'AUM donne une définition extensive de la médiation qui est considérée comme tout processus quelle que soit son appellation... ». Cette définition s'inspire de celle donnée par la loi type de la CNUDCI qui considère la médiation comme un « processus, qu'il porte le nom de médiation, de conciliation ou un nom équivalent... ». Il convient de noter que l'AUM ne traite que de la médiation conventionnelle, celle qui émane de la seule volonté des parties de désigner un tiers médiateur pour régler leurs différends. La médiation judiciaire se trouve être exclue du champ d'application matérielle de l'AUM. Des réformes doivent intervenir dans la perspective d'inclure la médiation judiciaire dans le champ d'application de l'AUM.

Conclusion du titre2

En conclusion de ce titre, il est important de noter que l'engouement que suscitent les modes alternatifs de règlement des litiges tire sa racine dans les difficultés que connaissent les institutions judiciaires qui sont de plus en plus mises en cause par les opérateurs économiques nationaux et étrangers. La création des centres d'arbitrage, de médiation et de conciliation encouragée par les rédacteurs du Traité OHADA a permis de donner d'autres lieux alternatifs de règlement des litiges aux opérateurs économiques. Le CAMC-O constitue un véritable lieu alternatif de règlement des litiges en Afrique de l'Ouest. En 2018, le CAMC-O a traité soixante dossiers dont quinze dossiers d'arbitrage et quarante-cinq dossiers de médiation. En 2019, le centre a enregistré trente-sept dossiers dont vingt-neuf en arbitrage et huit en médiation. Contrairement au CAMC-O, le CECAM du Mali n'a traité que trente-deux dossiers depuis sa création en 2004.

En plus de la dynamique de création des centres d'arbitrages, de médiation et de conciliation, l'adoption de l'AUM est une œuvre salutaire du législateur OHADA. L'adoption de l'AUM vient enrichir davantage le cadre normatif des modes alternatifs de règlement des litiges. Mais, il existe tout de même quelques insuffisances relatives à l'exclusion de la médiation judiciaire dans le champ d'application matérielle de l'AUM.

Conclusion de la deuxième partie

La deuxième partie de cette étude consacrée au recours à l'arbitrage et à la médiation dans la perspective d'amélioration du règlement alternatif des litiges commerciaux a permis de rendre compte d'une part, des difficultés rencontrées par les opérateurs économiques nationaux et étrangers dans le règlement alternatif de leurs litiges et d'autres part, de la contribution des centres d'arbitrage, de médiation et de conciliation dans l'amélioration du règlement alternatif des litiges. Il convient de noter le dynamisme du CAMC-O au Burkina Faso dans le règlement alternatif des litiges commerciaux. Le CAMC-O, à travers une bonne stratégie de communication et une expertise reconnue, a réussi à convaincre les opérateurs économiques du Burkina Faso à faire de plus en plus usage des modes alternatifs comme instrument de règlement de leurs litiges. Au regard des statistiques tenues annuellement par le Centre et de la diversité des acteurs qui le saisissent, il est évident qu'il joue un rôle important dans le règlement alternatif du contentieux commercial. Les enquêtes de terrain réalisées dans le cadre de cette étude ont permis de déterminer la catégorie des acteurs qui saisissent le Centre qui sont : les banques et établissements financiers ; les sociétés minières et énergétiques ; les sociétés de transports ; les sociétés d'assurances ; de télécommunication etc. Si le CAMC-O affiche des résultats satisfaisants en matière de règlement alternatif des litiges, le CECAM du Mali semble avoir des difficultés au regard de ses résultats peu satisfaisants. En effet, les enquêtes de terrain ont permis de démontrer que le CECAM du Mali ne compte que trente-deux dossiers traités depuis sa création en 2004. Ce résultat dénote que le Centre n'a pas un impact important sur le règlement alternatif des litiges au Mali.

L'une des principales difficultés liées à la mise œuvre de l'arbitrage est relative à l'immunité d'exécution des personnes morales de droit public et des entreprises publiques. La participation des personnes morales de droit public et des entreprises publiques à l'arbitrage s'oppose aux prérogatives de puissances publiques dont bénéficient ces personnes.

La réforme des dispositions de l'article 30 de l'AUPSRVE doit être envisagée par le législateur OHADA afin de pouvoir limiter les effets liés à l'immunité d'exécution des personnes morales de droit public et des entreprises publiques.

Conclusion générale

La présente étude consacrée au règlement des litiges commerciaux en Afrique de l'Ouest notamment dans les États Parties au Traité OHADA, a permis d'identifier de nombreuses difficultés auxquelles les institutions judiciaires et les opérateurs économiques font face dans le règlement des litiges. Dans la perspective de mieux saisir ces difficultés et de recourir à d'autres mécanismes alternatifs de règlement des litiges, en l'occurrence l'arbitrage et la médiation, la méthodologie privilégiée a consisté à articuler l'analyse doctrinale et jurisprudentielle aux enquêtes de terrain qui ont eu lieu dans deux États notamment le Mali et le Burkina Faso.

L'uniformisation du droit dans le cadre de l'OHADA a permis à ces États Parties, d'avoir une législation commune en matière de droit des affaires. Ceci se traduit par exemple par la mise en place au sein des États Parties d'une même législation en matière de droit commercial, de droit des sociétés, des procédures collectives, de l'arbitrage et de la médiation etc...La mise en place d'une telle législation commune a nécessité l'institution d'une Cour commune de justice et d'arbitrage chargée de régler en cassation les litiges relatifs à l'application du droit uniforme. Le règlement des litiges s'effectue, dans un premier temps, par les juridictions nationales du fond en instance et en appel, et dans un second temps, par la CCJA qui se prononce par la voie du recours en cassation contre les décisions rendues par les juridictions d'Appel dans les affaires soulevant des questions relatives à l'application des Actes uniformes et des règlements prévus au Traité OHADA, à l'exception des décisions appliquant des sanctions pénales. La Cour se prononce aussi de la même manière sur toutes les décisions non susceptibles d'appel de toute juridiction. La Cour peut évoquer et statuer sur le fond en cas de cassation (article 14 du Traité OHADA). En effet, le règlement des litiges fait intervenir deux ordres de juridictions à savoir les juridictions nationales du fond des États et la juridiction communautaire. La mise en place d'un tel mode de règlement judiciaire des litiges a exclu *de facto* les juridictions nationales de cassation des États qui ne sont plus compétentes pour connaître des litiges relatifs à l'application du droit uniforme, à l'exception des décisions appliquant des sanctions pénales. Dès lors, il convient de dépasser ce *statut quo* pour permettre la participation des juridictions nationales de cassation au règlement des litiges liés au droit des affaires. Pour ce faire, les propositions faites par l'Association africaine des hautes juridictions francophones permettront à la fois d'assurer la participation des juridictions nationales supérieures au règlement du contentieux des affaires et en même temps permettre à la CCJA d'exercer sa mission d'unification de la jurisprudence communautaire. Parmi ces propositions, il s'agit, entre autres, de la validation par la CCJA des décisions rendues par les juridictions nationales de cassation avant leurs exécutions, et de l'instauration d'un délai de douze mois pour permettre aux juridictions nationales de cassation de vider leur saisine. Cette proposition a le mérite d'inclure les juridictions nationales de cassation dans la procédure de règlement des litiges liés au droit des affaires. La CCJA, en tant que garante de l'unification de la jurisprudence communautaire, ne pourra intervenir que si le délai de douze mois n'est pas observé par la juridiction nationale supérieure. En effet, la participation des juridictions nationales supérieures dans la procédure de règlement du contentieux commercial permettra à celle-ci de sortir de la « clandestinité » dans laquelle elles se sont installées et qui consiste à se déclarer compétente à tort sur les litiges nécessitant l'application du droit uniforme. En outre, il est important de dépasser ce rapport conflictuel entre ces deux ordres de juridictions supérieures (la CCJA et les juridictions nationales supérieures).

En ce qui concerne le pouvoir d'évocation dont bénéficie la CCJA dans le règlement des litiges conformément à l'article 14 alinéa 5, il semble nécessaire de tenir compte de la réalité jurisprudentielle faite de multiples exceptions à ce pouvoir d'évocation. En cas de cassation, la Cour évoque et statue sur le fond. Or, dans sa jurisprudence judiciaire, la CCJA s'attribue un pouvoir discrétionnaire dans l'appréciation matérielle des situations litigieuses pouvant donner lieu à évocation. Ceci se traduit par des cas de cassation avec évocation et suivies de renvoi, des cas de cassation sans évocation et non suivie de renvoi et les cassations sans évocation et suivies de renvoi. Dès lors, il convient d'attribuer à la Cour un pouvoir d'appréciation souveraine des situations litigieuses pouvant donner lieu à évocation, autrement dit, faire de l'évocation une simple faculté et non une obligation légale pour les juges de la Cour. En outre, le droit européen pourrait être mis à profit dans une perspective de réforme du pouvoir d'évocation de la CCJA. Le renvoi préjudiciel semble être mieux adapté car basé sur le principe de dialogue, de coopération entre les juges nationaux et communautaires. Les juges des deux ordres de juridictions (CCJA et juridictions nationales) pourront établir un cadre de coopération judiciaire pouvant les conduire à communiquer entre eux sur les éventuelles difficultés relatives à l'application du droit uniforme. En effet, les juges nationaux pourront surseoir à statuer pour interroger les juges communautaires. C'est sur la base des éléments de réponse des juges communautaires, que les juges nationaux pourront statuer sur le litige qui leur est soumis et doivent notifier aux juges communautaires la décision rendue à cet effet. L'objectif est d'éviter une interprétation divergente de la jurisprudence communautaire. L'instauration d'un tel cadre de dialogue des juges inspiré du droit européen, permettra aux juridictions nationales supérieures de l'espace OHADA de participer à la construction du droit uniforme sous la supervision de la CCJA.

En matière pénale, la détermination des incriminations par les Actes uniformes et la fixation du quantum des peines par les États Parties peut être source d'insécurité judiciaire en ce sens que les États peuvent fixer des sanctions pénales différentes pour une même incrimination. Dès lors, il convient pour le législateur OHADA d'adopter des sanctions « modèles » pour toutes les incriminations proclamées dans les Actes uniformes et qui sont relatives d'une part, à la constitution, et au fonctionnement d'une société commerciale, et d'autre part, à sa dissolution et à sa liquidation. Par exemple, l'analyse du droit pénal interne complémentaire des trois États (Bénin, Togo, Côte d'Ivoire) met en lumière la diversité des sanctions pénales applicables aux mêmes incriminations contenues dans les Actes uniformes. À ce niveau, ce présent travail à consister à faire ressortir que la législation pénale béninoise se démarque nettement des législations ivoirienne et togolaise par la sévérité des sanctions pénales prévues tant en matière de répression des infractions relatives à la constitution et au fonctionnement des sociétés commerciales qu'à celles relatives à la dissolution et à la liquidation des sociétés. A défaut d'avoir une législation uniforme en matière pénale, il convient pour le législateur OHADA de mettre en place des modèles de sanctions pénales en matière de constitution, de fonctionnement, de dissolution et de liquidation des sociétés commerciales. La mise en place éventuelle de ces sanctions pénales modèles permettra d'éviter que chaque État fixe séparément le quatum des sanctions qu'il entend donner aux mêmes incriminations contenues dans les Actes uniformes.

Concernant les juridictions nationales du fond, la création de juridictions commerciales dans certains États comme le Mali, le Burkina

Faso, le Togo, le Sénégal, le Niger, le Bénin et la Côte d'Ivoire traduit la volonté de ces États de se doter de juridictions spécialisées pour régler efficacement les litiges commerciaux de manière à attirer davantage les investisseurs nationaux et étrangers. Les enquêtes de terrain réalisées au Mali et au Burkina Faso dans le cadre de la présente étude, ont permis de relever certaines difficultés matérielles dans lesquelles travaillent les juges dans le règlement des litiges commerciaux. Par exemple au Mali, il n'existe aucune statistique auprès du tribunal de commerce relative au règlement des litiges commerciaux. Les décisions rendues en matière commerciale sont difficiles d'accès. Dès lors, il convient pour les autorités politiques d'augmenter significativement les moyens matériels et financiers accordés au secteur de la justice, en vue de permettre au juge de travailler dans des conditions matérielles acceptables afin de produire des décisions de justice de qualité. Le règlement judiciaire des litiges commerciaux doit nécessairement être complété et soutenu par d'autres mécanismes de règlement de résolution des litiges notamment l'arbitrage et la médiation. Cela permettra de désengorger le rôle des juridictions

La pratique de l'arbitrage est fortement encouragée par les rédacteurs du Traité OHADA. L'idée est de permettre aux opérateurs économiques de régler autrement leurs litiges que par la voie de la justice ordinaire. Dans cette perspective, un Acte uniforme relatif à l'arbitrage a été adopté et sert de droit commun de l'arbitrage. La CCJA est à la fois la juridiction supérieure en matière judiciaire, mais elle est également un Centre régional d'arbitrage. La mise en œuvre de l'AUA est confrontée à certaines difficultés notamment celles relatives à l'immunité d'exécution des personnes morales de droit public. Au terme de l'alinéa 2 de l'article 2 de l'AUA, les États, les autres collectivités publiques territoriales, les établissements publics et toute autre personne morale de droit public peuvent être partie à un arbitrage quelle que soit la nature juridique du contrat sans invoquer leur propre droit pour contester l'arbitrabilité d'un différend, leur capacité à compromettre ou la validité de la convention d'arbitrage. Si la consécration de la participation des personnes morales de droit public et des entreprises publiques constitue une avancée importante du droit de l'arbitrage en Afrique, il convient de procéder à des réformes pour permettre un traitement équitable de ces personnes lorsqu'elles agissent sur le même terrain que les entreprises privées. La jurisprudence de la CCJA est intéressante à cet égard. En effet, dans l'affaire[1] TOGO TELECOM la Cour, dans son arrêt du 7 juillet 2005, a affirmé n'avoir nullement renvoyée aux législations nationales la détermination des bénéficiaires de l'immunité d'exécution. Elle est la seule compétente à cet effet. Dans cette affaire, la Cour a considéré que la société TOGO TELECOM figue dans l'énumération des sociétés contre lesquelles s'applique la compensation et qu'il n'y a aucun doute sur sa qualité de bénéficiaire de l'immunité d'exécution. Cependant, il convient de souligner une évolution dans la jurisprudence de la CCJA en la matière. La Cour, dans son arrêt rendu le 18 avril 2018 dans l'affaire société Grands Hôtels du Congo, a procédé à un revirement jurisprudentiel en refusant d'accorder l'immunité d'exécution à la société Grands Hôtels du Congo au motif qu'il s'agit d'une société anonyme dont le capital social est détenu à parts égales par des personnes privées et par l'État du Congo et ses démembrements. En l'état, l'article 30 de l'AUPSRVE constitue un obstacle majeur à la promotion de l'arbitrage comme instrument de règlement des différends contractuels. Dès lors, une réforme de l'article semble être nécessaire pour permettre la participation pleine et entière des personnes morales de droit public et des entreprises publiques à l'arbitrage. Il est par ailleurs important de promouvoir l'arbitrage à petite échelle notamment à travers les centres d'arbitrage, de médiation et de conciliation.

Les enquêtes de terrain réalisées ont permis de rendre compte de l'apport des centres d'arbitrage, de médiation et de conciliation dans le règlement alternatif des litiges commerciaux. Le CAMC-O du Burkina Faso est un centre de référence où les acteurs économiques sont notamment les banques et établissements financiers, les assurances, les entreprises de télécommunication, les sociétés minières et énergétiques etc.... En 2018, le CAMC-O a traité soixante dossiers dont quinze requêtes d'arbitrage et quarante-cinq demandes de médiation. En 2019, le centre a reçu trente-sept dossiers dont vingt-neuf en arbitrage et huit requêtes de médiation. Ces quelques données statistiques permettent de mesurer

---

[1] CCJA, arrêt n° 043/2005 du 07 juillet 2005, affaire : Aziablévi YOVO et autres c/ Société TOGO TELCOM, *op. cit.* p. 162. Il convient de rappeler que c'est suite à la saisie attribution de créance que le Sieur Aziablévi YOVO et autres ont fait pratiquer entre les mains de divers établissements financiers de Lomé (Togo) sur les comptes de Togo TELECOM, que la défenderesse TOGO TELECOM, a contesté cette saisie attribution sur le fondement de l'article 30 de l'AUPSRVE. La Société TOGO TELECOM ayant gagné en instance et en appel en obtenant la mainlevée de la saisie attribution de créance, la demanderesse Azablévi YOVO et autres ont formé un pourvoi en cassation devant la CCJA.

l'impact du centre sur le règlement des litiges commerciaux au Burkina Faso. Les résultats obtenus par le CAMC-O sont encourageants. Dès lors, il convient de soutenir financièrement et matériellement cette justice alternative de proximité qui n'exige pas des opérateurs économiques de se déplacer d'un État à un autre pour le règlement alternatif de leurs litiges. Les chambres de commerce et d'industrie du Burkina Faso et du Mali, auxquels les centres sont rattachés, doivent soutenir financièrement et matériellement les centres d'arbitrage, de médiation et de conciliation, en sensibilisant les opérateurs économiques à privilégier davantage les modes alternatifs de règlement des litiges. Une stratégie de communication doit être adoptée par les centres pour attirer les opérateurs économiques et les inciter à faire usage de l'arbitrage et de la médiation pour régler leurs litiges. Si le CAMC-O participe activement au règlement alternatif des litiges commerciaux au Burkina Faso avec des résultats encourageants, le CECAM du Mali ne semble pas avoir un impact important en matière de règlement alternatif des litiges commerciaux. Mis en place en 2004 par la chambre de commerce et d'industrie, le CECAM ne compte que trente-deux dossiers traités depuis sa création. Dès lors, de nombreux efforts restent à fournir pour attirer les investisseurs nationaux et internationaux. Le CECAM doit adopter une bonne stratégie de communication de manière à convaincre les opérateurs économiques sur les avantages de l'utilisation des modes alternatifs comme instruments de règlement de leurs litiges commerciaux.

L'expérience chinoise de la médiation judiciaire semble être intéressante et peut être une source d'inspiration en matière de promotion des modes alternatifs de règlement des litiges, notamment quant à la mise en place de conventions de coopération entre les centres d'arbitrage, de médiation et de conciliation et les juridictions commerciales. Une telle coopération permettrait aux tribunaux de commerce ouest-africains de confier, avec l'accord des parties, le règlement alternatif des litiges aux centres d'arbitrage, de médiation et de conciliation en vue de désengorger les tribunaux. Grâce à une telle coopération, un bureau du centre d'arbitrage, de médiation et de conciliation pourrait être ouvert au sein des juridictions commerciales afin d'encourager les parties à recourir aux modes alternatifs de règlement des litiges. En effet, les litiges qui n'ont pas un enjeu financier important, pourront être confiés au bureau pour être réglés. L'amélioration du règlement des litiges commerciaux passera donc nécessairement par une articulation intelligente entre le travail des juridictions commerciales et celui des Centres d'arbitrage, de médiation et de conciliation. L'apport de ce présent travail est d'avoir pu démontrer non seulement les insuffisances qui caractérisent le système actuel du règlement du contentieux commercial, mais également de participer à la promotion des modes alternatifs de règlement des litiges commerciaux en Afrique de l'Ouest notamment dans les États parties au Traité OHADA.

.

Bibliographie

I. Ouvrages généraux et spéciaux

AMBOULOU H. D., *La déjudiciarisation et les procédures non contentieuses en Afrique*, Coll. Études africaines, Série Droit, Paris, L'Harmattan, Paris 2015.

AKA N., FENEON A., et TCHAKOUA J.-M, *Le nouveau droit de l'arbitrage et de la médiation en Afrique (OHADA),* Paris, Droits Africain, LGDJ, 2018.

AKAM AKAM, A., (dir.), *Les mutations juridiques dans le système OHADA*, L'Harmattan 2009.

BILE K. E. JR., « Le système d'Arbitrage issu de l'OHADA au regard de l'Objectif de sécurisation Juridique des activités économiques dans les États Parties », mémoire de master en droit communautaire Africain, Université de BOUAKE (Cote d'Ivoire), 2009.

BOUCARON-NARDETTO M., *Le principe compétence-compétence en droit de l'Arbitrage*, Coll. de l'Institut de droit des affaires, Presses Universitaires d'Aix-Marseille-PUAM, 2013.

BOURRY D'ANTIN M., PLUYETTE G., BENSIMON S., *Art et technique de la médiation, Pratique professionnelle*, Paris, LexisNexisLitec, Éditions du Jurisclasseur, 2004.

BRENNEUR B. et D. CALIN., (dir.), *La médiation, un chemin de paix pour la justice en Europe. GEMME, 10 ans déjà... !* Paris, L'Harmattan, 2015.

CADIET L. et JEULAND E., *Droit judiciaire privé*, Paris, LexisNexis, 10e éd., 2017.

CADIET L., NORMAND J., MEKKI S AMRANI., *Théorie générale du procès*, Paris, 3eéd. Mise à jour, PUF, 2020.

CADIET L. et CLAYT., *Les modes alternatifs de règlement des conflits*, Dalloz, 3e éd., 2019.

CADIET L., (dir.), Médiation et arbitrage, Alternative dispute résolution, Alternative à la justice ou justice alternative, Perspective comparative, LexisNexisLitec, 2005.

CADIET L., (dir.), Droit et attractivité économique : le cas de l'OHADA, Tome 48, Bibliothèque de l'IRJS-André Tunc, Travaux de l'association pour l'Efficacité du Droit et de la justice (AEDJ) dans l'espace OHADA, IRS éditions, 2013.

CANAL-FORGUES E., *Le règlement des différends à l'OMC*, 2e éd., Bruylant Bruxelles, 2004.

CORNU G., FOYER J., *Procédure civile,* PUF, Paris, 3e éd., 1996.

CHEVALIER P., DESDEVISES Y., MILBURN P., (dir.), *Les modes alternatifs de règlement des litiges : les voies nouvelles d'une autre justice*, Avant-propos de P. Catala et G Flécheux, Paris, la Documentation Française, 2003.

DAVID R., *Le droit du commerce international : Réflexions d'un comparatiste sur le droit international privé,* Coll. « Études Juridiques Comparatives », Economica, 1987.

DARBON D, J. du BOIS de GAUDUSSON., (dir.), *La création du droit en Afrique*, Coll. « Hommes et Sociétés », Karthala, 1997.

DELMAS-MARTY M., *Critique de l'intégration normative*, PUF, les voies du droit, 1ère éd. 2004.

DEUMIER P., *Introduction générale au droit*, Paris, LGDJ, 4e éd., 2017.

DECOCQ G., BALLOT-LENA F., *Droit commercial, Hyper* Cours, 6e éd., Dalloz 2013.

DWORKING R., *L'empire du droit*, Paris, PUF, 1994.

DEMBELE M. B., *Le procès équitable au Mali*, Paris, L'Harmattan, 2019.

FRANCOISE D., *Droit commercial,* Domat, droit privé, 7e éd., Montchrestien, 2001.

FENEON A., *Droit des sociétés en Afrique (OHADA*), Paris, LGDJ, Lextenso, 2e éd., 2017.

FRANCE G., *Guide pratique de la médiation et de la conciliation judiciaires*, L'Harmattan 2012.

FRICERO N., (dir.), *Le Guide des modes amiables de résolution des différends (MARD), conciliation/médiations, règlement en ligne des litiges de consommation, droit collaboratif, Procédure participative assistée par avoca*t, Guides Dalloz, 2014/ 2015.

FOUCHARD PH., (dir.), *L'OHADA et les perspectives de l'arbitrage en Afrique*, travaux du centre René-Jean DUPUY pour le droit et le développement, volume I, Bruylant, Bruxelles 2000.

HART H.L.A., *Le concept de droit,* Bruxelles, Facultés Universitaires Saint-Louis, 2e éd., traduit de l'anglais par Michel Vande KERCHOVE, 2005

HENON J ; et LE BARS T., *Droit judiciaire privé,* 6e éd., LGDJ, Lextenso éditions, 2015.

HESSELING G., DJIRE M., et BARABARA M. O., *Le droit en Afrique, expériences locales et droit étatique au Mali,* Paris, Éditions Karthala, 2005.

HILAIRE J., *Le droit, les affaires et l'histoire,* Economica, 1995.

HIEZ D., et MENETREY S., (dir.), *L'effectivité du droit économique dans l'espace OHADA*, L'Harmattan, Paris, 2016.

JESTAZ Ph. *Le droit, Paris*, Dalloz, 2018.

JOBARD-BACHELLIER M.-N, BACHELLIER X., BUK LAMENT J., *La technique de cassation, pouvoirs et arrêts en matière civile*, Méthode du Droit, Paris, 9e éd. 2018.

J.-M. JACQUET, Ph. DELEBECQUE, S. CORNELOUP, *Droit du commerce international*, Précis, droit privé, Paris, 3ème éd., Dalloz, 2014.

JESTAZ PH., *Les Sources du droit*, Coll. Connaissance du droit, 2e éd., Dalloz 2015.

KASSIS A, *L'autonomie de l'arbitrage commercial international, Le droit français en question,* L'Harmattan, 2005.

KEMAJOU R. D., *Le droit pénal des affaires au Camerou*n, Paris, L'Harmattan, 2015.

KENFACK DOUAJNI G., *L'arbitrage OHADA, Droit OHADA et droits communautaires africains,* Presses Universitaires de Pau et des pays de l'Adour, 2014.

KODO M. J. V., *l'application des Actes Uniformes de l'OHADA*, Coll. Publication de l'Institut Universitaire André Ryck mans, Academia Bruylant, 2010.

LE BARS B., *Droit des sociétés et de l'arbitrage international, Pratique en droit de l'OHADA, Pratique des affaires,* Joly éditions, Lextenso éditions 2011.

LEPAGE A., Maistre du CHAMBON P. SALOMON R., *Droit pénal des affaires*, Paris, LexisNexis, 5e éd., 2018.

LAURIOL, T., ASSIEHUEE.A., RAYNAUDE., TAVAUT M., Le Règlement d'Arbitrage CCJA, commentaire article par article, Paris, LexisNexis, 2018.

LEGEAIS D., *Droit commercial et des affaires*, Paris, 25e éd., Sirey, 2019.

MARTOR B., *le droit uniforme africain des affaires issues de l'OHADA*, LexisNexisLitec, 2e éd., 2009.

MARCHANDISE T., *(*dir.), *une autre justice possible ? La médiation dans tous ses états,* Bruxelles, Edition Larcier, 2015.

MAYER P., (dir.), *Arbitrage et droit de l'Union Européenne*, LexisNexis, volume 38, 2012.

MENJUCQ M., *Droit commercial et des affaires*, Mémentos LMD, 9e éd., Gualino Lextenso éditions, 2015.

MOUTHIER M., *Guide juridique et pratique de la Conciliation et de la Médiation, Modes de règlement amiable des litiges*, éditions de Vecchi, 2003.

MOTULSKY H., *Écrits : Études et notes sur l'arbitrage*, Préface de Claude Reymond, Paris, Dalloz, 2010, p.

MORETREU O., *Droit anglais des affaires*, 1ère éd., Dalloz, Paris, Précis, Droit Privé, 2000.

NIBOYET M.-L., de GEOUFFRE de la PRADELLE G., *Droit international privé*, 3e éd., LGDJ 2011.

OSMAN F. *(*dir.), *La médiation en matière civile et commerciale, un nouveau champ d'exploitation pour les modes alternatifs de règlement des différends en méditerranée*, Bruxelles, Bruylant, 2012.

OST F. et KERCHOVE M. Van de. *De la pyramide au réseau ? Pour une théorie dialectique du droit*, Bruxelles, publications des facultés universitaires Saint-Louis 2002.

POUGOUE P. G. et TAMEBGHE S. S. K., (dir), *Les grandes décisions de la Cour commune de justice et d'arbitrage de l'OHADA*, L'Harmattan, 2010.

RACINE J.-B. et SIIRIAINEN F., *Droit du commerce international*, Cours M1 M2, Paris, Dalloz, 3e éd., 2018.

RAMBAUD T., *Introduction au droit comparé, les grandes traditions juridiques dans le monde,* quadrige Manuels, 1re édition, PUF, 2014.

RICHARD E., (dir.), *Droit des affaires, Questions actuelles et perspectives historiques*, Coll. « Didact Droit », Presses Universitaires de Rennes, 2005.

ROULAND N., *Anthropologie juridique*, coll. Droit Fondamental, Presses Universitaires de France, 1re éd., 1988.

SANTOS A. P et TOE J. Y., *OHADA, Droit commercial général*, coll. Droit Uniforme Africain, Bruylant, Bruxelles, 2002.

STRICKLER Y et RACINE J.-B., *L'arbitrage : Questions contemporaines*, L'Harmattan, 2012.

SERAGLINI CH., ORTSCHEIDT J., *Droit de l'arbitrage interne et international,* Domat, droit privé, MontchrestienLextenso éditions, 2013.

TCHANTCHOU H., *la supranationalité judiciaire dans le cadre de l'OHADA : Étude à la lumière du système des communautés européennes*, L'Harmattan Cameroun, 2009.

ZENATI F., *La jurisprudence,* Méthodes du Droit, Toulouse, Dalloz, 1991.

II. Thèses et mémoires

ABDOURAOUFI I., Les clivages entre civilistes et juristes de Common Law dans la perspective d'un droit Africain des affaires, thèse Lyon, 2011.

BIADJA JEAN SOSSOU C., L'acte uniformeOHADA relatif à l'arbitrage à l'épreuve des standards transnationaux de la justice arbitrale : Approche comparée de droit international privé, Thèse, Coll. Genevoise, Genève/Zurich, Schulthess éditions romandes, 2016, p.126. **DAGBEDJI C. O. G.** Arbitrage OHADA et prérogatives de puissances publiques, thèse, Université Jean Moulin Lyon 3, 2018.

DUMAS F., L'évolution de l'évocation en matière en matière civile*,* Thèse, Droit, Rennes, 1968.

ELATAFY S, La responsabilité des centres d'arbitrage, thèse Lyon, 2016.

FERRAND F., Cassation Française et Révision allemande, Les grandes Thèses du droit Français, PUF, 1993.

FOMBA M., La profession de magistrat au Mali. La difficile quête d'indépendance du juge, Université de Bordeaux, décembre 2013.

HUCHET G., La clause de médiation, thèse, Université Jean Moulin Lyon, 2007.

KONE M., Le nouveau droit commercial des pays de la zone OHADA : comparaisons avec le droit français, thèse, L.G.D.J., 2003.

NGOUMTSA A. G., Droit OHADA et conflits de lois, thèse Université Jean Moulin Lyon 3 et Université de Yaoundé 2, novembre 2009.

PIERRE J., L'arbitrage impliquant les personnes publiques : tendances et perspectives, Université de Montréal, Faculté de Droit, mémoire, mars 2015.

RIBAHI, K., Les modes alternatifs de résolution des différends-Analyse comparative des droits français, anglais et chinois, Thèse 2013.

TASCHER., M., Les revirements de jurisprudence de la Cour de cassation, thèse, Université de Franche-Comté-Besançon, Faculté de Droit, 2011.

THERA F., L'application et la réforme de l'acte uniforme de l'OHADA organisant les procédures collectives d'apurement du passif, Université Jean Moulin, 2010.

III. Articles, rapports et communications

ASSI, E. A., « La Cour commune de Justice et d'arbitrage de l'OHADA : un troisième degré de juridiction ? », *R.I.D.C.* 4-2005

AKA N., « les mesures provisoires et conservatoires en matière d'arbitrage », *Revue camerounaise de l'arbitrage*, numéro spécial, février 2010, p.93.

AKOUETE A. et Michel A., « Organisation judiciaire du Togo », p.4, *www.OHADA.com*, consulté le 15/11/2018.

ANCEL J.-P., « L'arbitrage et la coopération du juge *», Penant* numéro spécial n° 833, mai à août 2000, p.170.

BELIBI J., « Philosophie de l'article 14 du Traité de l'OHADA : La Supranationalité de la CCJA et l'incompétence de principe des Cours suprêmes nationales dans les matières relevant du Droit OHADA », p.21, in « Le contentieuxOHADA devant les Hautes Juridictions Nationales des États-Parties : Interprétation et application de l'article 14 du Traité OHADA par les Cours Suprêmes ou de

Cassation Nationales » du 17 au 21 septembre 2012 à Porto-Novo-Bénin, *www.OHADA.org*, consulté le 4/11/2018.

BENKEMOUN L., « sécurité juridique et investissements internationaux », *Penant*, n° 855, p. 194.

BILE K. E. JR., « Le système d'Arbitrage issu de l'OHADA au regard de l'Objectif de sécurisation Juridique des activités économique dans les États Parties », mémoire de master en droit communautaire Africain, Université de BOUAKE (Cote d'Ivoire), 2009.

KOUPAKI, A. C., « Organisation judiciaire du Bénin », *www.OHADA.com*, consulté le 15/11/2018.

CUPELLIER O., « Arbitrage OHADA et personnes publiques », *OHADAta* D-13-65

DEMBELE B. M., « Les mécanismes de résolution des litiges au Mali : de la justice coutumière à la justice étatique », in HIEZ D. et MENETREY S., *L'effectivité du droit économique* 2010, p.327 et s.

DIALLO B., « Réflexion sur le pouvoir d'évocation de la Cour commune de justice et d'arbitrage dans le cadre du Traité de l'OHADA », *Jurifis info* n° 1, janvier/février 2009, p.6.

DICKO B., « Les rapports entre la Cour commune de justice et d'arbitrage de l'OHADA (CCJA) et les Juridictions nationales de Cassation », in : « Le contentieux OHADA devant les Hautes Juridictions Nationales des États-Parties : Interprétation et application de l'article 14 du Traité OHADA par les Cours Suprêmes ou de Cassation Nationales » du 17 au 21 septembre 2012 à Porto-Novo-Bénin, *www.OHADA.org*, http://biblio.ohada.org/pmb/opac_css/doc_num.php?explnum_id=349, consulté le 4/11/2018

DJIBO B. B., « Centre d'Arbitrage, de Médiation et Conciliation de Ouagadougou (CAMC-O) », *Revue camerounaise de l'arbitrage*, numéro spécial, février 2010, p, 23, *OHADAta* D-11-29.

DJIBO B. B., « Les enjeux et les défis de la médiation dans l'espace OHADA », école d'été de la justice francophone juin 2016, p. 11 et s.

FAN K., « Un point (de vue) sur l'arbitrabilité en Chine et à Hong Kong : toujours un pays, deux systèmes », *Rev. arb.* n° 4 octobre-décembre, 2014, p. 837

FERRAND F. « La Cour de cassation dans la loi de modernisation de la justice du XXI^{e}siècle », JCP 2016, p. 2417.

FEVILIYE I., « Création d'un Centre de médiation et d'arbitrage au Congo (CEMACO) », *Revue congolaise de droit et des affaires*, n° 8, 2012, p. 11.

HILAIRE J., « L'arbitrage dans la période moderne (XVIe – XVIIIe siècle) », *Rev. arb.* n° 2, avril-juin 2000, p.188.

HOGUEIE C., « L'arbitrage et la Conciliation : quels intérêts pour les entreprises ? », *Actualités Juridiques* n° 64-65/2009, p.324.

IBONO U. LRICH A IBONO, « L'immunité d'exécution des personnes morales de droit public à l'épreuve de la pratique en droit OHADA », *Revue de l'ERSUMA*, numéro 3-Septembre 2013, p. 93, https://revue.ersuma.org/IMG/pdf/REVUE_DE_L_ERSUMA_-_No3_SEPTEMBRE_2013.pdf

JARROSSON CH., « Les modes alternatifs de règlement des conflits. Présentation générale », *RIDC*, vol. 49 N° 2, avril-juin 1997. pp.325-345.

JALLAMION C., « Arbitrage et pouvoir politique en France du XIIe au XIX$^{e\ siècle}$ », *Rev. arb.* n° 1, janvier-mars, p. 6.

JEAMMAUD A., « Conflit, différend, litige », *Droits*, 2001/2 n° 34/ p. 15.

JOHN-NAMBO J., « Quelques héritages de la justice coloniale en Afrique Noire », *Droit et société* 2002/2 (n° 51-52), p. 325-343.

KAMGA J., « Réflexions « concrètes » sur les aspects judiciaires de l'attractivité économique du système juridique de l'OHADA », *OHADAta* D-12-85.

KENFACK DOUAJNI G., « L'exécution des sentences arbitrales dans l'espace OHADA », *Revue camerounaise de l'arbitrage*, numéro spécial, février 2010, p. 100.

KOITA & JANDJO (Cabinet d'avocats) et N'DIAYE A., « Organisation Judiciaire du Sénégal », *www.OHADA.com*, consulté le 15/11/2018.

KOITA, Y. S. « La médiation ou le blivert du droit OHADA », *OHADAta* D.19-09.

KONATE M. I., « L'OHADA et les autres législations communautaires UEMOA, CEMAC, CIMA, OAPI, CIPRES, etc. ». p.3, *www.OHADA.com* consulté le 19/10/2018

LE BARS B., « Le colloque et l'indépendance de l'arbitre : vers une définition jurisprudentielle », *Recueil Dalloz,* 18 octobre 2012, n° 36.

LEVEL, P. « L'arbitrabilité », in : Perspectives d'évolution du droit français de l'arbitrage », *Rev .arb.* N° 1 janvier-mars, 1992.

LOGAN C., « L'ambition des ODD confronté à la réalité : la justice demeure inaccessiblea beaucoup d'Africains », synthèse de politique N° 39, Afro barometer, mars 2017, https://afrobarometer.org/fr/publications/pp39-acces-a-la-justice-en-afrique.

LOHOUES-OBLE J., « l'apparition d'un droit international des affaires en Afrique », *RIDC*, 3-1999, p.578.

M'BONYO H., « L'élargissement du code CIMA : un impératif économique pour l'Afrique en général et la RDC en particulier », *www.OHADA.com* consulté le 07/10/2018

M'BOSSO J., « L'arbitrage institutionnel de la CCJA de l'OHADA : Premier bilan de l'application des instruments OHADA relatifs à l'arbitrage : le cas de l'arbitrage CCJA », *Revue Camerounaise de l'arbitrage*, numéro spécial, février 2010, p.161

MADJENOUM, J., « Organisation judiciaire du Tchad », p.12, https://www.ohada.com/etats-membres/tchad.html, consulté le 15/11/2018

MARCEL F., « le projet d'acte uniforme OHADA sur les contrats et les principes d'Unidroit relatifs aux contrats du commerce international », *Revue de droit uniforme UNIDROIT*, 2004, pp.253-266.

MEUKE B. Y., KONATE M. I., « Brèves Observations sur l'exécution des sentences arbitrales rendues contre un État partie au Traité de l'OHADA », *Jurifis Info*, n° Décembre 2010, p. 6.

MEYER P., « L'intervention des juridictions nationales et de la Cour commune : Une meilleure articulation est-elle possible ? », 2010, ohadata D-10-04

MEYER P., « Le droit de l'arbitrage dans l'espace OHADA, dix ans après l'acte uniforme », *Rev.Arb.* Année 2010-N° 3-juillet-septembre, p. 487.

MOUDJAHIDI A., « Organisation judiciaire des Comores », https://www.ohada.com/etats-membres/comores.html, consulté le 15/11/2018.

MOORE D. C. « Le droit de l'OHADA dans les États anglophones et ses problématiques linguistiques » in *RIDC*. Vol. 60, N° 1, 2008, p. 7-17.

N'DIAW D., « Le recours en cassation dans les affaires soulevant des questions relatives à l'application des Actes uniformes de l'OHADA », communication au colloque de Lyon (France) sur « l'OHADA : un passé, un présent et un avenir. Émergence d'un nouveau pôle de développement », 24-25 avril 2014.

N'GONGO V. C., « Réflexions sur l'espace judiciaire OHADA » in OHADAta D-15-14 voir *www.OHADA.com* consulté en ligne le 04/04/2017

NDAM I. « L'évocation en matière judiciaire : obligation ou simple faculté pour la Cour commune de justice et d'arbitrage ? » *Revue Penant* n° 886, janvier-mars 2014, p. 89-113, voir, *www.OHADA.com/doctrine/OHADA/D-14-15.html,*

NKOROUNA A., « Organisation judiciaire du Gabon », p. 11, dernière mise à jour 7/02/ 2021 https://www.ohada.com/etats-membres/gabon.html?langue=fr

OUEDRAOGO F. et YOUGBARE P. L. D., « Organisation judiciaire du Burkina Faso », pp.8 et ss.*www.OHADA.com*, consulté le 15/11/2018.

PLUYETTE G., « La cassation, voie d'achèvement du procès ? », p. 13 ; voir *https://www.courdecassation.fr/IMG/File/Contribution_GPluyette_110124.df*

Rapport de la mission d'audit du cadre juridique, institutionnel et opérationnel

REPIQUET Y., « Ouverture et réalisme dans la gestion des modes alternatifs de règlement des conflits », *Gazette du palais*, 30 Août 2015, n° 242, p.37.

SALVATORE M., « Le nouveau droit africain : Au-delà des différences entre la Common Law et le droit civil », 31e congrès 2008 de Lomé sur le rôle du droit dans le développement économique, consulté en ligne le 12/09/2016 *www.institut-idef.org*.

SAMB M, « A propos de la résurgence de la médiation comme mode alternatif de résolution des conflits sociaux en Afrique », *Penant*, janvier-mars 2016 N° 894, numéro spécial Arbitrage et Médiation, p.18.

SAWADOGO, F.M. « L'immunité d'exécution des personnes morales de droit public dans l'espace OHADA », p. 27 et s. Voir dans ce sens *www.OHADA.com*. Consulté le 10/06/2019, OHADAta-11-43.

SECK F., « Organisation, judiciaire du Mali », pp 9 et ss.*www.OHADA.com*, consulté le 15/11/2018.

SOSSA D. C., « L'aptitude des personnes morales de droit public à compromettre dans l'arbitrage OHADA : Les mobiles d'une telle option », in OHADA D-11-40, p. 2 et s. *www.OHADA.com*, consulté le 27/05/2019.

SOSSA D. C., « L'extension de l'arbitrabilité objective aux accords de développement économique dans l'espace OHADA », *Revue Béninoise des Sciences Juridiques et Administratives*, n° 22, année 2009.

TALFI B., « Organisation judiciaire du Niger », https://www.ohada.com/etats-membres/niger.html, consulté le 15/11/2018

TIDJANI ALOU, M., « La corruption dans la justice au Bénin, au Niger et au Sénégal », LASDEL (Laboratoire d'études et recherches sur les dynamiques sociales et le développement local), Études et Travaux n° 39, 2005, p. 7, *www.lasdel.net*.

TIDJANI ALOU. M., « Les infortunes du système judiciaire en Afrique de l'Ouest (autour du cas du Niger), *Politique Africaine* 2001/3 N° 83/p. 59-78.

UWAZIE E., « Le règlement extrajudiciaire des différents en Afrique : prévention des conflits et renforcement de la stabilité », *Bulletin de la sécurité Africaine*, n° 16/ Novembre 2011. p.16.

VODOUNON-DJEGNI R., « Note de présentation des activités de la Chambre de Conciliation et d'Arbitrage du Bénin », *Revue Camerounaise de l'arbitrage*, numéro spécial, février 2010, p. 28.

WAMBO J., « Bref aperçu du règlement de procédure de la Cour commune de justice et d'arbitrage de l'OHADA tel que modifié le 30 janvier 2014 à Ouagadougou, *Revue de l'ERSUMA*, septembre 2014, p.1

WATT MUIR H. « Concurrence d'ordres juridiques et conflit de lois de droit privé », *Mélanges* Lagarde, Paris, Dalloz 2005, p. 615 et s.

ZENATI-CASTING F., « La juridictionnalisation de la Cour de cassation », *RTD Civ.* 2016 p. 511.

ZENATI-CASTAING F., « La motivation des décisions de justice et les sources du droit », *Recueil Dalloz* 2007, pp. 1553-1556.

AFRIDIS-TA CONSULTING, Du CECAM, plan stratégique de développement (psd) à horizon cinq ; étude réalisée en 2014.

IV. Arrêts et jurisprudence

A. Décisions d'instance et d'appel des juridictions nationales du fond des États membres de l'OHADA

Tribunal de première instance d'Abidjan, 1ère chambre civile, jugement, n° 246 du 13 décembre 2001, Société de Transport Faso-Côte d'Ivoire c/ CFAO et CICA-Auto, OHADAta J-02-116.

Tribunal de première instance de Yaoundé-EKOUNOU, jugement N° 05/com du 17 février 2011, BAHOKEN NEE FILI MARTHE BAKINIEN FRANCOIS c/ CEC PROM MATURE, OHADAta J-14-136.

Juge de référés du Tribunal de Première instance d'Abidjan, ordonnance n° 2551du 23/12/2010, affaire : État de Côte d'Ivoire (SCPA ESSIS-KOUASSI-ESSIS) c/ Monsieur DJAHI ALBERT, Monsieur GUILLET ZEHE Émile, BACI, LCCI, OHADAta J-13-191.

Arrêt société Kossi c/ PAROISSE SAINT-PAUL des bois, Cour d'appel de Port Gentil du 09/12/1999, OHADAta J-02-45.

Arrêt société E.F.G c/ Société GAGRINO, Cour d'appel de Port-Gentil du 28/04/1999, OHADAta J-02-44.

B. Jurisprudence des Cours suprêmes nationales des États membres de l'OHADA

République du Niger, Cour d'appel de Niamey, Arrêt N° 110 du 17/07/01, SNAR LEYMA C/ Amadou Hima, OHADAta J-02-36.

Cour Suprême du Congo, chambre commerciale, Arrêt N° 01/ GCS.06 du 23 février 2006, Société ERNEST et YOUNG c/ Syndic de liquidation de la Congolaise société des Assurances et Réassurance du Congo (C.S.A.R). Voir dans ce sens OHADAta J-13-121

Cour suprême du Niger, Chambre judiciaire, arrêt n° 1-158/C du 16 août 2001, SNAR-LEYMA C/ Groupe Hima Souley,), OHADAta -J-02-28

Cour Suprême de Côte d'Ivoire, chambre judiciaire, arrêt N° 57 du 06 Février 2003, EL Achkar Hadife Jean-Claude C/ Abdallah Nawfla, OHADAta J-03-233.

Cour suprême de Côte d'Ivoire, chambre judiciaire, Formation civile, Arrêt n° 052 du 04 Février 2010, Affaire : Société TRANSPORT INZA et FRERES dite STIF c/ M.-N., *Le juris-OHADA* n° 1 / 2011, janvier-Février-mars 2011, p. 29

C. Jurisprudence de la Cour commune de justice et d'arbitrage de l'OHADA

CCJA, 2e ch., Arrêt n° 024/2013 du 18 avril 2013 ; Pourvoi n° 065/2008/PC du 28 Juillet 2008 : Société Tropicale des Allumettes dite SOTROPAL c/ 1) Banque Internationale pour le commerce et l'Industrie de la Côte d'Ivoire dite BICICI, 2) DRAMA KOFFI Jean Pierre et autres, Recueil de jurisprudence n° 20, vol. 1, janvier-décembre 2013, p. 11-14, OHADAta J-15-24.

CCJA, Arrêt n° 022/2003, du 06/11/2003 : B.I.A.O.-Côte d'Ivoire c/ Nouvelle SCIERIE D'AGNIBILEKRO, https://www.ohada.com/documentation/jurisprudence/ohadata/J-04-123.html

CCJA, 2e ch., n° 009/2016 du 21 janvier 2016 ; P. n° 045/2013/Pc du 16/04/2013 : Société Générale de Banque en Côte d'Ivoire (SGCI) c/ La Société d'Industrie et de Commerce (SICOM), La Société HYSSAND TRANSIT SARL, OHADAta J-16-218.

CCJA, 2e ch., n° 178/2015 du 17 décembre 2015 ; P. n° 172/2012/PC du 07/12/2012 : Église De Jésus Christ Des Saints Des Derniers Jours c/ la Société STMCI in : OHADAta J-16-171, OHADAta J-16-166.

CCJA, Arrêt n° 031/2007, 22 novembre 2007, société Trans-Ivoire c/ Port autonome d'Abidjan, https://admin.juriafrica.com/lex/arret-031-2007-22-novembre-2007-8183.htm.

CCJA, Arrêt n° 005/2004 du 08 janvier 2004, OGUNBEKUN IBUKU OLUWA c/ SCI COLIBRIS, Le JurisOHADA, n°1/2004, janvier-mars 2004, p. 32, note anonyme. Reproduite au pied de l'arrêt de la CCJA, *Recueil de jurisprudence de la CCJA*, n° 3, janvier-juin 2004, p. 52, OHADAta J-04-89.

CCJA, Arrêt n° 006/2001 du 11 octobre 2001, S.A. Aminou et Cie et MAB c/ CCEI BANK, OHADA. J-02-09.

CCJA, Arrêt n° 001/2005, du 27 janvier 2005, Chérif Souleymane c/ Société Chronopost International Côte d'Ivoire, *Juriafrica*, https://admin.juriafrica.com/lex/arret-001-2005-27-janvier-2005-8045.htm

CCJA, Arrêt n° 004/2004 du 8 janvier 2004, ATTIBA Denis et autres c/ Compagnie Multinationale Air Afrique et autres, *Le Juris-OHADA*, n° 1/2004, janvier-mars 2004, p. 23, note Brou Kouakou Mathurin. *Recueil de Jurisprudence de la CCJA*, n° 3, janvier-juin 2004,

CCJA, Première chambre, Arrêt n° 011/2017 du 23 février 2017, (Banque Commerciale du Sahel (BCS-SA) c/ Boubacar Badian SANGARE, *Juriafrica*, https://admin.juriafrica.com/lex/arret-001-2005-27-janvier-2005-8045.htm

CCJA, Assemblée plénière, Arrêt N° 109/2017 du 11 mai 2017 (Société Ivoirienne de Concept et de Gestion-SCG Mali c/ Banque de l'habitat du Mali-BHM), *Juriafrica*, https://admin.juriafrica.com/lex/arret-109-2017-11-mai-2017-24309.htm

CCJA, Deuxième chambre, Arrêt n° 188/2017 du 27 juillet 2017, Société Maisons sans Frontières SARL c/ Société ELCO Construction SARL, *Juriafrica*, https://admin.juriafrica.com/lex/arret-188-2017-27-juillet-2017-24373.htm

CCJA, arrêt N° 103/2015 du 15 octobre 2015, affaire Société Bénin Control SA c/ État du Bénin, *Bibliothèque numérique de l'Ohada*, https://biblio.ohada.org/pmb/opac_css/index.php?lvl=notice_display&id=4473.

CCJA, arrêt N° 012/2011 du 29 novembre 2011, République de Guinée Équatoriale C/ La Commercial Bank Guinea Ecuatorial (CBGE), OHADAta J-13-142

CCJA, Arrêt n° 043/2005 du 07 juillet 2005, affaire : Aziablévi YOVO et autres c/ Société TOGO TELECOM, *Recueil de Jurisprudence de la CCJA*, n° 6, juin-décembre 2005, p.25 ; *Le Juris-OHADA* n° 1/2006, p.8. Voir observations du Professeur Filiga Michel SAWADOGO in OHADAta D-07-16.

CCJA, Arrêt n° 103/2018 du 26 avril 2018, MBULU MUSESO c/ La Société des Grands Hôtels du Congo S.A, https://www.ohada.com/uploads/actualite/4188/Arret-CCJA-n-103-2018-26-avril-2018.pdf, consulté le 10/06/2018.

CCJA, Arrêt n° 017/ 2010 du 25 mars 2010, audience publique du 25 mars 2010, pourvoi n° 070/2006/PC du 16 août 2006, Lamory SANOGO c/ Côte d'Ivoire TELECOM SA, *Recueil de Jurisprudence* n° 15, Janvier – Juin 2010, p.178.

CCJA, Arrêt n° 111/2017 du 11 mai 2017, National Financial Crédit Bank SA (NFC) c/ Cheikh IbraFall N'DIAYE, https://biblio.ohada.org/pmb/opac_css/index.php?lvl=notice_display&id=543

CCJA, Assemblée plénière, Arrêt n° 039/2014 du 17 avril 2014 ; Recours en contestation de validité de sentence arbitrale n° 095/2013/PC du 26/07/2013 : État du Mali c/Société CFAO, https://biblio.ohada.org/pmb/opac_css/index.php?lvl=notice_display&id=191

CCJA, Arrêt n° 044/2008 du 17 juillet 2008, Société africaine de relations commerciales et industrielles dite SARCI Sarl C/ Atlantique Telecom SA et Telecel Benin SA, Actualités Juridiques n° 64-65 / 2009, p. 243, note François KOMOIN, https://www.ohada.com/documentation/jurisprudence/ohadata/J-10-15.html

CCJA, Ass.plén., Arrêt n° 139/2015 du 19 novembre 2015, République de Guinée c/ GETMA International, Juriafrica https://admin.juriafrica.com/lex/arret-139-2015-19-novembre-2015-8724.htm

CCJA, Arrêt, n° 028/2007 du 19 juillet 2007, affaire : Société NESTLE SAHEL c/ Société Commerciale d'Importation AZAR et SALAME dite SCIMAS, *www.OHADA.com*, consulté le 24/07/2019.

CCJA. Assemblée plénière, Arrêt n° 45 du 17 juillet 2008 : Affaire : Société Nationale pour la promotion Agricole dite SONAPRA c/ Société des Huileries du Benin dite SHB Le JurisOHADA, n° 4/2008, p. 60.

CCJA, Ass. Plén., Arrêt n° 103/2015 du 15 octobre 2015, affaire : Société Benin Control SA c/ État du Bénin, *www.OHADA.com*. Consulté le 28/07/2019.

CCJA, Arrêt n° 029/2007 du 19 juillet, affaire : Société Ivoirienne de raffinage dite SIR c/ BONA SHIPOLDING Ltd., *www.OHADA.com*. Consulté le 28/07/2019.

CCJA, Arrêt n° 027/2017 du 02 mars 2017, affaire : État du Mali, Société des Télécommunications du Mali SA dite SOTELMA SA c/ SEAQUEST-INFOTEL MALI S.A (SQIM S.A), *www.OHADA.com*. Consulté le 03/08/2019.

CCJA, Ass. Plén., Arrêt n° 033/2015 du 23 avril 2015 ; Recours n° 011/2014/PC du 24/01/2014 : État du MALI c/ Société Groupe TOMOTA S.A. Voir dans ce sens *www.OHADA.com*, consulté le 04/08/2019.

CCJA, arrêt n° 141/2016 du 14 juillet 2016, affaire : État du Niger c/ Société AFRICARD CO LTD

CCJA, Assemblée Plénière, Arrêt n° 068/2013 du 14 novembre 2013 ; affaire : Fonds Africain de Garantie et de Coopération Économique dit FAGACE c/ Banque

Sénégalo-Tunisienne dite BST devenue CBAO ATTIJARI WAFA BANK Sénégal, Société Industrie Cotonnière Africaine dite ICOTAF. *www.OHADA.com*, in : OHADAta J-15-68.

CCJA, Arrêt n° 37 du 2 juin 2005, Société de transformation industrielle de Lomé dite STIL c/ Société des tubes d'acier et d'aluminium dite SOTACL. Recueil de jurisprudence de la CCJA, n° 5, janvier-juin 2005, volume 1, p.21. Le Juris-OHADA, n°4/2005, juillet-septembre 2005, p.16.

CCJA, Arrêt n° 012/2011 du 29 novembre 2011, Audience publique du 29 novembre 2011, 1/Recours en contestation de validité de sentence arbitrale n° 065/2009/ PC du 13 juillet 2009 ; 2/ Requête en tierce opposition n° 073/2009/PC du 11 août 2009 ; 3/ Requête en exequatur en date du 18 juin 2009, Affaire : République de Guinée Équatoriale et la Communauté Économique et Monétaire de l'Afrique Centrale (CEMAC) c/ La Commercial Bank GuineaEcuatorial (CBGE). Recueil de Jurisprudence n° 17 (Juillet-Décembre 2011), p.22 ; Juris-OHADA, n° 1, 2012, janvier-mars, p.34

CCJA, Ass. Plén., Arrêt n° 103/2015 du 15 octobre 2015 ; Req.n° 093/2014 PC du 21/05/2014 ; Rec. n°100/2014/PC du 30/05/2014 : Société Benin Control SA c/ État du Bénin.

CCJA, Arrêt n° 003/2017 du 26 2017 ; affaire : Société VODACOM International Limited c/ Société Congolese Wireless Network SPRL. *www.OHADA.com*. Consulté le 17/08/2019.

CCJA, Ord. N° 003/2015 du 4 juin 2015 ; Req. 077/2015/PC du 05/05/2015 : Monsieur GILLET Jean-Paul c/ 1) Bourse Régionale des Valeurs Mobilières (BRVM), 2) Dépositaire Central/ Banque de Règlement (DC/BR).

CCJA, Ord. N° 01/2015/CCJA ; Req.du 09-12-2014 : 1er mars 2012 : Société Inter Africaine de Distribution dite I.A.D. c/ Compagnie Malienne pour le Développement des Textiles dite CMDT, 2) Groupement des Syndicats de Producteurs de Coton et Vivriers du Mali dit GSCVM.

CCJA, Ass. Plén., Arrêt n° 104/2015 du 15 octobre 2015 ; Req. N° 094/2014/PC du 21/05/2014 ; Rec.n° 099/2014/PC du 30/05/2014 ; affaire : État du Bénin représenté par l'Agent Judiciaire du Trésor c/ Société Commune de Participation, Patrice TALLON. V. *www.OHADA.com*. Consulté le 17/08/2019.

CCJA, deuxième chambre, arrêt n° 201/2018 du 25 octobre 2018, BROU AKA Gustave c/ Société MEROUEH Fils & Compagnie dite « MEFCO »,
https://biblio.OHADA.org/pmb/opac_css/doc_num.php?explnum_id=4183

CCJA, Ass. Plén., Arrêt n° 057/2015 du 27 avril 2015 ; Pourvoi n° 091/2012/ PC du 14/08/2012 ; Moctar Maciré DIAKITE c/ Salifou BENGALY, Société d'Ingénierie en Energie dite SINERGIE SA, v. *www.OHADA.com/jurisprudence/OHADAta/J-16-57.html.*

CCJA, 2e ch., arrêt n° 53/2012 du 07 juin 2012, ETONDE EKOTO Edouard Nathanaël c/ 1°) Port Autonome de Douala (P.A.D), 2°) Ministère public.

CCJA, 2e ch., arrêt n° 003/2018 du 11 janvier 2018, affaire : Alain Poussy c/ Succession Marie-Antoinette GBIATIBWA YETENNE

CCJA, 3e ch., arrêt n° 188/2015 du 23 décembre 2015, P. n° 129/2012/ : Adama Coulibaly c/ PC Général près la Cour d'appel d'Abidjan, Coulibaly Dramane.

CCJA, arrêt, n° 040/2018 du 22 février 2018, affaire : Société civile Immobilière MILADE et Joséphine dite SCI M&J c/ Société de Distribution de toutes marchandises en Côte d'Ivoire en abréviation SDTM-CI.
CCJA, arrêt n° 076/2015, du 29 avril 2015, affaire : Abdoulaye DIENG c/ Société TRANSSENE

C. rrêts des Cours d'Appel et de Cassation des juridictions françaises

1. Arrêts des Cours d'appel françaises

Cour d'appel de Paris, 14 oct. 1993, *Rev. arb.* 1994. 380.
Cour d'appel de Paris, 16 janvier.2003, *Rev. arb.*, 2004. 369, note Jaeger.
Cour d'appel de Paris 1 er Chambre, section, 18 novembre 2014 (n°2002/19606), SA Thalès Air Défense c/ GIE Euromissile et EADS.
Cour d'appel de paris, Pôle-chambre 1, arrêt du 27 novembre 2018.
Cour d'appel de paris, Pôle 1-chambre 1, arrêt du 20 novembre 2018.

2. Jurisprudence de la Cour de cassation française

Cour de Cassation, Chambre civile du 22 octobre 1991, 89-21.528, publié au bulletin.
Cour de Cassation, chambre civile 1, du 2 mai 1990, 88-14.363, publié au bulletin.
Cour de Cassation, Civ. 1e, 10 janvier 2018, Commisimpex II, n° 16-22.494.
Cour de Cassation, Civ. 1re, 14 mars 1984, affaire société Eurodif c/ République Islamique d'Iran.
Cour de Cassation, chambre civ. 1, du 6 mars 1996, 94-13.092, publié au Bulletin.
C.cass., 1re cv., 1er fév.2017 n° 15-25-687 ECLI : FR : CCASS 2017 : C100145,

ANNEXES

ANNEXE 1 :
Rapport d'enquêtes de terrain réalisées au Mali du 29 août au 25 septembre 2017

I. Description de la mission d'enquêtes

La mission d'enquêtes de terrain réalisées au Mali du 29 août au 25 septembre 2017 dans le cadre de nos travaux de recherches portant sur le Règlement de litiges commerciaux en Afrique de l'Ouest, s'inscrivaient dans la perspective d'amélioration du cadre législatif et judiciaire du règlement des litiges commerciaux en vue de favoriser l'émergence d'un environnement propice aux activités économiques. Il s'agissait d'aller à la rencontre des acteurs qui animent le monde des affaires au Mali notamment les autorités de la chambre de commerce et d'industrie, les responsables du centre de conciliation et d'arbitrage, les magistrats et avocats, le Conseil National du patronat, les autorités du ministère de la Justice, les opérateurs économiques. Les échanges avec ces acteurs étaient structurés autour de canevas d'entretiens élaborés à cet effet. Les questions portaient à la fois sur la justice classique et privée dans le cadre du règlement des litiges commerciaux. Par exemple s'agissant du centre de conciliation et d'arbitrage : quel est le nombre d'affaires traitées par le centre de conciliation et d'arbitrage depuis sa création ? Quelle est la date de la première affaire introduite ? Quelle est la typologie des personnes qui saisissent le centre ? Sur le plan judiciaire : encouragez-vous les parties qui vous saisissent de recourir aux modes alternatifs de règlement des litiges ? Combien de litiges ont été terminés par l'arbitrage, la médiation et la conciliation ? Quels sont les caractéristiques et les enjeux financiers des litiges commerciaux ? Tel était l'état des questions contenues dans les canevas. Un canevas d'entretien était élaboré préalablement pour chaque acteur selon les besoins exprimés.

Il ressort de ces échanges, que le règlement de litiges commerciaux se fait essentiellement par la voie judiciaire malgré l'existence des instruments relatifs aux modes alternatifs de règlement des litiges. Quant aux modes alternatifs, ils sont appliqués à la marge, leur application se fait timidement. En effet, l'article 3-1 du décret du 09/220 du 11 mai 2009 portant code de procédure civile, commerciale et sociale du Mali affirme que « Le juge saisi d'un litige peut après avoir recueilli l'accord des parties désigné un médiateur civil pour les entendre en vue d'une solution. Ce pouvoir appartient également aux juges de référés en cours d'instance. Le juge peut mettre fin à tout moment à la médiation sur demande de chacune des parties et à l'initiative du médiateur ». Il s'agit ici d'une faculté pour le juge malien de recourir aux modes alternatifs de règlement des litiges. Ce n'est pas une obligation. L'application des modes alternatifs de règlement de litiges est très timide dans les juridictions commerciales au Mali. Par exemple Monsieur THERA, l'ancien président du tribunal de Bamako n'a eu qu'un seul cas de médiation pendant 10 années passées à la tête du tribunal. Ce qui explique largement l'état de recours à ces mécanismes alternatifs qui peuvent s'ils sont usités, profondément désengorger les rôles des juridictions commerciales. À titre d'exemple, il y avait une procédure entre une banque et son client depuis 2005 avec une vingtaine de procédures éparpillées dans certaines juridictions et même devant la Cour commune de justice et d'arbitrage de l'OHADA. Ce vieux litige dont l'enjeu financier s'élevait à des milliards, a pu été réglé par la médiation en 2016 grâce à la vigilance du président du tribunal de commerce.

Il est important de sortir du tout judiciaire pour faire une place aux modes alternatifs de règlement des litiges qui permettent aux acteurs économiques de poursuivent leur relation d'affaire comme ce fut le cas de cette banque et de son client qui continuent aujourd'hui à entretenir des affaires après 15 années de procédure judiciaire. Cette timidité de recours à ces modes amiables s'explique non seulement par le traitement marginal qui leur est fait par le code de procédure civile, sociale et commerciale, mais aussi et surtout par l'attitude de certains acteurs judiciaires notamment les magistrats et avocats.

Le code de procédure civile sociale et commerciale du Mali, réserve un traitement marginal aux modes alternatifs de règlement des litiges. Ce n'est pas une obligation pour le juge d'y recourir. Ce n'est qu'une simple faculté. Il est important de procéder à une réforme de ce code pour faire du recours aux modes alternatifs de règlement de litiges, une obligation pour le juge commercial. Il doit, quand il est saisi d'un litige, encourager les parties, en leur expliquant, les avantages que leur offre un règlement amiable au lieu de l'affrontement qui caractérise le procès. Comme avantages, 'on peut citer : la discrétion, la confidentialité, la rapidité dans le traitement des dossiers. La souplesse, la simplicité de la procédure.

L'attitude des acteurs de la justice notamment les avocats et magistrats a souvent été mise en cause lors des entretiens. Les autorités de la chambre de commerce et d'industrie du Mali, plus précisément le secrétaire général, n'a pas hésité d'incriminer les magistrats pour leur manque de motivation pour l'application des modes alternatifs. Cela met fondamentalement en relief l'ampleur de la corruption autour du contentieux qui est perçu comme un lieu de négociation, de marchandage des normes applicables. Ce serait donc un manque à gagner pour certains de ces acteurs que d'encourager les parties à recourir aux modes alternatifs de règlement des litiges. Mais en plus de ces difficultés notées, il ressort des échanges, une certaine méconnaissance des opérateurs économiques vis-à-vis de cette justice alternative. À ce niveau, un effort de sensibilisation et d'information doit être mené par les autorités afin de rendre ces outils plus accessibles aux justiciables.

II. Les difficultés rencontrées sur le terrain

Les difficultés rencontrées sur le terrain sont multiformes, elles sont relatives à l'accès aux acteurs, au financement de la recherche et à la documentation.

A. L'accès aux acteurs

Dans le cadre de cette mission de recherche, l'accès à certains acteurs étaient difficiles. Par exemple le syndicat national des commerçants détaillant, le président Directeur général de WASSOULOR (entreprise minière), d'autres responsables d'entreprises et le ministre de la Justice Gardes des Sceaux.

En ce qui concerne le responsable du syndicat national du commerçant détaillant, il avait été informé de la mission de recherche par le biais d'un ami avant même mon arrivée à Bamako. Quelques jours après mon arrivée, je lui ai appelé pour convenir d'un rendez-vous selon ses disponibilités. Il m'a alors demandé si j'étais disponible le même jour pour aller le voir à son lieu de travail notamment au grand marché de Bamako. Je me suis rendu au marché pour le rencontrer et à l'entame de l'entretien, il a reçu un appel et s'en ai allé en me présentant ses excuses. Dès lors, je ne l'ai plus revu malgré de multiples appels.

Pour le Président Directeur Général de WASSOULOR, le numéro que j'avais reçu pour l'appeler ne passait pas. Je me suis rendu à son lieu de travail plusieurs fois en laissant même un courrier de demande d'entretien contenant votre note d'accompagnement, mais malheureusement, la secrétaire me disait tout temps qu'il était en déplacement. L'actuel ministre de la Justice Garde des Sceaux du Mali est un acteur clé de ma problématique de recherche. Il est avocat et arbitre à la Cour commune de justice et d'arbitrage de la CCJA. D'ailleurs, il vient de mettre un comité de travail réunissant un de ses conseillers techniques et des responsables de la chambre de commerce et d'industrie du Mali pour réfléchir sur les perspectives de réforme du centre de conciliation et d'arbitrage (CECAM). Il est donc prévu la création d'un centre de formation sur les modes alternatifs de règlement des litiges qui serait rattaché au CECAM. Le Ministre est résolument engagé pour promouvoir les modes alternatifs de règlement des litiges au Mali. C'est dans cette perspective, que j'ai introduit un courrier dans son département pour le rencontrer. Quand je suis repassé pour le suivi du courrier, il m'a fait savoir que le dossier est imputé au chef de cabinet du Ministre qui était absent ce jour. Je n'ai donc pas pu repasser au Ministère à cause de mes rendez-vous d'entretiens avec les autres acteurs.

B. Le financement de la recherche

Il est difficile de mener des recherches, et d'aboutir à des résultats probants sans un minimum de financement. L'un des problèmes majeurs de ces enquêtes, était lié au manque de financement qui pourrait même impacter sur la qualité du travail. D'abord dès le départ, j'ai dû convenir avec une agence de vente de billet à Lyon pour m'accorder une facilité de paiement. Le billet m'a coûté 600 euros payable en deux tranches.

Arrivée sur le terrain, j'avais prévu de me rendre à l'intérieur du pays notamment aux juridictions commerciales de Kayes et de Mopti pour réaliser des entretiens. Si je n'ai pas pu me rendre dans la région de Kayes pour faute de moyens, l'étape de Mopti était indépendante de ma volonté car située dans une zone en proie à la violence et aux menaces djihadistes. Mais, malgré ces quelques difficultés, j'ai pu largement atteindre mes objectifs.

C. La documentation

Le manque de documentation fut l'une des difficultés qui a particulièrement attiré mon attention. Aucune de ses structures visitées, ne disposait d'un centre de documentation pouvant accueillir des chercheurs ou des étudiants. Ce qui est encore plus problématique, c'est l'absence de Bibliothèque à l'Université des Sciences juridiques et Politiques de Bamako.

III. Les Perspectives

Ce voyage de recherche m'a permis d'avoir des réponses concrètes à certaines interrogations de départ notamment sur les modes de règlement de litiges. Le règlement judiciaire comme le disait l'ancien président du tribunal de commerce de Bamako, reste celui le plus utilisé pour régler les litiges commerciaux. En ce qui concerne les modes alternatifs, ils sont usités à la marge. La mission de recherche de terrain m'a aussi permis de découvrir certains enjeux réels liés à ma problématique de recherche. Par exemple, le secrétaire général de la chambre de commerce et d'industrie du Mali m'a clairement dit que je suis sur un bon créneau et je ne manquerai pas d'emploi au terme de mes recherches car il n'y a pas assez de personnes spécialisées sur ces questions au Mali. La preuve en est que la chambre de commerce et d'industrie du Mali a dû recourir à des experts du Burkina Faso pour réaliser une étude de réforme du centre de conciliation et d'arbitrage du Mali. Je compte prochainement me rendre dans les trois États qui se distinguent par leur avancée en matière de promotion des modes alternatifs de règlement des litiges notamment le Burkina Faso, le Sénégal et la Côte d'Ivoire.

ANNEXE 2.
Rapport d'enquêtes réalisées au Burkina Faso du 07 mars au 15 avril 2018

I. Méthodologie de recherche

La méthode privilégiée dans nos travaux est celle empreinte à la sociologie du droit qui consiste en une observation empirique du droit, il s'agit d'observer le droit tel qu'il est mis en œuvre par les populations auxquelles il est destiné, mais également les acteurs chargés de sa mise en œuvre, d'analyser les interactions entre les acteurs, de rendre compte de l'effectivité d'une règle de droit et des obstacles qui mettent en cause son application. En plus des observations sociologiques, un travail d'analyses de la jurisprudence des juridictions nationales et de la Cour commune de justice et d'arbitrage à la fois en matière judiciaire et arbitrale permettra de comprendre les enjeux réels du règlement des litiges commerciaux en Afrique de l'Ouest.

II. Les difficultés rencontrées sur le terrain

Les enquêtes de terrain réalisées au Burkina Faso et en Côte d'Ivoire du 07 mars au 15 avril 2018 dans le cadre de nos travaux de recherches ont été émaillées d'énormes difficultés financières. En effet, il est important de mentionner l'aide sous forme de prêt de trois cent euros qui m'a été accordée par ma Directrice Madame JALUZOT, a été d'un apport inestimable dans la réalisation de mes travaux. Au-delà de cette aide, je n'ai malheureusement pas eu d'autres sources de financement pour réaliser mes enquêtes dans les deux États notamment le Burkina Faso et la Côte d'Ivoire. Le manque de ressources financière a été un handicap majeur dans la réalisation de mes objectifs. Du Mali, je suis allé au Burkina Faso en bus. Au cours de la route, j'ai d'abord été victime comme beaucoup d'autres passagers à la corruption ambiante des agents de sécurité à la frontière du Burkina Faso qui exigent systématiquement à tous les passagers de payer de l'argent avant de traverser la frontière. La somme de 2 000f environ (3 euros) est payée par tous les passagers qui forment un rang devant le poste de sécurité pour la vérification de leurs pièces d'identités. Que vos pièces soient en cours de validité ou pas, vous êtes obligés de vous soumettre au paiement de la somme. Ces pratiques de corruption sapent fortement la libre circulation des personnes et de leurs biens dans l'espace CEDEAO (Communauté des États d'Afrique de l'Ouest).

En plus de ces difficultés rencontrées sur les routes, j'étais aussi confronté à d'énormes problèmes liés à l'accès des acteurs dans les deux pays. Par exemple ma demande d'entretien adressée à la chambre de commerce et d'industrie du Burkina Faso avant mon départ n'a pas été retrouvée par la secrétaire à mon arrivée à Ouagadougou. J'étais obligé de formuler une autre demande. Ce fut aussi le cas à la Cour commune de Justice et d'arbitrage de l'OHADA en Côte d'Ivoire. Le responsable chargé des ressources humaine à la CCJA n'a pas retrouvée la trace de mon dossier d'entretien que j'avais envoyé un mois en avance et obtenu l'accusé de réception du secrétariat de la présidence de la Cour. J'ai dû faire assez d'aller-retours pour obtenir ne serait-ce qu'un entretien avec un juge de la CCJA pour ne pas retourner sans avoir rencontré un acteur de cette Cour.

Entretien réalisé le 09/03/2018 à L'Université Ouaga II à partir de 17h 15 avec M. Souleymane TOE, Enseignant-Chercheur Droit Privé, HDR, Enseignant-Chercheur associé à l'Université de Perpignan. Spécialiste du droit commercial, du droit des sociétés et des procédures collectives, M. TOE est aussi arbitre agréé auprès du CAM-CO (Centre d'arbitrage, de Médiation et de Conciliation de Ouagadougou). M. TOE a soutenu sa thèse en 2010 à l'Université de Perpignan en droit des procédures collectives.

A. Sur le règlement alternatif des litiges commerciaux

De plus en plus on veut trouver une alternative crédible aux juridictions étatiques car en matière commerciale, c'est la rapidité, il s'agit de faire en sorte qu'on préserve la confidentialité. Le juge doit plutôt préparer l'avenir pour liquider le passé alors que dans nos juridictions compte tenu des problèmes liés à l'organisation, à la célérité parce que les magistrats sont sur plusieurs dossiers. Les dossiers traînent beaucoup. Un jugement qui est très rapide peut prendre 2 ans parce qu'il y a les voies de recours qu'on utilise de façon dilatoire pour retarder l'exécution de la décision. Ce qui fait que les gens se retournent de plus en plus vers les modes alternatifs. Cela correspond aussi à l'histoire même du droit en Afrique « l'arbre à palabre ». On se retrouve, on essaie de se concilier en présence d'un médiateur. La justice étatique telle que superposée depuis la colonisation, on se demande si cela correspond à l'idée de justice telle que nous nous faisons en Afrique parce que quand on part à la justice selon M. TOE, en principe c'est pour trouver une solution, pour que justice soit rendue. Si la justice est rendue, le défendeur et le défenseur doivent se réconcilier. Alors que telle qu'il est constaté, c'est tout le contraire, une fois que les parties arrivent devant le juge, c'est pour exacerbées les tensions. Comme le disait le juge KEBA M'BAYE « *la fierté du paysan sénégalais, c'est de dire qu'il n'a jamais mis pied devant la justice* ». C'est une fierté pour eux de dire que je n'ai jamais mis pied dans un palais de justice que j'ai raison ou pas. Ce qui traduit leur imaginaire de la justice qui renvoie à un lieu fait pour les délinquants. Ce qui fait que les gens ont du mal à suivre les procédures. Ils ne suivent les procédures que lorsqu'ils ont tout perdu. La justice devient le dernier recours. On ne va pas automatiquement devant la justice. Les gens essaient de trouver les voies et moyens pour régler le litige alors que les délais tels que organisés par les codes de procédures sont impératifs. Ce qui fait qu'on arrive devant le juge avec un problème sans solution. Le juge ne peut pas faire de miracle. Les justiciables ne se retrouvent plus dans la justice étatique. Ils ont donc tendance à aller vers la justice de médiation, de conciliation et d'arbitrage pour se réconcilier, pour préserver leurs relations d'affaires. On peut être en litige sur une opération alors que sur une autre opération, tout se passe correctement. Mais devant l'organisation de la justice telle que nous la connaissons, on a souvent besoin de se faire accompagner par des Maîtres du droit qui viennent exacerbés les tensions entre les parties. Les clients se considèrent dès lors comme des ennemis. Les avocats s'attaquent à la barre devant les clients et prennent du café après le procès alors que les clients ne peuvent plus prendre du café ensemble à cause de ce qu'ils ont entendu.

B. Les difficultés relatives à l'application de l'arbitrage

Deux types d'arbitrages : L'arbitrage organisé dans un centre et l'arbitrage ad hoc.

Quand l'arbitrage est organisé dans un centre, ce sont les parties s'il y a une convention valide qui saisissent le centre notamment le centre d'arbitrage, de médiation et de conciliation de Ouagadougou. Le centre, sur la liste des arbitres qu'il a ou bien les parties peuvent proposer même des arbitres. S'il y a un accord sur les arbitres, un comité technique d'arbitrage et de médiation va étudier encore cette proposition pour confirmer ou infirmer le choix de l'arbitre qui a été proposé. Si tout est fait, on informe l'arbitre qui prend connaissance du dossier et qui l'accepte ou pas. Lorsque cela est fait, il y a une déclaration d'indépendance qui doit être faite par l'arbitre et commencer le travail c'est-à-dire convoquer les parties pour commencer les entretiens pour la préparation de l'acte de mission (établit entre l'arbitre et les parties) sous l'égide du centre d'arbitrage. Par apport aux difficultés, c'est la disponibilité des premières conclusions. Souvent les parties surtout lorsque la requête introductive a été déposée, l'arbitre qui a accepté sa mission va demander au défendeur de produire ses conclusions en réplique ou encore au demandeur de préciser un certain nombre de chose en vue de la préparation de l'acte de mission qui doit contenir les prétentions préliminaires des parties donc il peut y avoir des retards parce qu'en ce moment l'acte de mission n'est pas signé. Une fois que l'acte de mission est signé il y a des délais qui sont donnés aux parties. L'autre difficulté c'est quand il y a nécessité de faire intervenir un expert. Souvent compte tenu du caractère technique de certaines questions, une partie peut demander ou l'arbitre peut demander une expertise comme par exemple l'expertise d'un compte courant. Souvent le coût était supporté par les parties. Mais ce sont les experts comptables si l'enjeu financier du dossier n'est pas très élevé et qu'il faut nécessairement nommer un expert-comptable compte tenu du caractère technique d dossier, c'est souvent difficile pour les parties qui peuvent ne pas disposer de moyens pour faire face aux frais de l'expertise comptable qui ont leur barème de rémunération qui est très élevé. On se retrouver dans l'impasse. C'est vrai l'avis de l'expert ne s'impose pas à l'arbitre mais le coût peut ne pas être supporté par les parties. Le rapport de l'expertise peut être contesté par les parties et si c'est contesté, il faut une contre-expertise. Les frais d'arbitrages, le coût très élevé de l'expertise si les parties n'ont pas suffisamment d'argents c'est très difficile. Les difficultés relatives aux recours contre les sentences arbitrales rendues. Ces recours sont strictement encadrés. Les recours ordinaires comme l'opposition, l'appel sont interdits. Le seul recours est le recours en annulation qui est strictement encadré. On ne peut pas obtenir l'annulation d'une sentence facilement. On veut au moins dire que c'est les parties elles-mêmes qui ont décidé. En principe on doit exécuter volontairement mais s'il n'y a pas d'exécution volontaire, on peut passer par l'exequatur. Mais malheureusement il y a certains avocats qui cherchent à faire systématiquement un recours en annulation. Cela retarde un peu la procédure car l'arbitrage suppose la célérité. Le recours en annulation se fait devant la juridiction étatique ce n'est plus devant l'arbitre. Mais très rarement on aboutit à l'annulation d'une sentence car Il faut que les grands principes du procès civil ne soient pas respectés (le principe du contradictoire ou que l'arbitre ait statué ultra a) cela est très rare car le juge étatique n'apprécie pas le fond de l'affaire il n'apprécie que le respect du droit de la défense.

C. Sur le règlement judiciaire des litiges commerciaux

Il y a un goût d'inachevé au niveau de l'organisation judiciaire des litiges notamment de la CCJA. Il faut reformer la CCJA selon M. TOE. M. TOE propose d'instituer des Cours d'appel OHADA au niveau des États de sorte que la juridiction suprême ne soit qu'une juridiction de pur droit. Qu'on leur retire le pouvoir d'évocation c'est dire en cas de cassation on renvoie affaire devant une cour d'appel nationale cela permettra aux États de se retrouver. Alors que la Cour de cassation est une juridiction de référence qui est composée de juge de haut niveau qui doit faire la jurisprudence. L'idée de la CCJA selon M. TOE émane des investisseurs étrangers qui en ont fait une condition d'investissement. Au lieu de créer une juridiction supra nationale pour satisfaire les investisseurs il y a lieu de prendre des mesures pour rendre nos juridictions plus satisfaisantes.

Entretien réalisé à Ouagadougou le mercredi 13 mars 2018 à 11h 35 avec Professeur Filiga Michel SAWADOGO, Commissaire à l'Union Économique et Monétaire Ouest Africaine

1) Sur les difficultés relatives au règlement des litiges

Selon le Professeur l'importance du règlement des litiges n'est pas à démontrer. Sans les modes de règlement des litiges, les droits risques d'être méconnus. À titre d'exemple, on te doit de l'argent, on ne te paie pas et tu fais des frais en plus toujours sans être payé et on fait des recours sans en finir. Du point de vue de la législation, il y a toujours des textes nationaux notamment l'organisation judiciaire parce que l'OHADA n'organise pas les tribunaux en dehors de la CCJA. L'OHADA selon le professeur à ajouter à cette partie judiciaire la CCJA qui parce que peut intervenir pour casser, et reformer et rendre la décision comme une cour d'appel, cour de cassation doit exercer une certaine dissuasion sur les Magistrats quant à leur envie de prendre des décisions qui ne soient pas correctes, qui ne soient pas fondées en droit qui soient des décisions reflétant un peu la corruption ambiante. C'est la raison pour laquelle la CCJA a été créée. On aurait pu se dire que si on a une bonne législation, un juriste bien doit pouvoir l'appliquer sans qu'on ait besoin d'une super Cour qui est la CCJA.

2) Sur l'arbitrage

L'OHADA s'est rendu très vite de la nécessité de l'arbitrage, il a été créé un centre d'arbitrage régional. Selon le Professeur l'arbitrage est bien mais il est très cher. Il propose donc de promouvoir l'arbitrage à petite échelle qui est moins cher, celui au sein des États notamment dans les centres d'arbitrages. On ne peut pas imaginer que pour une affaire de 2 à 3 Millions qu'on ait à l'arbitrage CCJA car les frais là-bas peuvent excéder 10 millions, plus que le montant du litige. Donc il est important de promouvoir l'arbitrage au sein des États. Dès lors qu'on va dans une institution, on n'est plus dans la médiation que dans la conciliation. Dès lors qu'on a un rôle actif, on est dans la médiation et non dans la conciliation. Alors que le conciliateur vous rapproche et c'est à vous de trouver la solution. Selon les propos du professeur ces modes de règlement qui ne font pas recours à la justice doit être développés. Lorsqu'il y a une dette reconnue par le débiteur, si elle existe réellement le débiteur doit la reconnaître et fixer un échéancier au lieu de perdre le temps avec des recours. L'afrique selon le professeur n'est pas un modèle dans ce domaine. Sur 10 actes uniformes, 80 % du contentieux est relatif au recouvrement des créances notamment l'acte uniforme relatif aux procédures simplifiées de recouvrement des créances et des voies d'exécution. L'africain est un mauvais payait selon le professeur et pourtant les Africains se croient des anges. Même si tu ne peux pas payer il faut au moins reconnaître la dette et éviter de faire des recours abusifs. Il ajoute même que les plaideurs de mauvaise foi soient condamnés comme en Amérique aux dommages et intérêts punitifs.

Entretien réalisé le 09/03/2018 à partir de 11h 15 avec le juge Alain ZERBO, vice-président du Tribunal de commerce de Ouagadougou

3) Quel regard porte le juge sur l'arbitrage ?

Le juge ZERBO qui enseigne d'ailleurs les modes alternatifs notamment l'arbitrage a un regard très positif sur ce mode privé de règlement des litiges qui permet de désengorger le rôle des juridictions. Le délai imparti à l'arbitre pour rendre sa sentence est de 6 mois dans l'acte uniforme portant sur l'arbitrage contrairement aux juridictions étatiques. Le juge encourage les modes alternatifs qui ont leur raison d'être. L'un des problèmes soulevés par le juge en matière d'arbitrage est relatif au fait que les parties à un arbitrage pensent pouvoir désigner un arbitre qui leur serait acquis alors que le rôle de l'arbitre n'est pas d'être acquis à celui qui le désigne. Parmi les compétences d'attribution selon le juge, l'arbitrage n'y figure pas. Lorsqu'une matière ne relève pas d'une juridiction précise, c'est la compétence du tribunal de droit commun. Quand on demande l'appui du juge en matière d'arbitrage, il faut demander à qui, au tribunal de commerce sous prétexte que c'est un arbitrage commercial ou au président du tribunal de grande instance parce que c'est la juridiction de principe ? rien n'est précisé par les textes en la matière. De la même manière lorsqu'on demande l'exequatur est ce qu'il faut demander au tribunal de commerce ou aller devant le tribunal de grande instance ? Les textes ne prévoient rien à cet effet. Le tribunal de commerce a forcé pour rendre l'exequatur dans le silence de la loi. Pour rendre l'exequatur c'est une seule condition : la violation manifeste de l'ordre public international des États-Parties. Si le principe du contradictoire a été respecté, il n'y a rien à vérifier. Selon le juge ZERBO, l'arbitrage ne se limite pas à la convention d'arbitrage. L'arbitrage est une procédure qui est assez complexe, très procédurale et beaucoup plus compliquée que la procédure ordinaire. Quand on dit que la convention d'arbitrage est périmée, cela est relatif au nom respect par l'arbitre du délai qui lui est imparti pour rendre sa sentence. Au-delà de ce délai la convention d'arbitrage n'est plus valable.

ANNEXE 3.

Règlement d'arbitrage du Centre d'arbitrage, de médiation et de conciliation de Ouagadougou (CAMC-O)

DISPOSITIONS PRELIMINAIRES

Article 1 : Attribution du centre d'Arbitrage, de Médiation et de Conciliation de Ouagadougou (CAMC-O)

Le Centre a pour mission de permettre la solution par voie d'arbitrage des différends portant sur des droits dont les parties ont la libre disposition en application d'une convention d'arbitrage lui attribuant compétence et dans les conditions définies au présent Règlement.

Le Centre ne tranche pas lui-même les différends. Il assure l'application du Règlement d'arbitrage.

Article 2 : Définitions

Dans les articles suivants :

a) l'expression "tribunal arbitral" désigne un arbitre unique ou trois d'arbitres ;

b) l'expression "demandeur" et "défendeur" s'entend d'un ou plusieurs demandeurs ou défendeurs ;

c) l'expression "sentence" s'applique notamment à une sentence intérimaire, partielle ou finale ;

d) le terme tribunal désigne un organisme ou organe du système judiciaire d'un État ;

e) le terme Centre désigne le Centre d'Arbitrage, de Médiation et de Conciliation ;

f) l'expression convention d'arbitrage désigne une clause compromissoire ou un compromis d'arbitrage.

Article 3 : Notifications ou communications écrites ; délais

1.

Tous mémoires et autres communications écrites présentés par toute partie, ainsi que toutes pièces annexes doivent être fournis en autant d'exemplaires qu'il y a de parties, plus un pour chaque arbitre et un pour le Secrétariat Permanent. Un exemplaire de toutes les communications du tribunal arbitral aux parties est transmis au Secrétariat Permanent.

2.

Toutes les notifications ou communications du Secrétariat Permanent et du Tribunal Arbitral sont faites à la dernière adresse de la partie qui en est le destinataire ou de son représentant, telle que communiquée par celle-ci ou par l'autre partie le cas échéant. La notification ou la communication peut être effectuée par voie de signification à personne ou à domicile, par remise contre reçu, par lettre recommandée, par courrier, télécopie, télex, télégramme ou par tout autre moyen de télécommunication permettant de fournir une preuve de l'envoi.

3.

La notification ou la communication est considérée comme faite quand elle est reçue ou, si elle a été valablement effectuée conformément aux dispositions ci-dessus, aurait dû être reçue soit par la partie elle-même soit par son représentant.

4.

Les délais spécifiés ou dont la fixation est prévue dans le présent Règlement, commencent à courir le jour suivant celui OU la notification ou la communication est considérée comme faite selon l'alinéa précédent.

Lorsque la notification ou la communication a été considérée comme faite à une certaine date, et que le jour suivant celle-ci est un jour férié ou non ouvrable, le délai commence à courir le premier jour ouvrable suivant. Si le dernier jour du délai imparti est férié ou non ouvrable, le délai expire à la fin du premier jour ouvrable suivant.

Article 4 : Siège

Le siège du Centre d'Arbitrage, de Médiation et de Conciliation est à Ouagadougou dans les locaux qui abritent ses services OU peut se tenir les audiences. Toutefois pour une meilleure administration des procédures, le Tribunal Arbitral peut tenir des audiences ou des réunions à tout endroit qui conviendra.

Article 5 : Comité d'Arbitrage et de Médiation : Attributions

1.

Le Comité d'Arbitrage et de Médiation, visé dans les statuts du Centre, comprend cinq (5) membres. Ils élisent en leur sein un président.

Les membres du Comité d'Arbitrage et de Médiation sont désignés pour trois (3) ans par le Conseil d'Administration du Centre d'Arbitrage, de Médiation et de Conciliation parmi des personnalités connues pour leur intégrité, leur expertise en matière juridique, judiciaire, ou de règlement alternatif de différends et leur indépendance. Leur mandat est renouvelable. Le Comité d'Arbitrage et de Médiation a pour mission d'assurer une bonne application des Règlements. S'il le juge opportun, il peut statuer en formation plénière de cinq membres ou en formation restreinte de trois membres. Les formations restreintes ont la faculté, dès qu'elles le jugent nécessaire, de renvoyer une affaire à la formation plénière.

Le Comité d'Arbitrage et de Médiation veille au respect du caractère strictement confidentiel des procédures qui lui sont soumises et qui s'impose à ses membres, aux personnels du Centre, aux parties, à leurs conseils et à toute personne ayant pris part au déroulement des procédures, sauf si la décision fait l'objet d'un recours devant les juridictions étatiques.

2.

Les membres du Comité d'Arbitrage et de Médiation et du Conseil d'Administration peuvent être choisis comme arbitres ou médiateurs par les parties et, l'un d'entre eux peut être désigné comme Président d'un Tribunal Arbitral lorsque les parties sont d'accord. Cet accord est donné par écrit. Le membre choisi comme arbitre ne participe pas aux travaux consacrés aux procédures en cause.

Dans tous les cas, le Tribunal Arbitral composé de trois arbitres ne peut être composé entièrement de membres du Conseil d'Administration ou du Comité d'Arbitrage.

INTRODUCTION DE LA PROCEDURE

Article 6 : Demande d'Arbitrage

1.

La demande d'arbitrage est adressée au Secrétariat Permanent qui délivre au demandeur un récépissé qui indique la date de la demande et la date de sa réception. Le Secrétariat Permanent notifie au défendeur les dates de la demande et de sa réception.

2.

La date de réception de la demande par le Secrétariat Permanent est considérée, à toutes fins, être celle d'introduction de la procédure d'arbitrage.

3.

La demande contient notamment :

a) les noms et dénominations complètes, qualités et adresse de chacune des parties ;

b) un exposé de la nature et des circonstances du litige à l'origine de la demande ;

c) une indication de l'objet de la demande et, si possible, du ou des montants réclamés ;

d) les conventions intervenues et notamment la convention d'arbitrage ;

e) toutes indications utiles concernant le nombre des arbitres et leur choix conformément aux dispositions des articles 8, 9 et 10 ainsi que toute désignation d'arbitre exigée de ce fait ;

f) toutes observations utiles concernant le lieu de l'arbitrage, les règles de droit applicable et la langue de l'arbitrage.

4.

Le demandeur adresse sa demande en autant d'exemplaires que prévu à l'article 3 paragraphe 1, et verse l'avance sur les frais administratifs, fixée par l'annexe I en vigueur à la date d'introduction de la procédure d'arbitrage. Si le demandeur ne satisfait pas à l'une de ces conditions, le Secrétariat Permanent peut lui impartir un délai pour y satisfaire ; à son expiration la demande sera classée sans préjudice du droit du demandeur de la représenter à nouveau.

5.

Lorsqu'il dispose du nombre suffisant de copies de la demande et que l'avance requise a été payée, le Secrétariat Permanent envoie à la partie défenderesse, pour réponse, une copie de la demande et des pièces annexes.

6.

Lorsqu'une partie introduit une demande d'arbitrage relative à une relation juridique faisant déjà l'objet d'une procédure d'arbitrage entre les mêmes parties soumises au présent Règlement, le Centre peut, sur requête de l'une des parties, décider de joindre le ou les chefs de demande sur lesquels ladite demande porte à la procédure déjà pendante, à condition que l'acte de mission n'ait pas encore été signé par les parties et le Tribunal arbitral ou approuvé par le Centre. Une fois l'acte de mission signé ou approuvé par le Centre, la jonction ne peut être décidée que par le tribunal arbitral.

Article 7 : Réponse à la demande : demande reconventionnelle

1.

Le défendeur adresse au Secrétariat Permanent, dans un délai de quinze jours à compter de la réception de la demande d'arbitrage envoyée par celui-ci, une réponse concernant les éléments suivants :

a) ses noms et dénominations complètes, qualités et adresse ;

b) ses commentaires sur la nature et les circonstances du litige à l'origine de la demande ;

c) sa position sur les décisions sollicitées ;

d) toutes indications utiles concernant le nombre des arbitres et leur choix au vu des propositions formulées par le demandeur et conformément aux dispositions des articles 8, 9 et 10 ainsi que toute désignation d'arbitre exigée de ce fait ;

e) toutes observations utiles concernant le lieu de l'arbitrage, les règles de droit applicables et la langue de l'arbitrage.

2.

Le Secrétariat Permanent peut accorder au défendeur une prorogation de délai pour soumettre la réponse, à condition que la demande de prorogation contienne la réponse aux propositions qui auront été formulées concernant le nombre des arbitres et leur choix, et si nécessaire, en vertu des articles 8, 9 et 10 à une désignation d'arbitre. À défaut, le Centre procèdera conformément au présent Règlement.

3.

La réponse est communiquée au Secrétariat Permanent en autant d'exemplaires que prévu à l'article 3 paragraphe 1.

Une copie de la réponse et des pièces annexes sont communiquées par le Secrétariat Permanent au demandeur.

4.

Toute demande reconventionnelle formée par un défendeur doit l'être avec sa réponse et contenir notamment :

a) un exposé de la nature et des circonstances du litige à l'origine de la demande reconventionnelle ;

b) une indication de l'objet de la demande et dans la mesure du possible, du ou des montants réclamés.

5.

Le demandeur peut présenter une note en réponse, dans un délai de quinze (15) jours à partir de la réception de la ou des demandes reconventionnelles, communiquées par le Secrétariat Permanent. Le Secrétariat Permanent peut proroger ce délai.

Article 8 : Effet de la Convention d'arbitrage

1.

Lorsque les parties conviennent d'avoir recours à l'arbitrage d'après le Règlement, elles se soumettent au Règlement en vigueur à la date d'introduction de la procédure d'arbitrage, à moins qu'elles ne soient convenues de se soumettre au Règlement en vigueur à la date de leur convention d'arbitrage.

2.

Lorsqu'une convention d'arbitrage se réfère au présent Règlement, l'arbitrage a lieu, même si une partie le refuse ou s'abstient d'y participer.

3.

Si le défendeur ne répond pas à la demande comme il est prévu à l'article 7, ou lorsqu'une partie soulève un ou plusieurs moyens relatifs à l'existence, à la validité ou à la portée de la convention d'arbitrage, le Comité d'Arbitrage et de Médiation peut décider, sans préjudicier la recevabilité ou le bien-fondé de ce ou ces moyens, que l'arbitrage aura lieu si, de toute évidence, il estime possible l'existence d'une convention d'arbitrage visant le Règlement. Dans ce cas, il appartiendra au Tribunal Arbitral de prendre toute décision sur sa propre compétence. Si le Comité d'Arbitrage et de Médiation ne parvient pas à cette conclusion, les parties sont informées que l'arbitrage ne peut avoir lieu. Dans ce cas, les parties conservent alors le droit de demander à la juridiction étatique compétente si elles sont ou non liées par une convention d'arbitrage.

4.

Sauf convention contraire des parties, la nullité prétendue ou l'inexistence du contrat n'entraîne pas l'incompétence de l'arbitre s'il retient la validité de la convention d'arbitrage. Il reste compétent, même en cas d'inexistence ou de nullité du contrat, pour déterminer les droits respectifs des parties et statuer sur les chefs de demandes et conclusions.

LE TRIBUNAL ARBITRAL

Article 9 : Dispositions générales

1.

Tout arbitre doit être et demeurer indépendant des parties en cause ; l'arbitre doit, en outre, posséder le plein exercice de ses droits civils. En acceptant sa mission, l'arbitre s'engage à l'accomplir jusqu'à son terme au sens du présent Règlement.

2.

Avant sa nomination ou sa confirmation, l'arbitre pressenti signe une déclaration d'indépendance et fait connaître par écrit au Secrétariat Permanent les faits ou circonstances qui pourraient être de nature à mettre en cause son indépendance dans l'esprit des parties. Le Secrétariat Permanent communique ces informations par écrit aux parties et leur fixe un délai pour faire connaître leurs observations éventuelles.

3.

L'arbitre fait connaître immédiatement par écrit au Secrétariat Permanent et aux parties les faits ou circonstances de même nature qui surviendraient pendant l'arbitrage.

4.

Le Comité d'Arbitrage et de Médiation statue sans recours sur la nomination, la confirmation, la récusation ou le remplacement d'un arbitre. Les motifs de ces décisions ne sont pas communiqués.

Article 10 : Nombre d'arbitres

1.

Les différends sont tranchés par un arbitre unique ou par trois arbitres.

2.

Si les parties n'ont pas fixé d'un commun accord le nombre des arbitres, le Comité d'Arbitrage et de Médiation nomme un arbitre unique, à moins que le litige ne lui paraisse justifier la nomination de trois arbitres. Dans ce cas, le demandeur désigne un arbitre dans un délai de quinze (15) jours à compter de la réception de la notification de la décision du Comité d'Arbitrage et de Médiation, et le défendeur désigne un arbitre dans un délai de quinze (15) jours à compter de la réception de la désignation faite par le demandeur.

3.

Lorsque les parties sont convenues que le différend sera tranché par un arbitre unique, elles peuvent le désigner d'un commun accord pour confirmation. Faute d'entente entre les parties dans un délai de quinze (15) jours à partir de la réception de la notification de la demande d'arbitrage au défendeur, l'arbitre unique est nommé par le Comité d'Arbitrage et de Médiation.

4.

Lorsque le litige est transmis à trois arbitres, chacune des parties, dans la demande d'arbitrage et dans la réponse à celle-ci, désigne un arbitre pour confirmation. Si l'une des parties s'abstient, la nomination est faite par le Comité d'Arbitrage et de Médiation. Dans tous les cas, le Président du Tribunal Arbitral, est nommé par le Comité d'Arbitrage et de Médiation, à moins que les parties soient convenues d'une autre procédure, auquel cas la désignation est soumise à confirmation suivant les dispositions prévues à l'article 11. Si à l'expiration du délai fixé par les parties ou imparti par le Centre, aucune désignation n'est intervenue, le troisième arbitre est nommé par le Comité d'Arbitrage et de Médiation.

Article 11 : Nomination et confirmation des arbitres

1.

Les arbitres sont choisis sur une liste d'arbitres établie par le Centre ou toute autre liste acceptée par le Secrétariat Permanent. Cette liste est mise à jour chaque année. Toutefois les parties peuvent choisir leurs arbitres en dehors de cette liste et ces arbitres sont confirmés par le Comité d'Arbitrage et de Médiation.

2.

Lors de la nomination ou confirmation d'un arbitre, le Centre tient compte de son lieu de résidence, de sa disponibilité et de son aptitude à conduire l'arbitrage conformément au présent Règlement. Tout arbitre doit posséder le plein exercice de ses droits civils et les qualifications convenues par les parties ou jugées nécessaires à la résolution du litige compte tenu de l'objet de ce litige.

3.

Les déclarations d'indépendance signées par les arbitres nommés par les parties ou par le Comité d'Arbitrage et de Médiation, sont portées à la connaissance des parties. Chaque partie dispose d'un délai de quinze (15) jours pour formuler ses observations éventuelles à l'encontre de ces arbitres désignés. À l'expiration de ce délai, le Comité d'Arbitrage et de Médiation confirme les nominations opérées.

Aucune demande de récusation n'est recevable pour des motifs connus des parties avant la confirmation des arbitres par le Comité d'Arbitrage et de Médiation. Si un arbitre n'est pas confirmé par le Comité d'Arbitrage et de Médiation, la décision est communiquée aux parties et la désignation d'un autre arbitre s'effectue selon la même procédure que ci- dessus.

Article 12 : Pluralité des parties

1.

Lorsque le litige est soumis à trois arbitres par plusieurs demandeurs impliquant plusieurs défendeurs, les demandeurs conjointement, les défendeurs conjointement, désignent un arbitre pour confirmation dans les conditions définies aux articles 9 à 11 ci-dessus.

2.

À défaut d'une désignation conjointe et de tout autre accord entre parties sur les modalités de constitution du Tribunal Arbitral, le Comité d'Arbitrage et de Médiation peut nommer chacun des membres du Tribunal Arbitral et désigner l'un d'eux en qualité de Président. Dans ce cas le Comité d'Arbitrage et de Médiation est libre de choisir toute personne qu'il juge apte à accomplir les fonctions d'arbitre.

Article 13 : Récusation des arbitres

1.

La demande de récusation, fondée sur une allégation de défaut d'indépendance ou sur tout autre motif est introduite par l'envoi au Secrétariat Permanent d'une déclaration écrite précisant les faits et circonstances sur lesquels est fondée cette demande.

2.

La partie demanderesse à la récusation envoie sa demande, à peine de forclusion, soit dans les quinze (15) jours suivant la réception par celle-ci de la notification de la nomination ou de la confirmation de l'arbitre, soit dans les quinze jours suivant la date à laquelle la partie introduisant la récusation a été informée des faits et circonstances qu'elle invoque à l'appui de sa demande de récusation, si cette date est postérieure à la réception de la notification susvisée.

3.

Le Comité d'Arbitrage et de Médiation se prononce sur la recevabilité en temps que, s'il y a lieu, sur le bien-fondé de la demande de récusation, après que le Secrétariat Permanent ait mis l'arbitre concerné, les autres parties et tout autre membre du Tribunal arbitral, s'il y en a, en mesure de présenter leurs observations par écrit dans un délai qu'il leur fixe. Ces observations sont communiquées aux parties et aux arbitres.

Article 14 : Remplacement des arbitres

1.

Il y a lieu à remplacement d'un arbitre en cas de décès, de récusation, de démission acceptée par le Comité d'Arbitrage et de Médiation, à la demande conjointe et justifiée de toutes les parties, ou sur l'initiative du Comité d'Arbitrage et de Médiation lorsqu'il constate que l'arbitre est empêché de droit ou de fait d'accomplir sa mission conformément au Règlement dans les délais impartis.

2.

Si le remplacement a lieu sur l'initiative du Comité d'Arbitrage et de Médiation, sa décision ne peut intervenir qu'après que l'arbitre concerné, les parties et les autres membres du Tribunal Arbitral, s'il y en a, ont été mis en mesure de présenter leurs observations écrites dans un délai qui leur sera fixé par le Secrétariat Permanent. Ces observations sont communiquées aux parties et aux arbitres.

Si l'arbitre à remplacer avait été nommé par le Comité d'Arbitrage et de Médiation, celui-ci pourvoit dans les meilleurs délais à la désignation de l'arbitre remplaçant. Si la nomination avait été faite par une partie, celle-ci dispose d'un délai de quinze (15) jours à compter de la demande du Secrétariat Permanent pour en désigner un autre.

3.

En cas de remplacement de l'arbitre unique ou de l'arbitre Président en vertu de l'alinéa 1 supra, toute procédure orale qui a eu lieu avant le remplacement doit être répétée ; en cas de remplacement d'un autre arbitre, la procédure se poursuit avec le nouvel arbitre, là OU le précédent arbitre a cessé d'exercer ses fonctions, sauf convention contraire des parties ou décision contraire du Tribunal Arbitral.

LA PROCEDURE ARBITRALE

Article 15 : Remise du dossier au Tribunal Arbitral

Le Secrétariat Permanent transmet le dossier au Tribunal Arbitral, dès que celui-ci est constitué et sous réserve que la provision réclamée, à ce stade de la procédure, par le Secrétariat Permanent a été versée.

Article 16 : Lieu de l'arbitrage

1.

À défaut d'accord entre les parties sur le lieu de l'arbitrage, le Tribunal Arbitral fixe ledit lieu.

2.

Le Tribunal Arbitral peut entendre des témoins et tenir des réunions pour se consulter, en tout lieu qui lui conviendra, compte tenu des circonstances de l'arbitrage.

3.

Le Tribunal Arbitral peut se réunir en tout lieu qu'il jugera approprié. Le Tribunal arbitral a la possibilité d'effectuer une descente aux fins d'inspection de marchandises ou d'autres biens et d'examen de pièces litigieuses. Dans une telle éventualité, les parties en seront informées suffisamment longtemps à l'avance pour avoir la possibilité d'assister à la descente sur les lieux.

Article 17 : Règles applicables à la procédure

1.

La procédure applicable devant le Tribunal Arbitral est régie par le présent Règlement et, dans le silence de ce dernier, par les règles élaborées ou déterminées par les parties ou, à défaut, par les arbitres, en se référant ou non à une loi interne de procédure.

2.

Une procédure accélérée peut être mise en œuvre si une partie le souhaite et si l'autre partie l'accepte ou si elles en sont convenues d'avance et, dans tous les cas, si le tribunal arbitral estime que la nature du litige le permet.

3.

Dans le cas d'une procédure accélérée, le tribunal arbitral organise la procédure, et notamment impose les délais, pour permettre le prononcé d'une sentence dans les trois mois de la saisine par le Centre. Il peut statuer sur pièces si les parties l'acceptent. Le délai abrégé pour le prononcé de la sentence peut être exceptionnellement prolongé par le Comité d'arbitrage et de médiation.

4.

Dans tous les cas, le Tribunal Arbitral conduit la procédure de manière équitable et impartiale et veille à ce que chaque partie ait eu la possibilité d'être suffisamment entendue dans le strict respect des règles du contradictoire.

Article 18 : Langue de l'arbitrage

Sous réserve de l'accord des parties, la langue de la procédure est le français.

En cas de besoin, le Tribunal Arbitral peut ordonner que toutes les pièces jointes à la demande ou à la réponse et toutes les pièces complémentaires produites au cours de la procédure qui ont été remises dans leur langue originale soient accompagnées d'une traduction dans la langue de la procédure arbitrale.

Article 19 : Règles de droit applicables au fond

1.

L'arbitre tranche le fond du litige conformément aux règles de droit désignées par les parties ou, à défaut, choisies par lui comme les plus appropriées compte tenu, le cas échéant, des usages du commerce international.

2.

Le Tribunal Arbitral statue en amiable compositeur si les parties sont convenues de l'investir de tels pouvoirs.

3.

Dans tous les cas, le Tribunal tient compte des dispositions du contrat et des usages du commerce.

Article 20 : Acte de mission : calendrier du déroulement de la procédure

1.

Après réception du dossier par l'arbitre, celui-ci convoque les parties ou leurs représentants dument habilités et leurs conseils, à une réunion qui doit se tenir aussi rapidement qu'il est possible, et au plus tard dans les trente jours de cette réception du dossier.

La réunion a pour objet :

a) de constater la saisine de l'arbitre et les demandes sur lesquelles il doit se prononcer. Il est procédé à une énumération de ces demandes telles qu'elles résultent des mémoires respectivement produits par les parties à cette date, avec une indication sommaire des motifs de ces demandes et des moyens invoqués pour qu'il y soit fait droit ;

b) de constater s'il existe ou non accord des parties énumérées aux articles 16 à 19 ci-dessus. En l'absence d'un tel accord l'arbitre constate que la sentence aura à se prononcer à ce sujet. En cas de besoin l'arbitre interroge les parties pour savoir si celles-ci entendent lui attribuer les pouvoirs d'amiable compositeur. Il est fait mention de la réponse des parties ;

c) de prendre les dispositions qui paraissent appropriées pour la conduite de la procédure arbitrale que l'arbitre entend appliquer, ainsi que les modalités d'application de celle-ci ;

d) de fixer un calendrier prévisionnel de la procédure arbitrale, précisant les dates de remise des mémoires respectifs jugés nécessaires, ainsi que la date de l'audience à l'issue de laquelle les débats seront clos. Cette date ne doit pas être fixée au-delà de cinq mois après la réunion, sauf accord des parties.

3.

Le procès-verbal de la réunion qui établit la mission du Tribunal Arbitral doit être signé par les parties, ou les représentants, et par le Tribunal Arbitral. Si l'une des parties refuse de signer le procès-verbal ou formule des réserves à son encontre, ledit procès-verbal est soumis au Comité d'Arbitrage et de Médiation pour approbation. Une copie du procès-verbal est adressée aux parties, à leurs conseils et au Secrétariat Permanent du Centre.

4.

Le calendrier prévisionnel de l'arbitrage, en cas de nécessité, peut être modifié, à l'initiative du Tribunal Arbitral après observations des parties. Ce calendrier modifié est adressé au Secrétariat Permanent du Centre d'Arbitrage et de Médiation.

5.

Le projet de sentence est adressé au Secrétariat Permanent à l'attention du Comité d'Arbitrage et de Médiation dans les trente jours suivant la clôture des débats sauf en cas de prolongation de délai par le Secrétariat Permanent à la demande de l'arbitre, si celui-ci n'est pas en mesure de respecter ce délai.

6.

Lorsque la sentence intervenue ne met pas un terme final à la procédure d'arbitrage, une nouvelle réunion est aussitôt organisée pour fixer un nouveau calendrier pour la sentence qui tranchera complètement le litige.

Article 21 : Demandes nouvelles

En cours de procédure, les parties ont toute liberté pour évoquer de nouveaux moyens à l'appui des demandes qu'elles ont formulées. Elles peuvent aussi formuler de nouvelles demandes, reconventionnelles ou non, si ces demandes restent dans le cadre de la convention d'arbitrage, et à moins que l'arbitre considère qu'il ne doit pas autoriser une telle extension de sa mission, en raison, notamment, du retard avec lequel elle est sollicitée.

Article 22 : Instruction de la cause

1.

Le Tribunal Arbitral instruit la cause dans les plus brefs délais par tous moyens appropriés. Il peut prendre toute mesure qu'il juge nécessaire pour protéger les secrets d'affaires et les informations confidentielles.

2.

Les parties sont traitées sur un pied d'égalité dans le strict respect du principe du contradictoire, elles peuvent, à chaque stade de la procédure faire valoir leurs droits et présenter leurs moyens.

Toutes les pièces ou informations que l'une des parties fournit au Tribunal Arbitral doivent être communiquées en même temps par elle à l'autre partie et au Secrétariat Permanent du Centre.

3.

Après examen des écrits des parties et des pièces versées aux débats, les parties sont entendues contradictoirement par le Tribunal Arbitral si l'une des parties en fait la demande

; à défaut, il peut décider d'office de leur audition. Le tribunal arbitral peut aussi décider de statuer sur le litige seulement sur la base des pièces produites par les parties.

Article 23 : Audition

Le tribunal Arbitral peut décider d'entendre des témoins, des experts commis par les parties, ou toute autre personne, en présence des parties, ou en leur absence si celles-ci ont été Dûment convoquées. Dans ces conditions le débat est réputé contradictoire.

Article 24 : Expertise

1.

Le tribunal Arbitral peut nommer un ou plusieurs experts. Les experts ont pour rôle d'éclairer le tribunal arbitral sur tout sujet dépendant de leurs connaissances. Le Tribunal Arbitral définit leur mission, reçoit leur rapport par écrit, et les entend en présence des parties ou leurs conseils. Une copie de la mission de l'expert telle qu'elle a été définie par le Tribunal Arbitral est communiquée aux parties.

2.

Les parties fournissent à l'expert tous les renseignements appropriés ou soumettent à son approbation toutes pièces ou toutes choses pertinentes qu'il pourrait leur demander. Tout différend s'élevant entre une partie et l'expert au sujet du bien-fondé de la demande sera soumis au Tribunal Arbitral qui tranchera.

3.

Le Tribunal Arbitral, dès la réception du rapport de l'expert, communique une copie aux parties, qui peuvent faire des observations par écrit. Les parties ont le droit d'examiner tout document invoqué par l'expert dans son rapport.

4.

À la demande de l'une ou l'autre des parties, l'expert, après la remise de son rapport, peut être entendu à une audience à laquelle les parties ont la possibilité d'assister et de l'interroger. À cette audience, la partie qui le désire, peut faire venir en qualité de témoins des experts qui déposeront sur les questions litigieuses.

Article 25 : Audiences

1.

Lorsqu'une audience est tenue, le Tribunal Arbitral cite les parties à comparaître devant lui, en observant un délai convenable, au jour et lieu qu'il a fixé. Les parties comparaissent en personne ou par représentant dûment mandatés ; elles peuvent également être assistées de conseils.

2.

Le Tribunal Arbitral règle le déroulement des audiences auxquelles toutes les parties sont en droit d'être présentes. Sauf accord du Tribunal Arbitral et les parties, les audiences ne sont pas ouvertes aux personnes étrangères à la procédure. Les débats se tiennent à huis clos.

Article 26 : Clôture des débats

1.

Le Tribunal Arbitral prononce la clôture des débats lorsqu'il estime que les parties ont eu la possibilité suffisante d'être entendues. Après cette date, aucune écriture, aucun argument ni aucune preuve ne peuvent être présentés, sauf à la demande ou avec l'autorisation du Tribunal Arbitral.

2.

Quand le Tribunal Arbitral fixe la date de clôture des débats, il indique au Secrétariat Permanent la date à laquelle le projet de sentence sera soumis au Comité d'Arbitrage et de Médiation pour approbation. Le tribunal arbitral communique au Secrétariat Permanent tout report de cette date.

Article 27 : Mesures conservatoires provisoires

1.

À moins qu'il n'en ait été convenu autrement par les parties, et sauf si leur nature implique qu'elles soient ordonnées par une autre autorité, le Tribunal Arbitral peut dès remise du dossier, à la demande de l'une d'elles, ordonner toutes mesures conservatoires ou provisoires qu'il considère appropriées. Il peut la subordonner à la constitution de garanties adéquates par le requérant. Les mesures sont prises sous forme de sentence.

2.

Les parties peuvent, avant la remise du dossier au Tribunal Arbitral et dans des circonstances appropriées après, demander à toute autorité judiciaire des mesures provisoires ou conservatoires. La saisine d'une autorité judiciaire pour obtenir de telles mesures ou pour exécuter des mesures semblables prises par un Tribunal Arbitral ne contrevient pas à la convention d'arbitrage, ne constitue pas une renonciation à celle-ci, et ne préjudicie pas à la compétence du Tribunal Arbitral à ce titre. Pareille demande, ainsi que toutes mesures prises par l'autorité judiciaire, devront être portées sans délai à la connaissance du Secrétariat Permanent, qui en informera le Tribunal Arbitral.

LA SENTENCE

Article 28 : Sentence d'accord parties

Si les parties se mettent d'accord en cours de procédure, le Tribunal Arbitral rend une sentence d'accord parties.

Article 29 : Délai dans lequel la sentence arbitrale doit être rendue

Le Tribunal Arbitral rend sa sentence dans un délai de six mois. Ce délai court du jour ou la dernière signature du Tribunal Arbitral ou des parties a été apposée sur l'acte de mission, soit dans le cas visé à l'article 20 paragraphe 3, à compter de la date de notification au Tribunal Arbitral par le Secrétariat Permanent de l'approbation de l'acte de mission par le Comité d'Arbitrage et de Médiation. Le Comité d'Arbitrage et de Médiation peut, sur demande motivée du Tribunal Arbitral ou au besoin d'office, prolonger ce délai, s'il l'estime nécessaire

Article 30 : Établissement de la sentence

En cas de pluralité d'arbitres, la sentence est rendue à la majorité. Elle est réputée rendue au siège de l'arbitrage et à la date qu'elle mentionne ; elle doit être motivée.

Article 31 : Examen préalable de la sentence par le Comité d'Arbitrage et de Médiation

Avant de signer toute sentence, le tribunal arbitral doit en soumettre le projet au Comité d'Arbitrage et de Médiation. Celui-ci peut prescrire des modifications de forme. Il peut aussi, en respectant la liberté de décision du Tribunal Arbitral, appeler son attention sur les points intéressant le fond du litige. Aucune sentence ne peut être rendue par le Tribunal Arbitral sans avoir été approuvée en la forme par le Comité d'Arbitrage et de Médiation.

Article 32 : Notification, dépôt et caractère exécutoire de la sentence

1.

La sentence rendue, le Secrétariat Permanent du Centre en notifie aux parties le texte signé du Tribunal Arbitral, après que les frais d'arbitrage ont été intégralement réglés au Centre d'Arbitrage et de Médiation par les parties ou l'une d'entre elles. L'original de la sentence est déposé au Secrétariat Permanent.

2.

Des copies supplémentaires DUMENT certifiées conformes par le Secrétariat Permanent sont à tous moments délivrés aux parties qui en font la demande, et à elles seulement.

3.

Dès lors que la notification a été faite conformément au paragraphe 1ER, les parties renoncent à toute autre notification ou dépôt à la charge du Tribunal Arbitral.

4.

Toute sentence revêt un caractère obligatoire pour les parties. Par la soumission de leur différend au présent Règlement, les parties s'engagent à exécuter sans délai la sentence à intervenir, et sont réputées avoir renoncé à toutes voies de recours auxquelles elles peuvent valablement renoncer.

Article 33 : Correction et interprétation de la sentence

1.

Le Tribunal Arbitral peut d'office ou à la requête de l'une des parties rectifier les erreurs matérielles, les erreurs de calcul ou toute erreur de même type contenue dans la sentence. Il peut également être saisi par l'une des parties en interprétation de la sentence rendue.

2.

Les parties disposent d'un délai d'un mois à compter de la notification de la sentence pour introduire un recours en rectification ou en interprétation. La demande est adressée au

Secrétariat Permanent qui la transmet au Tribunal Arbitral, et en notifie à l'autre partie, à qui il fixe un délai pour faire ses observations. À l'expiration de ce délai, le Tribunal Arbitral rend sa sentence après approbation par le Comité d'Arbitrage et de Médiation sous forme d'un addendum qui fera partie intégrante de la sentence.

3.

Si pour des raisons sérieuses, le Tribunal Arbitral ne peut plus être reconstitué, le Comité d'Arbitrage et de Médiation pourvoit au remplacement.

Article 34 : Autorité de chose jugée

La sentence arbitrale rendue conformément aux dispositions du présent règlement à l'autorité définitive de la chose jugée au même titre qu'une décision rendue par les juridictions nationales burkinabè. Elle peut faire l'objet d'une exécution forcée.

LES FRAIS

Article 35 : Provision pour les frais

1.

Les frais d'arbitrage résultent du barème annexé au présent Règlement. Ils sont constitués par :

a) les frais administratifs du Centre ;

b) les honoraires des arbitres ;

c) les frais de fonctionnement du Tribunal Arbitral. Ces frais s'entendent de tous les frais nécessaires pour le bon déroulement de la procédure.

2.

Dès réception de la demande d'arbitrage, le Secrétariat Permanent invite le demandeur à payer une avance sur la provision pour frais de l'arbitrage dont le montant est fixé de manière à couvrir les frais de l'arbitrage jusqu'à l'établissement de l'acte de mission.

3.
Dès qu'il dispose d'éléments d'appréciation, et avant la signature de l'acte de mission, le Comité d'Arbitrage et de Médiation fixe la provision de manière à couvrir les honoraires et frais du Tribunal arbitral ainsi que les frais administratifs correspondants aux demandes d'arbitrage et aux demandes reconventionnelles dont le Centre est saisi par les parties. Ce montant peut être réévalué en regard des circonstances et de l'évolution de la procédure.
4.
La provision fixée par le Comité d'Arbitrage et de Médiation est due en parts égales, par le demandeur et le défendeur. Tout paiement effectué au titre de l'article 35 paragraphe 2 est considéré comme un paiement partiel du montant de la provision. Toutefois, toute partie peut payer l'intégralité de la provision correspondant à une demande principale ou reconventionnelle si l'autre partie ne verse pas la part qui lui incombe.
5.
Lorsqu'une demande de provision n'est pas satisfaite, le Secrétariat Permanent peut, après consultation du Tribunal Arbitral, l'inviter à suspendre ses activités et fixer un délai d'au moins quinze (15) jours, à l'expiration duquel les demandes principales ou reconventionnelles du débiteur de l'obligation seront considérées comme retirées de la procédure.
Toute contestation relative à ce retrait est portée devant le Comité d'Arbitrage et de Médiation qui statue sans recours. Le retrait ne prive pas la partie concernée du droit de réintroduire la ou les mêmes demandes.
6.
À la demande des parties ou de sa propre initiative, selon les circonstances, le Comité d'Arbitrage et de Médiation peut fixer des provisions distinctes pour la demande principale ou pour la ou les demandes reconventionnelles.

Article 36 : Décision sur frais de l'arbitrage
1.
Les frais de l'arbitrage comprennent les honoraires et frais des arbitres et les frais administratifs du Centre tels que fixés par le Comité d'Arbitrage et de Médiation conformément au tableau de calcul en vigueur au moment de l'introduction de la procédure d'arbitrage, les honoraires et frais des experts nommés par le Tribunal Arbitral ainsi que les frais raisonnables exposés par les parties pour leur défense à l'occasion de l'arbitrage.
2.
Lorsque les circonstances le commandent, le Comité d'Arbitrage et de Médiation peut fixer les honoraires du ou des arbitres à un montant supérieur ou inférieur à ce qui résulterait du tableau de calcul en vigueur. Dans tous les cas, le Tribunal Arbitral peut prendre des décisions sur des frais DUMENT justifiés autres que ceux fixés par le Comité d'Arbitrage et de Médiation.
3.
La sentence finale du Tribunal Arbitral liquide les frais de l'arbitrage et décide à laquelle des parties le paiement incombe ou dans quelle proportion ils sont partagés entre elles.

DIVERS

Article 37 : Modification des délais

1.

Les parties peuvent convenir de réduire les différents délais prévus par le présent Règlement. Un tel accord conclu après la constitution du Tribunal Arbitral ne produit d'effet qu'avec son agrément.

2.

Le Comité d'Arbitrage et de Médiation peut d'office prolonger tout délai modifié ou non s'il estime que cela est nécessaire pour lui permettre ou permettre au Tribunal Arbitral de remplir ses fonctions d'après le présent Règlement. Dans tous les cas les délais ne peuvent être prorogés qu'au double au plus.

Article 38 : Renonciation au droit de faire objection

Toute partie qui poursuit l'arbitrage sans soulever des objections sur le non-respect de toute disposition du Règlement, de toute autre règle applicable à la procédure, de toute instruction du Tribunal Arbitral, ou de toute stipulation contenue dans la convention d'arbitrage relative à la constitution du Tribunal Arbitral ou à la conduite de la procédure, est réputée avoir renoncé à ces objections.

Article 39 : Exclusion de responsabilité

Sauf dans le cas de faute dument établie, ni les arbitres, ni le CAMC-O ou ses membres ne sont responsables envers quiconque de tout fait, acte ou omission en relation avec un arbitrage soumis au CAMC-O.

Article 40 : Prise d'effet

Le présent Règlement entre en vigueur à compter de son adoption par le Conseil d'Administration du Centre d'Arbitrage, de Médiation et de Conciliation de Ouagadougou.

ANNEXE 4.
Règlement d'arbitrage du centre d'arbitrage et de conciliation du Mali (CECAM)

I - SAISINE DU CENTRE

ARTICLE 1 – DEMANDE D'ARBITRAGE

La partie qui désire recourir à l'arbitrage du CECAM adresse sa demande à la Direction du Centre qui notifie au demandeur et à l'autre partie la réception de la demande et la date de celle-ci. La date de réception par la Direction du Centre est considérée, à toutes fins, comme la date d'introduction de la procédure d'arbitrage.

La demande doit comprendre autant d'exemplaires qu'il y a de parties plus un pour le Centre.

Elle doit contenir les éléments suivants :

Les nom, prénom, qualité, raison sociale et adresses des parties avec indication d'élection de domicile pour la suite de la procédure, ainsi que l'énoncé du montant de ses demandes ;

La convention d'arbitrage intervenue entre les parties ainsi que les documents, contractuels ou non, de nature à établir clairement les circonstances de l'affaire ;

Un exposé sommaire des prétentions du demandeur et des moyens produits à l'appui ;

Toutes indications utiles et propositions concernant le nombre et le choix des arbitres ;

S'il en existe, les conventions intervenues entre les parties sur le siège de l'arbitrage

Sur la langue de l'arbitrage

Sur la loi applicable à la convention d'arbitrage, à la procédure de l'arbitrage et au fond du litige

ARTICLE 2 : LA REPONSE A LA DEMANDE

Dans les trente jours suivant la réception de la requête du demandeur le défendeur adresse sa réponse à la Direction du Centre en autant d'exemplaires qu'il y a de parties plus un pour la Direction qui en transmet une copie au demandeur avec les pièces annexes.

Cette réponse contient éventuellement les demandes reconventionnelles suite auxquelles le demandeur a trente jours pour présenter des notes complémentaires.

Elle doit contenir les éléments suivants :

Les noms, prénoms, qualités et adresse du défendeur,

L'exposé des moyens de défense y compris le cas échéant toute contestation relative à la convention d'arbitrage et toute exception d'incompétence, avec pièces à l'appui.

Les réponses du défendeur sur tous les points traités par la demande d'arbitrage.

ARTICLE 3 : EFFET DE LA CONVENTION D'ARBITRAGE

Lorsque les parties sont convenues d'avoir recours à l'arbitrage du CECAM, elles se soumettent par-là même aux dispositions du présent règlement, dans leur rédaction en vigueur à la date de l'introduction de la procédure d'arbitrage Si l'une des parties refuse ou s'abstient de participer à l'arbitrage, celui-ci a lieu nonobstant ce refus ou cette abstention.

Lorsque l'une des parties soulève un ou plusieurs moyens relatifs à l'existence, à la validité, ou à la portée de la convention d'arbitrage, le Centre, ayant constaté prima facie l'existence de cette convention, peut décider, sans préjuger la recevabilité ou le bien-fondé de ces moyens, que l'arbitrage aura lieu. Dans ce cas, il appartiendra à l'arbitre de prendre toutes décisions sur sa propre compétence.

Sauf stipulation contraire, si l'arbitre considère que la convention d'arbitrage est valable et que le contrat liant les parties est nul ou inexistant, l'arbitre est compétent pour déterminer les droits respectifs des parties et statuer sur leurs demandes et conclusions.

Sauf stipulation contraire, la convention d'arbitrage donne compétence à l'arbitre pour se prononcer sur toute demande provisoire ou conservatoire pendant le cours de la procédure arbitrale.

Avant la remise du dossier à l'arbitre, et exceptionnellement après celle-ci, au cas où l'urgence des mesures provisoires et conservatoires demandées ne permettrait pas à l'arbitre de se prononcer en temps utile, les parties peuvent demander de telles mesures à l'autorité judiciaire compétente. De pareilles demandes, ainsi que les mesures prises par l'autorité judiciaire, sont portées sans délai à la connaissance du Centre qui en informe l'arbitre.

ARTICLE 4 : ASSISTANCE ET REPRESENTATION

Les parties peuvent se faire assister par des conseils ou se faire représenter par des personnes de leur choix.

ARTICLE 5 : PROVISION POUR FRAIS ADMINISTRATIFS

Les provisions pour frais administratifs doivent être payées avant la constitution du Tribunal Arbitral. Elles sont calculées conformément au barème en vigueur et annexé au présent Règlement.

ARTICLE 6 : NOTIFICATION, COMMUNICATION ET DELAI

La demande d'arbitrage, la réponse ainsi que la demande reconventionnelle de même que les sentences sont communiquées ou notifiées par lettre recommandée avec accusé de réception ou par cahier de transmission.

Les mémoires, correspondances et communications émanant de la Direction, de l'arbitre ou des parties, sont réputés valablement faits :

S'ils sont remis contre reçu ou expédiés par lettre recommandée à l'adresse ou à la dernière adresse connue de la partie qui en est destinataire, telle que communiqué par celle-ci ou par l'autre partie, ou par tous moyens de communication laissant trace écrite, le document original faisant foi en cas de contestation.

Les mémoires, correspondances et notes écrites échangées par les parties, ainsi que toutes pièces annexes, doivent être fournis en autant d'exemplaires qu'il y a d'arbitres plus un pour chaque partie et un autre pour la Direction du Centre.

La notification ou la communication valablement faite est considérée comme acquise quand elle a été reçue par l'intéressé ou son représentant.

Les délais fixés dans le présent règlement commencent à courir le jour suivant celui où la notification ou la communication a été considérée comme faite aux termes du paragraphe précédent.

Lorsque, dans le pays où la notification ou la communication a été considérée comme faite à une certaine date, le jour suivant celle-ci est un jour férié ou non ouvrable, le délai commence à couvrir le 1er jour ouvrable suivant. Les jours fériés et les jours non ouvrables sont compris dans le calcul des délais et ne rallongent pas ceux-ci. Si le dernier jour du délai imparti est un jour férié ou jour non ouvrable dans le pays où la notification ou la communication a été considérée comme faite, le délai expire à la fin du 1er jour ouvrable suivant.

II - CONSTITUTION DU TRIBUNAL ARBITRAL

ARTICLE 7 : NOMBRE D'ARBITRES

Les parties sont libres de convenir que le tribunal arbitral sera composé d'un ou de trois arbitres

À défaut d'une telle convention le comité d'Arbitrage et de Conciliation du CECAM décide du nombre des arbitres selon la nature et le montant du litige.

ARTICLE 8 : NOMINATION ET CONFIRMATION DES ARBITRES

Les arbitres sont librement choisis par les parties sur la liste d'arbitres établie par le CECAM. Ils doivent être confirmés par le Centre.

Lorsque le litige est soumis à un arbitre unique les parties le désignent d'un commun accord. À défaut d'accord entre les parties dans un délai de quinze jours à compter de la notification de la demande d'arbitrage au défendeur, l'arbitre unique est nommé par le Comité d'Arbitrage et de Conciliation du Centre après concertation avec les parties.

Lorsque le litige est soumis à trois arbitres, chaque partie désigne respectivement dans la demande et dans la réponse à celle-ci un arbitre. À défaut de désignation par une partie la nomination est faite par le Comité d'Arbitrage et de Conciliation après consultation de cette partie.

En cas de pluralité de demandeurs et/ou de défendeurs, tous les demandeurs conjointement et tous les défendeurs conjointement désignent respectivement un arbitre.

Dans tous les cas, le troisième arbitre qui assure la présidence du tribunal arbitral est désigné par les deux autres arbitres avec l'accord des parties. À défaut d'accord il est nommé par le comité d'Arbitrage et de Conciliation.

ARTICLE 9 : INDEPENDENCE ET QUALIFICATION DES ARBITRES

L'arbitre doit être impartial et indépendant des parties. Il doit faire connaître à chaque partie et au Comité d'arbitrage et de Conciliation les circonstances qui seraient de nature à affecter son indépendance.

Tout arbitre doit posséder le plein exercice de ses droits civils et les qualifications convenues par les parties ou jugées nécessaires à la résolution du litige compte tenu de l'objet de ce dernier. En outre, tout arbitre doit avoir la disponibilité lui permettant de mener l'arbitrage à son terme dans les meilleurs délais.

ARTICLE 10 : RECUSATION ET REMPLACEMENTDES ARBITRES

Lorsqu'il existe des circonstances de nature à soulever des doutes sur l'impartialité ou l'indépendance d'un arbitre, celui-ci peut être récusé. La procédure de récusation ne peut être introduite que dans trente (30) jours après la connaissance des faits et des circonstances qui justifient la requête.

La demande de récusation motivée est adressée à la Direction du centre, qui, dès sa réception, invite l'arbitre concerné, les autres parties à présenter leurs observations écrites dans un délai de 15 jours à compter du dépôt de la requête.

Le Comité d'arbitrage et de conciliation se prononce sur la recevabilité et sur le bien-fondé de la demande de récusation dans un délai d'un (1) mois à compter de la réception de la requête.

Le délai d'arbitrage est suspendu durant la durée de la procédure de récusation.

L'arbitre s'engage à accomplir sa mission jusqu'à son terme. En cas d'empêchement, de défaillance, de démission, de décès ou de récusation d'un arbitre, il est pourvu à son remplacement suivant la même procédure que lors de sa désignation.

III – PROCEDURE ARBITRALE :

ARTICLE 11 : CONFIDENTIALITE DE LA PROCEDURE

La procédure arbitrale du CECAM est confidentielle. Les arbitres et toutes autres personnes associées à la procédure s'engagent à ne pas divulguer à des tiers des faits ou autres éléments ayant trait au litige et à la procédure arbitrale. Les audiences ne sont pas publiques. Les arbitres s'abstiennent de faire publier toute sentence sans l'accord des parties et du CECAM.

ARTICLE 12 : REGLES APPLICABLES À LA PROCEDURE

Les parties sont libres de convenir de la procédure arbitrale sous réserve du respect des principes généraux en la matière (contradictoire, équité, impartialité...)

Elles doivent se conformer aux règles prévues dans le présent règlement.

Le Tribunal arbitral organise la procédure sous la forme qu'il estime appropriée en fonction de la nature de l'affaire tout en tenant compte de la volonté des parties.

ARTICLE 13 : REGLES DE DROIT APPLICABLES AU FOND

Les parties sont libres de déterminer le droit applicable au fond du litige. À défaut de choix par les parties du droit applicable l'arbitre applique les règles de droit qu'il juge appropriées tout en tenant compte des dispositions du contrat et des usages du commerce en la matière.

ARTICLE 14 : LIEU DE L'ARBITRAGE

Sauf convention contraire des parties l'arbitrage a lieu à Bamako au siège du Centre où sera prononcée la sentence arbitrale.

Le tribunal arbitral peut, avec l'accord des parties, tenir des audiences et réunions, délibérer en tout autre endroit qu'il estime opportun.

ARTICLE 15 : LANGUE DE L'ARBITRAGE

La langue de l'arbitrage sera celle choisie par les parties. À défaut d'accord entre les parties le tribunal arbitral déterminera la langue de la procédure arbitrale en tenant compte de toutes circonstances pertinentes, y compris la langue du contrat.

ARTICLE 16 : L'ACTE DE MISSION

Dès réception du dossier, le Tribunal arbitral, avant de procéder à l'instruction de la cause, convoque toutes les parties et leurs conseils à une conférence préparatoire qui doit se tenir dans les dix jours.

L'acte de mission qui sera établi au terme de cette réunion précisera dans les détails les missions du Tribunal arbitral. Il contiendra les mentions suivantes :

Les noms, prénoms, dénominations complètes et qualités des parties, de leurs représentants habilités ;

Les adresses des parties où pourront valablement être faites toutes notifications ou communications au cours de l'arbitrage ;

Les noms, prénoms et coordonnées des arbitres ;

Le rappel de la convention d'arbitrage ;

Un exposé sommaire des prétentions des parties et la détermination des points litigieux à trancher ;

Le siège et la langue de l'arbitrage ;

Des précisions relatives aux règles applicables à la procédure ;

Les règles de droit applicables au fond du litige ;

Le calendrier de la procédure arbitrale ;

Toute autre mention jugée utile par le tribunal arbitral.

À l'issue de cette conférence, il sera établi un Procès-verbal appelé acte de mission. Il doit être signé par les parties et chacun des arbitres puis communiquer par le Tribunal arbitral au Comité d'Arbitrage et de Conciliation dans les sept jours de la réception du dossier.

En cas de refus ou de réserve pour la signature le procès-verbal en fait état et il est soumis à l'approbation du Comité d'Arbitrage et de Conciliation.

Une fois le Procès-verbal approuvé la procédure suit son cours.

ARTICLE 17 : DEMANDES NOUVELLES

Après la signature de l'acte de mission, les nouvelles demandes principales et reconventionnelles hors des limites de l'acte de mission ne peuvent être jointes à la procédure que sur autorisation du tribunal arbitral.

Le tribunal arbitral tiendra compte de la nature de ces nouvelles demandes, de l'état d'avancement de la procédure et toutes autres circonstances pertinentes.

ARTICLES 18 : INSTRUCTION DE LA CAUSE ETCOMPARUTION DES PARTIES

Le Tribunal arbitral instruit la cause dans les plus brefs délais par tous les moyens appropriés. Après examen des écrits des parties et des pièces versées par elles aux débats, l'arbitre entend contradictoirement les parties si l'une d'elles en a fait la demande ; à défaut, il peut décider d'office leur audition. Les parties comparaissent soit en personne, soit par représentants dûment mandatés. Elles peuvent être assistées de leurs conseils.

L'arbitre peut décider d'entendre les parties séparément s'il l'estime nécessaire. Dans ce cas, l'audition de chaque partie a lieu en présence des conseils des deux parties. L'audition des parties a lieu au jour et au lieu fixé par l'arbitre. Si l'une des parties, quoique régulièrement convoquée, ne se présente pas, l'arbitre, après s'être assuré que la convocation lui est bien parvenue, a le pouvoir, à défaut d'excuse valable, de procéder néanmoins à l'accomplissement de sa mission, le débat étant réputé contradictoire. Une copie du procès-verbal d'audition des parties, dûment signé, est adressée à la Direction du CECAM.

L'arbitre peut statuer sur pièces si les parties le demandent ou l'acceptent.

L'arbitre règle le déroulement des audiences. Celles-ci sont contradictoires. Sauf accord de l'arbitre et des parties, elles ne sont pas ouvertes aux personnes étrangères à la procédure.

Les parties sont traitées sur un pied d'égalité dans le strict respect du principe du contradictoire et peuvent à chaque stade de la procédure faire valoir leurs droits et présenter leurs moyens.

Chaque partie doit apporter la preuve des faits sur lesquelles elle fonde sa demande ou sa réponse. À tout moment de la procédure le tribunal arbitral peut demander aux parties de produire des preuves complémentaires, en leur fixant un délai à cet effet.

Toutes les pièces ou informations que l'une des parties fournit au Tribunal arbitral doivent être communiquées en même temps par elle à l'autre partie et à la Direction du CECAM.

Le Tribunal arbitral est seul juge de la recevabilité de la pertinence des preuves.

Si l'aide des autorités judiciaires est nécessaire à l'administration de la preuve, le tribunal arbitral peut d'office ou à la demande d'une partie requérir le concours du juge compétent.

ARTICLE 19 : AUDITION ET EXPERTISE

Le tribunal arbitral peut décider d'entendre au besoin, des experts commis par les parties, en présence des parties ou en leur absence si celles-ci ont été dûment convoquées.

Il peut également nommer d'office ou sur requête un ou plusieurs experts chargés de lui faire un rapport écrit sur des points précis qu'il déterminera.

Dès réception du rapport d'expertise le tribunal en communique une copie aux parties pour leur permettre de formuler par écrit leurs observations sur son contenu. Les parties ont le droit d'examiner tout document invoqué par l'expert.

L'expert peut être entendu sur son rapport en présence des parties et leurs experts qui pourront déposer sur les questions litigieuses.

ARTICLE 20 : MESURES OU CONSERVATOIRES PROVISOIRES

À la demande d'une partie le Tribunal peut prendre toutes mesures provisoires ou conservatoires qu'il juge nécessaire en ce qui concerne l'objet du litige. Les mesures peuvent être prises sous la forme d'une sentence provisoire.

Le tribunal arbitral peut exiger la constitution de garanties adéquates (cautionnements) au titre des frais occasionnés par ces mesures conservatoires. Une demande de mesures provisoires ou conservatoires adressée par l'une ou l'autre des parties à une autorité judiciaire ne doit pas être nécessairement considérée comme une renonciation au droit de se prévaloir de la convention d'arbitrage.

Cette possibilité appartient également au tribunal civil du siège de l'arbitrage qui sera compétent pour examiner en plus tous les incidents de procédure relatifs à l'exécution des mesures provisoires ou conservatoires.

Le tribunal arbitral peut exiger la constitution de garanties adéquates (cautionnement) au titre des frais occasionnés par ces mesures conservatoires.

Une demande de mesures provisoires ou conservatoires adressée par l'une ou l'autre des parties à une autorité judiciaire ne doit pas être nécessairement considérée comme une renonciation au droit de se prévaloir de la convention d'arbitrage.

Cette demande ainsi que les suites qui lui auront été réservées seront portées sans délai à la connaissance de la Direction qui en informera le Tribunal arbitral.

ARTICLE 21 : CLOTURE DES DEBATS

Le tribunal arbitral prononce la clôture des débats lorsqu'il estime que les parties ont eu une possibilité suffisante d'être entendues. Après cette date aucune écriture, aucun argument ni aucune preuve ne peuvent être présentés sauf à la demande ou avec l'autorisation du Tribunal arbitral.

Quand le tribunal arbitral fixe la date de clôture des débats, il indique à la Direction du Centre la date à laquelle le projet de sentence sera soumis au Comité d'Arbitrage et de Conciliation pour examen préalable. Le Tribunal communique à la Direction tout report de cette date.

IV – LA SENTENCE :

ARTICLE 22 : DELAI

La sentence est rendue par le tribunal dans le délai le plus bref, tel que compatible avec la nature du litige. En toute hypothèse elle doit l'être dans un délai maximum de six mois à compter de la date de l'acte de mission.

Le Centre peut, sur demande motivée du tribunal ou à la demande conjointe des parties, prolonger ce délai s'il l'estime nécessaire.

ARTICLE 23 : FORME DE LA SENTENCE

La sentence est rendue à la majorité des voix en cas de pluralité d'arbitres. Elle doit être motivée. Elle est réputée rendue au siège de l'arbitrage et à la date qu'elle mentionne.

La sentence est rendue par écrit et n'est pas susceptible d'appel.

Elle est signée par le ou les membres du Tribunal. Toutefois le refus de signer de l'arbitre minoritaire n'affecte pas la validité de la sentence.

ARTICLE 24 : EXAMEN PREALABLE DE LA SENTENCE

Avant de signer toute sentence le tribunal arbitral doit en soumettre le projet au Centre pour approbation en la forme.

Le Centre peut, en respectant la liberté de décision du tribunal arbitral attirer son attention sur les points intéressant le fond du litige.

Il donne en outre au vu du projet de sentence des indications sur le montant des frais d'arbitrage et honoraires des arbitres.

ARTICLE 25 : NOTIFICATION DE LA SENTENCE

Après paiement intégral des frais d'arbitrage le Centre notifie la sentence aux parties. Des copies signées par les arbitres sont communiquées aux parties. Des copies supplémentaires certifiées conformes par la Direction du CECAM peuvent à tout moment être délivrées exclusivement aux parties qui en font la demande.

Toute sentence rendue conformément au présent règlement est déposée en original à la Direction du CECAM.

ARTICLE 26 : CORRECTION ET INTERPRETATION DE LA SENTENCE

Le tribunal peut, d'office ou à la requête d'une partie, corriger toute erreur matérielle et/ou omission de statuer qui affecteraient sa sentence.

Toute demande en rectification ou interprétation doit être adressée à la Direction dans les trente jours suivant la notification de la sentence aux parties. La Direction communique dès sa réception la requête au tribunal et à la partie adverse qui a trente jours pour adresser ses observations au demandeur et au Tribunal.

ARTICLE 27 : CARACTERE DEFINITIF ET EXECUTOIRE DE LA SENTENCE

Les sentences rendues, conformément au présent règlement, sont définitives.

En acceptant de soumettre leur litige à l'arbitrage du CECAM les parties s'engagent à exécuter sans délai la sentence à intervenir et renoncent à toutes voies de recours dans la mesure du possible.

V - FRAIS D'ARBITRAGE

ARTICLE 28 : COMPOSITION DES FRAIS

Les frais d'arbitrage comprennent :

Les frais administratifs du Centre d'arbitrage fixés conformément au barème en vigueur ;

Les honoraires des membres du Tribunal arbitral, indiqués séparément au barème arbitral ;

Les frais encourus pour toute expertise ou tout frais exposé par le Tribunal arbitral dans l'intérêt commun des parties.

ARTICLE 29 : Frais Administratifs :

Toute demande d'arbitrage adressée à la Direction du Centre doit être accompagnée du règlement des frais administratif fixés selon le barème en vigueur.

Au cas où indépendamment de la demande principale, une ou plusieurs demandes reconventionnelles seraient formulées, la Direction peut fixer des sommes distinctes pour la demande principale ou pour la ou les demandes reconventionnelles.

Le montant des frais administratifs n'est pas récupérable et reste acquis au Centre.

ARTICLE 30 : Honoraires des Arbitres

Les honoraires des arbitres sont fixés selon le barème en annexe lors du dépôt de la demande d'arbitrage ou à la discrétion du Comité d'Arbitrage et de Conciliation du Centre lorsque l'intérêt du litige ne peut être évalué avec une précision suffisante. Si le litige présente une certaine particularité, le Centre peut fixer, en les motivant spécialement, les honoraires à un montant égal ou supérieur à celui fixé par le barème.

Dès la constitution du Tribunal arbitral, le Comité d'Arbitrage et de Conciliation du Centre fixe le montant des provisions pour les honoraires des arbitres. Ces provisions doivent être versées à parts égales par les parties.

En cas de demandes principales et reconventionnelles, le Centre peut fixer des provisions distinctes pour chaque demande et chaque partie doit verser les provisions correspondant à ces demandes respectives.

ARTICLE 31 : FRAIS EXPOSES PAR LE TRIBUNAL ARBITRAL DANS L'INTERET DES PARTIES

Les frais exposés par le Tribunal arbitral dans l'intérêt des parties englobent en particulier :

Les frais des arbitres tels que les frais de déplacement, de Secrétariat et de communication dûment justifiés ;

La rémunération des services d'experts et d'interprètes ;

Le cas échéant, la location de salle et de tout matériel nécessaire au bon déroulement de la procédure d'arbitrage.

FRAIS D'ARBITRAGE

1. Droits d'ouverture de dossiers : 50 000 F CFA par procédure d'arbitrage.
2. Tableau de calcul des frais administratifs et des honoraires.

a) Frais administratifs pour une demande d'arbitrage

Pour un montant en litige (en FCFA) ou intérêts en cause	Frais administratifs
Jusqu'à 1 000 000	30.000 FCFA
De 1 000 001 à 5 000 000	50 000FCFA
De 5 000 001 à 10 000 000	1 %
De 10 000 001 à 20 000 000	1 %
De 20 000 001 à 50 000 000	1 %
De 50 000 001 à 100 000 000	1 %
De 100 000 001 à 500 000 000	1000.000+0,2 %
Au-dessus de 500 000 000	2000.000+0,2 %

a) Honoraires d'un arbitre

Pour un montant en litige (en FCFA) ou intérêts en cause	Honoraires
Jusqu'à 1 000 000	50.000 FCFA
De 1 000 001 à 5 000 000	75.000 FCFA
De 5 000 001 à 10 000 000	2%K
De 10 000 001 à 20 000 000	2 %
De 20 000 001 à 50 000 000	200.000+2 %
De 50 000 001 à 100 000 000	700.000+2 %
De 100 000 001 à 500 000 000	1.700.000+1 %
Au-dessus de 500 000 000	2.700.000+1 %

INDEX

Les chiffres renvoient aux numéros de pages

U

V

Table des matieres

Structures éditoriales du groupe L'Harmattan

L'Harmattan Italie
Via degli Artisti, 15
10124 Torino
harmattan.italia@gmail.com

L'Harmattan Hongrie
Kossuth l. u. 14-16.
1053 Budapest
harmattan@harmattan.hu

L'Harmattan Sénégal
10 VDN en face Mermoz
BP 45034 Dakar-Fann
senharmattan@gmail.com

L'Harmattan Cameroun
TSINGA/FECAFOOT
BP 11486 Yaoundé
inkoukam@gmail.com

L'Harmattan Burkina Faso
Achille Somé – tengnule@hotmail.fr

L'Harmattan Guinée
Almamya, rue KA 028 OKB Agency
BP 3470 Conakry
harmattanguinee@yahoo.fr

L'Harmattan RDC
185, avenue Nyangwe
Commune de Lingwala – Kinshasa
matangilamusadila@yahoo.fr

L'Harmattan Congo
219, avenue Nelson Mandela
BP 2874 Brazzaville
harmattan.congo@yahoo.fr

L'Harmattan Mali
ACI 2000 - Immeuble Mgr Jean Marie Cisse
Bureau 10
BP 145 Bamako-Mali
mali@harmattan.fr

L'Harmattan Togo
Djidjole – Lomé
Maison Amela
face EPP BATOME
ddamela@aol.com

L'Harmattan Côte d'Ivoire
Résidence Karl – Cité des Arts
Abidjan-Cocody
03 BP 1588 Abidjan
espace_harmattan.ci@hotmail.fr

Nos librairies en France

Librairie internationale
16, rue des Écoles
75005 Paris
librairie.internationale@harmattan.fr
01 40 46 79 11
www.librairieharmattan.com

Librairie des savoirs
21, rue des Écoles
75005 Paris
librairie.sh@harmattan.fr
01 46 34 13 71
www.librairieharmattansh.com

Librairie Le Lucernaire
53, rue Notre-Dame-des-Champs
75006 Paris
librairie@lucernaire.fr
01 42 22 67 13

www.ingramcontent.com/pod-product-compliance
Lightning Source LLC
LaVergne TN
LVHW011151061026
849535LV00003B/692